Zur Beteiligung des Staates im Verwaltungsprozess

Anja Wiese

Zur Beteiligung des Staates im Verwaltungsprozess

PL ACADEMIC RESEARCH

Bibliografische Information der Deutschen Nationalbibliothek
Die Deutsche Nationalbibliothek verzeichnet diese Publikation in der Deutschen Nationalbibliografie; detaillierte bibliografische Daten sind im Internet über http://dnb.d-nb.de abrufbar.

Zugl.: Dresden, Techn. Univ., Juristische Fakultät, Diss., 2013

Gedruckt auf alterungsbeständigem,
säurefreiem Papier.

88
ISBN 978-3-631-65020-2 (Print)
E-ISBN 978-3-653-03939-9 (E-Book)
DOI 10.3726/978-3-653-03939-9

PL Academic Research ist ein Imprint der Peter Lang GmbH.

Peter Lang – Frankfurt am Main · Bern · Bruxelles · New York ·
Oxford · Warszawa · Wien

Diese Publikation wurde begutachtet.

www.peterlang.com

Für Benjamin, Julius und Clara

Gliederung

Abkürzungsverzeichnis

AGGerStrG M-V	Gesetz zur Ausführung des Gerichtsstrukturgesetzes Mecklenburg-Vorpommern
AK-GG	Alternativkommentar zum Grundgesetz
AnhaltGS	Gesetz-Sammlung für das Herzogtum Anhalt
AROV	Amt zur Regelung offener Vermögensfragen
Bad. RegBl.	Großherzoglich Badisches Staats- und Regierungsblatt
BayVerf	Verfassung des Freistaates Bayern
GemO Bbg	Gemeindeordnung des Landes Brandenburg
BbgVerfG	Verfassungsgericht des Landes Brandenburg
BeckOK	Beck'scher Online-Kommentar
BEZNG	Gesetz zur Zusammenführung und Neugliederung der Bundeseisenbahnen (Bundeseisenbahnneugliederungsgesetz)
BraunschwGVS	Braunschweigische Gesetz- und Verordnungssammlung
BvS	Bundesanstalt für vereinigungsbedingte Sonderaufgaben
bzw.	beziehungsweise

ca.	circa
dass.	dasselbe
DDR-KommVermG	Kommunalvermögensgesetz der DDR
ders.	derselbe
dies.	dieselbe/n
EALR	Einleitung zum Allgemeinen Landrecht für die preußischen Staaten
Ed.	Edition
EL	Ergänzungslieferung
et al.	et alii
etc.	et cetera
EvStL	Evangelisches Staatslexikon
ggf.	gegebenenfalls
GV	Lübecksche Gesetze und Verordnungen
GVO	Grundstücksverkehrsordnung
GVVO	Grundstücksverkehrsverordnung

HS.	Halbsatz
i.E.	im Ergebnis/im Einzelnen
Leg.-Periode	Legislaturperiode
m.w.B.	mit weiteren Beispielen
Maßg.	Maßgabe
MauerG	Mauergesetz
OldenbGBl.	Gesetzblatt für den Freistaat Oldenburg
OV spezial	Offene Vermögensfragen spezial (Zeitschrift)
PrALG	Preußisches Gesetz über die Allgemeine Landesverwaltung
Rdnr.	Randnummer
SA	Sachsen-Anhalt
Sachgeb.	Sachgebiet
SächsVerf	Verfassung des Freistaates Sachsen
SächsVRPG	Sächsisches Gesetz über die Verwaltungsrechtspflege
sog.	sogenannte/sogenannten

u.a.	unter anderem
UmwRG	Gesetz über ergänzende Vorschriften zu Rechtsbehelfen in Umweltangelegenheiten nach der EG-Richtlinie 2003/35/EG
URG	Umweltrahmengesetz
VerfBbg	Verfassung des Landes Brandenburg
VerfGH	Verfassungsgerichtshof
VGG	Verwaltungsgerichtsgesetz
z.T.	zum Teil
ZgesStW	Zeitschrift für die gesamte Staatswissenschaft
ZVS	Zentrale Vergabestelle für Studienplätze

Für alle weiteren Abkürzungen wird auf Kirchner/Pannier, Abkürzungsverzeichnis der Rechtssprache, 7. Auflage, Berlin, 2013, verwiesen.

Einleitung

Der Individualrechtsschutz repräsentiert eine der wichtigsten Funktionen der Verwaltungsgerichtsbarkeit, indem dieser dem Einzelnen Rechtsschutz gegen öffentlich-rechtliche Maßnahmen der Exekutive gewährt.[1] Er ist verfassungsrechtlich in Art. 19 Abs. 4 GG verankert und findet seine Konkretisierung in §§ 42 Abs. 2, 113 Abs. 1 S. 1 sowie Abs. 5 S. 1 VwGO.[2] Für den Zugang zur Verwaltungsgerichtsbarkeit muss der Betroffene neben weiteren klagespezifischen Voraussetzungen gemäß § 42 Abs. 2 VwGO geltend machen können, durch eine Handlung oder Unterlassung der öffentlichen Gewalt in seinen subjektiven öffentlichen Rechten verletzt zu sein.[3] Meist unproblematisch stellt sich die klassische Situation dar, in der die öffentliche Hand in einem verwaltungsgerichtlichen Verfahren verklagt wird. Sie entspricht dem Grundgedanken des Verwaltungsprozesses, dem Bürger eine Abwehrmöglichkeit gegen staatliches Handeln zu bieten.

Befremdlich wirken dagegen die Konstellationen, in denen der Staat – sei es in Gestalt eines Organs, Organteils oder Verwaltungsträgers – als Kläger des verwaltungsgerichtlichen Verfahrens auftritt und Rechts- bzw. Kompetenzverletzungen durch einen anderen Hoheitsträger rügt oder gar Ansprüche gegen einen Bürger behauptet, bzw. als Beigeladener an fremden Streitigkeiten beteiligt wird. Hierzu zählen u.a. auch die Verfahren, in denen die öffentliche Hand als Fiskus die Verletzung eigener Rechte gegenüber dem zuständigen Verwaltungsträger geltend macht. Auf solche verwaltungsrechtlichen Verfahren bin ich durch meine anwaltliche Tätigkeit auf dem Gebiet des Vermögensrechts wiederholt aufmerksam geworden. Prägend für diese Streitigkeiten waren insbesondere die hierzu ergangenen Entscheidungen des Bundesverwaltungsgerichts, in denen es in ständiger Rechtsprechung der öffentlichen Hand eine Klagebefugnis aus möglichen Verletzungen einfachgesetzlich ausgestalteten (Privat-)Eigen-

---

1 *Maurer*, in: Badura/Dreier (Hrsg.), Festschrift 50 Jahre Bundesverfassungsgericht, Bd. 2, 2001, S. 467 (476); vgl. *Krebs*, in: Festschrift für C.-F. Menger, 1985, S. 191 (197).

2 *Wahl*, in: Schoch/Schneider/Bier, VwGO, 25. EL 2013, Vorbemerkung, § 42 Abs. 2 Rdnr. 1 f.; *Enders*, in: Festschrift zum 100-jährigen Jubiläum des Sächsischen Oberverwaltungsgerichts, 2002, S. 167.

3 *Schmitt Glaeser/Horn*, Verwaltungsprozeßrecht, 15. Aufl. 2000, Rdnr. 150 ff.

tums zubilligt.[4] Diese Rechtsprechung bildet den Anlass zu dieser Untersuchung und nimmt einen der Prüfungsschwerpunkte der Arbeit ein.

Im Gegensatz zum Bürger sind die Klagemöglichkeiten der öffentlichen Hand formell durch die Ausgestaltung der Verwaltungsgerichtsordnung wegen der Problematik des Insichprozesses[5] auf Außenrechtsverhältnisse[6] sowie materiell durch ihre prinzipiell fehlende Grundrechtsfähigkeit[7] eingeschränkt. Eine Besonderheit gilt gemäß Art. 28 Abs. 2 GG lediglich für Gemeinden, soweit sie durch Maßnahmen der Exekutive in ihren Selbstverwaltungsbelangen beeinträchtigt werden.[8] Tritt die öffentliche Hand als Klägerin auf, muss sie ebenso wie ein Privater die Zulässigkeitsvoraussetzungen der maßgeblichen Klageart erfüllen und damit auch geltend machen können, in eigenen – öffentlichen – Rechten verletzt zu sein, sofern nicht die Klagebefugnis in speziellen gesetzlichen Regelungen angeordnet wird.

Im Mittelpunkt dieser Arbeit steht daher unter Einbeziehung einzelner Fallkonstellationen und Berücksichtigung fachgesetzlicher Besonderheiten sowie Eingriffsqualitäten, die Untersuchung, ob und inwieweit die Rechtsordnung dem Staat und seinen Einrichtungen Schutz gegen hoheitliche Eingriffe gewährleistet.

Hierzu soll zunächst in Kapitel **A** die historische Entwicklung der Verwaltungsgerichtsbarkeit und des Individualrechtsschutzes unter Berücksichtigung etwaiger Klagemöglichkeiten der öffentlichen Hand sowie in Kapitel **B** ihre heutigen Organisations- und Handlungsformen dargestellt werden. In Kapitel **C** wird dann anhand der verfassungsrechtlichen Vorgaben für die Verwaltungsgerichtsbarkeit sowie ihrer Funktionen und dem Gewaltenteilungsprinzip ermittelt, ob das Grundgesetz einen Rechtsschutzauftrag zugunsten der öffentlichen Hand oder gar Kontrollbeschränkungen zu ihren Lasten beinhaltet. Dem schließt sich

---

4 Vgl. BVerwG, VIZ 1996, 339 (340); BVerwGE 101, 47 (49).

5 Vgl. *Schoch*, JURA 2008, 826 (827).

6 Vgl. *Hoppe*, Organstreitigkeiten vor den Verwaltungs- und Sozialgerichten, 1970, S. 33; *Rennert*, JuS 2008, 119 (123).

7 Vgl. *Krebs*, in: v. Münch/Kunig, GG, Bd. 1, 5. Aufl. 2000, Art. 19 Rdnr. 41 f.; *Schmidt-Aßmann*, in: Maunz/Dürig, GG, 69. EL 2013, Art. 19 Abs. 4 Rdnr. 42; für Stiftungen des öffentlichen Rechts: *Schulte*, Staat und Stiftung, 1989, S. 58 ff.

8 Vgl. *Kopp/Schenke*, VwGO, 19. Aufl. 2013, § 42 Rdnr. 138.

eine Untersuchung der wichtigsten Funktionen und Maximen der Verwaltungsgerichtsbarkeit nach Maßgabe der Verwaltungsgerichtsordnung und ihre Anwendbarkeit auf die öffentliche Hand als Klägerin an.

In Kapitel **D** wird ihre Beteiligung als Klägerin, differenziert nach zwei- und mehrpoligem Eingriffsverhältnis, anhand verschiedener Einzelfälle betrachtet. Anschließend wird unter Berücksichtigung der Auffassungen in Rechtsprechung und Lehre untersucht, ob und inwieweit der öffentlichen Hand im Bau-, (Fach-)Planungs- und insbesondere im Vermögensrecht die für Anfechtungs- und Verpflichtungsklagen erforderliche Klagebefugnis zusteht.

Abschließend folgt in Kapitel **E** eine Darstellung der weiteren Beteiligungsmöglichkeiten der öffentlichen Hand als Beklagte, Vertreterin spezieller öffentlicher Interessen sowie als Beigeladene unter Berücksichtigung des Bau-, Immissionsschutz- und Vermögensrechts.

A. Entstehungsgeschichte der Verwaltungsgerichtsbarkeit und des Individualrechtsschutzes

Die Ausgestaltung der deutschen Verwaltungsgerichtsbarkeit steht in direktem Zusammenhang mit der Entstehung des öffentlichen Rechts und der Entscheidung für den Individualrechtsschutz.[9] Sie ist im wesentlichen Resultat der Rechtsentwicklung des 19. Jahrhunderts und des sich in Deutschland wandelnden Ordnungsgefüges in einer Zeit, in der der Staat erstmals als juristische Person begriffen wurde und als hoheitlicher Träger dem Untertan gegenüber stand[10] und in der zur Bestimmung des subjektiven Rechts zwischen öffentlichem und privatem Recht unterschieden wurde.[11]

Die Entwicklung des Verwaltungsprozesses nach seinem heutigen organisatorischen Verständnis begann mit dem „Gesetz die Organisation der inneren Verwaltung betreffend" vom 05.10.1863[12], das am 01.10.1864 in Kraft getreten ist. Mit der Errichtung des badischen Verwaltungsgerichtshofs ist eine Institution geschaffen worden, die getrennt von den Verwaltungsbehörden gemäß § 1 Abs. 3 des Gesetzes vom 05.10.1863 die Aufgabe wahrnimmt, in der letzten Instanz Rechtspflege in bestimmten öffentlich-rechtlichen Streitigkeiten auszuüben.[13]

Es gab jedoch schon vor dieser Zeit verwaltungsgerichtlichen Rechtsschutz im materiellen Sinne. Seine Entwicklung hängt unmittelbar mit dem Bestreben des Einzelnen zusammen, sich angemessen gegen belastende hoheitliche Akte zur Wehr setzen zu können. Dabei lassen sich die Ursprünge der Verwaltungsgerichtsbarkeit bis in die frühe Neuzeit zurückverfolgen.[14]

---

9 *Bauer*, DVBl. 1986, 208 (209); *Enders*, in: Festschrift zum 100-jährigen Jubiläum des Sächsischen Oberverwaltungsgerichts, 2002, S. 167 ff.

10 *Bauer*, a.a.O.

11 *Sellmann*, in: Staatsbürger und Staatsgewalt, 1963, S. 25 (82 ff.).

12 Bad. RegBl. S. 399.

13 *Trostel*, VBlBW 1988, 363; *Schmidt-Aßmann/Schenk*, in: Schoch/Schneider/Bier, VwGO, 25. EL 2013, Einleitung Rdnr. 76.

14 *Schmidt-Aßmann/Schenk*, in: Schoch/Schneider/Bier, VwGO, 25. EL 2013, Einleitung Rdnr. 70; *Sellmann*, in: Staatsbürger und Staatsgewalt, 1963, S. 25 (26 ff.).

I. Verwaltungsrechtspflege in der Zeit bis 1863

Während der Zeit des Heiligen Römischen Reiches Deutscher Nation entwickelten sich in den einzelnen Territorien unterschiedliche Ansätze zur Kontrolle verwaltungsrechtlicher Handlungen der Obrigkeit, die als Vorstufen für die Entstehung der Verwaltungsgerichtsbarkeit rechtsgeschichtlich anerkannt sind.[15]

Den reichsangehörigen Untertanen waren grundsätzlich sowohl auf reichsrechtlicher als auch auf landesrechtlicher Ebene Rechtsschutzmöglichkeiten gegenüber ihrem Landesherrn eingeräumt.[16] Sie konnten unter bestimmten Voraussetzungen ihren jeweiligen Landesherrn vor den Reichsgerichten[17] verklagen oder landeseigene Rechtsschutzsysteme in Anspruch nehmen. So wurde im norddeutschen Raum, insbesondere in Preußen im 17. und 18. Jahrhundert, Rechtsschutz vor den Territorialgerichten und speziellen innerhalb der Verwaltung gebildeten Spruchkörpern, den sog. Kammerkollegien, gewährt. In den süd- und südwestdeutschen Staaten hatte sich zu Beginn des 19. Jahrhunderts die Administrativjustiz nach französischem Vorbild herausgebildet.[18]

1. Gerichtlicher Rechtsschutz gegen Maßnahmen der Landesfürsten

Bereits das im Jahr 1495 in Frankfurt gegründete Reichskammergericht und der in Wien im Jahr 1498 errichtete Reichshofrat gewährten den Untertanen gegen-

---

15 I.E. *Sellmann*, in: Staatsbürger und Staatsgewalt, 1963, S. 25 (27); vgl. *Lorenz*, Verwaltungsprozessrecht, 2000, § 2 Rdnr. 1; *Trostel*, VBlBW 1988, 363; *Rüfner*, in: Festschrift für C.-F. Menger, 1985, S. 3 (3 ff.).

16 *Erichsen*, Verfassungs- und verwaltungsgeschichtliche Grundlagen der Lehre vom fehlerhaften belastenden Verwaltungsakt und seiner Aufhebung im Prozess, S. 104.

17 *Rüfner*, in: Festschrift für C.-F. Menger, 1985, S. 3 (4 f.); *Trostel*, VBlBW 1988, 363; *Lorenz*, Verwaltungsprozessrecht, 2000, § 2 Rdnr. 1.

18 Vgl. *Sellmann*, in: Staatsbürger und Staatsgewalt, 1963, S. 25 (27); *Schmidt-Aßmann/Schenk*, in: Schoch/Schneider/Bier, VwGO, 25. EL 2013, Einleitung Rdnr. 72 ff.; *Trostel*, a.a.O.

über ihrem Landesherrn Rechtsschutz, der nach heutigem Verständnis u.a. dem öffentlichen Recht zuzuordnen wäre.[19]

Voraussetzung für den Zugang zu den Reichsgerichten war, dass der Untertan gegenüber dem Landesherrn ein „wohlerworbenes Privatrecht" (ius quaesitum), d.h. ein Recht, welches nur einem Privaten in Abgrenzung zu den Hoheitsrechten eines Landesherrn zusteht, geltend machen konnte. Da die Reichsgerichtsbarkeit überwiegend dem Individualrechtsschutz diente, musste es sich hierbei um ein „Privatrecht" im subjektiven Sinne handeln.[20] Eine Unterscheidung zwischen zivilrechtlichen und öffentlich-rechtlichen Streitigkeiten gab es seinerzeit noch nicht.[21]

Aus diesem Grunde waren die Reichsgerichte für unterschiedliche Rechtsgebiete zuständig, so etwa für Entscheidungen über privatrechtliche Angelegenheiten, die Überprüfung steuerrechtlicher Befugnisse, die Gewährung von Gewerbeberechtigungen und Zunftprivilegien sowie weitere verwaltungsrechtliche Angelegenheiten und auch Streitigkeiten die nach heutigem Verständnis verfassungsrechtlicher Natur wären.[22]

Dieser Überprüfung konnten sich zunächst auch die Landesherren nicht vollständig entziehen, denen vom Kaiser das privilegium de non appellando, d.h. das Recht, ihren Untertanen die Anrufung eines kaiserlichen Gerichts zu untersagen, verliehen wurde. Diese Appellationsprivilegien bezogen sich nur auf die reichsgerichtliche Rechtsmittelinstanz und nicht auf die Anrufung der Reichsgerichte in erster Instanz.[23] So erstreckte sich die erstinstanzliche Zuständigkeit des Reichskammergerichts u.a. auch auf Klagen gegen reichsunmittelbare Personen und Institutionen sowie auf Fälle der Reichsverweigerung.[24]

---

19 *Rüfner*, in: Festschrift für C.-F. Menger, 1985, S. 3 (4 f.); *Trostel*, VBlBW 1988, 363; *Lorenz*, Verwaltungsprozessrecht, 2000, § 2 Rdnr. 1.

20 *Rüfner*, DÖV 1963, 719; *Erichsen*, Verfassungs- und verwaltungsgeschichtliche Grundlagen der Lehre vom fehlerhaften belastenden Verwaltungsakt und seiner Aufhebung im Prozess, S. 70 ff. und 82.

21 *Sellmann*, in: Staatsbürger und Staatsgewalt, 1963, S. 25 (31 f.).

22 *Trostel*, VBlBW 1988, 363; *Sellmann*, a.a.O., S. 25 (32 f.); *Rüfner*, in: Festschrift für C.-F. Menger, 1985, S. 3 (4 f.).

23 *Rüfner*, a.a.O., S. 3 (4).

24 *Sellmann*, in: Staatsbürger und Staatsgewalt, 1963, S. 25 (29).

Der Zugang der Untertanen zur Reichsgerichtsbarkeit wurde jedoch später durch die Bestrebungen der einzelnen Landesherren, die Ausübung ihrer Herrschaftsgewalt der (reichs-)gerichtlichen Überprüfung zu entziehen, beschränkt.[25] Um die Anrufung der Reichsgerichte in erster Instanz zu verhindern, unterwarfen sich die Landesherren zum Teil der Gerichtsbarkeit ihrer eigenen territorialen (zivilen) Landesgerichte. Diese hatten nunmehr auch über steuerrechtliche und verwaltungsrechtliche Fragen zu entscheiden. Lediglich die Klärung hoheitsrechtlicher Streitigkeiten, z.B. über Gesetzgebungsrechte in Polizei- und Steuersachen, beließen die Landesherren in der Regel bei der Reichsgerichtsbarkeit.[26]

2. Rechtsschutz durch Kammerjustiz

In einigen deutschen Territorien hatte sich daneben eine besondere Art der Rechtspflege, die sog. Kammerjustiz, als weitere Vorstufe der Verwaltungsgerichtsbarkeit herausgebildet. Unter dem Einfluss der Landesherren ist den ordentlichen Gerichten teilweise die Klärung politisch brisanter Angelegenheiten, z.B. in Bezug auf die Kammergüter, sowie die Klärung von Verwaltungsangelegenheiten entzogen und einer speziellen Verwaltungsbehörde, den Kammerkollegien, übertragen worden.[27] Aufgrund dieser Zuweisungsmöglichkeit der einzelnen Landesherren waren die Zuständigkeiten der ordentlichen Gerichte und der Kammerkollegien in den jeweiligen Territorien uneinheitlich. Auch war es für die Zuständigkeit der Kammerkollegien unerheblich, ob es sich um eine privatrechtliche oder eine öffentlich-rechtliche Streitigkeit handelte. Voraussetzung war lediglich, dass durch das jeweilige Kammerkollegium ein rechtlich geordnetes Verfahren gewährleistet wurde.[28]

Insbesondere in Brandenburg-Preußen ist im 17. und 18. Jahrhundert in ausgeprägter Form Kammerjustiz ausgeübt worden. Bereits im Jahr 1653 sind den

---

25 Vgl. *Bauer*, Geschichtliche Grundlagen der Lehre vom subjektiven öffentlichen Recht, S. 39.

26 *Rüfner*, in: Festschrift für C.-F. Menger, 1985, S. 3 (5 f.).

27 *Trostel*, VBlBW 1988, 363; *Schmidt-Aßmann/Schenk*, in: Schoch/Schneider/Bier, VwGO, 25. EL 2013, Einleitung Rdnr. 72; *Sellmann*, in: Staatsbürger und Staatsgewalt, 1963, S. 25 (37 ff.).

28 *Rüfner*, in: Festschrift für C.-F. Menger, 1985, S. 3 (7).

Territorialgerichten der Kurmark und später in den übrigen Landesteilen die Zuständigkeit über Klagen gegen den Landesherrn und seine Beamten in Angelegenheiten über deren Amtsausübung entzogen und nach Errichtung eines einheitlich organisierten Behördenapparats den hierfür neu geschaffenen Amtsstellen zur Entscheidung übertragen worden. Diese wurden z.B. in Steuerangelegenheiten auch dazu bevollmächtigt, bei Steuerhinterziehungen selbständig Strafen zu verhängen. Die Kammergerichtsordnung vom 01.03.1709 enthielt erstmalig eine gesetzlich geregelte Zuständigkeitsbeschränkung der Gerichte, in der diesen die Zuständigkeit in allen Militär-, Jagd-, Steuer-, Abgaben-, Zoll- und ähnlichen Angelegenheiten entzogen und den Kammerkollegien, wie etwa die preußische Kriegs- und Domänekammer, zugewiesen wurden.[29] In den darauf folgenden Jahren sind weitere Zuständigkeitsregelungen und Verfahrensordnungen erlassen worden, die die rechtsprechenden Aufgaben der Kammern erweiterten.[30]

In den übrigen Territorien ist – wenn überhaupt – nur ansatzweise auf die Kammerjustiz zurückgegriffen worden. Lediglich Österreich hat nach dem Vorbild der preußischen Kammerjustiz gleichwertige Ämter (Consessualgerichte) errichtet.[31]

Diese Form der Verwaltungsrechtspflege blieb in Preußen bis 1808 bestehen, obgleich bereits aus dem Ressortreglement für Neu-Ostpreußen vom 03.03.1797 eine Abkehr von der Kammerjustiz erkennbar war, die alle Justiz- und Prozesssachen auf die Regierung Neu-Ostpreußen übertrug.[32] Auch § 80 EALR regelte, dass alle Rechtsstreitigkeiten zwischen dem Oberhaupt des Staates und seinen Untertanen den ordentlichen Gerichten zugewiesen werden sollen.

---

29 *Trostel*, VBlBW 1988, 363; *Sellmann*, in: Staatsbürger und Staatsgewalt, 1963, S. 25 (37 ff.); *Rüfner*, in: Festschrift für C.-F. Menger, 1985, S. 3 (9 ff.).

30 *Sellmann*, in: Staatsbürger und Staatsgewalt, 1963, S. 25 (40 f.).

31 *Sellmann*, a.a.O., S. 25 (41).

32 *Schmidt-Aßmann/Schenk*, in: Schoch/Schneider/Bier, VwGO, 25. EL 2013, Einleitung Rdnr. 73; *Rüfner*, in: Festschrift für C.-F. Menger, 1985, S. 3 (14 f.); *Sellmann*, in: Staatsbürger und Staatsgewalt, 1963, S. 25 (49).

Mit Erlass der „Verordnung wegen verbesserter Einrichtung der Provinzial-, Polizei- und Finanzbehörden“ vom 26.12.1808[33] wurde die Rechtspflege, die bislang den Landespolizei- und Finanzbehörden oblag, unter strenger Trennung von Exekutive und Judikative ausnahmslos den ordentlichen Gerichten übertragen. Dies war jedoch nur ein „Pyrrhussieg“ gegen die Verwaltungsjustiz. Denn durch das in § 36 der Verordnung geregelte Trennungsprinzip war der Rechtsweg für Streitigkeiten über „wirkliche Majestäts- und Hoheitsrechte“ ausgeschlossen. In der Folgezeit nahmen solche Rechtswegausschlüsse immer mehr zu, so dass der zwischenzeitlich erreichte Fortschritt wieder rückgängig gemacht wurde.[34]So ist z.B. durch das „Gesetz über die Zulässigkeit des Rechtswegs in Beziehung auf polizeiliche Verfügungen“ vom 11.05.1842[35] der Rechtsweg zu den Gerichten bei Beschwerden gegen Polizeiverfügungen ausgeschlossen und die Entscheidung den vorgesetzten Dienstbehörden zugewiesen worden. Der ordentliche Rechtsweg blieb in diesem Zusammenhang nur solchen Rechtstreitigkeiten vorbehalten, bei denen durch polizeiliche Verfügungen ein zum privaten Eigentum zählendes Recht verletzt wurde. Auch im Gewerberecht war der Rechtsschutz nur durch vorgesetzte Dienstbehörden gewährt.[36]

Mit Ende des Heiligen Römischen Reiches Deutscher Nation stagnierte letztlich in allen Bund- und Teilstaaten die Fortentwicklung des Verwaltungsrechtsschutzes. Insbesondere in den Rheinbundstaaten waren Bemühungen erkennbar, den Rechtsschutz in Verwaltungsangelegenheiten auszuschließen. Die Ursachen hierfür sind vielfältig. Bestimmend war der Einfluss des französischen Verwaltungsrechts auf die Rechtsschutzentwicklung[37], die Straffung der Verwaltungsorganisation und der Wegfall der reichsrechtlichen Gerichtsbarkeit sowie die Abschaffung der Kammerjustiz. Auch sollten beabsichtigte Reformmaßnahmen nicht durch bestimmte Verwaltungsstreitigkeiten erschwert werden.[38]

---

33 PrGS 1806-1810, S. 464.

34 *Schmidt-Aßmann/Schenk*, in: Schoch/Schneider/Bier, VwGO, 25. EL 2013, Einleitung Rdnr. 73; *Trostel*, VBlBW 1988, 363; *Sellmann*, in: Staatsbürger und Staatsgewalt, 1963, S. 25 (50, 69 ff.).

35 PrGS 1842, S. 192.

36 *Trostel*, VBlBW 1988, 363 (364); *Sellmann*, in: Staatsbürger und Staatsgewalt, 1963, S. 25 (69 ff.).

37 *Scheuner*, DÖV 1963, 714 (716 f.).

38 *Rüfner*, in: Festschrift für C.-F. Menger, 1985, S. 3 (8); *ders.*, DÖV 1963, 719 (723 ff.).

Besonders einschneidend war in der Folgezeit die Reglementierung der öffentlichen Meinungs- und Pressefreiheit durch die Karlsbader Beschlüsse des Bundestages aus dem Jahre 1819 sowie die verschärfenden Beschlüsse aus den Jahren 1832 und 1834, mit denen der liberalen und nationalen Bewegung, die unter dem Eindruck der französischen Revolution die Errichtung eines deutschen Nationalstaates mit liberaler Verfassung forderte, entgegengewirkt werden sollte.[39]

Bedingt durch die Februarrevolution des Jahres 1848 in Frankreich, die die Herrschaft des Königs Louis-Philippe von Orléans beendete und an dessen Stelle eine demokratisch-sozialistische Regierung einsetzte, wurden auch in Deutschland die Forderungen nach einem deutschen Nationalstaat mit einheitlicher Verfassung, der Herstellung eines Parlaments, der Gewährung von Presse-, Meinungs- und Versammlungsfreiheit, der Errichtung von Schwurgerichten sowie der Einführung eines allgemeinen Wahlrechts lauter. Diesen sog. Märzforderungen konnten sich die Staaten des Bundes und auch die Teilstaaten Preußen sowie Österreich nicht mehr entziehen.

Diese revolutionären Ereignisse führten letztlich zur Bildung der Nationalversammlung am 18.05.1848 in der Frankfurter Paulskirche und dem Erlass der Frankfurter Reichsverfassung vom 28.03.1849, die jedoch nicht mehr umgesetzt wurde.[40]

3. Rechtsschutz durch Administrativjustiz

Neben der überwiegend in Brandenburg-Preußen vorherrschenden Kammerjustiz wurden zu Beginn des 19. Jahrhunderts im süd- und südwestdeutschen Raum, z.B. in Bayern (1808), in Baden und Württemberg (1819) in Anlehnung an französische Vorbilder – des Conseil d'Etat – administrative Organe, wie der Geheime Rat bzw. der Staatsrat, geschaffen.[41] Gemäß § 36 der Verfassung des Königreiches Württemberg vom 25.09.1819 konnte jeder Bürger gegen geset-

---

39 *Stern*, Staatsrecht, Bd. V, 2000, S. 197 f. und 199 f.; *Unruh*, Der Verfassungsbegriff des Grundgesetzes, S. 220 f.

40 *Unruh*, a.a.O.; *Grimm*, Deutsche Verfassungsgeschichte 1776-1866, S. 178 f., 204 ff.

41 *Sellmann*, in: Staatsbürger und Staatsgewalt, 1963, S. 25 (62 f.); *Emmert*, BayVBl. 1997, 8 (9 f.); vgl. auch *Scheuner*, DÖV 1963, 714 (715 f.).

zes- und ordnungswidrige Verfahrenshandlungen einer Staatsbehörde Beschwerde bei der jeweils vorgesetzten Dienststelle erheben und diese notfalls bis zur höchsten Behörde, dem Ministerium, weiterverfolgen. Gegen die Verfügungen des jeweiligen Departments-Ministers sowie gegen Straferkenntnisse der Administrativstellen stand dem Betroffenen das Recht des Rekurses, einer Art Einspruch oder Beschwerde, an den Geheimen Rat zu, vgl. § 60 der württembergischen Verfassung von 1819.[42] Die Spruchtätigkeit des Geheimen Rates in diesen Angelegenheiten ist zum Teil als Verwaltungsrechtsprechung bezeichnet worden[43] und hat in Württemberg verbreitet Anerkennung gefunden.[44]

Zum Geschäftskreis des Geheimen Rates gehörten ferner gemäß § 59 der württembergischen Verfassung u.a. die Politikberatung, die Regelung aller ständischen Angelegenheiten, der Kompetenzstreitigkeiten zwischen den Justiz- und Verwaltungsbehörden, die Bearbeitung der Anträge auf Entlassung oder Zurücksetzung eines Staatsdieners sowie die Bearbeitung von Streitigkeiten zwischen einzelnen Kirchen untereinander. Er war gemäß § 54 der württembergischen Verfassung nach dem König die oberste Staatsbehörde.[45]

Ausnahmen bildeten dagegen Kurhessen[46] und die Hansestädte[47], die die Zuständigkeit der ordentlichen Gerichte in Bezug auf alle Justizangelegenheiten beibehielten.

Mit Ende des alten deutschen Reiches und der Reichsgerichtsbarkeit entwickelte sich insbesondere auf rechtswissenschaftlicher Ebene eine Auseinandersetzung mit der Frage, inwieweit die Untertanen Regierungsakte zur Überprüfung der Zivilgerichte stellen können. Erstmalig hatte *W. J. Behr*, Professor der Staatswissenschaft in Würzburg, in seinen Schriften die wesentlichen Unterschiede zwischen öffentlichem und privatem Recht herausgearbeitet und klarge-

---

42 *Trostel*, VBlBW 1988, 363 (364); *v. Sarwey*, Das öffentliche Recht und die Verwaltungsrechtspflege, 1880, S. 256 ff.

43 *V. Sarwey*, a.a.O., S. 260.

44 *Thierfelder*, DÖV 1976, 797 (798).

45 *Schmidt-Aßmann/Schenk*, in: Schoch/Schneider/Bier, VwGO, 25. EL 2013, Einleitung Rdnr. 74; *Trostel*, VBlBW 1988, 363 (364); *Sellmann*, in: Staatsbürger und Staatsgewalt, 1963, S. 25 (62 f.).

46 *Rüfner*, DÖV 1963, 719 (723).

47 Vgl. *Lorenz*, Verwaltungsprozessrecht, 2000, § 2 Rdnr. 2.

stellt, dass auch der Rechtsschutz für diese Rechtsgebiete entsprechend unterschiedlich ausgestaltet werden müsse. Dieser Ansicht schlossen sich in den nachfolgenden Jahren weitere Rechtswissenschaftler, wie etwa der bayerische Staatsrechtslehrer *v. Gönner*, an.[48] Eine ähnliche Entwicklung nahm die wissenschaftliche Auseinandersetzung mit dem System der Administrativjustiz auch in Württemberg, insbesondere durch *C. v. Pfizer* und *R. v. Mohl*. *V. Pfizer* veröffentlichte Beiträge über die Abgrenzung zwischen Verwaltungs- und Ziviljustiz sowie die Behandlung von Verwaltungsangelegenheiten und erläuterte hierin das Subjektionsverhältnis zwischen Untertan und Landesherr. *V. Mohl* hatte sich später auf der Frankfurter Nationalversammlung für die Einrichtung einer besonderen Verwaltungsjustiz eingesetzt, die seiner Auffassung nach dennoch weiterhin durch Behörden gewährleistet werden solle.[49]

Da die Mehrheit der Ausschussmitglieder der Frankfurter Nationalversammlung erkannte, dass eine Verwaltungskontrolle durch die Administrativorgane nicht den Anforderungen an einen rechtsstaatlichen Rechtsschutz genügte, wurde mit Erlass der Frankfurter Reichsverfassung vom 28.03.1849 in Art. 182 Abs. 1 bestimmt, dass die Verwaltungsrechtspflege aufhöre und über Rechtsverletzungen die Gerichte zu entscheiden haben.[50] Verwaltungsstreitigkeiten sollten damit nicht mehr von Behörden, sondern ausschließlich von unabhängigen Gerichten entschieden werden. Zuständig für diese Streitigkeiten sollten zunächst die seinerzeit einzig verfügbaren Justizgerichte sein. Entgegen der wohl früher in der Literatur geäußerten Meinung ist damit keine Entscheidung gegen die Errichtung von gesonderten Verwaltungsgerichten getroffen worden. Gegenstand der Regelung war vielmehr die Abkehr von der Administrativjustiz.[51]

II. Bedeutung des subjektiven öffentlichen Rechts

Die Frage der Notwendigkeit einer eigenständigen Verwaltungsgerichtsbarkeit ist auch in den nachfolgenden Jahren Gegenstand rechtswissenschaftlicher Diskussionen geblieben.

---

48 *Sellmann*, in: Staatsbürger und Staatsgewalt, 1963, S. 25 (53 ff.).

49 *Sellmann*, a.a.O., S. 25 (59, 77); vgl. *Emmert*, BayVBl. 1997, 8 (10); vgl. auch *Kohl*, Reichsverwaltungsgericht, 1991, S. 11 ff.

50 *Sellmann*, in: Staatsbürger und Staatsgewalt, 1963, S. 25 (77 ff.).

51 *Menger*, DÖV 1963, 726; *Lorenz*, Verwaltungsprozessrecht, 2000, § 2 Rdnr. 3.

So nahm u.a. der Berliner Staatsrechtslehrer *R. v. Gneist* im Jahr 1860 die Forderung nach einer solchen Gerichtsbarkeit (Gerichtshöfe öffentlichen Rechts) wieder auf, deren innere verfahrensrechtliche Ausgestaltung er – im Gegensatz zu seinen Vorgängern – dem englischen Verfassungs- und Verwaltungsrecht entnahm. Zurecht wies er jedoch darauf hin, dass die Übertragung der Zuständigkeiten von den Regierungen und Chefs der Ministerial-Departments auf die Gerichte nicht übereilt werden dürfe, da es den Juristen, die bislang für Strafrecht und Vermögensrecht zuständig waren, an einer entsprechenden Ausbildung und Erfahrung auf dem Gebiet des öffentlichen Rechts fehle.[52] Die Notwendigkeit der Errichtung eigenständiger Verwaltungsgerichte ergab sich für *v. Gneist* gerade aus dem Unterschied zwischen Zivil- und Verwaltungsrecht.[53]

Dabei sollte seiner Auffassung nach der Verwaltungsrechtsschutz einer reinen objektiv-rechtlichen Kontrolle der obrigkeitlichen Tätigkeit dienen. *V. Gneist* verstand das Verwaltungsrecht als eine dem öffentlichen Recht und Allgemeinwohl dienende „objective Rechtsordnung", als „ein Inbegriff von Normativbestimmungen für die Ausübung der obrigkeitlichen Gewalt, abgeleitet vom Staate und existent durch und in dem Staate." Die Obrigkeit sei berechtigt und gleichzeitig auch verpflichtet, diese Normen ordnungsgemäß anzuwenden.[54] Die objektivrechtliche Kontrolle durch die Verwaltungsgerichtsbarkeit hat *v. Gneist* u.a. deshalb befürwortet, da er hierin die einzige Chance sah, Machtmissbrauch innerhalb der Verwaltung zu überprüfen und zu beseitigen. Dies könne durch eine an Individualrechten orientierte Verwaltungsgerichtsbarkeit jedoch nicht gewährleistet werden.[55]

---

52 *V. Gneist*, Das heutige englische Verfassungs- und Verwaltungsrecht, II.递theil: Die Communalverfassung und Communalverwaltung, 1860, S. 895 ff.

53 *Kohl*, Reichsverwaltungsgericht, 1991, S. 19; vgl. hierzu auch die Darstellungen bei *Erichsen*, Verfassungs- und verwaltungsgeschichtliche Grundlagen der Lehre vom fehlerhaften belastenden Verwaltungsakt und seiner Aufhebung im Prozess, 1971, S. 274 ff.; vgl. ferner *Schlacke*, Überindividueller Rechtsschutz, S. 34.

54 *V. Gneist*, Der Rechtsstaat und die Verwaltungsgerichte in Deutschland, 2. Aufl. 1879, S. 270.

55 *V. Gneist*, Verhandlungen des 12. DJT, 1875, Bd. 3, S. 226; *ders.*, Der Rechtsstaat und die Verwaltungsgerichte in Deutschland, 2. Aufl. 1879, S. 272; vgl. *Schlacke*, Überindividueller Rechtsschutz, S. 34 f.

Der Schutz subjektiver Rechte des Einzelnen sei lediglich von sekundärer Bedeutung für die Verwaltungsrechtsprechung.[56] Soweit den Untertanen rechtliches Gehör gewährt werde, diene dies nur der Überprüfung ordnungsgemäßer Ausführung der Gesetze. Bei der Annahme, dass die Rechtsprechung nur dem Schutz subjektiver Rechte diene, handele es sich seiner Auffassung nach um einen Zirkelschluss.[57]

Das Hauptproblem des Verwaltungsmissbrauchs sah *v. Gneist* in den Bereichen, in denen der Verwaltung eine „Massbestimmung" – gemeint sind hier wohl die Auslegung unbestimmter Rechtsbegriffe sowie Ermessensentscheidungen – zustehe, wie z.B. bei der Erteilung oder Versagung von Gewerbekonzessionen, auf dem Gebiet des Polizeirechts, der Steuerfestsetzung und der Kirchen- und Schulverwaltung.[58]

Obgleich für die Durchsetzung einer objektiven Rechtskontrolle die Einführung einer Generalklausel als Zuständigkeitsregelung effektiver gewesen wäre, sprach sich *v. Gneist* ohne nähere Begründung letztlich für das Enumerationsprinzip aus; nur die Verfügungen, die der Willkür zugänglich waren, sollten einer „Collegialentscheidung" zugeführt werden.[59]

Ähnliche dogmatische Ansichten über die Ausbildung des Verwaltungsrechtsschutzes äußerte auch *O. Mayer* in dem ersten Band seines 1895 erschienenen Werkes „Deutsches Verwaltungsrecht". Seiner Auffassung nach diene die Verwaltungsrechtspflege primär dem objektiven Recht und dadurch nur mittelbar dem Einzelnen.[60]

---

56 *V. Gneist*, Verhandlungen des 12. DJT, 1875, Bd. 3, S. 233; *ders.*, Der Rechtsstaat und die Verwaltungsgerichte in Deutschland, 2. Aufl. 1879, S. 271.

57 *V. Gneist*, Der Rechtsstaat und die Verwaltungsgerichte in Deutschland, 2. Aufl. 1879, S. 271, die er als „civilistische petitio principii" bezeichnet.

58 *V. Gneist*, a.a.O., S. 272 f.

59 *V. Gneist*, Verhandlungen des 12. DJT, 1875, Bd. 3, S. 239, vgl. *Kohl*, Reichsverwaltungsgericht, 1991, S. 20.

60 *Mayer*, Deutsches Verwaltungsrecht, Bd. 1, 2. Aufl. 1914, S. 135.

Mayer verstand indes Verwaltung und Rechtsprechung als eine Einheit mit lediglich verschiedenen Verfahrensformen.[61] Bereits der Erlass von Verwaltungsakten bedeutete für ihn einen Akt der Rechtspflege.[62]

O. v. Sarwey[63] und *O. Bähr*[64] sahen im Gegensatz zu *v. Gneist* in der Funktion der Verwaltungsrechtspflege den Schutz subjektiver Rechte. Während *Bähr* den Staat als „Genossenschaft der Nation", in dessen Staatsrecht es keinen „generischen" Gegensatz zwischen Zivilrecht und öffentlichem Recht gebe, verstand,[65] war für *v. Sarwey* diese Unterscheidung zumindest in Ansätzen von Bedeutung. Verwaltungsrechtspflege könne nur dann gewährt werden, soweit es dem Schutz von Einzelinteressen im Rahmen der Rechtsordnung diene. Verwaltungsrecht beinhaltete für ihn eine an Verfassungsprinzipien orientierte Tätigkeit des Staates im Bereich des Auswärtigen, des Kriegswesens, des Inneren und des Finanzwesens zur Erfüllung öffentlicher Interessen.[66] Dabei differenzierte *v. Sarwey* streng zwischen Verwaltung und Rechtsprechung.[67] Maßgebend sei für die Verwaltung in materieller Hinsicht nur die Verwirklichung des öffentlichen Interesses.[68] Die Funktion der Rechtsprechung liege dagegen in der Überprüfung, ob Handlungen der Verwaltung gegenüber demjenigen, der sich auf „sein entgegenstehendes subjektives Recht" beruft, der öffentlichen Rechtsordnung entsprechen.[69]

Zur Bestimmung des subjektiven Rechts unterteilte *v. Sarwey* das Verwaltungsrecht einerseits in Normen, die die Aufgaben und die Organisation der inneren Verwaltung zur Verwirklichung des materiellen Zwecks beinhalteten und

---

61 *Kohl*, Reichsverwaltungsgericht, 1991, S. 23.

62 *Mayer*, Deutsches Verwaltungsrecht, Bd. 1, 2. Aufl. 1914, S. 133 ff., 141; vgl. *Kohl*, a.a.O.

63 *V. Sarwey*, Das Öffentliche Recht und die Verwaltungsrechtspflege, 1880, S. 73, 405 ff.

64 *Bähr*, Der Rechtsstaat, 1864, S. 35 f.

65 *Bähr*, a.a.O., S. 45 f.; vgl. hierzu auch Darstellungen bei *Erichsen*, Verfassungs- und verwaltungsgeschichtliche Grundlagen der Lehre vom fehlerhaften belastenden Verwaltungsakt und seiner Aufhebung im Prozess, 1971, S. 270 ff.; vgl. *Kohl*, Reichsverwaltungsgericht, 1991, S. 18.

66 *Stolleis*, Geschichte des öffentlichen Rechts in Deutschland, Bd. 2, 1992, S. 400.

67 *V. Sarwey*, Das Öffentliche Recht und die Verwaltungsrechtspflege, 1880, S. 73, 76, 405 ff.; vgl. *Schlacke*, Überindividueller Rechtsschutz, S. 37.

68 *V. Sarwey*, a.a.O., S. 74.

69 *V. Sarwey*, Das Öffentliche Recht und die Verwaltungsrechtspflege, 1880, S. 73.

in „Verwaltungsrecht im engeren Sinne“.[70] Erstere bezeichnete *v. Sarwey* als „Amtsinstructiones“[71], die seiner Auffassung nach keine subjektiven Rechte vermitteln und nur im Wege einer Beschwerde zur Überprüfung gestellt werden könnten.[72]

Im Gegensatz hierzu beinhalte das „Verwaltungsrecht im engeren Sinne“ Rechte, die dem Einzelnen dienen und gegenüber dem allgemeinen öffentlichen Interessen vorrangig seien und insoweit für die Willensbildung der öffentliche Gewalt und des Einzelnen maßgeblich seien wie zivilrechtliche Normen.[73] Diese Rechte bezeichnete *v. Sarwey* als subjektive Rechte.[74] Die Notwendigkeit der Verwaltungsrechtspflege ergab sich für *v. Sarwey* bereits aus der Verbindung zur Begrifflichkeit des „Verwaltungsrechts im engeren Sinne“. Verwaltungsrechtspflege setze Verwaltungsrecht im engeren Sinne voraus. Umgekehrt sei aber auch Verwaltungsrecht im engeren Sinne ohne die zugehörige Rechtspflege nicht vorstellbar, da es insofern kein „wirkliches“ Recht vermittele.[75]

Im Gegensatz zu *v. Gneist* hielten *v. Sarwey*[76] und wohl auch *Bähr*[77] die Einführung einer Generalklausel als Zugangsvoraussetzung zum Verwaltungsgericht für erforderlich. Neben den zuvor genannten Parallelen bestanden zwischen den Auffassungen von *v. Sarwey* und *Bähr* aber auch aufgrund des unterschiedlichen Staatsverständnisses bedeutende Unterschiede. So rügte *v. Sarwey* gegenüber *Bährs* genossenschaftlichem Staatsverständnis, dass es nicht Aufgabe des Rechtsstaates sei, jede Rechtsverletzung durch die Gerichtsbarkeit zu über-

---

70 *V. Sarwey*, a.a.O., S. 65 ff.

71 *V. Sarwey*, Das Öffentliche Recht und die Verwaltungsrechtspflege, 1880, S. 65.

72 *V. Sarwey*, in: Marquardsen, Handbuch des öffentlichen Rechts der Gegenwart, 1. Band, 2. Halbband, S. 151 ff.; vgl. *Kohl*, Reichsverwaltungsgericht, 1991, S. 21.

73 *V. Sarwey*, Das Öffentliche Recht und die Verwaltungsrechtspflege, 1880, S. 65 f.

74 *V. Sarwey*, a.a.O., S. 79, 405 f.; *ders.*, in: Marquardsen, Handbuch des öffentlichen Rechts der Gegenwart, 1. Band, 2. Halbband, S. 152; vgl. auch *Schlacke*, Überindividueller Rechtsschutz, S. 37.

75 *V. Sarwey*, Das Öffentliche Recht und die Verwaltungsrechtspflege, 1880, S. 76; vgl. *Stolleis*, Geschichte des öffentlichen Rechts in Deutschland, Bd. 2, 1992, S. 400.

76 *V. Sarwey*, a.a.O., S. 407 f.

77 *Kohl*, Reichsverwaltungsgericht, 1991, S. 18, 22.

prüfen.[78] Hierdurch entwickelten sich auch unterschiedliche Auffassungen darüber, wer zur gerichtlichen Geltendmachung subjektiver Rechte berechtigt sein soll. Während *v. Sarwey* dies nur den Untertanen vorbehielt, war *Bähr* der Auffassung, dass ein Richterspruch bei Interesse auch „von der Regierungsgewalt selbst beansprucht werden dürfe".[79] Zwar wurde *v. Sarwey* entgegengehalten, dass dessen Ausführungen zum subjektiven Rechtsschutzsystem nur rudimentärer Art gewesen seien, jedoch gilt er anerkanntermaßen als einer der Begründer, die den subjektiven Rechtsschutz mit der Verwaltungsgerichtsbarkeit verknüpft haben.[80]

Erst *G. Jellinek* entwickelte Ende des 19. Jahrhunderts u.a. auf der Grundlage der Lehren *v. Sarweys* und *v. Gerbers*[81]eine dogmatisch nachvollziehbare Begründung des subjektiven öffentlichen Rechts.[82] Der einzelne Mensch werde aufgrund seiner Staatszugehörigkeit, seiner Stellung im Staat und seinen Beziehungen zum Staat in „rechtlich relevante Zustände" versetzt. Die sich hieraus ergebenden Ansprüche bezeichnete er als subjektive öffentliche Rechte.[83] Zur Begriffsbestimmung bezog er sich auf das von *Windscheid*[84] befürwortete Willenselement und den Ansatz von *v. Ihrings*[85] Interessentheorie und verband beide Elemente miteinander. Das subjektive Recht sei seiner Auffassung nach eine „auf ein Gut oder Interesse gerichtete menschliche Willensmacht", die von der Rechtsordnung anerkannt und geschützt sei.[86] Es beinhalte die gegen den Staat

---

78 *V. Sarwey*, Das Öffentliche Recht und die Verwaltungsrechtspflege, 1880, S. 131; a.A. *Bähr*, Der Rechtsstaat, 1854, S. 104; vgl. hierzu *Kohl*, Reichsverwaltungsgericht, 1991, S. 22.

79 *Bähr*, a.a.O., S. 66 f.

80 *Kohl*, Reichsverwaltungsgericht, 1991, S. 22.

81 *V. Gerber*, Über öffentliche Rechte, 1852, S. 30 ff.; vgl. hierzu auch *Bühler*, Die subjektiven öffentlichen Rechte, 1914, S. 1 (Fn. 1), der *v. Gerbers* Werk als „epochemachende Schrift" bezeichnete.

82 *G. Jellinek*, System der subjektiven öffentlichen Rechte, 2. Aufl. 1905, S. 4 f.

83 *G. Jellinek*, a.a.O., S. 81 ff.

84 Vgl. *Pauly*, in: Paulson/Schulte, Georg Jellinek: Beiträge zu Leben und Werk, 2000, S. 227 (233).

85 *G. Jellinek*, System der subjektiven öffentlichen Rechte, 2. Aufl. 1905, (Fn. 2) S. 45.

86 *G. Jellinek*, System der subjektiven öffentlichen Rechte, 2. Aufl. 1905, S. 44 f.

gerichtete „Fähigkeit, Rechtsnormen im individuellen Interesse in Bewegung zu setzen".[87]

G. Jellinek entwickelte hierzu eine Statuslehre, in der er die jeweiligen Stellungen des Einzelnen im Staat in bestimmte Kategorien (den passiven (Untertanen-)Status; den negativen Status der Freiheit vom Staat; den positiven Status durch Gewährung von Ansprüchen gegen den Staat; den aktiven Status der Wahrnehmung politischer Rechte) einordnete.[88]

Subjektive öffentliche Rechte erkannte *G. Jellinek* jedoch nicht nur den einzelnen Menschen sondern – ähnlich wie zuvor bereits *v. Gerber*[89] – auch dem Staat zu.[90] So widmete er der Untersuchung (subjektiver) öffentlicher Rechte des Staates und der Verbände einen wesentlichen Abschnitt seines Werkes.[91] Sie ergäben sich daraus, dass der Staat nicht nur Macht- sondern auch Rechtssubjekt und insofern auch Träger von Rechten und Pflichten gegen den Einzelnen sei.[92] Subjektive öffentliche Rechte des Staates können seiner Auffassung nach durch Gesetz, Gewohnheitsrecht, Verfügung oder Einzelbefehl sowie Vertrag begründet werden und bestünden beispielsweise in dem Wehrpflichtanspruch, dem Recht auf Steuererhebung, dem Unterlassungsanspruch aufgrund gesetzlicher Verbote sowie den Strafanspruch den Staates gegenüber dem Untertan.[93] Er erkannte daneben auch öffentliche Rechte der öffentlichen Verbände[94], der Ge-

---

87 *G. Jellinek*, a.a.O., S. 51, 79, 127; vgl. hierzu *Schlacke*, Überindividueller Rechtsschutz, S. 42.

88 *G. Jellinek*, System der subjektiven öffentlichen Rechte, 2. Aufl. 1905, S. 86 ff.; *Stolleis*, Geschichte des Öffentlichen Rechts in Deutschland, Bd. 2, S. 375 f.; *Pauly*, in: Paulson/Schulte, Georg Jellinek: Beiträge zu Leben und Werk, 2000, S. 227 (227 ff.).

89 *V. Gerber*, Über öffentliche Rechte, 1852, S. 48 ff. und 52 ff., der sich hierin neben den Untertanenrechten mit den Rechten des Monarchen (S. 58 ff.) und der Beamten (S. 70 ff.) beschäftigte.

90 *G. Jellinek*, System der subjektiven öffentlichen Rechte, 2. Aufl. 1905, S. 195.

91 *G. Jellinek*, a.a.O., S. 193 ff.; vgl. auch *Bauer*, DVBl. 1986, 208.

92 *G. Jellinek*, System der subjektiven öffentlichen Rechte, 2. Aufl. 1905, S. 194 f.; a.A. *Mayer*, Verwaltungsrecht, Bd. 1, 2. Aufl. 1914, S. 107 ff.

93 *G. Jellinek*, a.a.O., S. 329 ff.

94 *G. Jellinek*, System der subjektiven öffentlichen Rechte, 2. Aufl. 1905, S. 269 ff.

meinden[95], der Mitglieder von Staatenverbindungen[96] sowie der Staaten in der internationalen Gemeinschaft[97].

Das Erscheinen seiner Monographie „System der subjektiven öffentlichen Rechte“ im Jahre 1892 hatte unter den Rechtsgelehrten zu großen Diskussionen geführt. So beschrieb er in seinem Vorwort zur 2. Auflage, dass die hierüber veröffentlichte Kritik bald umfangreicher gewesen sei als das Werk selbst.[98]

Insbesondere *Mayer* setzte sich mit dessen Ansichten in dem nur drei Jahre später erschienen Werk „Deutsches Verwaltungsrecht“ kritisch auseinander.[99] Der Auffassung *Jellineks* über das Bestehen subjektiver Rechte des Staates trat er mit der Begründung entgegen, dass das subjektive Recht etwas Begrenztes sei, was auf den Staat nicht zuträfe. Bei diesem schlage „das dahinter stehende Unbegrenzte immer durch“.[100] Ähnlich fiel auch die Betrachtung von *F. Fleiner* Anfang des 20. Jahrhunderts aus, der zwar den Selbstverwaltungskörperschaften subjektive Rechte gegen rechtswidrige Eingriffe der Staatsaufsicht zuschrieb,[101] subjektive staatliche Rechte gegenüber dem Einzelnen erkannte er dagegen nicht. Die dem Staat zustehenden Ansprüche seien lediglich „Ausflüsse der staatlichen Kompetenz“.[102]

O. Bühler widmete sich dieser Problematik in seinem Werk „Subjektive öffentliche Rechte“ nur am Rande und bestritt ihre Existenz – im Gegensatz zu *Mayer* – „nicht durchweg“. Er erkannte zumindest für das Recht zur Strafverhängung und Steuerhebung einen „Anspruch“ des Staates gegen den Untertan.[103]

---

95 *G. Jellinek*, System der subjektiven öffentlichen Rechte, 2. Aufl. 1905, S. 275 ff.

96 *G. Jellinek*, a.a.O., S. 294 ff.

97 *G. Jellinek*, System der subjektiven öffentlichen Rechte, 2. Aufl. 1905, S. 310 ff.

98 *G. Jellinek*, a.a.O., 1905, S. XII.

99 *Pauly*, in: Paulson/Schulte, Georg Jellinek: Beiträge zu Leben und Werk, 2000, S. 227 (Fn. 4).

100 *Mayer*, Verwaltungsrecht, Bd. 1, 2. Aufl. 1914, S. 107.

101 *Fleiner*, Institutionen, 1911, S. 108.

102 *Fleiner*, a.a.O., S. 138.

103 *Bühler*, Die subjektiven öffentlichen Rechte, 1914, S. 6 f., 132 ff., 144 (Fn. 239) und 155 f.

III. Die Errichtung von Verwaltungsgerichten

Obwohl die Frankfurter Reichsverfassung nie in die Praxis umgesetzt worden ist, gilt sie zumindest als weiterer Grundstein für die Entstehung der Verwaltungsgerichtsbarkeit. Erst durch das Gesetz vom 5.10.1863[104] ist die Errichtung des ersten deutschen Verwaltungsgerichts, des badischen Verwaltungsgerichtshofs, bestimmt worden.[105]

Vor dem Hintergrund der unterschiedlichen historischen Entwicklung der Verwaltungsjustiz in den einzelnen Ländern entschieden sich nachfolgend in entsprechend unterschiedlicher Ausgestaltung ab 1872 auch Preußen,[106] ab 1874 Hessen,[107] Württemberg im Jahre 1876,[108] Bayern im Jahre 1878,[109] Anhalt im Jahre 1888,[110] Braunschweig im Jahre 1895,[111] Sachsen-Meiningen im Jahre 1897,[112] Lippe im Jahre 1898,[113] Sachsen-Coburg und Gotha im Jahre 1899,[114] das Königreich Sachsen im Jahre 1900,[115] Oldenburg im Jahre 1906,[116] sowie die Hansestadt Lübeck im Jahre 1916[117] für die Errichtung besonderer Verwal-

---

104 Bad. RegBl., S. 399.

105 *Menger*, DÖV 1963, 726.

106 Vgl. § 187 Kreisordnung für die Provinzen Preußen, Brandenburg, Pommern, Posen, Schlesien und Sachsen vom 13.12.1872 (PrGS S. 661); Gesetz vom 03.07.1875, betreffend die Verfassung der Verwaltungsgerichte und das Verwaltungsstreitverfahren (PrGS S. 375); vgl. hierzu auch *Ibler*, Rechtspflegender Rechtsschutz, 1999, S. 202 ff.

107 Gesetz vom 12. Juni 1874, betreffend die innere Verwaltung und die Vertretung der Kreise und Provinzen (HessRegBl. S. 251).

108 Gesetz über die Verwaltungsrechtspflege vom 16.12.1876 (WürttRegBl. S. 485).

109 Gesetz vom 08.08.1878, betreffend die Errichtung eines Verwaltungsgerichtshofes und das Verfahren in Verwaltungsrechtssachen (BayGVBl. S. 369).

110 Gesetz vom 27.03.1888, die Verwaltungsgerichte und das Verwaltungsstreitverfahren betreffend (AnhaltGS Bd. 13, S. 41).

111 Gesetz vom 05.03.1895, betreffend die Verwaltungsrechtspflege (BraunschwGVS S. 79).

112 Gesetz vom 15.03.1897, betreffend das Verwaltungsstreitverfahren (VOS 23, 193).

113 Gesetz vom 09.02.1898, die Verwaltungsgerichte und das Verwaltungsstreitverfahren betreffend (GS S. 281).

114 Gesetz und Ministerialbekanntmachung vom 14.11.1899, betreffend die Errichtung eines Verwaltungsgerichtshofes (S.-C.-G. Gem. GS Nr. 628).

115 Gesetz über die Verwaltungsrechtspflege vom 19.07.1900 (SächsGVBl. S. 486).

116 Gesetz vom 09.05.1906, betreffend die Verwaltungsgerichtsbarkeit (OldenbGBl. Bd. 35 S. 693).

117 Gesetz über die Verwaltungsgerichtsbarkeit vom 06.12.1916 (GV S. 46).

tungsgerichte.[118] In Anbetracht der noch immer in Thüringen vorherrschenden Kleinstaatensituation vereinbarten die thüringischen Länder Sachsen-Weimar-Eisenach, Sachsen-Altenburg, Schwarzburg-Sondershausen und Schwarzburg Rudolfstadt durch Staatsvertrag vom 15.12.1910, [119] dem Sachsen-Coburg und Gotha 1912 beitraten,[120] die Errichtung eines gemeinsamen Oberverwaltungsgerichts. Die thüringischen Fürstentümer Reuß älterer und jüngerer Linie dagegen schlossen sich durch Staatsvertrag vom 22.01.1911[121] dem Sächsischen Oberverwaltungsgericht an.[122]

Allein die Hansestädte Bremen und Hamburg, die Großherzogtümer Mecklenburg-Schwerin und Mecklenburg-Strelitz sowie die Fürstentümer Schaumburg-Lippe und Waldeck errichteten bis zum Ende des deutschen Kaiserreiches keine Verwaltungsgerichte.[123] (Diese folgten erst später: Hamburg im Jahre 1921[124], die Länder Mecklenburg-Schwerin[125] und Mecklenburg-Strelitz 1922[126] sowie Bremen 1924[127].)

Die Verschiedenheit der Ausgestaltung der Verwaltungsgerichtsbarkeit in den einzelnen Ländern zeigte sich insbesondere in Fragen des Umfangs der Zuständigkeit und der jeweiligen Zugangsregelung (Generalklausel oder Enumerativprinzip)[128] sowie in organisationsrechtlicher Hinsicht in der Anzahl der Instanzen und ihrer jeweiligen Besetzung.[129] Wesentliche Unterschiede bestanden

---

118 *Schiffmann*, Die Bedeutung der ehrenamtlichen Richter, 1974, S. 13 ff.

119 Abgedruckt bei *Strupp*, JöR Bd. VI (1912), S. 287 (298 ff.) und bei *Knauth*, Die Gesetzgebung über die Verwaltungsrechtspflege in Thüringen, 1914, S. 3 ff. Zu diesem Staatsvertrag erließen die Vertragsparteien entsprechende Ausführungsgesetze, vgl. hierzu *Knauth*, a.a.O.

120 Wortlaut abgedruckt bei *Knauth*, a.a.O., S. 77 f.

121 Wortlaut abgedruckt bei *Knauth*, Die Gesetzgebung über die Verwaltungsrechtspflege in Thüringen, 1914, S. 331.

122 *Kohl*, Reichsverwaltungsgericht, 1991, S. 26 f.

123 Vgl. *Stern*, Staatsrecht, Bd. V, 2000, S. 645; *Schiffmann*, Die Bedeutung der ehrenamtlichen Richter, 1974, S. 30.

124 Gesetz über die Verwaltungsgerichtsbarkeit vom 02.11.1921 (GVBl. S. 595).

125 Gesetz über die Verwaltungsgerichtsbarkeit vom 03.03.1922 (RegBl. S. 211).

126 Gesetz über das Verwaltungsstreitverfahren vom 17.08.1922 (AmtlAnz. S. 473).

127 Gesetz über die Verwaltungsgerichtsbarkeit vom 06.01.1924 (GBl. S. 23).

128 Vgl. zur Übersicht bei *Apelt*, Instanzenzug der Verwaltung, Anlage A, 1929, S. 41 ff.

129 Vgl. dazu auch *Grawert*, in: Festschrift für C.-F. Menger, 1985, S. 35 (49 ff.).

auch in der Unabhängigkeit der jeweiligen Gerichte und Instanzenzüge von der Verwaltung.[130]

In den meisten Ländern waren die Rechtsmittelinstanzen zwei- oder dreistufig, in Braunschweig und Lübeck dagegen nur einstufig ausgestaltet. Neben Preußen hatten sich u.a. auch Hessen, Anhalt und das Herzogtum Sachsen-Meiningen für einen dreistufigen Aufbau entschieden. Dagegen wählten Baden, Oldenburg, Bayern und Lippe einen zweistufigen Instanzenzug.[131] Württemberg und Sachsen bildeten schließlich zwei grundsätzlich unterschiedliche Instanzenzüge.[132]

Die unteren Instanzen bestanden überwiegend, wie u.a. in Baden und Preußen, aus Kollegialgremien bzw. Organen, die in die Verwaltung integriert waren.[133] Eine Trennung von der Verwaltung und Gewährung einer personellen Unabhängigkeit der Richter war lediglich bei den obersten Verwaltungsgerichten der größeren Länder vorgesehen, wie etwa bei den Oberverwaltungsgerichten in Preußen, Sachsen,[134] Thüringen, Oldenburg und Hamburg sowie den Verwaltungsgerichtshöfen in Bayern, Württemberg und Baden.[135] Die höchsten Instanzen bestanden aus meist unabhängigen Richtern, die zum überwiegenden Teil Rechtsgelehrte waren. In einigen Ländern, wie z.B. in Anhalt und Lippe, wurden Richterstellen auch durch Laienrichter besetzt.[136]

In Preußen und Baden wirkten Laien in den unteren Instanzen mit. Insbesondere *v. Gneist* war Fürsprecher einer Bürgerbeteiligung an Entscheidungen der Verwaltungsgerichte und Behörden, um ein rechtsstaatliches Verfahren und eine Kontrolle der Verwaltung zu gewährleisten.[137]

---

130 *Kohl*, Reichsverwaltungsgericht, 1991, S. 25; vgl. *Schiffmann*, Die Bedeutung der ehrenamtlichen Richter, 1974, S. 12 f.

131 *Trostel*, VBlBW 1988, 363 (364).

132 *Kohl*, Reichsverwaltungsgericht, 1991, S. 28 f.

133 Vgl. zur Übersicht die Darstellungen bei *Apelt*, Instanzenzug der Verwaltung, Anlage A, 1929, S. 41 ff.

134 Vgl. *Meissner*, LKV 1993, 105 f.

135 *Kohl*, Reichsverwaltungsgericht, 1991, S. 29.

136 *Schiffmann*, Die Bedeutung der ehrenamtlichen Richter, 1974, S. 13 ff.

137 *V. Gneist*, Der Rechtsstaat und die Verwaltungsgerichte in Deutschland, 2. Aufl. 1879, S. 167 f.

Neben der jeweiligen organisatorischen Ausgestaltung der Verwaltungsgerichtsbarkeit in den einzelnen Ländern bestanden auch Unterschiede in Rechtsschutzumfang und Zuständigkeit. Es etablierten sich drei unterschiedliche Regelungen zur Rechtswegeröffnung: So wurde in einigen Ländern (Österreich, Württemberg, Sachsen, später nachfolgend ab 1923 Lübeck, Hamburg, Bremen und Thüringen) eine Generalklausel im weiteren Sinne als Zuständigkeitsregelung eingeführt, während Bayern die Zuständigkeit nach dem Enumerationsprinzip, d.h. durch Festlegung bestimmter Kontrollgegenstände, vornahm. In den meisten Ländern (Preußen, Hessen, Baden, Mecklenburg, Oldenburg, Braunschweig, Anhalt, thüringische Länder und das Land Thüringen vor 1923) entwickelte sich hingegen ein gemischtes System, das sich grundsätzlich nach dem Enumerativprinzip richtete und nur für polizeirechtliche Klagen und darüber hinaus auch in Baden und Anhalt für abgabenrechtliche Streitigkeiten eine Generalklausel vorsah.[138]

In Anlehnung an die Auffassungen von *v. Gneist* ist im preußischen Verwaltungsrechtsschutzsystem primär auf eine objektive Verwaltungskontrolle unter Einbeziehung von Ermessensfragen abgestellt worden, die – nur sekundär – auch dem subjektiven Schutz des Bürgers diente. Dieses System ist insbesondere von den norddeutschen Ländern und auch von Sachsen[139] übernommen worden.[140] Das preußische Oberverwaltungsgericht wich in seiner Rechtsprechung[141] hiervon insoweit ab, als es für Klagen gegen polizeiliche Verfügungen stets eine eigene Rechtsverletzung als weitere Zulässigkeitsvoraussetzung forderte.[142] Eine ähnliche Rechtsprechung vollzog auch das Sächsische Oberver-

---

138 *Trostel*, VBlBW 1988, 363 (369); *Kohl*, Reichsverwaltungsgericht, 1991, S. 31.

139 *Enders*, in: Festschrift zum 100-jährigen Jubiläum des Sächsischen Oberverwaltungsgerichts, 2002, S. 167 (172 f.).

140 *Menger*, DÖV 1963, 726 (727); vgl. *Lorenz*, Verwaltungsprozessrecht, 2000, § 2 Rdnr. 4; vgl. *Forsthoff*, Lehrbuch des Verwaltungsrechts, Bd. 1, 8. Aufl. 1961, S. 471 f. zum preußischen und süddeutschen Typus.

141 Vgl. PrOVGE 2, 351 (353 f.). Erst in § 63 des Gesetzes über die Organisation der allgemeinen Landesverwaltung vom 26. Juli 1880 (PrGS S. 291) ist diese Rechtsprechung gesetzlich umgesetzt und im Jahre 1883 durch § 127 des Gesetzes über die Allgemeine Landesverwaltung vom 30.07.1883 (PrGS S. 195) abgelöst worden.

142 *Ibler*, Rechtspflegender Rechtsschutz, 1999, S. 197; *Trostel*, VBlBW 1988, 363 (366).

waltungsgericht, obgleich § 76 SächsVRPG diese Einschränkung nicht vorsah.[143]

Ferner ist auf *v. Gneist* zurückzuführen, dass sich in Preußen der Verwaltungsrechtsschutz nach dem Enumerationsprinzip ausrichtete. Lediglich für Anfechtungsklagen gegen polizeiliche Verfügungen der Orts- und Kreispolizeibehörden ist eine Generalklausel eingeführt worden.[144] Dagegen waren im preußischen Straßen- und Wegerecht sogar Popularklagen möglich. Eine weitere Besonderheit bestand im Gewerberecht: Hier musste die Behörde selbst Klage erheben, um Gewerbekonzessionen und -genehmigungen wieder aufheben zu können. Um eine weitestgehende objektive Kontrolle der Verwaltung zu gewährleisten, wurde ferner den Gerichtspräsidenten und Behördenvorsitzenden in bestimmten Fällen eine Klagebefugnis eingeräumt.[145] In diesem Zusammenhang ist auf das preußische Gesetz über die allgemeine Landesverwaltung vom 30.07.1883[146] zu verweisen, dass ausdrücklich die Möglichkeit des „Insichprozesses" zweier Behörden vorsah. So konnte sich beispielsweise der Regierungspräsident nach § 126 des Gesetzes gegen kompetenz- oder rechtsverletzende Handlungen des Bezirksausschusses vor dem Oberverwaltungsgericht zur Wehr setzen.[147] Daneben stand ferner den Vorsitzenden der Kreis- und Bezirksausschüsse aus Gründen des öffentlichen Interesses gemäß §§ 82, 83 und 93 des Gesetzes die Möglichkeit zu, Rechtsmittel einzulegen, sofern das Rechtsmittelgericht gemäß § 91 des Gesetzes das öffentliche Interesse für beteiligt erachtet, welches in etwa mit der Funktion des heutigen Vertreter öffentlichen Interesses vergleichbar ist.[148] Die Klagemöglichkeiten von Hoheitsträgern fanden sich

---

143 *Enders*, in: Festschrift zum 100-jährigen Jubiläum des Sächsischen Oberverwaltungsgerichts, 2002, S. 167 (174): Das Sächsische Oberverwaltungsgericht stützte die Einschränkung auf eine Interpretation, wer nach § 73 SächsVRPG Beteiligter sein kann; *Kohl*, Reichsverwaltungsgericht, 1991, S. 35.

144 *Trostel*, VBlBW 1988, 363 (366); *Schmidt-Aßmann/Schenk*, in: Schoch/Schneider/Bier, VwGO, 25. EL 2013, Einleitung Rdnr. 77.

145 *Ibler*, Rechtspflegender Rechtsschutz, 1999, S. 253 f.; *Kohl*, Reichsverwaltungsgericht, 1991, S. 35 f.; vgl. auch *Schlacke*, Überindividueller Rechtsschutz, S. 40.

146 PrGS S. 195.

147 Vgl. *Becker-Birck*, Der Insichprozess in der Verwaltungsgerichtsbarkeit, 1966, S. 20.

148 *Haas*, DÖV 1952, 1135 (1137).

nachfolgend auch in weiteren besonderen verwaltungsrechtlichen Regelungen wieder.[149]

Gleichwohl blieben die Streitigkeiten zwischen öffentlichen Verwaltungseinheiten beschränkt, da man seinerzeit die Staatsverwaltung als Einheit verstand und Streitigkeiten unter ihnen durch interne Vorstellungen oder Beschwerdeverfahren geregelt wissen wollte.[150] Insbesondere zur Polizeipflichtigkeit von Staatsbehörden vertrat das Preußische Oberverwaltungsgericht eine restriktive Auffassung. Gegenstand polizeilicher Anordnungen könne nicht das Verhalten anderer Staatsbehörden sondern nur das von Privatpersonen sein.[151]

Dass es sich bei den Klagemöglichkeiten nicht um eine exklusiv preußische Besonderheit handelt, zeigt auch das hamburgische Landesrecht, das u.a. im Enteignungsrecht eine Klagebefugnis des Fiskus gegen erstinstanzliche Feststellungen der sog. Schätzungskommission über Enteignungsentschädigungen gemäß § 28 des hamburgischen Enteignungsgesetzes vom 26.04.1920 vorsah, für die allerdings gemäß Art. 153 WRV der ordentliche Rechtsweg gegeben war.[152]

Darüber hinaus fand in Preußen nach dem Vorbild *v. Gneist* insbesondere im Polizeirecht eine Ermessensüberprüfung statt, während andere Länder, wie Württemberg[153], Bayern[154], Baden[155], Thüringen[156], Mecklenburg-Schwerin[157], Bremen[158] und Hamburg[159] sich ausdrücklich dagegen entschieden.[160]

In den süddeutschen Ländern dagegen beschränkte sich der Rechtsschutz durch die Verwaltungsgerichte auf den individuellen Schutz subjektiver Rechte des betroffenen Bürgers und folgte damit den Meinungen von *Bähr* und *v. Sar-*

---

149 Vgl. Nachweise bei *Haas*, DÖV 1952, 1135 (1137, Fn. 25).
150 PrOVGE 2, 399 (408 f.).
151 PrOVGE 2, 399 (409 f.).
152 *Haas*, DÖV 1952, 1135 (1137).
153 Art. 13 Abs. 2 des Gesetzes vom 16.12.1876.
154 Art. 13 Abs. 1 Ziff. 3 des Gesetzes vom 08.08.1878.
155 § 4 Abs. 4 des Gesetzes vom 14.06.1884.
156 § 126 LVwO vom 10.06.1926.
157 § 33 Abs. 4 des Gesetzes vom 14. Juni 1884.
158 § 9 des Gesetzes vom 06.01.1924.
159 § 46 des Gesetzes vom 02.11.1921.
160 *Kohl*, Reichsverwaltungsgericht, 1991, S. 36 f.

wey. Insbesondere Württemberg hatte den subjektiven Rechtsschutz zum Ziel seines verwaltungsgerichtlichen Rechtsschutzsystems gemacht.[161]

Diese unterschiedlichen Systeme wurden in der Literatur als süddeutscher und preußischer bzw. norddeutscher Typus der Verwaltungsgerichtsbarkeit bezeichnet.[162]

Auf der Ebene des Reichs war seinerzeit noch kein Rechtschutz gewährleistet. Das Reich beschränkte sich vielmehr auf die Errichtung besonderer Verwaltungsspruchkörper, wie u.a. das Reichsversicherungsamt, das Bundesamt für das Heimatwesen, das Oberseeamt, das Reichseisenbahnamt, die dem System der Administrativjustiz ähnelten.[163] Bereits Mitte der 1880er Jahre wurde vereinzelt die Einführung eines Reichsverwaltungsgerichts gefordert und führte in der nachfolgenden Zeit zu zahlreichen Diskussionen unter den Rechtswissenschaftlern.[164] Die Frage, ob für die Errichtung eines Reichsverwaltungsgerichts ein – zeitnahes – Bedürfnis bestehe, ist auch auf der Grundlage der Gutachten von *Thoma* und *Anschütz* auf dem 30. Deutschen Juristentag im Jahre 1910 in Danzig thematisiert und erörtert worden.[165] Trotz des Erkennens der Notwendigkeit der Errichtung eines Reichsverwaltungsgerichts konnte keine Einigung erzielt werden.[166] Neben der Klärung weiterer Einzelpunkte fehlte es bereits an einem Konzept für die Verknüpfung der verschiedenen Verwaltungsgerichtsbarkeiten in den einzelnen Bundesstaaten mit einem einheitlichen Reichsverwaltungsgericht.[167]

---

161 *Lorenz*, Verwaltungsprozessrecht, 2000, § 2 Rdnr. 5; *Menger*, DÖV 1963, 726 (727); vgl. *Schlacke*, Überindividueller Rechtsschutz, S. 40 f.

162 *Forsthoff*, Lehrbuch des Verwaltungsrechts, Bd. 1, 8. Aufl. 1961, S. 471; *Menger*, a.a.O.; *Schmidt-Aßmann/Schenk*, in: Schoch/Schneider/Bier, VwGO, 25. EL 2013, Einleitung Rdnr. 78.

163 *Kohl*, Reichsverwaltungsgericht, 1991, S. 45 ff.

164 *Kohl*, a.a.O., S. 112; *Schiffmann*, Die Bedeutung der ehrenamtlichen Richter, 1974, S. 31 f.

165 *Kohl*, Reichsverwaltungsgericht, 1991, S. 121 ff.; *Schiffmann*, a.a.O.

166 *Trostel*, VBlBW 1988, 363 (364); vgl. *Schmidt-Aßmann/Schenk*, in: Schoch/Schneider/Bier, VwGO, 25. EL 2013, Einleitung Rdnr. 79; vgl. *Menger*, DÖV 1963, 726 (727).

167 *Kohl*, Reichsverwaltungsgericht, 1991, S. 121 ff.

Im Reichstag wurde diese Diskussion erst 1914 im Zuge der Beantragung eines Gesetzesentwurfs[168] durch die Reichstagsabgeordneten *Bassermann* und *Schiffer* über den Ausbau des Bundesamtes für Heimatwesen zu einem Reichsamt für das Heimat- und Finanzwesen, das auch für die letztinstanzliche Entscheidung über Streitigkeiten aus dem Wehrbeitragsgesetz und Besitzsteuergesetz zuständig sein sollte, fortgeführt. Der Abgeordnete *Graf v. Westarp* gab gegenüber diesem Resolutionsentwurf zu Bedenken, dass dies letztlich zu einem weiteren Ausbau bis hin zu einem „Reichsoberverwaltungsgericht" führen würde, dem er ablehnend gegenüber stand.[169] Letztlich führte auch diese Diskussion sowie weitere Stellungnahmen einzelner Abgeordneter[170] nicht zur Einführung eines Reichsverwaltungsgerichts. Stattdessen war in der Zeit des ersten Weltkriegs und der anfänglichen Nachkriegszeit eine rückläufige Entwicklung zu beobachten, die der Präsident des Preußischen Oberverwaltungsgerichts, *B. Drews*, als „Verwaltungsstandrecht"[171] und „Rückwärtsrevision des Rechtsstaates"[172] kritisierend bezeichnete. Die durch Kriegsereignisse ausnahmsweise erforderlich gewordenen Einschränkungen der Handlungs- und Rechtssphäre der Bürger zum Zwecke der Sicherstellung einer schnellstmöglichen Handlungsfähigkeit der Verwaltung sind überwiegend zunächst auch nach dem Krieg beibehalten worden, obwohl es hierfür keinen Anlass mehr gab. So wurden u.a. auf dem Gebiet der Wohnraumbewirtschaftung einschränkende Vorschriften erlassen, ohne entsprechende Rechtsschutzmöglichkeiten einzuräumen.[173] Zum Teil wiesen sogar bestimmte Landes- und Reichsgesetze einzelne verwaltungsrechtliche Streitigkeiten (wieder) den ordentlichen Gerichten zu.[174]

---

168 Antrag der Abg. Bassermann und Schiffer (Magdeburg) vom 20.01.1914, StenBer 13. Leg.-Periode 1912/14, 21, S. 2558, Anlage Nr. 1291.

169 207. Sitzung des Reichstags vom 06.02.1914, StenBer 13. Leg-Periode 1912/14, 10, S. 7082 ff.; ähnlich auch *Menger*, DÖV 1963, 726 (727).

170 Vgl. Abg. Junck, 90. Sitzung des Reichstags vom 23.03.1917, StenBer 13. Leg-Periode 1914/18, 4, S. 2673 (2676).

171 *Drews*, DJZ 1929, Sp. 265 (267ff.).

172 *Drews*, ZgesStW 78 (1924), 586 (592 ff., 595).

173 Vgl. *Stolleis*, Geschichte des öffentlichen Rechts in Deutschland, Bd. 3, 1999, S. 70 f.; *Grawert*, in: Festschrift für C.-F. Menger, 1985, S. 35 (45 f.); *Drews*, a.a.O., 586 (593); *Schmidt-Aßmann/Schenk*, in: Schoch/Schneider/Bier, VwGO, 25. EL 2013, Einleitung Rdnr. 79; *W. Jellinek*, Verwaltungsrecht, 3. Aufl. 1931, S. 313 f.; *Kohl*, Reichsverwaltungsgericht, 1991, S. 33.

174 *Grawert*, a.a.O., S. 35 (46).

IV. Weimarer Republik 1918 - 1933

Die Entwicklung der Verwaltungsrechtsverhältnisse in der Weimarer Republik ist stark geprägt durch den im ersten Weltkrieg erfolgten Strukturwandel zur daseinsvorsorgenden Leistungsverwaltung.[175] Auch nach Aufgabe der kriegsbedingten Leistungen an Bürger und Wirtschaft hatte der Staat diese Art des Verwaltungshandelns in den Bereichen der Vorsorge, Versicherung, Ernährung, Arbeit, Wohnungswirtschaft, Verkehr und Energie fortgeführt und erweitert. Ferner etablierte sich anstelle der bisher dominierenden Polizeiverwaltung im Ordnungsrecht eine Gestaltungsverwaltung, die die expandierenden besonderen Verwaltungsaufgaben durch Einführung eines Erlaubnisvorbehalts regelte. Die Erhöhung der Verwaltungsaufgaben führte auch auf der Ebene der Reichsverwaltung zu einer Erweiterung der Ministerien und des reichseigenen Behördenapparats in Bezug auf Anzahl und Zuständigkeiten. Sowohl der Strukturwandel als auch die Erweiterung der Verwaltungsaufgaben bedingten gleichzeitig eine Intensivierung der Rechtsverhältnisse zwischen Bürger und Staat.[176]

Das verwaltungsrechtliche bzw. -gerichtliche Rechtsschutzsystem konnte mit dieser umfangreichen Entwicklung jedoch nicht Schritt halten.[177] Der Verwaltungsrechtsschutz in der Weimarer Zeit entsprach überwiegend den in den einzelnen Ländern bereits aus der Vorkriegszeit stammenden unterschiedlichen Rechtsschutzsystemen.[178] Der Zugang zu den Verwaltungsgerichten blieb dem Bürger in einzelnen Verwaltungsbereichen erschwert, weil die während des Krieges erfolgte Straffung der Verwaltung vielfach beibehalten wurde und das starre Enumerationsprinzip der Erweiterung und dem Strukturwandel der Verwaltung nicht gewachsen war.[179] Als positives Ergebnis bleibt letztlich festzuhalten, dass zur Bewältigung des umfangreichen Strukturwandels die verwaltungsrechtliche Dogmatik – sei es durch Akzeptanz des öffentlich-rechtlichen Vertrags oder der Behandlung rechtswidriger Verwaltungsakte sowie der Etab-

---

175 Vgl. *Kimminich*, VBlBW 1988, 371 (372).

176 *Grawert*, in: Festschrift für C.-F. Menger, 1985, S. 35 (38 ff.).

177 Vgl. *Lorenz*, Verwaltungsprozessrecht, 2000, § 2 Rdnr. 10.

178 *Schmidt-Aßmann/Schenk*, in: Schoch/Schneider/Bier, VwGO, 25. EL 2013, Einleitung Rdnr. 80.

179 *Grawert*, in: Festschrift für C.-F. Menger, 1985, S. 35 (44 f., 51); *Kohl*, Reichsverwaltungsgericht, 1991, S. 165.

lierung des Staatshaftungs- und Entschädigungsrechts –[180] und zentraler prozessrechtlicher Institute weiter entwickelt sowie konkretisiert wurden.[181]

Auch nachdem die Verfassung des Deutschen Reiches am 11.08.1919[182] in Kraft trat und in Art. 107 nunmehr vorschrieb, dass im Reich und den Ländern zum Schutz des Einzelnen eine Verwaltungsgerichtsbarkeit gegen Anordnungen und Verfügungen der Verwaltungsbehörden nach Maßgabe der Gesetze bestehen müsse, änderte dies kaum etwas an den bestehenden uneinheitlichen Rechtsschutzsystemen der meisten Länder.[183] Der Gesetzgebungsauftrag war lediglich für die Länder bedeutsam, die bislang noch keine Verwaltungsgerichtsbarkeit eingeführt hatten, wie Mecklenburg-Strelitz und -Schwerin, Hamburg, Bremen sowie Waldeck und Schaumburg-Lippe.[184] Allein die beiden letztgenannten Länder kamen dem Auftrag nicht nach.[185]

Obgleich Art. 107 WRV kein subjektives Recht auf Individualrechtsschutz vermittelt hat, war dennoch die Hervorhebung des Schutzes des Einzelnen insbesondere für die Länder von Bedeutung, deren Verwaltungsgerichtsbarkeit primär eine objektive Rechtskontrolle der Verwaltung bezweckte, wie etwa in Preußen. Diese Neuerungen hatten u.a. *Drews*[186] dazu bewogen, seine bereits aus der Vorkriegszeit stammenden Reformbemühungen zur Ausgestaltung der Verwaltungsgerichtsbarkeit wieder aufzugreifen und sich für eine klarere Ab-

---

180 *Stolleis*, Geschichte des öffentlichen Rechts in Deutschland, Bd. 3, 1999, S. 211 ff.

181 *Schmidt-Aßmann/Schenk*, in: Schoch/Schneider/Bier, VwGO, 25. EL 2013, Einleitung Rdnr. 80.

182 RGBl. S. 1383.

183 *Apelt*, Instanzenzug der Verwaltung, 1929, S. 9, ff.; *Schmidt-Aßmann/Schenk*, in: Schoch/Schneider/Bier, VwGO, 25. EL 2013, Einleitung Rdnr. 80; vgl. auch *Grawert*, in: Festschrift für C.-F. Menger, 1985, S. 35 (46 ff.), der die Entwicklung des Verwaltungsrechtsschutzes als „Übergangsstadium" bezeichnet.

184 *Ibler*, Rechtspflegender Rechtsschutz, 1999, S. 279.

185 *Grawert*, in: Festschrift für C.-F. Menger, 1985, S. 35 (48); ähnlich auch *Lorenz*, Verwaltungsprozessrecht, 2000, § 2 Rdnr. 10.

186 *Drews*, DJZ 1919, Sp. 361 (361 ff.); *ders.*, DJZ 1924, Sp. 583 (586 f.).

grenzung der unteren Verwaltungsgerichtsinstanzen zur Verwaltung einzusetzen.[187]

Letztlich verursachte der Gesetzgebungsauftrag in Art. 107 WRV mehr Diskussionen über seinen Inhalt, als dass er Reformbemühungen um eine Vereinheitlichung des Rechtsschutzstandards vorantrieb.

Unklar blieb, wie die Verwaltungsgerichtsbarkeit im Einzelnen institutionell und organisatorisch auszugestalten sei, ob eine selbständige Verwaltungsgerichtsbarkeit geschaffen, eine Verwaltungsrechtsprechung durch ordentliche Gerichte bevorzugt werden soll oder ein Mischsystem genüge.[188] In diesem Zusammenhang blieb ebenfalls offen, ob die Garantie richterlicher Unabhängigkeit gemäß Art. 102 und 104 WRV sich nur auf die ordentliche Gerichtsbarkeit oder auch auf die Verwaltungsgerichtsbarkeit beziehen soll.[189] Ferner wurden bestimmte Zulässigkeitsfragen für den Verwaltungsgerichtsschutz diskutiert, ob der Zugang nun durch Enumerationsprinzip oder Generalklausel ausgestaltet, die Zulässigkeit der Klagen auf die Verletzung subjektiver öffentlicher Rechte beschränkt werden, neben Anfechtungsklage auch Vornahme- und Feststellungsklage zulässig sein und eine richterliche Ermessenskontrolle stattfinden sollte.[190]

Art. 107 WRV sah indes nicht nur die Errichtung von Verwaltungsgerichten in den Ländern sondern auch auf Reichsebene vor. Obgleich die Errichtung eines „Reichsverwaltungsgerichts" in Art. 31 Abs. 2 und 166 WRV vorausgesetzt wurde, blieb der Gesetzgebungsauftrag trotz vieler Beratungen im Reichsinnenministerium und Abstimmungen mit den Ländern[191] wegen vieler noch im-

---

187 *Ibler*, Rechtspflegender Rechtsschutz, 1999, S. 279; *Drews*, ZgesStW 78 (1924), 586 (601 ff., 609 f.); vgl. hierzu auch die Reformvorschläge von *Apelt*, Instanzenzug der Verwaltung, 1929, S. 20 ff.

188 *Genzmer*, in: Anschütz/Thoma, Handbuch des deutschen Staatsrechts, Bd. 2, 1932, S. 506 (518); *Grawert*, in: Festschrift für C.-F. Menger, 1985, S. 35 (48); *Schmidt-Aßmann/Schenk*, in: Schoch/Schneider/Bier, VwGO, 25. EL 2013, Einleitung Rdnr. 80; vgl. auch *Kohl*, Reichsverwaltungsgericht, 1991, S. 162 ff.; vgl. ferner *Stern*, Staatsrecht, Bd. V, 2000, S. 646.

189 *Grawert*, a.a.O., S. 35 (48); *Kohl*, a.a.O., S. 164.

190 *Ibler*, Rechtspflegender Rechtsschutz, 1999, S. 280.

191 *Kohl*, Reichsverwaltungsgericht, 1991, S. 172 ff.

mer umstrittener Fragen im Entwurfsstadium stecken und damit unerfüllt.[192] So konnte beispielsweise zunächst keine Einigung darüber erzielt werden, ob man dem Enumerationsprinzip folgen oder eine Generalklausel zugrunde legen,[193] das Reichsgericht die Aufgaben eines Reichsverwaltungsgerichts übernehmen oder das Reichsverwaltungsgericht Eigenständigkeit erhalten[194] und ob die Gerichtsorganisation der Rechtseinheit oder der Abgrenzung von öffentlichem zum privaten Recht[195] dienen sollte.

Stattdessen beschränkte sich das Reich auf die Errichtung von Sonderverwaltungsgerichten und speziellen Sprucheinrichtungen.[196]

Im Schrifttum wurde der Individualrechtsschutz in Anlehnung an die traditionellen Lehren aus der Vorkriegszeit von *G. Jellinek* und *Bühler* weiter fortentwickelt. Aufgrund der zunehmenden Präzisierung der jeweiligen Rechtsbereiche nahm der Einfluss der allgemeinen Rechtslehre auf das Institut des subjektiven öffentlichen Rechts stetig ab; es wurde immer mehr dem Verwaltungsrecht zugeordnet.[197] Daneben wurden auch die Grundrechte als subjektive Rechte des Einzelnen gegenüber dem Staat anerkannt.[198] Sie gewährten im wesentlichen Schutz vor gesetzwidrigen Eingriffen der Verwaltung, ohne dass es hierzu weiterer einfachgesetzlicher Schutznormen bedurfte.[199]

Eine Fortentwicklung fand vorrangig im Bereich des Verwaltungsrechts statt. Zur Definition bediente man sich weiterhin der klassischen Begriffsbestimmung des subjektiven öffentlichen Rechts. Hiernach muss ein zwingender Rechtssatz, der die Interessen Einzelner schützt, oder ein Rechtsgeschäft vorliegen, der bzw. das dem Einzelnen Rechtsmacht zur Durchsetzung seiner Ansprü-

---

192 *Kohl*, Reichsverwaltungsgericht, 1991, S. 371 ff.; *Emmert*, BayVBl. 1997, 8 (12); *Kimminich*, VBlBW 1988, 371 (373 ff.); *Stern*, Staatsrecht, Bd. V, 2000, S. 646; *Schmidt-Aßmann/Schenk*, in: Schoch/Schneider/Bier, VwGO, 25. EL 2013, Einleitung Rdnr. 80; *Lorenz*, Verwaltungsprozessrecht, 2000, § 2 Rdnr. 10.

193 *Menger*, DÖV 1963, 726 (727 f.); *Schmidt-Aßmann/Schenk*, a.a.O.

194 *Grawert*, in: Festschrift für C.-F. Menger, 1985, S. 35 (54).

195 Vgl. *Menger*, DÖV 1963, 726 (728); *Grawert*, a.a.O.

196 Im Einzelnen *Grawert*, in: Festschrift für C.-F. Menger, 1985, S. 35 (53 f.); vgl. auch *Forsthoff*, Lehrbuch des Verwaltungsrechts, Bd. 1, 8. Aufl. 1961, S.473.

197 *Bauer*, Geschichtliche Grundlagen, 1986, S. 94 ff.

198 *Bühler*, in: Festgabe für F. Fleiner, 1927, S. 26 (54 ff.).

199 Vgl. *W. Jellinek*, Verwaltungsrecht, 3. Aufl. 1931, S. 208 f.

che verleiht.[200] Bei einigen Begriffsmerkmalen wurde fortan differenziert:[201] Als mögliche Rechtssätze galten nunmehr auch Normen, die Behörden ein Ermessen einräumten.[202] Für die Rechtsmacht wurde jetzt – klarer – bestimmt, dass diese nur dann ein „echtes" subjektives Recht vermittle, wenn sie auch gerichtlich durchgesetzt werden könne.[203] Ob der Rechtssatz letztlich ein subjektives Recht oder nur einen hiervon abzugrenzenden Reflex objektiven Rechts im Sinne der Schutznormlehre beinhaltet, sollte anhand sorgfältiger Gesetzesauslegungen bestimmt werden. Eine einheitliche Umsetzung scheiterte jedoch an bestehenden Unsicherheiten im Umgang mit dieser Definition.[204]

Während der Weimarer Zeit ist auch zur möglichen Trägerschaft subjektiver öffentlicher Rechte eine Fortführung der Ansichten von *G. Jellinek* und *Bühler* festzustellen. Subjektive öffentliche Rechte waren nicht mehr allein dem Bürger vorbehalten, sondern wurden auch dem Staate zuerkannt.[205] Mit Verweis auf die gegenteilige Auffassung von *Mayer* erklärt *W. Jellinek* hierzu:

> „Nur für die Rechte des Staates begegnet man wieder Leugnern, da der Staat zu mächtig sei, um mit den übrigen Rechtssubjekten auf eine Stufe gestellt werden zu können. Aber auch für ihn muss die Möglichkeit subjektiver öffentlicher Rechte anerkannt werden, denn auch für ihn gibt es eine dem öffentlichen Rechte angehörige Willensmacht, die ihm zum eigenen Vorteil verliehen ist. Der Staat hat ein „Recht" auf Zahlung von Steuern, Gebühren und Beiträgen, ein „Recht" auf Dienste, auf Enteignung, auf Strafe, auf Unterlassung polizeiwidrigen Verhaltens. [...] Jetzt da die neueren Verwaltungsrechtspflegegesetze auch Feststellungsklagen des Staates zulassen, gewinnt die Erkenntnis von der Möglichkeit subjektiver öffentlicher Rechte des Staates erhöhte Bedeutung."[206]

---

200 *Bühler*, Die subjektiven öffentlichen Rechte, 1914, S. 224.

201 *Bauer*, Geschichtliche Grundlagen, 1986, S. 97 ff.

202 Vgl. *Bühler*, VVDStRL 3 (1927), S. 102 (112 f.).

203 *Thoma*, in: Anschütz/Thoma, Handbuch des deutschen Staatsrechts, Bd. 2, 1932, S. 607 (617).

204 *Bauer*, Geschichtliche Grundlagen, 1986, S. 99 ff.

205 *W. Jellinek*, Verwaltungsrecht, 3. Aufl. 1931, S. 203 f.; *Thoma*, in: Anschütz/Thoma, Handbuch des deutschen Staatsrechts, Bd. 2, 1932, S. 607 (623).

206 *W. Jellinek*, Verwaltungsrecht, 3. Aufl. 1931, S. 203 f.

V. Nationalsozialismus 1933 - 1945

Bereits im Februar des Jahres 1933 sind mit Außerkraftsetzen der bürgerlich-demokratischen Grundrechte durch die sog. „Reichstagsbrandverordnung“[207] und der Übertragung der Reichsgesetzgebung auf die Reichsregierung durch das sog. „Ermächtigungsgesetz“[208] unter dem Vorwand der „Abwehr kommunistischer staatsgefährdender Gewaltakte“ die Weimarer Verfassung in wesentlichen Punkten suspendiert und die Säulen eines liberal-demokratischen und gewaltenteilenden Rechtsstaats beseitigt worden.[209]

Aufgrund ihres liberal-rechtsstaatlichen Ursprungs gerieten der Individualrechtsschutz und die Verwaltungsgerichtsbarkeit schnell ins Kreuzfeuer der Kritik der Nationalsozialisten.[210] Nach dem „Führer- und dem Gemeinschaftsprinzip“ wurde nicht mehr an dem Dualismus von Staat und Individuum festgehalten, sondern das Volk, welches ohne Einschränkung dem Führer untergeordnet war, als neuer zentraler Grundbegriff der Staatswissenschaft anerkannt. Der Einzelne wurde nicht mehr als ein mit Rechten und Pflichten gegenüber dem Staat ausgestattetes, selbstbestimmendes Individuum angesehen, sondern als Glied einer Volksgemeinschaft, die über der einzelnen Person, der Partei, dem Staat, der Wirtschaft und der Justiz stand.[211] Dieser Prinzipienwechsel bewirkte das „Ende des subjektiven öffentlichen Rechts“, wie es vereinzelt im Schrifttum auch ausdrücklich befürwortet wurde.[212]

Die Forderung nach völliger Abschaffung der Verwaltungsgerichtsbarkeit konnte sich dagegen nicht durchsetzen, da sich gewichtige Stimmen von Vertre-

207 Verordnung des Reichspräsidenten zum Schutz von Volk und Staat vom 28.02.1933, RGBl. I, S. 83.

208 Gesetz zur Behebung der Not von Volk und Reich vom 24.03.1933, RGBl. I, S. 141.

209 *Stolleis*, Geschichte des öffentlichen Rechts in Deutschland, Bd. 3, 1999, S. 316 ff.; *Bauer*, Geschichtliche Grundlagen, 1987, S.103 f.

210 *Kohl*, Reichsverwaltungsgericht, 1991, S. 405 f.; *Stolleis*, in: Festschrift für C.-F. Menger, 1985, S. 57 (57 f.); *Schmidt-Aßmann/Schenk*, in: Schoch/Schneider/Bier, VwGO, 25. EL 2013, Einleitung Rdnr. 81.

211 *Bauer*, Geschichtliche Grundlagen, 1987, S.106 f.

212 So *Maunz*, ZgesStW 96 (1936), S. 71 ff.; *Höhn*, DRW 1 (1936), S. 49 (57); zur Übersicht vgl. *Kohl/Stolleis*, NJW 1988, 2849 (2852 ff.).

tern des Reichsinnen- und Reichsjustizministerium für ihren Erhalt einsetzten.[213] Zur Verteidigung ihrer Existenzberechtigung bemühte man sich insbesondere darum, eine unmittelbare Verbindung der Verwaltungsgerichtsbarkeit zum – liberalistischen – subjektiven öffentlichen Recht zu verneinen.[214] Man stützte sich hierzu vielmehr auf die Lehren von *Mayer* und *v. Gneist*, die primär eine objektive Rechtskontrolle als Funktion der Verwaltungsgerichtsbarkeit herausstellten.[215]

Auch die Verwaltungsgerichte vermieden es zunehmend, sich in ihrer Rechtsprechung auf das subjektive Recht zu beziehen, um ihre Existenz zu erhalten.[216] Letzteres gelang jedoch nur bedingt. Denn dort, wo die Nationalsozialisten eine Unvereinbarkeit mit ihren Grundsätzen sahen, erfuhr die Verwaltungsgerichtsbarkeit durch die Gesetzgebung erhebliche Einschränkungen. Zunächst erfolgten im Zuge des vorläufigen Gesetzes zur Gleichschaltung der Länder mit dem Reich[217] Einschnitte in Bezug auf die Berufung von Laienrichtern der unteren und mittleren Verwaltungsgerichtsinstanzen, indem diese nunmehr „ernannt" und nicht mehr gewählt wurden.[218] Ferner führte das sog. „Gesetz zur Wiederherstellung des Berufsbeamtentums" vom 07.04.1933[219] zur Entlassung jüdischer, sozialdemokratischer und kommunistischer Beamter und damit auch (Verwaltungs-)Richter bzw. zu deren Versetzung in den Vorruhestand. Rechtsmittel gegen die Entlassung oder Versetzung in den Vorruhestand waren gemäß § 7 Abs. 1 des Gesetzes ausgeschlossen.

Nur augenscheinlich positive Änderungen erfolgten durch die Trennung von Verwaltung und Gerichtsbarkeit, indem Teile der preußischen Bezirks-, Kreis- und Stadtausschüsse in Bezirks-, Kreis- und Stadtverwaltungsgerichte umbe-

---

213 Im Einzelnen *Stolleis*, in: Festschrift für C.-F. Menger, 1985, S. 57 (59 ff.); *Kohl*, Reichsverwaltungsgericht, 1991, S. 401 ff.

214 *Kohl*, a.a.O., S. 406 ff.

215 *Scholz*, Die Verwaltungsgerichtsbarkeit im Dritten Reich, 1936, S. 39 f.

216 *Kohl*, Reichsverwaltungsgericht, 1991, S. 407; *Stolleis*, in: Festschrift für C.-F. Menger, 1985, S. 63; vgl. auch *Ibler*, Rechtspflegender Rechtsschutz, 1999, S. 333 ff.

217 Gesetz vom 31.03.1933, RGBl. I, S. 153.

218 *Schiffmann*, Die Bedeutung der ehrenamtlichen Richter, 1974, S. 50 f.; *Stolleis*, in: Festschrift für C.-F. Menger, 1985, S. 57 (65); *Kohl*, Reichsverwaltungsgericht, 1991, S. 429.

219 RGBl. I, S. 175.

nannt wurden.[220] Die Aufhebung vieler Kompetenzen insbesondere in Angelegenheiten, in denen der nationalsozialistische Staat sich durchsetzen wollte, wie z.B. bei politisch-polizeilichen Maßnahmen oder bei Ausbürgerungen, zeigten dagegen deutlich Motivation und Ziel des neuen Staates.[221] Insoweit konnte auch der Widerstand einzelner Oberverwaltungsgerichte, insbesondere des Preußischen Oberverwaltungsgerichts,[222] keine dauerhaften Änderungen bewirken, zumal der Gesetzgeber der Rechtsprechung durch gesetzliche Regelungen Einhalt gebot, in dem er dann explizit einzelne Rechtsgebiete der verwaltungsgerichtlichen Kontrolle entzog.[223]

Mit Beginn des Krieges nahmen die kontrollbeschränkenden Maßnahmen gegenüber der Verwaltungsgerichtsbarkeit weiterhin zu.

So wurden durch „Führererlass über die Vereinfachung der Verwaltung" vom 28.08.1939[224] die Anfechtungsklage für den Regelfall beseitigt und durch Beschwerde bei der vorgesetzten Behörde ersetzt, die wiederum durch Zulassung den Weg zum Verwaltungsgericht eröffnen konnte.[225] Die „Zweite Verordnung über die Vereinfachung der Verwaltung" vom 06.11.1939[226] beendete umfassend die Mitwirkung von Laienrichtern. Ferner wurden die Stadt- und Kreisverwaltungsgerichte sowie alle entsprechenden Verwaltungsgerichte außerhalb Preußens aufgelöst. Stattdessen sollten die Verwaltungsbehörden wieder selbst über Beschwerden entscheiden.[227]

---

220 Vgl. § 2 Preußisches Gesetz über die Anpassung der Landesverwaltung an die Grundsätze des nationalsozialistischen Staats vom 15.12.1933, PrGS S. 479.

221 *Menger*, DÖV 1963, 726 (728); *Stolleis*, in: Festschrift für C.-F. Menger, 1985, S. 57 (65).

222 Im Einzelnen *Stolleis*, a.a.O., S. 57 (70 ff.).

223 Vgl. § 7 des Gesetzes über die „Geheime Staatspolizei" vom 10.02.1936 (PrGS, S. 21; vgl. hierzu auch Ausführungen von *Stolleis*, in: Festschrift für C.-F. Menger, 1985, S. 57 (67).

224 RGBl. I, S. 1535.

225 *Schiffmann*, Die Bedeutung der ehrenamtlichen Richter, 1974, S. 51 f.; *Menger*, DÖV 1963, 726 (728); *Stolleis*, in: Festschrift für C.-F. Menger, 1985, S.57 (65 f).

226 RGBl I S. 2168.

227 *Schiffmann*, Die Bedeutung der ehrenamtlichen Richter, 1974, S. 52; *Ibler*, Rechtspflegender Rechtsschutz, 1999, S. 318 ff.; *Stolleis*, in: Festschrift für C.-F. Menger, 1985, S. 57 (65 f.); *Menger*, DÖV 1963, 726 (728).

Als scheinbar „wichtigstes Ereignis“ der Verwaltungsrechtspflege dieser Zeit galt das durch „Führererlass“ vom 03.04.1941[228] geschaffene Reichsverwaltungsgericht.[229] Doch all die damit verbundenen Hoffnungen auf eine Vereinheitlichung der Verfahrensordnungen und eine klare Verteilung der Kompetenzen blieben unerfüllt. Tatsächlich diente die Errichtung des Reichsverwaltungsgerichts nur der Vereinfachung der Verwaltung und der Ersparnis an Personal- und Verwaltungskosten, indem es das Preußische Oberverwaltungsgericht mit sieben obersten Spruchkörpern des Reiches, dem Reichsdienststrafhof, dem Reichswirtschaftsgericht, dem Verwaltungsgerichtshof in Wien, der Obersten Spruchstelle für Umlegungen, der Obersten Spruchbehörde für Wasser- und Bodenverbände, dem Entschädigungsgericht und dem Reichskriegsschädenamt zusammenlegte.[230] Insofern konnte es bis zur Anordnung der Beendigung seiner Handlungen[231] durch die Alliierten Mächte bzw. seiner formellen Auflösung am 10.10.1946[232] keine praktische Bedeutung erlangen.[233]

VI. Die Entwicklung nach dem zweiten Weltkrieg

Neben dem Reichsverwaltungsgericht wurden bei Kriegsende auch die noch bestehenden Verwaltungsgerichte gemäß Art. I des Gesetzes Nr. 2 der Militärregierung[234] zunächst geschlossen. Sie durften gemäß Art. IV des Gesetzes ihre Tätigkeit erst nach entsprechender schriftlicher Anordnung der Militärregierung fortführen.[235]

---

228 RGBl. I, S. 201.

229 *Reuß*, Zuständigkeit und Verfahren der Verwaltungsgerichte, DR 1942, 1345.

230 Vgl. hierzu im Einzelnen *Kohl*, Reichsverwaltungsgericht, 1991, S. 455 ff.; *Stolleis*, in: Festschrift für C.-F. Menger, 1985, S. 57 (69f.).

231 Vgl. Art. I Abs. 2 des Gesetzes Nr. 2 der Militärregierung, ABl. der Militärregierung Deutschland, Amerikanische Zone, S. 7.

232 ABl. der Alliierten Kontrollbehörde Nr. 11, S. 183.

233 *Lorenz*, Verwaltungsprozessrecht, 2000, § 2 Rdnr. 11; *Bühler*, Gedächtnisschrift für W. Jellinek, 1955, S. 269 (271, Fn. 9).

234 ABl. der Militärregierung Deutschland, Amerikanische Zone, S. 7.

235 Vgl. Ausführungen bei *Schiffmann*, Die Bedeutung der ehrenamtlichen Richter, 1974, S. 56 f.

1. Westliche Besatzungszonen und die Bundesrepublik

Nachdem in den Besatzungszonen die Verwaltung ihren Aufgaben wieder nachging, erkannte die Militärregierung schnell, dass zu deren Kontrolle eine Verwaltungsgerichtsbarkeit hergestellt werden müsse. Die Verwaltungsgerichtsbarkeit hat daher im amerikanischen und britischen Sektor Berlins nach entsprechender Anordnung ab dem 19.11./ 15.12.1945 ihre Tätigkeit aufgenommen.[236]

Ferner ist durch Art. I des Gesetzes Nr. 36 der Alliierten Kontrollbehörde vom 10.10.1946[237] die Wiedererrichtung der Verwaltungsgerichtsbarkeit in allen vier Zonen und den Berliner Sektoren ausdrücklich angeordnet und gleichzeitig gemäß Art. V die nationalsozialistischen Reglungen über die Verwaltungsgerichtsbarkeit aufgehoben worden. Die entsprechenden Verfassungs-, Verfahrens- und Zuständigkeitsregelungen sollten durch die jeweiligen Zonen- und Sektorenbefehlshaber festgesetzt werden (Art. II des Gesetzes Nr. 36). Ihre Umsetzung erfolgte aber nicht einheitlich.[238]

In den Ländern der amerikanischen Besatzungszone wurden ab Herbst 1946 nach einem Gesetzgebungsentwurf, der unter dem Vorsitz von *W. Jellinek* erarbeitet wurde,[239] jeweils übereinstimmende Verwaltungsgerichtsgesetze (VGG) erlassen,[240] die organisatorisch einen zweistufigen Aufbau und für die Bestimmung der Zuständigkeit gemäß § 22 VGG eine Generalklausel vorsahen. In erster Instanz sollten Verwaltungsgerichte in der Besetzung von drei Berufsrichtern und zwei ehrenamtlichen Richtern sowie in der zweiten Instanz der Verwaltungsgerichtshof in der Besetzung von fünf Berufsrichtern entscheiden.[241]

---

236 *Schiffmann*, a.a.O., S. 68 f.; *Ule*, in: Festschrift für C.-F. Menger, 1985, S. 81 (86).

237 ABl. Kontrollrat Nr. 11 S. 183; vgl. auch *Ule*, a.a.O., S. 81 Fn. 1.

238 *Schiffmann*, Die Bedeutung der ehrenamtlichen Richter, 1974, S. 57; *Schmidt-Aßmann/Schenk*, in: Schoch/Schneider/Bier, VwGO, 25. EL 2013, Einleitung Rdnr. 82; *Ule*, in: Festschrift für C.-F. Menger, 1985, S. 81.

239 *W. Jellinek*, DRZ 1948, S. 269.

240 Dies galt mit Gesetz Nr. 39 vom 25.09.1946 für Bayern (Bay. GVBl. S. 281), mit Gesetz Nr. 110 vom 16.10.1946 für Württemberg-Baden (W.-B. RegBl. S. 221) und mit Gesetz vom 31.10.1946 für Hessen (Hess. GVBl. S. 194) sowie nachfolgend nach Wiedereingliederung in die amerikanische Besatzungszone mit Gesetz 05.08.1947 für Bremen (Brem. GBl. S. 171.).

241 *Schiffmann*, Die Bedeutung der ehrenamtlichen Richter, 1974, S. 58 f.

Neben Anfechtungsklagen konnten Untätigkeitsklagen erhoben sowie gemäß Normenkontrollverfahren zur Überprüfung untergesetzlicher Rechtsvorschriften eingeleitet werden. Die Überprüfung von Ermessensfehlern war lediglich auf eine rechtliche Kontrolle beschränkt.[242]

In der britischen Zone nahmen ab März 1946 auf Veranlassung der Militärregierung zunächst die früheren Verwaltungsgerichte ihre Spruchtätigkeit wieder auf.[243] Erst nach Vereinigung der einzelnen Länder und Provinzen in den Jahren 1946 und 1947 und Bildung der Länder Niedersachsen, Nordrhein-Westfalen, Schleswig-Holstein und Hamburg wurden gemäß den Militärregierungsverordnungen Nr. 141 vom 01.04.1948[244] und 165 vom 15.09.1948[245] dem süddeutschen VGG ähnelnde Regelungen erlassen, die für die neuen Länder ebenfalls einen zweistufigen Gerichtsaufbau (Landesverwaltungsgerichte und ein Oberverwaltungsgericht) und eine Generalklausel vorsahen.[246] Abweichend hiervon erfolgte die Besetzung der ersten Instanz mit lediglich zwei Berufsrichtern und drei ehrenamtlichen Richtern sowie der zweiten Instanz mit drei Berufsrichtern und nach entsprechender landesrechtlicher Regelung mit zwei Laienmitgliedern.[247] Neben Anfechtungs- und Untätigkeitsklage war auch die Vornahmeklage sowie die Feststellungsklage zulässig, jedoch keine Normenkontrolle. Ermessensentscheidungen konnten nur in rechtlicher Hinsicht überprüft werden.[248] Als Besonderheit ist hervorzuheben, dass in § 50 der Militärregierungsverordnung Nr. 165 die bereits in Preußen vorherrschende Auffassung einer Beteiligungsfähigkeit von Behörden aufgenommen wurde.[249]

---

242 *Ule*, in: Festschrift für C.-F. Menger, 1985, S. 81 (82 f.); *Lorenz*, Verwaltungsprozessrecht, 2000, § 2 Rdnr. 15.

243 Hierzu zählten die Verwaltungsgerichte der Länder bzw. Provinzen: Hamburg, Schleswig-Holstein, Hannover, Oldenburg, Lippe, Braunschweig, Nord-Rheinprovinz und Westfalen. *Schiffmann*, Die Bedeutung der ehrenamtlichen Richter, 1974, S. 65 ff.

244 VOBl. BrZ 1948, S. 111.

245 VOBl. BrZ 1948, S. 263.

246 *Ule*, in: Festschrift für C.-F. Menger, 1985, S. 81 (83 ff.); *Schmidt-Aßmann/Schenk*, in: Schoch/Schneider/Bier, VwGO, 25. EL 2013, Einleitung Rdnr. 83.

247 *Schiffmann*, Die Bedeutung der ehrenamtlichen Richter, 1974, S. 68; *Ule*, in: Festschrift für C.-F. Menger, 1985, S. 81 (84).

248 *W. Jellinek*, DRZ 1948, 470 (471); *Ule*, a.a.O., S. 81 (84 f).

249 Vgl. *Klinger*, VwGO, 1960, § 61 C 3 a.

In der französischen Zone wurde im Jahre 1946 durch Verfügung Nr. 76[250] eine Regelung zur Wiedererrichtung der Verwaltungsgerichtsbarkeit für die Länder Baden, Württemberg-Hohenzollern, Hessen-Pfalz und Rheinland-Hessen-Nassau nach den vor dem 30.01.1933 geltenden Zuständigkeits- und Verfahrensbestimmungen getroffen.[251] Die Rechtslage war daher sehr uneinheitlich.[252] Während in Baden ein zweistufiger Gerichtsaufbau und die Generalklausel galt, verfügte Württemberg-Hohenzollern nur über einen einstufigen Aufbau und eine zunächst noch durch Ausnahmeregelungen[253] beschränkte Generalklausel.[254] Weder Untätigkeits-, oder Vornahmeklage noch Normenkontrolle waren nach diesen Regelungen vorgesehen.[255]

In den Gebieten Hessen-Pfalz und Rheinland-Hessen-Nassau, die später zum Land Rheinland-Pfalz zusammen geschlossen wurden, galt ebenfalls ab 1946 ein zweistufiger Gerichtsaufbau unter Beibehaltung des jeweils bis zum 30.01.1933 geltenden – preußischen, hessischen und bayerischen – Verwaltungsprozessrechts.

Auch die Gründung der Bundesrepublik Deutschland und der Erlass des Grundgesetzes am 23.05.1949[256] änderte an den uneinheitlichen landesrechtlichen Regelungen zunächst kaum etwas. Da Art. 74 Abs. 1 Nr. 1, 72 Abs. 2 GG die konkurrierende Gesetzgebungszuständigkeit über die Verfassung und das Verfahren der Verwaltungsgerichtsbarkeit dem Bund zuweist, waren die Länder zu der Gesetzgebung so lange befugt, bis der Bund von seinem Recht Gebrauch gemacht hat.[257] Art. 19 Abs. 4 GG, der den Staat zur Gewährleistung von effektivem Individualrechtsschutz gegen Rechtsverletzungen der öffentlichen Gewalt

---

250 Verfügung Nr. 76 vom 23. Juli 1946, Journal off. S. 256.

251 *Schmidt-Aßmann/Schenk*, in: Schoch/Schneider/Bier, VwGO, 25. EL 2013, Einleitung Rdnr. 83; *Menger*, System des verwaltungsgerichtlichen Rechtsschutzes, 1954,S. 10 ff.

252 *Menger*, a.a.O., S. 10.

253 Diese wurden erst durch das Gesetz zur Änderung des Verfahrens vor dem Verwaltungsgerichtshof und den Verwaltungsbehörden vom 17.10.1950 (RegBl. S. 301) beseitigt.

254 *Ule*, in: Festschrift für C.-F. Menger, 1985, S. 81 (85); *Schiffmann*, Die Bedeutung der ehrenamtlichen Richter, S. 59 und 63 f.

255 *Ule*, a.a.O., S. 81 (85).

256 BGBl. S. 1.

257 *Ule*, in: Festschrift für C.-F. Menger, 1985, S. 81 (88 f.); *Lorenz*, Verwaltungsprozessrecht, 2000, § 2 Rdnr. 18.

durch von ihm bereitzustellende Gerichte verpflichtet, gilt als „zentrale Grundnorm“ für das rechtsstaatliche Prozessrecht[258], als „Schlussstein in dem Gewölbe des Rechtsstaats“[259] und wurde vor allem auch als verfassungsrechtliche Verankerung der verwaltungsgerichtlichen Generalklausel[260] angesehen.

Da der Bund seine Gesetzgebungskompetenz (noch) nicht wahrnahm, konnten nunmehr die Länder, die wie Rheinland-Pfalz, Berlin, das Saarland und Baden-Württemberg noch keine Verwaltungsgerichtsgesetze erlassen hatten, die Möglichkeit ergreifen, dem Grundgesetz entsprechende verwaltungsgerichtliche Regelungen zu schaffen.[261]

Bereits mit Gesetz vom 14.04.1950[262] wurde eine für Rheinland-Pfalz einheitliche Verwaltungsgerichtsbarkeit geregelt,[263] die überwiegend dem Verwaltungsgerichtsgesetz der amerikanischen Zone entsprach. Im Unterschied hierzu war die erste Instanz mit zwei Berufsrichtern und einem Laienrichter besetzt.[264] Eine weitere Besonderheit bildete § 38 VGG (RhPf), der – wie die Militärregierungsverordnung Nr. 165 – die Beteiligungsfähigkeit von Behörden vorsah.[265]

In (West-)Berlin trat am 08.01.1951[266] anstelle der bisherigen Regelungen ein überwiegend der Militärregierungsverordnung Nr. 165 entsprechendes Gesetz über die Verwaltungsgerichtsbarkeit in Kraft, das einheitlich einen zweistufigen Aufbau, erstinstanzlich in der Besetzung mit zwei Berufsrichtern und drei ehrenamtlichen Mitgliedern sowie zweitinstanzlich in der Besetzung mit drei Berufsrichtern und zwei ehrenamtlichen Richtern, vorsah. Im Gegensatz zu den

---

258 *Maurer*, in: Badura/Dreier (Hrsg.), Festschrift 50 Jahre Bundesverfassungsgericht, Bd. 2, 2001, S. 467 (474).

259 *Thoma*, in: Wandersleb/Trautmann, Recht-Staat-Wirtschaft, Bd. 3, 1951, S. 9.

260 *Ibler*, Rechtspflegender Rechtsschutz, 1999, S. 352 ff.

261 *Ule*, in: Festschrift für C.-F. Menger, 1985, S. 81 (89).

262 R.-Pf. GVBl. I S. 103.

263 *Schiffmann*, Die Bedeutung der ehrenamtlichen Richter, 1974, S. 61; *Schmidt-Aßmann/Schenk*, in: Schoch/Schneider/Bier, VwGO, 25. EL 2013, Einleitung Rdnr. 83.

264 Vgl. zu den weiteren Gemeinsamkeiten und Unterschieden *Ule*, in: Festschrift für C.-F. Menger, 1985, S. 81 (89).

265 Vgl. *Klinger*, VwGO, 1960, § 61 C3 a.

266 VOBl. 1951 S.46.

neueren Regelungen in den anderen Zonen wurden die bis zum 30.01.1933 geltenden Verfahrensregelungen beibehalten.[267]

Im Saarland wurde am 10.07.1951 ein Gesetz über die Verwaltungsgerichtsbarkeit[268] erlassen, das einen zweistufigen Aufbau mit Verwaltungsgericht und Oberverwaltungsgericht in der Besetzung von jeweils drei Berufsrichtern vorsah und sich im Wesentlichen an die Regelungen des VGG (RhPf) anlehnte.[269] Es beinhaltete in § 36 ebenso eine Regelung über die Beteiligungsfähigkeit von Behörden.[270]

Für das sich 1953 aus den Ländern Baden, Württemberg-Baden und Württemberg-Hohenzollern zusammengesetzte Land Baden-Württemberg folgte erst durch Gesetz vom 12.05.1958 eine einheitliche Verwaltungsgerichtsregelung, welches einen zweistufigen Gerichtsaufbau mit Verwaltungsgericht (zwei Berufs- und zwei ehrenamtliche Richter) und Verwaltungsgerichtshof (drei Berufsrichter) beinhaltete.[271]

Mit dem Gesetz über das Bundesverwaltungsgericht vom 23.09.1952[272] und der Einführung des Bundesverwaltungsgerichts als Revisionsinstanz machte der Bund nunmehr von seiner Gesetzgebungskompetenz Gebrauch. Allerdings ließ dieses Gesetz die uneinheitlichen Verwaltungsgerichtsgesetze der einzelnen Länder unberührt.[273]

Bereits Ende der vierziger Jahre gab es Bestrebungen, eine bundeseinheitliche Verwaltungsprozessordnung zu erstellen. Auf Veranlassung der Vereinigung der Verwaltungsgerichtspräsidenten wurde hierzu im Jahre 1950 ein Vorentwurf erstellt, der im Herbst 1951 nach Abstimmung der jeweiligen Innenmi-

---

267 Vgl. im Einzelnen *Ule*, in: Festschrift für C.-F. Menger, 1985, S. 81 (90); *Schiffmann*, Die Bedeutung der ehrenamtlichen Richter, 1974, S. 73.

268 Saarl. ABl., S. 1075.

269 Vgl. im Einzelnen *Ule*, in: Festschrift für C.-F. Menger, 1985, S. 81 (90 f.); *Schiffmann*, Die Bedeutung der ehrenamtlichen Richter, 1974, S. 69.

270 Vgl. *Klinger*, VwGO, 1960, § 61 C3 a.

271 *Schiffmann*, Die Bedeutung der ehrenamtlichen Richter, 1974, S. 74; vgl. im Einzelnen *Ule*, in: Festschrift für C.-F. Menger, 1985, S. 81 (91).

272 BGBl. I S. 625.

273 *Schmidt-Aßmann/Schenk*, in: Schoch/Schneider/Bier, VwGO, 25. EL 2013, Einleitung Rdnr. 84; *Lorenz*, Verwaltungsprozessrecht, 2000, § 2 Rdnr. 19.

nister den politischen Führungen vorgelegt wurde. Auch nachdem die Bundesregierung im April 1953 einen ähnlichen Entwurf dem Bundestag vorlegte,[274] vergingen noch nahezu weitere sieben Jahre bis die erste bundeseinheitliche Verwaltungsgerichtsordnung vom 21.01.1960[275] am 01.04.1960 in Kraft trat und die Entwicklung der Verwaltungsgerichtsbarkeit der Nachkriegszeit ihren Abschluss fand.[276]

Der Rechtsschutz wurde nunmehr einheitlich an Art. 19 Abs. 4 GG ausgerichtet. Die Verwaltungsgerichtsbarkeit sollte vollkommen unabhängig sein. Rechtsschutz konnte durch Gestaltungs-, Leistungs- und Feststellungsklagen erzielt werden, wobei Anfechtungsklagen und Widerspruch aufschiebende Wirkung entfalten. Organisatorisch gab es unter Berücksichtigung des bereits fungierenden Bundesverwaltungsgerichts einen dreistufigen Aufbau.[277] Die noch in der Militärregierungsverordnung Nr. 165 und in den Verwaltungsgerichtsgesetzen des Saarlandes und des Landes Rheinland-Pfalz enthaltenen Regelungen über die Beteiligungsfähigkeit von Behörden sind in den Regierungsentwürfen zur Verwaltungsgerichtsordnung zunächst ausdrücklich nicht mit aufgenommen worden.[278] Stattdessen ist in § 61 Nr. 3 VwGO die Berücksichtigung der Beteiligungsfähigkeit von Behörden dem jeweiligen Landesgesetzgeber vorbehalten worden.[279]

2. Sowjetische Besatzungszone, DDR und neue Bundesländer

Auch die Verfassungen der Länder der sowjetischen Besatzungszone sahen einen verwaltungsgerichtlichen Rechtsschutz vor. So wurden 1945 in Thüringen[280] – zunächst bis 1948 unter Geltung einer Generalklausel und anschließend nach dem Enumerationsprinzip – sowie gemäß Befehl Nr. 173/47 der sowjeti-

274 BTDrucks 1/4278.

275 BGBl. I S.17.

276 *Ule*, in: Festschrift für C.-F. Menger, S. 81 (93 f.); *Schmidt-Aßmann/Schenk*, in: Schoch/Schneider/Bier, VwGO, 25. EL 2013, Einleitung Rdnr. 91.

277 *Schmidt-Aßmann/Schenk*, a.a.O.; *Ule*, a.a.O., S. 81 (94 f.).

278 Vgl. Regierungsentwürfe aus den Jahren 1953 und 1954, BTDrucks 1/4278, S. 39 und BTDrucks 2/462, S. 37 f.

279 Vgl. *Klinger*, VwGO, 1960, § 61 C 3 a.

280 Gesetz vom 26.11.1945 (GS S. 53).

schen Militäradministration vom 08.07.1947 in Mecklenburg[281], Brandenburg[282] und Sachsen[283] – unter Geltung des Enumerationsprinzips – Verwaltungsgerichte eingerichtet. Nur der sowjetische Sektor Berlins sowie Sachsen-Anhalt blieben ohne Verwaltungsgerichtsbarkeit.[284]

Nachdem das thüringische Oberverwaltungsgericht in seiner insbesondere zum Reichsleistungsgesetz ergangenen Rechtsprechung[285] die zunehmenden Übergriffe der Verwaltung explizit herausstellte und dadurch in Konflikt mit den politischen Mächten geriet, verabschiedete der Landtag u.a. das Gesetz vom 07.10.1948[286], wonach das Oberverwaltungsgericht durch ein Landesverwaltungsgericht ersetzt, die Generalklausel abgeschafft und die Richter vom Wohlwollen des Landtages abhängig waren.[287]

Obgleich die Verfassung der DDR vom 07.10.1949 in Art. 138 zum Schutze der Bürger gegen rechtswidrige Maßnahmen der Verwaltung u.a. eine Kontrolle durch eine Verwaltungsgerichtsbarkeit vorsah, war ein solcher Schutz nicht gewährleistet. Das hierzu beabsichtigte Organisations- und Zuständigkeitsgesetz wurde nie erlassen. Durch das Gesetz vom 23.07.1952[288] sind die Länder verpflichtet worden, ihre Gebiete in Kreise und sie zusammenfassende Bezirke aufzugliedern. Im Zuge der Abschaffung der einzelnen Länder durch die Reform im Juli 1952 wurden nicht nur die in Art. 139 der Verfassung der DDR verbürgte

---

281 Gesetz vom 18.09.1947 (RegBl. S. 250).

282 Gesetz vom 12.10.1947 (GVBl. I S. 27) i.d.F. des Gesetzes vom 6. 12. 1947 (GVBl. I S. 36).

283 Gesetz vom 30.10.1947 (GBl. S. 509).

284 Vgl. *Meyer*, Die Entwicklung der Verwaltungsgerichtsbarkeit in der Ostzone, DVBl. 1950, 561 (561 f.); *Menger*, System des verwaltungsgerichtlichen Rechtsschutzes, 1954, S. 14.

285 Vgl. hierzu im Einzelnen *Heil*, Die Verwaltungsgerichtsbarkeit in Thüringen, 1996, S. 119 ff.

286 GS S. 103.

287 *Loening*, AöR 75 (1949), S. 56 (58 ff.); *Ule*, LKV 1991, 189 (193 f.); *Bernet*, DÖV 1990, 409 (412); vgl. hierzu auch *Heil*, Die Verwaltungsgerichtsbarkeit in Thüringen, 1996, S. 240 ff.

288 Gesetz über die weitere Demokratisierung des Aufbaus und der Arbeitsweise der staatlichen Organe in den Ländern der Deutschen Demokratischen Republik (GBl. DDR, S. 613).

kommunale Selbstverwaltung der Gemeinden,[289] sondern durch eine nachfolgende interne Anordnung des Ministeriums des Innern auch die Verwaltungsgerichtsbarkeit und das Landesverwaltungsgericht Thüringen als „Landesorgane" beseitigt.[290] Ihre Aufgaben sollten fortan durch die Staatsanwaltschaft erfüllt werden.[291]

Die im Jahr 1968 erlassene Verfassung[292] sah die Schaffung einer Verwaltungsgerichtsbarkeit nicht mehr vor. Erst das Gesetz über die Zuständigkeit und das Verfahren der Gerichte zur Nachprüfung von Verwaltungsentscheidungen vom 14.12.1988[293], das am 01.07.1989 in Kraft trat, schuf für einzelne aufgezählte Verwaltungsstreitsachen eine eingeschränkte einstufige Rechtsschutzmöglichkeit nach den Vorschriften des Zivilprozessrechts vor den örtlichen Kreisgerichten,[294] die jedoch keine praktische Relevanz mehr entfalten konnte.[295] Im Zuge des politischen Umbruchs im Herbst 1989 ist die Verfassung der DDR durch das Gesetz zur Änderung und Ergänzung der Verfassung der DDR vom 12. Juni 1990[296] u.a. um eine an Art. 19 Abs. 4 GG angelehnte umfassende Rechtsschutzgarantie des Einzelnen gegen Verletzungen durch die öffentliche Gewalt ergänzt worden. In Umsetzung dieses Verfassungsgebotes wurde von der Volkskammer am 29.06.1990 ein neues Nachprüfungsgesetz[297] beschlossen, das zwar immer noch dieselben enumerativen Zuweisungen enthielt wie die

289 Gemeinden existierten fortan nur noch als dem Zentralstaat eingegliederte Territorien. Eingehend hierzu *Mampel*, Die Verfassung der sowjetischen Besatzungszone Deutschlands, 2. Aufl. 1966, Art. 139 Erl. 2, 3; vgl. auch BVerwG, LKV 2009, 269.

290 Ausführlich *Mampel*, a.a.O., Art. 138 Erl. 1 a); *Ule*, in: Festschrift für C.-F. Menger, S. 81 (102); *ders.*, LKV 1991, 189 (194); *Heil*, Die Verwaltungsgerichtsbarkeit in Thüringen, 1996, S. 269 ff.; *Schmidt-Aßmann/Schenk*, in: Schoch/Schneider/Bier, VwGO, 25. EL 2013, Einleitung Rdnr. 86.

291 *Mampel*, Die Verfassung der sowjetischen Besatzungszone Deutschlands, 2. Aufl. 1966, Art. 138 Erl. 1 b).

292 Verfassung der DDR vom 06.04.1968, GBl. S. 199.

293 GBl. DDR I, S. 327 ff.

294 Vgl. im Einzelnen *Ule*, DVBl. 1989, 581 (584 ff.).

295 *Meissner*, LKV 1993, 105 (106); *Sendler*, DtZ 1990, 166 (166 f.); *Bernet*, DÖV 1990, 409 (415 und 417).

296 GBl. DDR I S. 299 f.

297 GBl. DDR I S. 595 ff.

Vorgängerregelung, jedoch durch Hinzufügung des Wortes „insbesondere" keinen abschließenden sondern nunmehr lediglich beispielhaften Charakter trug.[298]

Auch dieses Gesetz war nur von kurzer Geltungsdauer. Es wurde nach nur drei Monaten durch Regelungen des Einigungsvertrags ersetzt.[299] Gemäß Art. 8 EVertr i.V.m. Anl. I Kap. III Sachgeb. A Abschnitt III Nr. 1 und 6 haben die neuen Bundesländer die Verwaltungsgerichtsordnung zunächst mit besonderen Modifikationen übernommen, die der schrittweisen Anpassung dienten.[300] Berlin (Ost) bildete hiervon eine Ausnahme, da auf diesem Gebiet die bereits in Berlin (West) bestehende Verwaltungsgerichtsbarkeit nach Maßgabe der Verwaltungsgerichtsordnung zur Anwendung gelangte.[301]

Im übrigen Teil der ehemaligen DDR wurde der Rechtsschutz in öffentlich-rechtlichen Angelegenheiten zunächst durch neu errichtete Spezialkammern für Verwaltungsrecht bei den Kreisgerichten sowie entsprechende Senate bei den Bezirksgerichten gewährt.[302]

Gemäß Anlage I Kap. III Sachgeb. A Abschnitt III Nr. 1 Maßg. t Abs. 4 EVertr haben die neuen Bundesländer[303] dann alsbald eine eigenständige Verwaltungsgerichtsbarkeit errichtet.[304]

---

298 *Sendler*, DtZ 1990, 166 (168).

299 *Meissner*, LKV 1993, 105 (106).

300 Vgl. hierzu im Einzelnen *Stelkens*, DtZ 1991, 7; *ders./Panzer*, in: Schoch/Schneider/Bier, VwGO, 25. EL 2013, § 1 Rdnr. 52 f.; *Sendler*, DtZ 1990, 166 (169).

301 Vgl. hierzu *Wilke*, LKV 1991, 18.

302 *Meissner*, LKV 1993, 105 (106 f.); *Sendler*, DtZ 1990, 166 (168); vgl. *Schmidt-Aßmann/Schenk*, in: Schoch/Schneider/Bier, VwGO, 25. EL 2013, Einleitung Rdnr. 88.

303 Mecklenburg-Vorpommern: Gerichtsstrukturgesetz v. 19.03.1991 (GVBl. S. 103) i.V.m. Gerichtsorganisationsgesetz v. 02.06.1992 (GVBl. S. 314); Sachsen-Anhalt: AGVwGO v. 28.01.1992 (GVBl. S. 36); Sachsen: Gerichtsorganisationsgesetz v. 30.06.1992 (GVBl. S. 287); Thüringen 2. ÄndG VwGO v. 03.12 1992 (GVBl. S. 536, 576); Brandenburg: Verwaltungsgerichtsgesetz v. 10.12.1992 (GVBl. S. 502).

304 Zu den weiteren schrittweisen Anpassungen vgl. *Stelkens/Panzer*, in: Schoch/Schneider/Bier, VwGO, 25. EL 2013, § 1 Rdnr. 53.

B. Staatliche Organisations- und Handlungsformen

Die Beteiligungsformen und Tätigkeiten des Staates sind vielfältig und bedürfen daher einer hinreichend ausdifferenzierten Staats- und Verwaltungsorganisation.[305] Während die Verteilung der Staatsfunktionen von Legislative, Exekutive und Judikative auf die jeweiligen von der Verfassung vorgesehenen Organe und Einrichtungen dem Staatsorganisationsrecht zugeordnet wird,[306] umfasst das Verwaltungsorganisationsrecht u.a. Regelungen zur Bildung, Änderung und Auflösung von Verwaltungsträgern, ihrer finanziellen Ausstattung, Kompetenzen, Zuständigkeiten und ihrer weiteren inneren Ordnung.[307] Überschneidungen zwischen beiden Organisationstypen ergeben sich dort, wo das Grundgesetz auch Vorgaben für die Verwaltung enthält, z.B. die Beachtung des Gewaltenteilungsgrundsatzes, des Bundesstaatsprinzips, des Rechtsstaatsprinzips und der Gewährleistung der kommunalen Selbstverwaltung.[308] Ferner können aber auch den in der Verfassung vorgesehenen Organen Verwaltungsaufgaben zugewiesen werden, so dass sie insoweit gleichzeitig Verwaltungsträger sein können.[309]

Der Begriff der Verwaltung findet in vielen Regelungen Berücksichtigung (vgl. Art. 83 ff. GG oder den §§ 1 ff. VwVfG), ohne ihn dabei gesetzlich zu definieren. Eine einheitliche Definition wird sich aufgrund der Vielschichtigkeit und Vielgestaltigkeit der Verwaltung wohl auch kaum herstellen lassen. Daher wird die öffentliche Verwaltung zunächst unter drei verschiedenen Aspekten, der Verwaltung im organisatorischen, materiellen und formellen Sinne, betrachtet:

Die staatliche Verwaltung im organisatorischen Sinne meint die Gesamtheit der Einrichtungen, die Verwaltungsfunktionen wahrnehmen. Umfasst sind hiervon die Verwaltungsträger und ihre Organe, die mittelbar oder unmittelbar zum Staat gehören, wie z.B. juristische Personen des öffentlichen Rechts in Form der

---

305 Zur Verwaltungstätigkeit vgl. *Ehlers*, in: Erichsen/Ehlers, Allgemeines Verwaltungsrecht, 14. Aufl. 2010, § 1 Rdnr. 1.

306 Vgl. Überblick bei *Maurer*, Staatsrecht I, 2010, § 12 Rdnr. 1 ff.

307 Vgl. Überblick bei *Maurer*, Allgemeines Verwaltungsrecht, 18. Aufl. 2011, § 21 Rdnr. 1 ff.

308 Vgl. *Krebs*, in: Handbuch des Staatsrechts, Bd. 5, 2007, § 108 Rdnr. 62 ff.

309 Vgl. *Krebs*, a.a.O., § 108 Rdnr. 5.

Gebietskörperschaften (Bund, Land, Gemeinde, Landkreise) und ihre Eigengesellschaften bzw. die Gesellschaften, deren Anteile überwiegend in ihrem Eigentum stehen, sowie weitere (teil-)rechtsfähige Verwaltungseinheiten.[310]

Die staatliche Verwaltung im materiellen Sinne bezieht sich auf die typischen Verwaltungstätigkeiten, wie z.B. die Erteilung von Genehmigungen, der Erlass von Polizeiverfügungen, die Beitreibung von Steuerschulden durch das Finanzamt, die Untersagung der Ausübung des Gewerbes oder etwa der Betrieb öffentlicher Einrichtungen, zu deren Bestimmung die Lehre zum Teil auf negative Abgrenzungen zu den Staatsfunktionen der Legislative und Judikative[311] und zum Teil auf positive Benennung einzelner Merkmale und Aufgaben des Verwaltungsrechts,[312] oder beide kombinierende Ansätze zurückgreift.[313] In Anlehnung an die Definition von *H. J. Wolff* ist Verwaltung im materiellen Sinne: „die mannigfaltige, konditional oder nur zweckbestimmte, teilweise fremdbestimmte, selbstbeteiligt ausführende und im Übrigen steuernde und gestaltende, fremdnützige Wahrnehmung der Angelegenheiten von Gemeinwesen und ihrer Mitglieder durch die dafür bestellten Sachwalter."[314]

Unter staatlicher Verwaltung im formellen Sinne versteht man alle Tätigkeiten der nach materiellem Recht zuständigen Verwaltungsorgane, unabhängig davon ob sie materiell verwaltenden oder z.B. rechtssetzenden Charakter haben.[315]

Die Beteiligung des Staates erstreckt sich nicht zuletzt auch auf das Verwaltungsprozessrecht, in dem Verwaltungsträger als Rechtsträger sowie Verwal-

---

310 *Ehlers*, in: Erichsen/Ehlers, Allgemeines Verwaltungsrecht, 14. Aufl. 2010, § 1 Rdnr. 4; vgl. *Krebs*, in: Handbuch des Staatsrechts, Bd. 5, 3. Aufl. 2007, § 108 Rdnr. 6 ff., 17.

311 Vgl. Überblick bei *Stern*, Staatsrecht, Bd. II, 1980, S. 731 ff.

312 Vgl. *Maurer*, Allgemeines Verwaltungsrecht, 18. Aufl. 2011, § 1 Rdnr. 7.

313 *Ehlers*, in: Erichsen/Ehlers, Allgemeines Verwaltungsrecht, 14. Aufl. 2010, § 1 Rdnr. 5 ff.; *Stober*, in: Wolff/Bachof/Stober/Kluth, Verwaltungsrecht I, 12. Aufl. 2007, § 3 Rdnr. 20; *Schröder*, in: Handbuch des Staatsrechts, Bd. 5, 3. Aufl. 2007, § 106 Rdnr. 19 ff.

314 *Stober*, a.a.O.; kritisch dazu *Stern*, Staatsrecht, Bd. II, 1980, S. 735 f., der eine aus positiven und negativen Merkmalen kombinierte Definition bevorzugt (S. 736).

315 Vgl. *Maurer*, Allgemeines Verwaltungsrecht, 18. Aufl. 2011, § 1 Rdnr. 2.

tungseinheiten klagen, verklagt und auch anderweitig beteiligt werden können.[316]

I. Organisations- und Rechtsformen

Der Staat ist zur Erfüllung seiner Aufgaben und Gewährleistung seiner Funktionen mit für ihn handelnden Organen ausgestattet, die er mit Staatsgewalt und den hierfür erforderlichen Kompetenzen versehen, aber auch begrenzt hat.[317]

Seine Organisation wird zunächst grundlegend durch das Gewaltenteilungsprinzip, das Bundesstaatsprinzip und das Prinzip der kommunalen Selbstverwaltung gestaltet.[318] Darüber hinausgehend erfährt die Verwaltung durch Erweiterungen des Grundgesetzes, der Landesverfassungen und fachspezifischer verwaltungsorganisationsrechtlicher Regelungen des Bundes und der Länder eine weiterführende Organisation bis hin zu einzelnen Behörden und kleineren Arbeitseinheiten. Die jeweiligen Organisationsformen und -strukturen der Verwaltung werden in der Rechts- und Verwaltungswissenschaft mit den Begrifflichkeiten der Dezentralisation/Zentralisation[319], Dekonzentration/Konzentration[320] sowie der unmittelbaren und mittelbaren Staatsverwaltung beschrieben. Sie sollen aufgrund ihrer Vielfältigkeit[321] nachfolgend nur in Grundzügen dargestellt werden:

1. Dezentralisation und Dekonzentration

Die Verwaltungsorganisation ist nach Maßgabe des Grundgesetzes in die Verwaltungsbereiche des Bundes, der Länder (Art. 83 ff. GG) und der Gemeinden (Art. 28 Abs. 2 GG) unterteilt. Der Begriff der Dezentralisation umfasst die Aufteilung der Aufgaben und Kompetenzen zwischen dem Staat und anderen Ver-

---

316 *Burgi*, in: Erichsen/Ehlers, Allgemeines Verwaltungsrecht, 14. Aufl. 2010, § 8 Rdnr. 6.

317 *Oldiges*, NVwZ 1987, 737 (737 f.)

318 Vgl. *Krebs*, in: Handbuch des Staatsrechts, Bd. 5, 3. Aufl. 2007, § 108 Rdnr. 62.

319 Vgl. *Becker*, Öffentliche Verwaltung, 1989, S. 193 ff.; *Burgi*, in: Erichsen/Ehlers, Allgemeines Verwaltungsrecht, 14. Aufl. 2010, § 8 Rdnr. 6.

320 Vgl. *Becker*, a.a.O., S. 214 ff.

321 *Krebs*, in: Handbuch des Staatsrechts, Bd. 5, 3. Aufl. 2007, § 108 Rdnr. 16.

waltungsträgern. Von Zentralisation spricht man, wenn bestimmte Aufgaben und Befugnisse einem Verwaltungsträger zugeordnet werden. Dabei beinhaltet das Bundesstaatsprinzip eine grundsätzliche Dezentralisation der Verwaltungsentscheidungen auf die Länder (vgl. Art. 30 GG) und ausnahmsweise eine Zentralisation der Verwaltungsentscheidungen auf den Bund (vgl. Art. 87 ff. GG).

Durch Dezentralisationsbewegungen können neue Verwaltungsträger geschaffen oder neue Aufgaben bereits bestehenden Verwaltungseinheiten zugeordnet werden.[322]

Die Gliederung von Verwaltungsentscheidungen innerhalb eines Verwaltungsträgers (sog. Binnenorganisation) beschreibt den Begriff der Dekonzentration.[323] Durch sie werden in der Regel nichtrechtsfähige Organisationseinheiten (Behörden) als weiterer Baustein in der Verwaltungsorganisation geschaffen, die in Anbetracht ihrer Nichtrechtsfähigkeit einer umfängliche Rechts- und Fachaufsicht unterliegen.

Die Dekonzentration staatlicher Verwaltung kann sich auch auf Selbstverwaltungsträger (Gemeinde und Landkreise) erstrecken, wenn ihnen die Aufgaben der Staatsverwaltung zur Erfüllung zugewiesen werden. Bei ihren Verwaltungsentscheidungen ist daher strikt zwischen den jeweiligen Aufgabenbereichen zu differenzieren.[324] Aufgrund ihrer Doppeleigenschaft unterstehen sie bei der Wahrnehmung von Selbstverwaltungsaufgaben einerseits der Kommu-

322 *Burgi*, in: Erichsen/Ehlers, Allgemeines Verwaltungsrecht, 14. Aufl. 2010, § 8 Rdnr. 8; vgl. *Oldiges*, NVwZ 1987, 737 (740); *Becker*, Öffentliche Verwaltung, 1989, S. 200 ff. und 212 f.: Es gibt die Hauptverwaltungsträger als (räumlich) vertikal gestufte Gebietskörperschaften (Bund, Land, Gemeinde sowie Landkreis). Hiervon ableitend entstehen die horizontal dezentralisierten Verwaltungsträger als rechtsfähige Körperschaften, Anstalten und Stiftungen des öffentlichen Rechts, als teilrechtsfähige Körperschaften, Anstalten und Stiftungen des öffentlichen Rechts sowie die horizontal dezentralisierten Verwaltungsorganisationen mit Rechtsformen des privaten Rechts. Ferner gibt es vertikal dezentralisierte Verwaltungsträger der Länder bezogen auf einen anderen Raum als der der Gemeinde und des Kreises, wie etwa die bayerischen Bezirke und die nordrhein-westfälischen Landschaftsverbände.

323 Zur weiteren Differenzierung in vertikale und horizontale (De-)Konzentration vgl. *Oldiges*, a.a.O., 740 f.

324 *Becker*, Öffentliche Verwaltung, 1989, S. 217; vgl. *Burgi*, in: Erichsen/Ehlers, Allgemeines Verwaltungsrecht, 14. Aufl. 2010, § 8 Rdnr. 26.

nalaufsicht und bei der Wahrnehmung staatlicher Fremdverwaltungsaufgaben der jeweiligen Fach- und Rechtsaufsicht.[325]

2. Unmittelbare Staatsverwaltung

Die dezentralisierten Verwaltungsbereiche des Bundes, der Länder und Kommunen umfassen grundsätzlich alle Verwaltungseinheiten, die differenziert nach ihrer Eigenschaft als selbständiger Verwaltungsträger oder unselbständige Verwaltungseinheit in mittelbare und unmittelbare Verwaltung unterteilt werden.[326]

Die Fälle, in denen der Staat verwaltend in Erscheinung tritt, ohne selbst Verwaltungsträger zu sein, werden als unmittelbare Staatsverwaltung bezeichnet. Der Bund und die Länder werden dabei durch bestimmte Organe eines Verwaltungsträgers tätig, indem diese die jeweiligen Landes- oder Bundesaufgaben erfüllen. Sie nehmen im Außenverhältnis nach Maßgabe des öffentlichen Rechts Behördenfunktionen wahr. Die Bundesebene wird lediglich durch maximal zwei Behördeninstanzen geprägt, die Bundesministerien (Art. 65 S. 2 GG) und die Bundesoberbehörden (Art. 87 Abs. 3 S. 1 GG). Die Länder verfügen über einen dreistufigen oder zweistufigen Verwaltungsaufbau.[327] Ferner gehören hierzu weitere Organisationsformen des öffentlichen Rechts, wie etwa nichtrechtsfähige Anstalten, Kollegialorgane (Beiräte, Gremien, Ausschüsse etc.) und Beauftragte.[328]

3. Mittelbare Staatsverwaltung

In den Fällen, in denen die staatliche Verwaltung auf dezentralisierte, rechtlich selbständige Verwaltungsträger übertragen wird, spricht man von mittelbarer Staatsverwaltung. Öffentlich-rechtliche Organisationsformen bilden hierbei die Körperschaften, Stiftungen und Anstalten des öffentlichen Rechts.[329] Aber auch

---

325 *Becker*, Öffentliche Verwaltung, 1989, S. 221.

326 *Krebs*, in: Handbuch des Staatsrechts, Bd. 5, 3. Aufl. 2007, § 108 Rdnr. 17 f.

327 *Ehlers*, in: Erichsen/Ehlers, Allgemeines Verwaltungsrecht, 14. Aufl. 2010, § 1 Rdnr. 14; *Burgi*, in: Erichsen/Ehlers, a.a.O., § 9 Rdnr. 1 ff.

328 *Burgi*, a.a.O., § 8 Rdnr. 32.

329 *Ehlers*, in: Erichsen/Ehlers, Allgemeines Verwaltungsrecht, 14. Aufl. 2010, § 1 Rdnr. 15.

selbständige privatrechtliche Organisationsformen sind der mittelbaren Staatsverwaltung zuzurechnen, sofern sie Verwaltungsaufgaben wahrnehmen.[330]

Körperschaften, Stiftungen und Anstalten des öffentlichen Rechts als Rechts- und Organisationsform der mittelbaren Staatsverwaltung können nur durch oder aufgrund eines Gesetzes und nicht kraft eigener Organisationsgewalt errichtet werden.[331]

Es gibt verschiedene Gründe für die Herausbildung rechtlich selbständiger Verwaltungsträger. Ihnen gemein ist die Bewältigung besonderer Aufgaben, die eine gewisse Flexibilität erfordern und innerhalb der strengen hierarchischen unmittelbaren Staatsverwaltung nur ungenügend erfüllt werden können.[332] Sie liegen in vielen – aber nicht allen – Fällen in dem Streben nach eigenverantwortlicher Verwaltung eigener Angelegenheiten und Aufgaben, wie etwa die Selbstverwaltung von Gemeinden und Gemeindeverbänden sowie Berufsorganisationen. In anderen Fällen soll durch die Verselbständigung der Verwaltungsträger eine Distanz zum Staat geschaffen werden, die u.a. den neuen Verwaltungsträger – wie z.B. die Bundesbank – von politischen Einflüssen der Regierung und des Parlaments unabhängig machen, ihm – wie z.B. bei Universitäten – grundrechtliche Freiräume sichern oder gar bewusst von staatlicher Hoheitsmacht abgrenzen soll. Weitere Motive liegen in der Partizipation Betroffener an staatlichen Verwaltungshandlungen und -entscheidungen sowie dem Zugriff auf besondere Sachkenntnisse.[333]

Im Einzelnen:

---

330 Strittig, vgl. *Krebs*, in: Handbuch des Staatsrechts, Bd. 5, 3. Aufl. 2007, § 108 Rdnr. 22.

331 Vgl. OVG Koblenz, NVwZ 1986, 843 (844): Dies gilt nicht für eine bloße Kompetenzübertragung auf eine bereits bestehende juristische Person öffentlichen Rechts, wenn die Kompetenz ihrem sachlichen Aufgabenbereich entspricht und eine parlamentarische Verantwortlichkeit sowie eine gerichtliche Überprüfbarkeit beibehalten wird.

332 Vgl. *Brohm*, VVDStRL 30 (1972), S. 245 (262).

333 Vgl. Überblick bei *Dreier*, Hierarchische Verwaltung im demokratischen Staat, 1991, S. 270 ff.; ferner *Krebs*, in: Handbuch des Staatsrechts, Bd. 5, 3. Aufl. 2007, § 108 Rdnr. 23 f.

a) Körperschaften des öffentlichen Rechts

Eine Körperschaft des öffentlichen Rechts (im Folgenden kurz: Körperschaft) ist eine mitgliedschaftlich organisierte, vom Bestand ihrer Mitglieder unabhängige Rechtsträgerin, die mit Hilfe hoheitlicher Verwaltungsmittel bestimmte öffentliche Aufgaben wahrnimmt und dabei unter staatlicher Rechtsaufsicht steht. Sie wird durch oder auf Grund eines Gesetzes errichtet. Ihre Mitgliedschaft wird zum Teil gesetzlich (sog. Zwangsmitgliedschaft) und zum Teil freiwillig begründet. Man unterscheidet anhand der Art der Mitgliedschaft z.B. zwischen Gebietskörperschaften (Gemeinden und Gemeindeverbände) und Realkörperschaften, deren Mitgliedschaft den Besitz oder das Eigentum einer bestimmten Sache voraussetzt, z.B. die Betriebsinhaberschaft (Industrie- und Handelskammern). Ferner zählen hierzu die an die Eigenschaften einer Person anknüpfenden Personalkörperschaften (z.B. Rechtsanwaltskammern) und die sich ausschließlich aus bestimmten juristischen Personen des öffentlichen Rechts zusammensetzenden Verbands- bzw. Bundkörperschaften (kommunale Zweckverbände).[334]

Die Zulässigkeit der Errichtung von bundesunmittelbaren Körperschaften ist in Art. 86 S. 1 GG geregelt. Bundesunmittelbar bedeutet hierbei lediglich, dass diese Körperschaften nicht den Ländern sondern dem Bund unterstehen.[335] Sie sind Gegenstand der mittelbaren Bundesverwaltung, die nach der Einteilung im Grundgesetz gemäß Art. 87 Abs. 2 und 3 GG in obligatorische und fakultative Bundesverwaltung unterschieden wird. Unter die obligatorische mittelbare Bundesverwaltung fallen die überregionalen Sozialversicherungsträger und die Bundesagentur für Arbeit.[336] Die fakultative mittelbare Bundesverwaltung betrifft gemäß Art. 87 Abs. 3 S. 1, Alt. 2 GG die Errichtung neuer bundesunmittelbarer Körperschaften und Anstalten des öffentlichen Rechts auf der Grundlage eines entsprechenden Bundesgesetzes.[337]

---

334 *Burgi*, in: Erichsen/Ehlers, Allgemeines Verwaltungsrecht, 14. Aufl. 2010, § 8 Rdnr. 12; vgl. auch *Peine*, Allgemeines Verwaltungsrecht, 10. Aufl. 2011, Rdnr. 81 ff.

335 BVerfGE 11, 105 (108); E 63, 1 (42).

336 *Pieroth*, in: Jarass/Pieroth, GG, 10. Aufl. 2009, Art. 87 Rdnr. 11; *Hermes*, in: Dreier, GG, Bd. 3, 2. Aufl. 2008, Art. 87 Rdnr. 56; *Sachs*, in: Sachs, GG, 6. Aufl. 2011, Art. 87 Rdnr. 49 ff.

337 Zu den weiteren Voraussetzungen vgl. *Pieroth*, a.a.O., Art. 87 Rdnr. 13.

Die Organisationsgewalt bei der Errichtung bundesunmittelbarer Körperschaften oder Anstalten obliegt dem Bund. Die Einrichtung der Behörden und der Erlass von Verwaltungsvorschriften sind der Bundesregierung vorbehalten. Bei der Ausübung der Organisationsgewalt mit Außenwirkung ist der Vorbehalt des Gesetzes insoweit zu beachten, als die Errichtung von Verwaltungsträgern stets durch oder aufgrund eines Gesetzes erfolgen muss. Für die Errichtung von Behörden gilt dies nur grundsätzlich.[338] Auf kommunaler Ebene ist die Errichtung der Körperschaft einfachgesetzlich zugelassen.[339]

In dem die Körperschaft schaffenden Gesetz sind deren Ziele und Aufgaben festzulegen. Die Möglichkeit zur weiteren Ausgestaltung dagegen bleibt der Körperschaft vorbehalten.[340] Dabei kann der Träger der Körperschaft im Rahmen seiner Rechtsaufsicht auf die Körperschaft einwirken. Die Aufsichtsmittel sind jedoch begrenzt. Ob eine darüber hinausgehende Zweckmäßigkeitskontrolle durch den staatlichen Träger möglich ist, ist strittig. Sie steht der Eigenverantwortlichkeit der Körperschaft zur Regelung ihrer Selbstverwaltungsangelegenheiten grundsätzlich entgegen.[341]

b) Anstalt des öffentlichen Rechts

Eine Anstalt des öffentlichen Rechts (im Folgenden kurz: Anstalt) ist nach der Definition von *O. Mayer* „ein Bestand von Mitteln, sächlichen wie persönlichen, welche in der Hand eines Trägers öffentlicher Verwaltung einem besonderen öffentlichen Zweck dauernd zu dienen bestimmt sind“[342]. Sie hat im Gegensatz zur Körperschaft keine Mitglieder, sondern Benutzer. Die Anstalt ist aufgrund des Benutzungsverhältnisses hauptsächlich im Bereich der Leistungsverwaltung anzusiedeln. Differenziert wird zwischen rechtsfähigen, teilrechtsfähigen und nichtrechtsfähigen Anstalten. Rechtsfähige Anstalten sind aufgrund ihrer recht-

---

338 *Pieroth*, in: Jarass/Pieroth, GG, 10. Aufl. 2009, Art. 86 Rdnr. 2.

339 *Müller*, Rechtsformenwahl bei der Erfüllung öffentlicher Aufgaben (Institutional choice), 1993, S. 454.

340 *Maurer*, Allgemeines Verwaltungsrecht, 18. Aufl. 2011, § 23 Rdnr. 38.

341 Vgl. hierzu *Müller*, Rechtsformenwahl bei der Erfüllung öffentlicher Aufgaben (Institutional choice), 1993, S. 454 (verneinend); *Maurer*, a.a.O., § 23 Rdnr. 45 (ausnahmsweise bejahend).

342 *Mayer*, Deutsches Verwaltungsrecht, Bd. II, 3. Aufl. 1924, S. 268; vgl. hierzu auch die Definition von *Peine*, Allgemeines Verwaltungsrecht, 10. Aufl. 2011, Rdnr. 94 ff.

lichen Verselbständigung Verwaltungsträger (z.B. öffentlich-rechtliche Rundfunkanstalten, Sparkassen, ZVS etc.).[343] Teilrechtsfähige Anstalten besitzen nur nach außen Rechtsfähigkeit und sind gegenüber dem Anstaltsträger nichtrechtsfähig.[344] Sie werden insbesondere vom Bund verwendet, z.B. als Lastenausgleichsfonds oder Ausgleichsfonds zur Sicherung des Steinkohleeinsatzes. Nichtrechtsfähige Anstalten sind unselbständige Teile eines anderen Verwaltungsträgers und nur im Hinblick auf ihre Organisation selbständig. (z.B. Friedhöfe, Schwimmbäder, Badeanstalten etc.).[345]

Für die Errichtung der Anstalt bedarf es ebenso wie bei der Körperschaft eines entsprechenden Gesetzes. Die Möglichkeit der Errichtung steht auch Gemeinden oder anderen Körperschaften zu. Die Kontrolle der Anstalt erfolgt grundsätzlich durch den Anstaltsträger im Sinne einer Rechtsaufsicht mit weiteren Einwirkungsmöglichkeiten.[346]

c) Stiftungen des öffentlichen Rechts

Stiftungen sind rechtlich verselbständigte Vermögensmassen zur Förderung eines bestimmten Zwecks. Sie verwalten als rechtsfähige Organisation die von einem Stifter zur Verfügung gestellten Vermögensgüter, wie Kapital oder Sachgüter. Es gibt sie sowohl im öffentlichen als auch im bürgerlichen Recht (§§ 80 ff. BGB). Die öffentlich-rechtlich Stiftung (hier kurz: Stiftung) dient der Erfüllung öffentlicher Aufgaben, z.B. die Stiftung preußischer Kulturbesitz und die Stiftung preußische Schlösser und Gärten.[347] Sie wird primär im Bereich der Leistungsverwaltung eingesetzt und kann rechtsfähig oder nichtrechtsfähig ausgestaltet sein. Im Gegensatz zu den Körperschaften und Anstalten haben Stiftungen keine Mitglieder oder Benutzer, sondern Destinatäre. Sie werden durch staatlichen Hoheitsakt durch oder aufgrund eines Gesetzes errichtet, haben hoheitliche Befugnisse und unterliegen der Rechtsaufsicht.[348] Sie verfügen über

---

343 *Müller*, Rechtsformenwahl bei der Erfüllung öffentlicher Aufgaben (Institutional choice), 1993, S. 258; vgl. ferner *Becker*, Öffentliche Verwaltung, 1989, S. 227 f.

344 Eingehend hierzu *Becker*, a.a.O., S. 229 f.

345 *Peine*, Allgemeines Verwaltungsrecht, 10. Aufl. 2011, Rdnr. 97 ff.; *Maurer*, Allgemeines Verwaltungsrecht, 18. Aufl. 2011, § 23 Rdnr. 48.

346 *Maurer*, a.a.O., Rdnr. 51.

347 *Burgi*, in: Erichsen/Ehlers, Allgemeines Verwaltungsrecht, 14. Aufl. 2010, § 8 Rdnr. 16.

348 *Becker*, Öffentliche Verwaltung, 1989, S. 231.

einen eigenen Haushalt, sind insolvenzfähig und haften selbst für ihre Verbindlichkeiten. Ihre Steuerung erfolgt über den im Errichtungsakt festgelegten Zweck.[349]

d) Privatrechtliche Rechtsformen

Zur Erfüllung öffentlicher Aufgaben kann der Staat aber auch private Gesellschaften einschalten, die er beherrscht, oder Private im Wege der Beleihung mit der Erfüllung öffentlicher Aufgaben betrauen. Bei der organisationsrechtlichen Privatisierung sind grundsätzlich alle Gesellschaftsformen des privaten Rechts zulässig (AG, GmbH, OHG, KG und GbR, von denen lediglich die AG und die GmbH von größerer Bedeutung sind).[350] Auf diese Rechtsformen soll hier jedoch nicht weiter eingegangen werden.

II. Handlungsformen

Unter Beachtung der verfassungsrechtlichen und gesetzlichen Maßstäbe kann der Staat zur Erfüllung rechtmäßiger öffentlicher Interessen nicht nur im Hinblick auf die zuvor beschriebenen Organisationsformen sondern auch bezüglich seiner Handlungsformen zwischen öffentlich-rechtlicher und privatrechtlicher Gestalt wählen.[351] So kann er z.B. anstelle öffentlich-rechtlicher Regelungen, sei es durch Verwaltungsakt oder öffentlich-rechtlichen Vertrag, privatrechtliche Verträge abschließen, Nutzungsentgelte statt Gebühren erheben, Grundstücke käuflich erwerben anstatt zu enteignen. Nach der Rechtsprechung des Bundesverwaltungsgerichts ist – soweit gesetzlich keine bestimmten Handlungsformen vorgegeben sind – bei der Auswahl privatrechtlicher Handlungsformen auf das am besten geeignete Mittel zurückzugreifen.[352] Die Motivation für den Rück-

---

349 *Müller*, Rechtsformenwahl bei der Erfüllung öffentlicher Aufgaben (Institutional choice), 1993, S. 462 f.; vgl. ferner *Becker*, Öffentliche Verwaltung, 1989, S. 231.

350 Vgl. *Burgi*, in: Erichsen/Ehlers, Allgemeines Verwaltungsrecht, 14. Aufl. 2010, § 10 Rdnr. 7 ff., 11 ff.; zu den Kriterien bei der Wahl der Rechtsform vgl. ferner *Erbguth/Stollmann*, DÖV 1993, 798 ff.; *Stober*, in: Wolff/Bachof/Stober/Kluth, Verwaltungsrecht I, 12. Aufl. 2007, § 23 Rdnr. 11 ff.

351 Vgl. *Ehlers*, in: Erichsen/Ehlers, Allgemeines Verwaltungsrecht, 14. Aufl. 2010, § 3 Rdnr. 35; zu den Grenzen der Wahlfreiheit vgl. *Stober*, a.a.O., § 23 Rdnr. 6 ff.

352 BVerwGE 92, 56 (64).

griff auf privatrechtliche Formen liegt oftmals in der nur beschränkten Auswahl öffentlich-rechtlicher Handlungsmöglichkeiten und der hierfür zu erfüllenden engen Voraussetzungen, während das Privatrecht weitaus flexiblere Formen zur Verfügung stellt.

Aufgrund dieser Wahlmöglichkeiten ist die Rechtsnatur der jeweiligen Handlungsformen nicht immer leicht zu ermitteln. Anknüpfungspunkt kann zunächst der jeweilige Aufgabenbereich sein. Während die Fiskalverwaltung grundsätzlich dem Privatrecht und die Eingriffsverwaltung dem öffentlichen Recht zuzuordnen ist,[353] besteht im Rahmen der Leistungsverwaltung ein Wahlrecht dahingehend, ob der Verwaltungsträger privatrechtlich oder öffentlich-rechtlich tätig wird.[354]

1. Fiskalisches und erwerbswirtschaftliches Handeln

Fiskalisches Handeln erfolgt stets in privatrechtlicher Form. Hierzu zählen zunächst die privatrechtlichen Geschäfte, die der Bedarfsdeckung dienen, wie z.B. die Anschaffung von Büromaterial und Dienstfahrzeugen, die Einstellung von Angestellten und Arbeitern des öffentlichen Dienstes aufgrund privatrechtlicher Dienstverträge. Hierunter fallen ferner die der Gewinnerzielung dienenden erwerbswirtschaftlichen Betätigungen der öffentlichen Hand, z.B. in Form der Beteiligung an privaten Unternehmen, soweit sie zulässig sind.[355] Auch bei der öffentlichen Auftragsvergabe handelt der Staat nach Auffassung des Bundesverfassungsgerichts privatrechtlich.[356] Die privatrechtliche Natur dieser Geschäftstypen ergibt sich daraus, dass sie sich nicht von entsprechenden Geschäften eines Bürgers unterscheiden und gerade keine hoheitlichen Befugnisse voraussetzen.[357]

353 *Stober*, in: Wolff/Bachof/Stober/Kluth, Verwaltungsrecht I, 12. Aufl. 2007, § 23 Rdnr. 3.

354 *Schmitz*, in: Stelkens/Bonk/Sachs, VwVfG, 8. Aufl. 2014, § 1 Rdnr. 104.

355 *Stober*, in: Wolff/Bachof/Stober/Kluth, Verwaltungsrecht I, 12. Aufl. 2007, § 23 Rdnr. 23 ff., 59.

356 BVerfGE 116, 135 (149 ff.).

357 *Maurer*, Allgemeines Verwaltungsrecht, 18. Aufl. 2011, § 3 Rdnr. 20 ff.

Gleichwohl bleibt diese Verwaltungstätigkeit der öffentlichen Verwaltung zugehörig und unterstellt sie im Unterschied zum Bürger bestimmten rechtlichen Bindungen.[358] Ihr stehen zwar einzelne privatrechtliche Handlungsformen, nicht aber uneingeschränkt die Vorzüge der Privatautonomie zur Verfügung.[359] Umstritten ist, ob der Staat bei der Vornahme fiskalischer Handlungen einer darüber hinausgehenden Grundrechtsbindung unterliegt. Dies wird nach überwiegender Auffassung befürwortet,[360] was entsprechend auch für die erwerbswirtschaftliche Betätigung gelten soll.[361]

Als Fiskus hat der Staat ferner wie ein Privater das öffentliche Recht zu beachten.[362] Er unterliegt insoweit der formellen und materiellen Polizeipflicht.[363] Dagegen genießt er im Unterschied zum Privaten gesetzliche Privilegien, die ihm bzw. seinen jeweiligen Einrichtungen die Aneignung gewisser Vermögensgegenstände ermöglicht oder seine Rechtsnachfolge bestimmen (vgl. §§ 928 Abs. 2, 1936, 981 BGB), aber auch verfahrens- und vollstreckungsrechtliche Sonderpositionen einräumen (vgl. § 3 Abs. 2 GBO, § 17 VwVG, § 882a ZPO, § 15 Nr. 3 EGZPO).[364]

---

358 *Schmitz*, in: Stelkens/Bonk/Sachs, VwVfG, 8. Aufl. 2014, § 1 Rdnr. 112 f.; *Stober*, in: Wolff/Bachof/Stober/Kluth, Verwaltungsrecht I, 12. Aufl. 2007, § 23 Rdnr. 32 ff.

359 *Ehlers*, DVBl. 1983, 422 (422 f.); *Brohm*, NJW 1994, 281 (284).

360 Für eine Grundrechtsbindung: *Rüfner*, Handbuch des Staatsrechts, Bd. 9, 3. Aufl. 2011, § 197 Rdnr. 77; *Maurer*, Allgemeines Verwaltungsrecht, 18. Aufl. 2011, § 3 Rdnr. 28; *Schmitz*, in: Stelkens/Bonk/Sachs, VwVfG, 8. Aufl. 2014, § 1 Rdnr. 113; *Stober*, in: Wolff/Bachof/Stober/Kluth, Verwaltungsrecht I, 12. Aufl. 2007, § 23 Rdnr. 42, der zumindest Art. 3 und 19 Abs. 4 GG auf fiskalische Hilfsgeschäfte anwenden will; dagegen: BGHZ 36, 91 (95).

361 *Schmitz*, a.a.O., § 1 Rdnr. 114; einschränkend *Stober*, a.a.O., Rdnr. 60, der wohl nur eine mittelbare Grundrechtsbindung beschränkte auf das Willkürverbot annimmt.

362 *Stober*, in: Wolff/Bachof/Stober/Kluth, Verwaltungsrecht I, 12. Aufl. 2007, § 23 Rdnr. 56.

363 *Schoch*, in: Schmidt-Aßmann, Besonderes Verwaltungsrecht, 14. Aufl. 2008, 2. Kap. Rdnr. 125; siehe hierzu unter D.III.1.a), S. 145 ff.

364 *Stober*, in: Wolff/Bachof/Stober/Kluth, Verwaltungsrecht I, 12. Aufl. 2007, § 23 Rdnr. 55.

2. Hoheitliche Verwaltung/Eingriffsverwaltung

Die Wahrnehmung von Aufgaben im Rahmen der Ordnungs- und Abgabenverwaltung, insbesondere die Eingriffsverwaltung im Polizei- und Ordnungsrecht, stellt einen klassischen Anwendungsfall hoheitlicher Tätigkeit dar.[365] Die Eingriffsverwaltung gegenüber staatlichen Institutionen spielt maßgeblich bei der Frage der Polizei- und Ordnungspflichtigkeit von Hoheitsträgern eine Rolle, aber auch im Zusammenhang mit aufsichtsrechtlichen Entscheidungen der zuständigen Aufsichtsbehörden gegenüber Selbstverwaltungsträgern.[366]

3. Abgrenzung zwischen Privatrecht und Öffentlichem Recht im Bereich der Leistungsverwaltung

Im Rahmen der Leistungsverwaltung besitzt der Staat ein Wahlrecht dahingehend, ob er öffentlich-rechtlich oder privatrechtlich tätig werden will.[367] Gegenstand der Leistungsverwaltung ist u.a. das Zurverfügungstellen von öffentlichen Einrichtungen, die Gewährung finanzieller Zuwendungen (Subventionen) und die Erbringung von Leistungen der Daseinsvorsorge, z.B. durch Verkehrseinrichtungen, Energieversorgung, sonstige öffentliche Einrichtungen, wie Krankenhäuser und Kultureinrichtungen (Theater und Museen).[368]

Da der Staat insoweit öffentliche Gewalt ausübt, ist er hierbei verstärkt an Grundrechte, insbesondere an Freiheitsrechte, dem Gleichheitsgebot und dem Willkürverbot, sowie an öffentlich-rechtliche Grundsätze und fachspezifische Regelungen gebunden.[369] Für ihn gilt in diesem Zusammenhang der Grundsatz, „keine Flucht ins Privatrecht", d.h., dass er sich nicht durch die Wahl privatrechtlicher Handlungsformen seinen öffentlich-rechtlichen Bindungen entledigen kann.[370]

---

365 *Stober*, in: Wolff/Bachof/Stober/Kluth, Verwaltungsrecht I, 12. Aufl. 2007, § 23 Rdnr. 74, zu den einzelnen Typen § 4 Rdnr. 9 ff.

366 Siehe hierzu unter D.III.1., S. 143 ff.

367 BVerwGE 92, 56 (64); BGHZ 93, 372 (376 f.).

368 Vgl. zu den einzelnen Typen *Stober*, in: Wolff/Bachof/Stober/Kluth, Verwaltungsrecht I, 12. Aufl. 2007, § 4 Rdnr. 16 ff.

369 *Stober*, a.a.O., § 23 Rdnr. 32 ff.

370 Vgl. *Maurer*, Allgemeines Verwaltungsrecht, 18. Aufl. 2011, § 3 Rdnr. 18, 28.

Bei der Auswahl der Organisationsform im Rahmen der Leistungsverwaltung hat der Staat ferner zu beachten, dass diese Auswirkungen auf die Ausgestaltung des Leistungsverhältnisses haben können.[371] Ist die Organisationsform privatrechtlich, so gilt das grundsätzlich auch für das Benutzungsverhältnis. So können Gesellschaften mit beschränkter Haftung und Aktiengesellschaften, auch wenn die Mehrheit ihrer Anteile im Eigentum der öffentlichen Hand stehen, nicht öffentlich-rechtlich handeln, sondern nur privatrechtliche Verträge schließen.[372] Liegt dagegen eine öffentlich-rechtliche Organisationsform vor, kann das Rechtsverhältnis wegen des Wahlrechts des Verwaltungsträgers öffentlich-rechtlich oder privatrechtlich sein.[373]

Da häufig nicht ohne weiteres ersichtlich ist, in welcher Form die Verwaltung im konkreten Einzelfall handelt, bedarf es zu ihrer Unterscheidung oftmals weiterer Ermittlungen unter Berücksichtigung der Art des Rechtsverhältnisses und der Leistung sowie der klassischen Abgrenzungstheorien, die zur Bestimmung der Rechtsnatur herangezogen werden.[374]

Die Frage, ob der Staat privatrechtlich oder öffentlich-rechtlich handelt, ist vor allem für die Bestimmung des zulässigen Rechtswegs im Sinne des § 40 Abs. 1 VwGO von Bedeutung.[375] Entscheidet sich der Staat für privatrechtliche Handlungsformen sind dementsprechend auch die ordentlichen Gerichte zuständig. Dass er bei der Wahl privatrechtlicher Handlungsformen einer Grundrechtsbindung unterliegt, steht der Zuständigkeit der ordentlichen Gerichtsbarkeit nicht entgegen; sie ist nicht rechtswegbestimmend.[376]

Ob und inwieweit die Rechtsbeziehungen zwischen Verwaltungseinheiten oder Verwaltungsträger einer verwaltungsgerichtlichen Überprüfung unterzogen werden können, ist Gegenstand der nachfolgenden Kapitel.

---

371 Vgl. OVG Münster, NVwZ 1995, 1238 (1239 ff.).

372 BVerwG, DVBl. 1990, 712 (713).

373 BayVerfGH, NVwZ 1998, 727 (728).

374 Vgl. BVerwGE 13, 47 (48 ff.); BVerwGE 92, 56 (58); zu den einzelnen Abgrenzungskriterien vgl. *Maurer*, Allgemeines Verwaltungsrecht, 18. Aufl. 2011, § 3 Rdnr. 10 ff.

375 *Ehlers*, DVBl. 1983, 422 (428); siehe dazu ferner unter C.II.1., S. 106 ff.

376 BVerwG, NVwZ 1991, 59.

C. Funktionen und Maximen der Verwaltungsgerichtsbarkeit

Die historisch gewachsenen Funktionen und Grundsätze der heutigen Verwaltungsgerichtsbarkeit sind im Rahmen einer funktionalen Betrachtung zusammen mit der nötigen Organisation und ihrem Umfeld als ein System zu verstehen. Ihre Funktionen, Arbeits- und Verfahrensweisen sowie ihre Leistungsfähigkeit und -grenzen werden normativ durch verfassungsrechtliche Vorgaben mit unterschiedlicher Intensität sowie den ihnen zugeordneten einfachgesetzlichen Prozessregelungen und Verfahrensweisen geprägt.[377]

Mit der Systementscheidung für den Individualrechtsschutz hat der Gesetzgeber dem Einzelnen die Möglichkeit eröffnet, sich lückenlos gegen rechtsverletzende Akte der öffentlichen Gewalt vor unabhängigen Gerichten zur Wehr zu setzen.[378] Der Individualrechtsschutz bildet die Hauptfunktion der Verwaltungsgerichtsbarkeit und ist verfassungsrechtlich in Art. 19 Abs. 4 S. 1 GG sowie verwaltungsprozessrechtlich in §§ 42 Abs. 2 HS. 2, 113 Abs. 1 S. 1 und Abs. 5 S. 1 VwGO verankert.[379] Eine objektive Rechtswidrigkeit ist im Rahmen des Art. 19 Abs. 4 GG nur insoweit relevant, als der Kläger hierdurch in seinen Rechten verletzt wird. Der objektive Rechtsschutz ist daher lediglich Nebenfolge.[380] Eine darüber hinausgehende objektive Rechtsschutzkontrolle ist in Art. 19 Abs. 4 GG nicht vorgesehen, aber auch nicht ausdrücklich ausgeschlossen.[381]

---

377 *Schmidt-Aßmann*, in: Festschrift für C.-F. Menger, 1985, S. 107.

378 *Maurer*, in: Badura/Dreier (Hrsg.), Festschrift 50 Jahre Bundesverfassungsgericht, Bd. 2, 2001, S. 467 (476); vgl. *Krebs*, in: Festschrift für C.-F. Menger, 1985, S. 191 (197).

379 *Enders*, in: Festschrift zum 100-jährigen Jubiläum des Sächsischen Oberverwaltungsgerichts, 2002, S. 167.

380 *Maurer*, in: Badura/Dreier (Hrsg.), Festschrift 50 Jahre Bundesverfassungsgericht, Bd. 2, 2001, S. 467 (475).

381 *Schmidt-Aßmann*, Festschrift für C.-F. Menger, 1985, 107 (109); dagegen *Niese*, JZ 1952, 353 (355), der eine objektive Rechtskontrolle zum Schutz subjektiver Rechte bevorzugt: "Vielmehr ist das Hauptanliegen der Verwaltungsgerichtsbarkeit, vor allem im Anfechtungsprozess, zum Wohle und Gedeihen des Rechtsstaates selbst, im öffentlichen Allgemeininteresse die Gesetzmäßigkeit der Verwaltung, die rechtmäßige Hoheitsausübung als solche zu gewährleisten.“

Ob und inwieweit neben dem einzelnen Bürger auch Trägern öffentlicher Gewalt Rechtsschutzmöglichkeiten gegen rechtsverletzende Handlungen der Exekutive zur Verfügung zu stellen sind, soll nachfolgend anhand der verfassungsrechtlichen und prozessrechtlichen Grundsätze der Verwaltungsgerichtsbarkeit überprüft werden.

I. Verfassungsrechtliche Grundlagen

Die Verwaltungsgerichtsbarkeit ist in Art. 95 Abs. 1 GG institutionell garantiert. Ihre wichtigste Aufgabe bildet der Individualrechtsschutz i.S.d. Art. 19 Abs. 4 GG. Er ist aber nicht die einzige Funktion; daneben gelten für die Verwaltungsgerichtsbarkeit auch alle weiteren im Rechtsstaatsprinzip enthaltenen Elemente: die Grundrechte, die Gewaltenteilung nach Art. 20 Abs. 2 und 3 GG sowie die in den Art. 92 ff. GG geregelten Rechtsschutzstandards und Verfahrensgarantien, wie das Richtermonopol nach Art. 92 GG, die Unabhängigkeitsgarantie der Gerichte und Richter gemäß Art. 97 GG, das in Art. 101 Abs. 1 GG gewährleistete Recht auf den gesetzlichen Richter und das in Art. 103 Abs. 1 GG geregelte Recht auf Gehör.[382] Diese Grundsätze bestimmen zusammen mit dem Gebot der Verfahrensgleichheit und dem Willkürverbot gemäß Art. 3 Abs. 1 GG sowie dem Gebot der Verfahrensfairness gemäß Art. 2 Abs. 1 GG das verwaltungsgerichtliche Verfahren und dienen der verfassungsrechtlichen Gewährleistung eines effektiven, d.h. wirksamen und ausgewogenen Rechtsschutzes.[383]

---

382 *Schmidt-Aßmann/Schenk*, in: Schoch/Schneider/Bier, VwGO, 25. EL 2013, Einleitung, Rdnr. 50 ff.; *ders.*, in: Festschrift für C.-F. Menger, 1985, 107 (108); *Lorenz*, Verwaltungsprozessrecht, 2000, § 3 Rdnr. 1 ff.

383 Vgl. *Hufen*, Verwaltungsprozessrecht, 9. Aufl. 2013, § 1 Rdnr. 18 f.; vgl. auch *Maurer*, in: Badura/Dreier (Hrsg.), Festschrift 50 Jahre Bundesverfassungsgericht, Bd. 2, 2001, S. 467 (494 und 476), der die Auffassung vertritt, dass die Ausgewogenheit des Rechtsschutzes nicht Bestandteil des Art. 19 Abs. 4 GG sei, sondern dagegen einen umfassenden und lückenlosen Rechtsschutz gewähre.

1. Rechtsweggarantie des Art. 19 Abs. 4 GG

Art. 19 Abs. 4 GG gewährt demjenigen Rechtsschutz, der durch die öffentliche Gewalt in seinen Rechten verletzt wird. Er besitzt Grundrechtsqualität[384] und beinhaltet damit ein subjektives Recht, dessen Verletzung (auch) im Wege einer Verfassungsbeschwerde geltend gemacht werden kann. Träger dieses Grundrechts ist derjenige, der durch die öffentliche Gewalt in seinen Rechten verletzt wird.[385] Aus seiner Ausgestaltung als Grundrecht wird insbesondere deutlich, dass die Rechtsschutzgarantie primär den einzelnen Menschen und die mit seiner Person verbundenen Rechtsstellungen im Auge hat.[386] Sie gewährt ihm ein „formelles Hauptgrundrecht"[387] und eine „Bastion der Individualität"[388].

Art. 19 Abs. 4 GG wird ferner als verfassungsrechtliche Zentralnorm des Verwaltungsprozesses bezeichnet.[389] Dies ergibt sich jedoch nicht bereits aus seinem Wortlaut. Denn eine zwingende Verbindung zwischen der Rechtsweggarantie und der Verwaltungsgerichtsbarkeit wird hierin nicht hergestellt: Art. 19 Abs. 4 GG gewährt die Möglichkeit, bei Verletzung subjektiver Rechte durch die öffentliche Gewalt allgemein den Rechtsweg zu beschreiten.[390] Eine Zuweisung zu den Verwaltungsgerichten ergibt sich hieraus nicht. Im Gegenteil, gemäß Art. 19 Abs. 4 S. 2 GG ist der ordentliche Rechtsweg gegeben, soweit keine andere Zuständigkeit begründet ist.

Eine Verbindung lässt sich auch nicht zwingend aus den jeweiligen Anwendungsbereichen herleiten. Zwischen dem Zuständigkeitsbereich der Verwaltungsgerichtsbarkeit und dem Schutzbereich des Art. 19 Abs. 4 GG besteht keine Identität: Der Verwaltungsgerichtsbarkeit ist keine allumfassende Zuständigkeit für Streitigkeiten vorbehalten, die aus Handlungen der öffentlichen Gewalt

---

384 *Papier*, in: Handbuch des Staatsrechts, Bd. 8, 3. Aufl., 2010, § 177 Rdnr. 1.

385 *Schmidt-Aßmann/Schenk*, in: Schoch/Schneider/Bier, VwGO, 25. EL 2013, Einleitung Rdnr. 157.

386 *Krebs*, in: v. Münch/Kunig, GG, Bd. 1, 5. Aufl. 2000, Art. 19 Rdnr. 58.

387 *Klein*, VVDStRL 8 (1950), 67, (87 f.); vgl. hierzu differenzierend *Krebs*, a.a.O., Rdnr. 47 f.

388 *Schmidt-Aßmann*, in: Maunz/Dürig, GG, 69. EL 2013, Art. 19 Abs. 4 Rdnr. 8.

389 *Maurer*, in: Badura/Dreier (Hrsg.), Festschrift 50 Jahre Bundesverfassungsgericht, Bd. 2, 2001, S. 467 (474).

390 *Lorenz*, in: Festschrift für C.-F. Menger, 1985, S. 143 (145 f); *Schmidt-Aßman*, in: Maunz/Dürig, GG, 69. EL 2013, Art. 19 Abs. 4, Rdnr. 14.

herrühren, wie sich u.a. bereits aus der Zuständigkeit ordentlicher Gerichte für enteignungs- und ordnungswidrigkeitsrechtliche Angelegenheiten ergibt. Anderseits werden der Verwaltungsgerichtsbarkeit ferner Streitigkeiten zugewiesen, die über den Schutzbereich des Art. 19 Abs. 4 GG hinausgehen, wie etwa in den Fällen des § 42 Abs. 2 HS. 1 VwGO und der Normenkontrolle nach § 47 VwGO.[391] An dieser Stelle soll auch auf die den Verwaltungsrechtsschutz teilweise erweiternden und modifizierenden Regelungen des Europarechts verwiesen werden, auf die im Rahmen dieser Arbeit nicht weiter eingegangen wird.[392]

Die Verbindung zwischen Art. 19 Abs. 4 GG und der Verwaltungsgerichtsbarkeit begründet sich vielmehr aus der historischen Entwicklung der Verwaltungsgerichtsbarkeit,[393] der einfachgesetzlichen Zuständigkeitsbestimmung in § 40 Abs. 1 S. 1 VwGO,[394] der über eine Generalklausel den überwiegenden Teil verwaltungsrechtlicher Streitigkeiten den Verwaltungsgerichten zuweist, sowie den ergänzenden Spezialregelungen in § 33 Abs. 1 FGO und § 51 Abs. 1 SGG.[395] Aufgrund dieser praktischen Verbindung wird gefordert, dass die Verwaltungsgerichtsbarkeit sich insbesondere an Art. 19 Abs. 4 GG ausrichten soll.[396] Dabei hat der Gesetzgeber bei der Gestaltung des Prozessrechts zu beachten, dass der Zugang zu den Gerichten nicht in unzumutbarer, aus Sachgründen nicht mehr zu rechtfertigender Weise verwehrt und nicht durch unangemessen hohe verfahrensrechtliche Hindernisse erschwert wird.[397] Die Gerichte sind ferner verpflichtet, bei der Auslegung und Anwendung des Prozessrechts Art. 19 Abs. 4 GG zu beachten sowie bei Fehlen einer Rechtsschutzmöglichkeit, die Lücke nach Maßgabe des Art. 19 Abs. 4 GG zu schließen.[398]

Gesetzgeber und Gerichte müssen sich daher den Anforderungen an einen zeitgerechten Rechtsschutz mit all seinen Neuerungen auf nationaler und europäischer Ebene stellen. Daneben haben sie die Entwicklungen und Veränderun-

---

391 *Schmidt-Aßmann*, in: Festschrift für C.-F. Menger, 1985, 107 (108).

392 Vgl. hierzu Ausführungen bei *Lorenz*, Verwaltungsprozessrecht, 2000, § 4; sowie zum Umweltrechtsschutz *Franzius*, NuR 2009, 384 ff. m.w.N.

393 Vgl. hierzu oben A.

394 *Lorenz*, in: Festschrift für C.-F. Menger, 1985, S. 143 (145 f).

395 *Lorenz*, Verwaltungsprozessrecht, 2000, § 3 Rdnr. 19.

396 *Schmidt-Aßmann*, Festschrift für C.-F. Menger, 1985, S. 107 (109).

397 BVerfGE 53, 115 (127 f.).

398 *Maurer*, in: Badura/Dreier (Hrsg.), Festschrift 50 Jahre Bundesverfassungsgericht, Bd. 2, 2001, S. 467 (474); BVerfGE 54, 94 (97); E 77, 275 (284).

gen von Staat, Gesellschaft, Verwaltung, Technik und Wirtschaft sowie die Durchführung von Massenverfahren und nicht zuletzt die Zunahme hochkomplexer Sachverhalte zu bewältigen.[399]

Von diesen Entwicklungen ist auch das subjektive Recht betroffen. Dort, wo der moderne Staat auf ein Konglomerat vielfältiger Interessen trifft, ist es sowohl für Rechtsprechung als auch Rechtslehre nicht immer einfach, die jeweiligen schützenswerten Rechtspositionen zu bestimmen.[400]

a) Subjektiver Rechtsschutz

Art. 19 Abs. 4 GG beinhaltet ein Rechtsschutzgebot für subjektive Rechtsverletzungen durch die öffentliche Gewalt.

Das subjektive Recht bildet hierbei das Zentrum dieser Garantie.[401] Es ist nicht nur Voraussetzung für die Rechtswegeröffnung und Ziel des gerichtlichen Schutzes, sondern begrenzt gleichzeitig auch den Umfang der gerichtlichen Kontrolle.[402]

Bereits 1914 entwickelte *Bühler* eine Begriffsbestimmung zum subjektiven öffentlichen Recht, die in der – nicht unumstritten – klassischen Lehre bis heute in ihren wesentlichen Bestandteilen fortbesteht:[403]

> „Subjektives öffentliches Recht ist diejenige Stellung des Untertanen zum Staat, in der er auf Grund eines Rechtsgeschäftes oder eines zwingenden, zum Schutz seiner Individualinteressen erlassenen Rechtssatzes, auf den er sich der Verwaltung gegen-

---

399 Vgl. Darstellungen bei *Hufen*, Verwaltungsprozessrecht, 9. Aufl. 2013, § 3 Rdnr. 1 ff.; *Schmidt-Aßmann*, in: Maunz/Dürig, GG, 69. EL 2013, Art. 19 Abs. 4 Rdnr. 2; *ders.*, VBlBW 2000, 45 (46 ff.).

400 *Schmidt-Aßmann/Schenk*, in: Schoch/Schneider/Bier, VwGO, 25. EL 2013, Einleitung Rdnr. 176.

401 *Schmidt-Aßmann/Schenk*, a.a.O., Einleitung Rdnr. 18.

402 *Schmidt-Aßmann*, in: Maunz/Dürig, GG, 69. EL 2013, Art. 19 Abs. 4 Rdnr. 116.

403 *Bauer*, Geschichtliche Grundlagen, S. 134 ff.

über soll berufen können, vom Staat etwas verlangen kann oder ihm gegenüber etwas tun darf.“[404]

Lediglich der Begriff „Untertan“ wurde durch die zeitgemäße Bezeichnung „Bürger“ bzw. „Zivilperson“ ausgetauscht.[405]

aa) Subjektive Rechte

Art. 19 Abs. 4 GG begründet neben dem Recht auf Gerichtsschutz keine weiteren subjektiven Rechte, sondern setzt die zu schützenden Rechtspositionen bereits voraus.[406]

Als subjektive Rechte kommen vor allem subjektive öffentliche Rechte in Betracht. Soweit privatrechtliche Handlungsformen des Staates als öffentliche Gewalt im Sinne des Art. 19 Abs. 4 GG anerkannt werden, sind auch Privatrechtspositionen – sofern sie Rechte gegen den Staat gewähren – unter die subjektiven Rechte zu subsumieren.[407] Maßgeblich ist stets eine Verhaltenspflicht von Hoheitsträgern.[408]

Subjektive öffentliche Rechte im Sinne des Art. 19 Abs. 4 GG folgen nicht nur aus dem einfachen öffentlichen Gesetzes- und Vertragsrechts, sondern – auf der Ebene des Verfassungsrechts – auch aus den Grundrechten. Insbesondere die

---

404 *O. Bühler*, Die subjektiven öffentlichen Rechte, 1914, S. 21, 224; *ders.*, in: Festgabe für F. Fleiner, 1927, S. 27 (36); *ders.*, in: Gedächtnisschrift für W. Jellinek, 1955, S. 269 (274).

405 *Stober*, in: Wolff/Bachof/Stober/Kluth, Verwaltungsrecht I, 12. Aufl. 2007, § 43 Rdnr. 54 mit Bezug auf Bühlers Definition; vgl. dagegen: *Scherzberg*, in: Erichsen/Ehlers, Allgemeines Verwaltungsrecht, 14. Aufl. 2010, § 12 Rdnr. 27, der unter subjektiven öffentlichen Rechten auch die Rechte des Staates subsumiert; so ähnlich auch *Maurer*, Allgemeines Verwaltungsrecht, 18. Aufl. 2011, § 8 Rdnr. 2, der anstelle des Bürgers formal-technisch das Rechtssubjekt einsetzt. Zu den einzelnen Modifikationen in der Begriffsbildung des subjektiven öffentlichen Rechts vgl. Übersicht bei *Bauer*, Geschichtliche Grundlagen, 1986, S. 136 ff.

406 *Krebs*, in: v. Münch/Kunig, GG, Bd. 1, 5. Aufl. 2000, Art. 19 Rdnr. 59; *Papier*, in: Handbuch des Staatsrechts, Bd. 8, 3. Aufl., 2010, § 177 Rdnr. 8, 48; *Jarass*, in: Jarass/Pieroth, GG, 10. Aufl. 2009, Art. 19 Rdnr. 36; BVerfGE 113, 273 (310 f.).

407 Vgl. *Papier*, a.a.O., § 177 Rdnr. 46; *Krebs*, a.a.O.; vgl. bereits *Thoma*, in: Anschütz/Thoma, Handbuch des deutschen Staatsrechts, Bd. 2, 1932, S. 607 (619).

408 *Schmidt-Aßmann*, in: Maunz/Dürig, GG, 69. EL 2013, Art. 19 Abs. 4 GG Rdnr. 134.

Grundrechte verdeutlichen die in den subjektiven öffentlichen Rechten enthaltenen Elemente von Individualität und Personalität,[409] die dem Recht auf freie Entfaltung der Persönlichkeit und der Menschenwürde immanent sind. Sie sichern „jedem Einzelnen einen autonomen Bereich privater Lebensgestaltung."[410] Sie beinhalten zudem ein Subjektivierungsgebot an den Gesetzgeber, hilfsweise an die Rechtsprechung:[411]

Um inhaltlich präzise und konkrete Abwehr- oder Leistungsrechte zu gewähren und sie im verwaltungsgerichtlichen Alltag handhabbar zu machen, bedürfen die in den Grundrechten nur dem Grunde nach enthaltenen Rechtspositionen einer grundrechtskonformen Ausformung und Konturierung durch das einfache materielle Recht.[412] Insoweit ist insbesondere für Mitwirkungs- und Leistungsrechte, aber auch für die Belastung eines Dritten durch Verwaltungshandeln der Vorrang des einfachen Rechts maßgebend.[413] Dabei ist es primär Aufgabe des Gesetzgebers, Voraussetzungen und Inhalte subjektiver öffentlicher Rechte durch Gesetz näher zu regeln.[414]

Ob eine Norm ein subjektives (öffentliches) Recht gewährt und welche Reichweite es hat, ist durch Auslegung zu ermitteln. Nach der in Literatur und Rechtsprechung verbreiteten Schutznormlehre[415] hängt die Anerkennung solcher subjektiver öffentlicher Rechte vom Vorliegen eines Rechtssatzes ab, der nicht ausschließlich objektiv-rechtlichen Charakter hat und für die Verwirklichung öffentlicher Interessen bestimmt ist, sondern – zumindest auch – auf den Interes-

---

409 *Schmidt-Aßmann/Schenk*, in: Schoch/Schneider/Bier, VwGO, 25. EL 2013, Einleitung Rdnr. 18.

410 BVerfGE 79, 256 (268).

411 *Wahl*, in: Schoch/Schneider/Bier, VwGO, 25. EL 2013, Vorbemerkung, § 42 Abs. 2 Rdnr. 77, 80; vgl. auch *Scherzberg*, in: Erichsen/Ehlers, Allgemeines Verwaltungsrecht, 14. Aufl. 2010, § 12 Rdnr. 15, der im Falle offener oder ungenügender einfachgesetzlicher Subjektivierung die Beachtung grundrechtlicher Steuerungsvorgaben gemäß Art. 1 Abs. 3 GG bereits der Verwaltung auferlegt und nicht erst richterlicher Rechtsfortbildung vorbehält.

412 Vgl. *Lerche*, in: Handbuch des Staatsrechts, Bd. 5, 2. Aufl., 2000, § 121 Rdnr. 1 ff.

413 *Schmidt-Aßmann*, in: Maunz/Dürig, GG, 69. EL 2013, Art. 19 Abs. 4 Rdnr. 121; *Breuer*, DVBl. 1986, 849 (854); *Scherzberg*, in: Erichsen/Ehlers, Allgemeines Verwaltungsrecht, 14. Aufl. 2010, § 12 Rdnr. 14 ff.

414 BVerfGE 96, 100 (114 f.); E 113, 273 (310 f.).

415 Vgl. Darstellungen bei *Bauer*, Geschichtliche Grundlagen, 1986, S. 140 ff.

senschutz Einzelner gerichtet ist und ihnen die Durchsetzung der geschützten Interessen ermöglichen soll.[416] Maßgeblich ist hierbei der gesetzlich bezweckte Interessenschutz.[417] Die Geltendmachung von rein wirtschaftlichen Interessen oder Rechtssätzen, die den Einzelnen lediglich als Reflex begünstigen,[418] sind vom Schutzbereich des Art. 19 Abs. 4 GG nicht umfasst.[419]

bb) Berechtigter

Maßgeblich für den Umfang des Individualrechtsschutzes ist ferner die Bestimmung des möglichen Rechtsträgers.[420]

Träger der Rechte aus Art. 19 Abs. 4 ist „jemand", d.h. jedermann, dem ein Grundrecht oder ein sonstiges subjektives Recht zustehen kann. Erfasst werden alle natürlichen Personen unabhängig davon, ob sie Deutsche, Ausländer oder Staatenlose sind.[421] Juristische Personen des Privatrechts und teilrechtsfähige Personenverbände stehen den natürlichen Personen gleich.[422] Auf den Wohnsitz kommt es hierbei nicht an. Maßgeblich ist, dass der Betroffene Träger von Rechten ist, die durch die deutsche öffentliche Gewalt verletzt werden können.

---

416 BVerwGE 107, 215 (220); *Schmidt-Aßmann*, in: Maunz/Dürig, GG, 69. EL 2013, Art. 19 Abs. 4 Rdnr. 128 ff.; *Wahl*, in: Schoch/Schneider/Bier, VwGO, 25. EL 2013, Vorbemerkung, § 42 Abs. 2 Rdnr. 94 ff.: „Mit dem Aufkommen der „Adressatentheorie" hat sich die Anwendung der Schutznormtheorie fast exklusiv auf den Bereich der Drittklagen verlagert."; *Stober*, in: Wolff/Bachof/Stober/Kluth, Verwaltungsrecht I, 12. Aufl. 2007, § 43 Rdnr. 12; *Schmitt Glaeser/Horn*, Verwaltungsprozeßrecht, 15. Aufl. 2000, Rdnr. 158; *Sachs*, in: Stern, Staatsrecht III/1, 1988, S. 534 f.; *ders.*, in: Stelkens/Bonk/Sachs, VwVfG, 8. Aufl. 2014, § 40 Rdnr. 131 ff.

417 Zur Ermittlung des Schutzzwecks vgl. Ausführungen bei *Schmidt-Aßmann*, a.a.O., Art. 19 Abs. 4 Rdnr. 128.

418 Vgl. hierzu *Bachof*, in: Gedächtnisschrift für W. Jellinek, 1955, S. 287 ff.; *Stober*, in: Wolff/Bachof/Stober/Kluth, Verwaltungsrecht I, 12. Aufl. 2007, § 43 Rdnr. 9 ff.

419 BVerfGE 83, 182 (194); E 31, 33 (39 f.); *Schmidt-Aßmann/Schenk*, in: Schoch/Schneider/Bier, VwGO, 25. EL 2013, Einleitung, Rdnr. 19.

420 Vgl. *Krebs*, in: Festschrift für C.-F. Menger, 1985, S. 191 (207 f.).

421 BVerfGE 35, 382 (401); E 65, 76 (90); E 67, 43 (58).

422 *Schenke*, in: Dolzer et al., BK-GG, 153. EL 2011, Art. 19 Abs. 4 Rdnr. 81 f.; *Schmidt-Aßmann*, in: Maunz/Dürig, GG, 69. EL 2013, Art. 19 Abs. 4 Rdnr. 38 ff. Die Frage, ob das Grundrecht seinem Wesen nach auf die juristische Person Anwendung findet, ist erst bei der Prüfung der möglichen Rechtsverletzung zu klären.

Nach überwiegender Auffassung werden hiervon grundsätzlich auch ausländische juristische Personen des Privatrechts erfasst. Sie werden den inländischen juristischen Personen des Privatrechts gleichgestellt.[423]

Umstritten ist, ob Art. 19 Abs. 4 GG auf juristische Personen des öffentlichen Rechts Anwendung findet.[424] Die diese Frage bejahende Auffassung zieht zur Begründung den Wortlaut der Regelung heran. Mit „jemand" im Sinnes des Art. 19 Abs. 4 GG seien auch juristische Personen des öffentlichen Rechts gemeint. Schließlich enthalte Art. 19 Abs. 4 GG keinerlei Differenzierung. Schließlich unterscheide Art. 19 Abs. 3 GG nicht zwischen juristischen Personen des Privatrechts und des öffentlichen Rechts.[425]

Allein dieses grammatikalische Argument kann jedoch nach überwiegender Ansicht – zu Recht – nicht genügen.[426] Denn die befürwortende Auffassung verkennt hierbei den sich auf den Anwendungsbereich des Art. 19 Abs. 4 GG auswirkenden maßgeblichen Unterschied zwischen grundrechtlich geschützten Individualrechten natürlicher Personen und ihrer Personenvereinigungen sowie den kompetenzrechtlich fundierten (Organ-)Rechten öffentlicher Träger.[427]

---

423 *Papier*, in: Handbuch des Staatsrechts, Bd. 8, 3. Aufl., 2010, § 177 Rdnr. 24; *Schmidt-Aßmann*, in: Maunz/Dürig, GG, 69. EL 2013, Art. 19 Abs. 4 Rdnr. 40; a.A. *Krebs*, in: v. Münch/Kunig, GG, Bd. 1, 5. Aufl. 2000, Art. 19 Rdnr. 51; differenzierend: *Ramsauer*, in: AK-GG, 3. Aufl., Stand August 2002, Art. 19 Abs. 4 Rdnr. 41; *Huber*, in: v. Mangoldt/Klein/Starck, GG, 6. Aufl. 2010, Art. 19 Abs. 4 Rdnr. 382, der die Gleichstellung nur für ausländische juristische Personen aus dem Bereich der EU-Mitgliedstaaten erkennt.

424 Vgl. *Bethge*, Die Grundrechtsberechtigung juristischer Personen nach Art. 19 Abs. 3 Grundgesetz, 1985, S. 61 ff.

425 So *Bettermann*, in: Die Grundrechte, Bd. III/2, 1959, S. 786; vgl. auch *Wassermann*, in: AK-GG, 2. Aufl. 1989, Art. 19 Abs. 4 Rdnr. 22; vgl. Darstellungen bei *Bethge*, a.a.O., S. 68 f.

426 *Schmid*, Klagebefugnis und subjektive Rechte von Gemeinden, 1991, S. 11 f.; *Krebs*, in: v. Münch/Kunig, GG, Bd. 1, 5. Aufl. 2000, Art. 19 Rdnr. 51; vgl. *v. Mutius*, in: Dolzer et al., BK-GG, 153. EL 2011, Art. 19 Abs. 3 Rdnr. 89; *Bethge*, Die Verwaltung, 1982, 215 f;

427 *Krebs*, a.a.O., Art. 19 Rdnr. 41; *Schmid*, a.a.O., S. 13 ff.; vgl. hierzu auch *Schenke*, in: Dolzer et al., BK-GG, 153. EL 2011, Art. 19 Abs. 4 Rdnr. 31.

Vom Schutzbereich des Art. 19 Abs. 4 GG sind vielmehr nur solche Rechtsträger umfasst, die generell grundrechtsfähig sind.[428] Eine Inanspruchnahme der Rechtsschutzgarantie durch einen öffentlichen Träger würde daher voraussetzen, dass er grundrechtsfähig ist und sich auf dieses Grundrecht berufen kann.

Abgesehen von einzelnen Prozessgrundrechten, wie etwa Art. 101 Abs. 1 S. 2 und 103 Abs. 1 GG,[429] sind die Grundrechte – und damit auch Art. 19 Abs. 4 GG – ihrem Wesen nach grundsätzlich nicht auf juristische Personen des öffentlichen Rechts oder andere staatliche Organisationen anwendbar.[430] Die materiellen Grundrechte sind mit Blick auf ihren geschichtlichen Ursprung in erster Linie Individualrechte zum Schutze der Freiheitssphäre und Würde natürlicher Personen gegen Rechtsverletzungen der öffentlichen Hand.[431] Sie sind i.S.d. Art. 19 Abs. 3 GG ihrem Wesen nach nur auf – inländische – Personenvereinigungen anwendbar, „wenn deren Bildung und Betätigung Ausdruck der freien Entfaltung der privaten natürlichen Personen ist, insbesondere wenn der „Durchgriff" bzw. „Durchblick“ auf die hinter ihnen stehenden Menschen es als sinnvoll und erforderlich erscheinen lässt.“ Dies trifft indes auf juristische Personen des öffentlichen Rechts grundsätzlich nicht zu.[432]

Soweit sie öffentlich-rechtliche Aufgaben wahrnehmen, geschieht dies nicht auf der Grundlage originärer Freiheitsrechte, sondern allein aufgrund einfachen Rechts zugewiesener und beschränkter Kompetenzen,[433] denen ein den Grundrechten gemeiner unmittelbarer Bezug zum Menschen und seinen ursprünglichen Freiheiten fehlt.[434]

---

428 *Bethge*, AöR 104 (1979), S. 265 (293 f.); ders., Die Grundrechtsberechtigung juristischer Personen nach Art. 19 Abs. 3 Grundgesetz, 1985, S. 127 f.; *Fehrmann*, DÖV 1983, 311.

429 BVerfGE 21, 362 (373).

430 *Bethge*, AöR 104 (1979), S. 265 (290 ff.); *Huber*, Konkurrenzschutz im Verwaltungsrecht, 1991, S. 106.

431 Vgl. BVerfGE 61, 82 (100 f.).

432 BVerfGE 21, 362 (369 f.); E 45, 63 (78); E 61, 82 (105); BVerfGK 15, 484 (488).

433 Vgl. hierzu bereits *Forsthoff*, Lehrbuch des Verwaltungsrechts, Bd. 1, 8. Aufl. 1961, S. 394.

434 Vgl. BVerfGE 61, 82 (101); *Schmid*, Klagebefugnis und subjektive Rechte von Gemeinden, 1991, S. 20 ff.; *Bethge*, Die Grundrechtsberechtigung juristischer Personen nach Art. 19 Abs. 3 Grundgesetz, 1985, S. 65 f.

Zu einer anderen Auffassung zwingt auch nicht die Annahme, dass derartige Kompetenzen unter bestimmten Voraussetzungen als verwaltungsgerichtlich einklagbare Rechte eines Organs anerkannt werden.[435] Es handelt sich hierbei gerade nicht um grundrechtlich gesicherte Positionen,[436] die einer „grundrechtlichen Weihe" bedürfen.[437]

Ferner können sich juristische Personen des öffentlichen Rechts, die keine öffentlichen Aufgaben wahrnehmen und nur fiskalisch tätig werden, grundsätzlich nicht auf Grundrechte berufen, da sie sich in aller Regel nicht in einer grundrechtstypischen Gefährdungslage befinden.[438] Im Unterschied zum „abhängigen" Bürger fehlt ihnen das für Art. 19 Abs. 4 GG erforderliche personale Element.[439]

Dies betrifft gleichermaßen juristische Personen des Privatrechts, wenn diese sich überwiegend im Eigentum der öffentlichen Hand befinden. Ein Hoheitsträger soll sich nicht durch Gründung einer juristischen Person des Privatrechts von seiner Grundrechtsverpflichtung entledigen können und gleichzeitig grundrechtsfähig werden.[440] Die Grundrechtsfähigkeit des Staates ergibt sich weder aus seiner Befugnis, sich privatrechtlicher Handlungs- und Organisationsformen zu bedienen, noch aus der Fähigkeit, wirtschaftlich tätig zu werden oder Eigen-

---

435 Vgl. *Ibler*, in: Friauf/Höfling, Berliner Kommentar, 42. EL 2013, Art. 19 Abs. 4 Rdnr. 10.

436 Vgl. *Remmert*, in: Maunz/Dürig, GG, 69. EL 2013, Art. 19 Abs. 3 Rdnr. 45 ff.

437 *Bethge*, AöR 104 (1979), S. 54 (109).

438 *Krebs*, in: v. Münch/Kunig, GG, Bd. 1, 5. Aufl. 2000, Art. 19 Rdnr. 42; *Schmidt-Aßmann*, in: Maunz/Dürig, GG, 69. EL 2013, Art. 19 Abs. 4 Rdnr. 42; so überwiegend auch für Stiftungen des öffentlichen Rechts: *Schulte*, Staat und Stiftung, 1989, S. 58 ff.; a.A. *Becker-Birck*, Der Insichprozess in der Verwaltungsgerichtsbarkeit, 1966, S. 122, der den Schutzbereich von Art. 19 Abs. 4 GG auf den Fiskus erstreckt.

439 Vgl. *Schmidt-Aßmann*, in: Maunz/Dürig, GG, 69. EL 2013, Art. 19 Abs. 4 Rdnr. 117, 147; vgl. *ders.*, in: Badura/Dreier (Hrsg.), Festschrift 50 Jahre BVerfG, 2001, Bd. 2, 803 (806).

440 So entschieden für privatrechtlich organisierte Wohnungsbaugesellschaften in überwiegend kommunaler Trägerschaft: VerfGH Berlin, DÖV 2005, 515 ff.; *ders.*, Beschluss vom 14.02.2005 – 19/04 –, Juris; für Energieversorgungsunternehmen: BVerfG, NJW 1990, 1783; BVerfGK 15, 484 (489); vgl. *Bethge*, Die Grundrechtsberechtigung juristischer Personen nach Art. 19 Abs. 3 Grundgesetz, 1985, S. 100 ff.; kritisch zu diesem Argument: *Krebs*, in: v. Münch/Kunig, GG, Bd. 1, 5. Aufl. 2000, Art. 19 Rdnr. 41.

tum nach den Vorschriften des bürgerlichen Rechts innezuhaben.[441] Er bleibt vielmehr grundrechtsverpflichtet, auch wenn er sich privatrechtsförmig oder fiskalisch betätigt.[442]

Zwar findet Art. 19 Abs. 4 GG nicht allein nur bei der Verletzung von Grundrechten Anwendung, sondern dient auch denen, die allgemein subjektive Rechte geltend machen können. Jedoch muss die Rechtsschutzgarantie, die typischerweise dem Grundrechtsträger gegen den Staat bereitgestellt wird, nicht auf juristische Personen des öffentlichen Rechts erstreckt werden. Dies würde ihrer Charakterisierung als „formelles Hauptgrundrecht“ und „Bastion des Individualismus“ sowie ihrem engen Zusammenhang mit den materiellen Grundrechten widersprechen. Eine Schutzlosstellung der juristischen Personen des öffentlichen Rechts ist dadurch nicht zu befürchten. Prozessualen Schutz erfahren sie durch einfaches Recht. Die Behandlung der juristischen Personen des öffentlichen Rechts erfordert daher insoweit eine restriktive Auslegung der Rechtsschutzgarantie.[443]

Nur ausnahmsweise gewährt Art. 19 Abs. 4 GG im Rahmen einzelner Grundrechte auch solchen juristischen Personen des öffentlichen Rechts Grundrechtsschutz, die dem Einzelnen die Verwirklichung dieser Grundrechte ermöglichen und vom Staat selbständig und unabhängig oder zumindest distanziert sind, wie z.B. Rundfunkanstalten[444] (vgl. Art. 5 Abs. 1 S. 2 Alt. 2 GG), Universitäten und Fakultäten (vgl. Art. 5 Abs. 3 GG) sowie Kirchen und sonstige Religionsgemeinschaften (vgl. Art. 4 Abs. 1, 2 GG).[445]

---

441 Siehe oben B.II.1., S. 58 f.

442 Vgl. *Bethge*, in: Maunz/Schmidt-Bleibtreu/Klein/Bethge, BVerfGG , 41. EL 2013, § 90 Rdnr. 156 ff.

443 *Schmidt-Aßmann*, in: Maunz/Dürig, GG, 69. EL 2013, Art. 19 Abs. 4 Rdnr. 42; *Huber*, in: v. Mangoldt/Klein/Starck, GG, 6. Aufl. 2010, Art. 19 Abs. 4 Rdnr. 383; *Schenke*, in: Dolzer et al., BK-GG, 153. EL 2011, Art. 19 Abs. 4 Rdnr. 83.

444 BVerfGE 107, 299 (310 f.).

445 *Papier*, in: Handbuch des Staatsrechts, Bd. 8, 3. Aufl., 2010, § 177 Rdnr. 26; *Bethge*, AÖR 104 (1979), S. 264 (290 f.); *ders.*, Die Grundrechtsberechtigung juristischer Personen nach Art. 19 Abs. 3 Grundgesetz, 1985, S. 64 und 77 ff.; *Schenke*, in: Dolzer et al., BK-GG, 153. EL 2011, Art. 19 Abs. 4 Rdnr. 83; *Schmidt-Aßmann*, in: Maunz/Dürig, GG, 69. EL 2013, Art. 19 Abs. 4 Rdnr. 43, der die Kirchen und Religionsgemeinschaften bereits den juristischen Personen des Privatrechts gleichstellt; verneinend für Orts-

Kommunale Gebietskörperschaften werden nach überwiegender Auffassung hiervon grundsätzlich nicht umfasst. Auch wenn sie mit der Verfassungsgarantie des Art. 28 Abs. 2 GG ausgestattet sind und ihnen eine wehrfähige subjektive Rechtsstellung eingeräumt wird, bleiben sie dennoch in organisationsrechtlicher Hinsicht autonome Träger öffentlicher Verwaltung mit vielfältigen Aufgaben und Handlungsmöglichkeiten.[446] Sie stehen dem Staat damit näher als der grundrechtlichen Individualsphäre, so dass es nicht geboten ist, den verfassungsrechtlich garantierten Gerichtsschutz des Art. 19 Abs. 4 GG auch auf sie zu erstrecken.[447] Wie das Bundesverfassungsgericht herausstellt, können Gemeinden sich auch dann nicht auf den Schutz der Grundrechte, insbesondere nicht auf Art. 14 GG berufen, wenn sie fiskalisch tätig sind.[448] Es fehlt an einer grundrechtstypischen Gefährdungslage.[449] Selbst außerhalb des Bereichs der Wahrnehmung öffentlicher Aufgaben werden sie durch einen staatlichen Hoheitsakt nicht in gleicher Weise wie eine Privatperson gefährdet und sind deshalb auch nicht grundrechtsschutzbedürftig.[450]

Die Unterschiede werden ferner mit Blick auf die Funktion bestimmter Rechte, wie beispielsweise das Eigentum sichtbar:

---

krankenkassen: vgl. BVerfGE 39, 302 (313); für Stiftungen öffentlichen Rechts vgl. *Schulte*, Staat und Stiftung, 1989, S. 60.

446 Vgl. zu Art. 19 Abs. 3 GG: *Bethge*, Die Grundrechtsberechtigung juristischer Personen nach Art. 19 Abs. 3 Grundgesetz, 1985, S. 87 ff.

447 *Schmidt-Aßmann*, in: Maunz/Dürig, GG, 69. EL 2013, Art. 19 Abs. 4 Rdnr.43; *Huber*, in: v. Mangoldt/Klein/Starck, GG, 6. Aufl. 2010, Art. 19 Abs. 4 Rdnr. 383; *Ibler*, in: Friauf/Höfling, Berliner Kommentar, 42. EL 2013, Art. 19 Abs. 4 Rdnr. 12; *Krebs*, in: v. Münch/Kunig, GG, Bd. 1, 5. Aufl. 2000, Art. 19 Rdnr. 51 und 42; *Rüfner*, in: Handbuch des Staatsrechts Bd. 9, 3. Aufl. 2011, § 196 Rdnr. 117; *Schmid*, Klagebefugnis und subjektive Rechte von Gemeinden, 1991, S. 21 ff.; *Krebs*, in: Festschrift für C.-F. Menger, 1985, S. 191 (207 f.); a.A.: *Maurer*, in: Badura/Dreier (Hrsg.), Festschrift 50 Jahre Bundesverfassungsgericht, Bd. 2, 2001, S. 467 (485) für einfach gesetzlich begründete Rechte; *Schenke*, in: Dolzer et al., BK-GG, 153. EL 2011, Art. 19 Abs. 4 Rdnr. 83; *Lorenz*, Der Rechtsschutz des Bürgers und die Rechtsweggarantie, 1973, S. 123; *Blümel*, in: Festgabe für Georg Christoph v. Unruh, 1983, S. 265 (267 Fn. 5).

448 BVerfGE 61, 82 (105 ff.); *Jarass*, in: Jarass/Pieroth, GG, 10. Aufl. 2009, Art. 19 Rdnr. 22 ff.

449 Vgl. BVerfGE 45, 63 (79).

450 Vgl. BVerfGE 61, 82 (105); BVerfG, DVBl. 2002, 1404 (1405); differenzierend hierzu *Bethge*, Die Grundrechtsberechtigung juristischer Personen nach Art. 19 Abs. 3 Grundgesetz, 1985, S. 109 ff.

Während eine Gemeinde das Eigentum nach dem Gemeindewirtschaftsrecht grundsätzlich nur zur Wahrnehmung öffentlicher Aufgaben nutzen darf, dient es dem einzelnen Eigentümer als „Grundlage privater Initiative und eigenverantwortlicher privater Interessenausübung".[451] Das Bundesverfassungsgericht umschreibt die Personenbezogenheit der Eigentumsgarantie mit dem Merksatz, Art. 14 GG schütze nicht „das Privateigentum sondern das Eigentum Privater".[452] Gemeinden haben aufgrund sog. „Fiskusprivilegien"[453], „staatsinterner Einflussmöglichkeiten" und ihrer Stellung innerhalb des Staates – auch außerrechtlich – gewisse Vorzüge, die sie nicht grundrechtsschutzbedürftig erscheinen lassen.[454]

Ob von diesem Grundsatz im Falle einer Nutzung des Eigentums zu nichtöffentlichen Aufgaben „ganz besonders gelagerte" Ausnahmen zulässig sind, hat das Bundesverfassungsgericht bislang offen gelassen.[455] Es hat jedoch bereits klargestellt, dass sich Gemeinden insoweit außerhalb ihres eigentlichen Aufgabenbereichs betätigen würden, was eine Minderung ihrer Schutzbedürftigkeit zur Folge habe.[456]

cc) Öffentliche Gewalt

Art. 19 Abs. 4 GG beinhaltet keine allgemeine Rechtsschutzgarantie, sondern gewährt Rechtsschutz nur speziell gegen Akte öffentlicher Gewalt. Gemeint ist damit die durch deutsche Hoheitsträger ausgeübte hoheitliche Gewalt nach Maßgabe des öffentlichen Rechts. Hierunter fallen vor allem Akte der deutschen Staatsgewalt, unabhängig davon, ob es sich um Maßnahmen von Organen des Bundes, der Länder oder sonstiger öffentlich-rechtlich organisierter Träger, wie

---

451 VerfGH Berlin, DÖV 2005, 515 ff.; *ders.*, Beschluss vom 14.02.2005 – 19/04 –, Juris; BVerfG, DVBl. 2002, 1404 (1405).

452 BVerfGE 61, 82 (108 f.); kritisch zu dieser Formel insbesondere *Bethge*, NVwZ 1985, 402 (403); so ähnlich auch bereits BVerfGE 24, 367 (400), wonach Art. 14 GG nicht „Sach-, sondern Rechtsträgergarantie" sei.

453 BVerfGE 61, 82 (106); vgl. auch *Stober*, in: Wolff/Bachof/Stober/Kluth, Verwaltungsrecht I, 2007, § 23 Rdnr. 55.

454 Vgl. VerfGH Berlin, DÖV 2005, 515 ff.; *ders.*, Beschluss vom 14.02.2005 – 19/04 –, Juris; kritisch zu diesem Argument: *Schmid*, Klagebefugnis und subjektive Rechte von Gemeinden, 1991, S.23 f.

455 BVerfGK 16, 396 (404 f.); BVerfG, DVBl. 2002, 1404 (1405); BVerfGE 61, 82 (109).

456 BVerfGE 61, 82 (107 f.); so auch VerfGH Berlin, DÖV 2005, 515 ff.; *ders.*, Beschluss vom 14.02.2005 – 19/04 –, Tz. 25 Juris.

Körperschaften, Anstalten und Stiftungen des öffentlichen Rechts, handelt. Auf die Rechtsform des Verwaltungshandelns kommt es hierbei nicht an. Ferner zählen hierzu Handlungen deutscher Behörden mit Auslandsbezug und in Vollzug völkerrechtlicher Verträge sowie Akte von Beliehenen, d.h. private Personen oder juristische Personen des Privatrechts, die mit einer spezifischen Hoheitsfunktion ausgestattet worden sind. Verletzungen subjektiver Rechte durch Privatpersonen ohne entsprechende Beleihung stellen dagegen keine öffentliche Gewalt dar.[457] Akte ausländischer Staaten und zwischenstaatlicher Einrichtungen fallen nach herrschender Meinung nicht hierunter.[458]

Öffentliche Gewalt i.S.d. Art. 19 Abs. 4 GG stellt vor allem das Handeln der vollziehenden Gewalt dar, also jedes hoheitliche Verwaltungshandeln unabhängig davon, ob es sich um staatliche Behörden oder Verwaltungseinheiten, wie etwa Gebietskörperschaften mit ihren jeweiligen Behörden und sonstigen Verwaltungsstellen sowie Körperschaften, Anstalten und Stiftungen des öffentlichen Rechts, handelt.[459] Auch die Normsetzung der Exekutive, also der Erlass von Rechtsverordnungen und Satzungen, stellt eine Ausübung öffentlicher Gewalt dar. Zur öffentlichen Gewalt zählen ferner Akte in besonderen Gewaltverhältnissen bzw. Sonderstatusverhältnissen, wie z.B. Beamten-, Strafgefangenen- und Schulverhältnisse. Nach herrschender Ansicht in der Literatur sind zudem Gnadenakte von der Gerichtsschutzgarantie umfasst.[460]

Umstritten ist, ob und inwieweit Art. 19 Abs. 4 GG auf privatrechtlichen Tätigkeiten der öffentlichen Hand Anwendung findet. Eine Erstreckung des Schutzbereichs auf diese Tätigkeiten wird teilweise mit der Begründung verneint, dass Art. 19 Abs. 4 GG rechtsformorientiert und -abhängig sei und sich ausschließlich auf den öffentlich-rechtlichen Funktionskreis des Staates und sei-

---

457 Statt vieler *Papier*, in: Handbuch des Staatsrechts, Bd. 8, 3. Aufl., 2010, § 177, Rdnr. 27 ff.

458 Vgl. BVerfGE 58, 1 (27ff.); *Krebs*, in: v. Münch/Kunig, GG, Bd. 1, 5. Aufl. 2000, Art. 19 Rdnr. 53; a.A. in Bezug auf Rechtsakte der Europäischen Gemeinschaft und andere zwischenstaatliche Einrichtungen: BVerfGE 89, 155 (174 f.); BVerfG, NJW 2001, 2705 f.; *Schmidt-Aßmann*, in: Maunz/Dürig, GG, 69. EL 2013, Art. 19 Abs. 4 Rdnr. 48.

459 *Schmidt-Aßmann*, a.a.O., Art. 19 Abs. 4 Rdnr. 59; *Papier*, in: Handbuch des Staatsrechts, Bd. 8, 3. Aufl., 2010, § 177 Rdnr. 32 ff.

460 *Schmidt-Aßmann*, in: Maunz/Dürig, GG, 69. EL 2013, Art. 19 Abs. 4 Rdnr. 70 ff.; *Papier*, a.a.O., Rdnr. 37; a.A. BVerfGE 25, 353 (358 ff.); BVerwGE 14, 73 (74 ff.); BVerwG, DVBl. 1982, 1147.

ner Einrichtungen beziehe, d.h. öffentliche Gewalt werde nur durch hoheitliche Maßnahmen mit entsprechendem öffentlichen Charakter ausgeübt. Privatrechtliche Tätigkeiten seien, unabhängig davon, ob sie einen rein fiskalischen oder einen verwaltungsprivatrechtlichen Hintergrund haben, hiervon nicht erfasst.[461]

Demgegenüber beziehe sich nach herrschender Meinung Art. 19 Abs. 4 GG auch auf verwaltungsprivatrechtliche Maßnahmen, da für diese Maßnahmen gleichfalls die materiellen Grundrechte gelten würden. Die öffentliche Hand dürfe sich bei der Erfüllung ihrer öffentlichen Aufgaben durch die Wahl ihrer Handlungsform weder der Grundrechtsgarantie noch der Rechtsweggarantie entziehen. Hiervon ausgenommen sei lediglich die fiskalische Tätigkeit, d.h. bedarfsdeckende und erwerbswirtschaftliche Tätigkeiten, wie z.B. das Grundstückswesen der öffentlichen Hand und die Vermögensverwertungsgeschäfte, die von ihrer Zielsetzung und Auswirkung sich kaum von dem Handeln Privater unterscheide.[462]Vereinzelt wird darüber hinaus die Auffassung vertreten, dass fiskalische Tätigkeiten ebenfalls von Art. 19 Abs. 4 GG erfasst seien.[463]

Umstritten ist ferner, ob und inwieweit im Rahmen der fiskalischen Hilfsgeschäfte ein Anspruch auf gerichtlichen Primärrechtsschutz bei der Vergabe öffentlicher Aufträge mit Auftragssummen unterhalb der Schwellenwerte besteht.[464] Hierzu hat das Bundesverfassungsgericht in seiner jüngeren Rechtspre-

---

461 *Papier*, in: Handbuch des Staatsrechts, Bd. 8, 3. Aufl., 2010, § 177 Rdnr. 27; *Bethge*, KritV 1990, 9 (14).

462 *Schenke*, in: Dolzer et al., BK-GG, 153. EL 2011, Art. 19 Abs. 4 Rdnr. 283 ff.; *Ibler*, in: Friauf/Höfling, Berliner Kommentar, 42. EL 2013, Art. 19 Abs. 4 Rdnr. 68 f.; *Schmidt-Aßmann/Schenk*, in: Schoch/Schneider/Bier, VwGO, 25. EL 2013, Einleitung Rdnr. 11; *Schmidt-Aßmann*, in: Maunz/Dürig, GG, 69. EL 2013, Art. 19 Abs. 4 Rdnr. 64 f.; wohl auch *Krebs*, in: v. Münch/Kunig, GG, Bd. 1, 5. Aufl. 2000, Art. 19 Rdnr. 55.

463 *Huber*, in: v. Mangoldt/Klein/Starck, GG, 6. Aufl. 2010, Art. 19 Abs. 4 Rdnr. 427; *Schultze-Fielitz*, in: Dreier, GG, Bd. 1, 2. Aufl. 2004, Art. 19 Rdnr. 53.

464 Vgl. befürwortend – mit unterschiedlichem Ergebnis zum eröffneten Rechtsweg –: *Huber*, in: v. Mangoldt/Klein/Starck, GG, 6. Aufl. 2010, Art. 19 Abs. 4 Rdnr. 428 ff.; *Niestedt/Hölzl*, NJW 2006, 3680 (3681 ff.); *Knauff*, NVwZ 2007, 546 (549); *Köster*, NZBau 2006, 540 (543 f.); *Stelkens*, in: Stelkens/Bonk/Sachs, VwVfG, 8. Aufl. 2014, § 35 Rdnr. 124; vgl. *Sodan*, in: Sodan/Ziekow, VwGO 3. Aufl. 2010, § 40 Rdnr. 335 ff.; OVG Bautzen, NZBau 2006, 393 m.w.N.; a.A. *Bethge*, in: Maunz/Schmidt-Bleibtreu/Klein/Bethge, BVerfGG, 41. EL 2013, § 90 Rdnr. 203 a; vgl. zum Überblick: *Sachs*, JuS 2007, 166 ff.

chung nunmehr festgestellt, dass die Vergabestelle keine öffentliche Gewalt im Sinne des Art. 19 Abs. 4 GG ausübe, so dass die Rechtschutzgarantie nicht eröffnet sei. Dies begründet das Bundesverfassungsgericht dahingehend, dass der historisch geprägte Schutzzweck der Rechtsschutzgarantie, dem Einzelnen Rechtsschutz gegen die übergeordnete, mit Mitteln des Zwangs ausgestattete Exekutive zu gewähren, auf solche Vergabeentscheidungen nicht übertragbar sei. Der Staat trete hier vielmehr in einer Rolle als Nachfrager am Markt auf, in der er sich nicht grundlegend von privaten Marktteilnehmern unterscheide, zumal er sich dabei nicht einer übergeordneten Rechtsposition bediene.[465] Dieser Auffassung hat sich nachfolgend das Bundesverwaltungsgericht angeschlossen.[466] Der Auffassung wird in der Literatur im Wesentlichen entgegengehalten, dass das Bundesverfassungsgericht einen zu engen Begriff der öffentlichen Gewalt anwende. Der Staat sei in seiner Rolle als Auftraggeber nicht eben nur Nachfrager, sondern gleichzeitig der derjenige, der die Regeln über die Vergabe aufstelle, so dass ihm eine übergeordnete Stellung beizumessen sei. Ferner unterliege er bei der Auftragsvergabe einer Grundrechtsbindung, so dass der Primärrechtsschutz dem Schutzbereich des Art. 19 Abs. 4 GG zuzuordnen sei.[467]

Gerichtsschutz gegen die Legislative wird nach wohl überwiegender Ansicht in der Literatur unabhängig davon, ob es sich um parlamentarische Gesetzgebung oder um parlamentarische Akte außerhalb der Gesetzgebung handelt, von Art. 19 Abs. 4 GG gewährleistet.[468] Die Rechtsprechung geht bezogen auf die parlamentarische Gesetzgebung von einer gegenteiligen Auffassung aus.[469] Diese Einschränkung wird aber nach der überwiegenden Ansicht in der Literatur deshalb als nicht (mehr) überzeugend erachtet, da auch gegen die parlamentarische Gesetzgebung Rechtsschutz durch die Verfassungsgerichte im Rahmen der

---

465 BVerfGE 116, 135 (149 ff.).

466 BVerwGE 129, 9 (13 ff.).

467 *Niestedt/Hölzl*, NJW 2006, 3680 (3682); *Stelkens*, in: Stelkens/Bonk/Sachs, VwVfG, 8. Aufl. 2014, § 35 Rdnr. 124, mit Verweis auf die europarechtlichen Anforderungen an öffentliche Vergabeverfahren, die das BVerfG nicht berücksichtigt habe.

468 *Schenke*, in: Dolzer et al., BK-GG, 153. EL 2011, Art. 19 Abs. 4 Rdnr. 338 ff.; *Papier*, in: Handbuch des Staatsrechts, Bd. 8, 3. Aufl., 2010, § 177 Rdnr. 40; *Maurer*, in: Badura/Dreier (Hrsg.), Festschrift 50 Jahre Bundesverfassungsgericht, Bd. 2, 2001, S. 467 (479 ff.); *Schmidt-Aßmann*, in: Maunz/Dürig, GG, 69. EL 2013, Art. 19 Abs. 4 Rdnr. 90 ff.; *Huber*, in: v. Mangoldt/Klein/Starck, GG, 6. Aufl. 2010, Art. 19 Abs. 4 Rdnr. 429 ff.; a.A. *Jarass*, in: Jarass/Pieroth, GG, 10. Aufl. 2009, Art. 19 Rdnr. 44.

469 BVerfGE 24,33 (49); E 24, 367 (401); E 25, 352 (365); E 45, 297 (334 f.).

Verfassungsbeschwerde gewährt werde, die auch als Rechtsweg i.S.d. Art. 19 Abs. 4 GG anzusehen sei.[470]

Richterliche Gewalt fällt nach ständiger Rechtsprechung des Bundesverfassungsgerichts und herrschender Meinung in der Literatur nicht unter den Begriff der öffentlichen Gewalt.[471] „Art. 19 Abs. 4 gewährt Schutz durch den Richter, nicht gegen den Richter."[472] Erfasst werden dagegen Akte der Justizverwaltung[473] sowie Maßnahmen der Staatsanwaltschaften[474], der Rechtspfleger[475] und der nicht-richterlichen Vollstreckungsorgane.[476] Hierzu zählen ferner Handlungen der Gerichte aufgrund eines ausdrücklich normierten Richtervorbehalts, bei denen sie keine spruchrichterliche Tätigkeit wahrnehmen.[477]

Innerkirchliche Akte sind ebenfalls nicht vom Begriff der öffentlichen Gewalt umfasst. Zwar sind Kirchen und andere öffentlich-rechtliche Religions- und Weltanschauungsgemeinschaften Körperschaften des öffentlichen Rechts (Art. 140 GG i.V.m. Art. 137 Abs. 5 WRV), gleichwohl sind sie allein durch die Zuerkennung dieses Status nicht automatisch den anderen Körperschaften des öffentlichen Rechts gleichgestellt. Eine Überprüfung innerkirchlicher Akte durch staatliche Gerichte ist wegen der verfassungsrechtlich verbürgten Autonomie gemäß Art. 140 GG i.V.m. Art. 137 Abs. 3 WRV ausgeschlossen. Dies betrifft insbesondere den originären geistlichen Aufgabenkreis, wie Glaubens-

---

470 *Schmidt-Aßmann/Schenk*, in: Schoch/Schneider/Bier, VwGO, 25. EL 2013, Einleitung Rdnr. 15.

471 BVerfGE 11, 263 (265); E 73, 339 (372); E 76, 93 (98); *Maurer*, in: Badura/Dreier (Hrsg.), Festschrift 50 Jahre Bundesverfassungsgericht, Bd. 2, 2001, S. 467 (481ff.); *Bettermann*, Die Grundrechte, Bd. III/2, 1959, S. 790; *Schenke*, in: Dolzer et al., BK-GG, 153. EL 2011, Art. 19 Abs. 4 Rdnr. 371; *Papier*, in: Handbuch des Staatsrechts, Bd. 8, 3. Aufl., 2010, § 177 Rdnr. 43; *Schmidt-Aßmann/Schenk*, a.a.O., Rdnr. 16; a.A. *Lorenz*, Der Rechtsschutz des Bürgers und die Rechtsweggarantie, 1973, 241 ff.; zweifelnd ferner *Krebs*, in: v. Münch/Kunig, GG, Bd. 1, 5. Aufl. 2000, Art. 19 Rdnr. 57.

472 BVerfGE 49, 329 (340); *Papier*, in: Handbuch des Staatsrechts, Bd. 8, 3. Aufl., 2010, § 177 Rdnr. 43.

473 BVerfGE 28, 10 (14 f.).

474 BVerfGE 103, 142 (156).

475 BVerfGE 101, 397 (407).

476 Vgl. *Schmidt-Aßmann*, in: Maunz/Dürig, GG, 69. EL 2013, Art. 19 Abs. 4 Rdnr. 102.

477 BVerfGE 96, 27 (39ff.); E 104, 220 (231 ff.); E 107, 395 (406).

und Kultusangelegenheiten und kirchliche Organisationsangelegenheiten etc.[478] Nach überwiegender Auffassung zählen Rechtsschutzfragen in amts- und dienstrechtlichen Angelegenheiten der Pfarrer und Kirchenbeamten ebenfalls zum innerkirchlichen Bereich.[479]

Soweit die Kirche aber über diesen Binnenbereich hinaus in Beziehungen des Rechtsverkehrs zu Dritten tritt, ist eine Überprüfung durch staatliche Gerichte im Rahmen der allgemeinen Justizgewährungspflicht möglich.[480]

Öffentliche Gewalt i.S.d. Art. 19 Abs. 4 GG üben Kirchen sowie Religions- und Weltanschauungsgemeinschaften nur dann aus, wenn ihre spezifischen Aufgaben über den innerkirchlichen Kreis hinaus in den öffentlich Raum hinein wirken, wie etwa das kirchliche Glockengeläut in Bezug auf das öffentliche Nachbarrecht,[481] oder sie vom Staat verliehene Befugnisse wahrnehmen.[482]

dd) Rechtsverletzung

Für den Eintritt der Rechtsschutzgarantie bedarf es einer möglichen Verletzung des in Art. 19 Abs. 4 GG vorausgesetzten subjektiven Rechts durch eine rechtswidrige Maßnahme. Dabei muss zwischen der rechtswidrigen Maßnahme und der Verletzung des subjektiven Rechts ein „Rechtswidrigkeitszusammenhang" bestehen.[483] Eine faktische Betroffenheit ohne rechtliche Relevanz oder eine Beeinträchtigung subjektiver Rechte durch objektiv rechtmäßige Maßnahmen der öffentlichen Hand reichen nicht aus.[484] Die Rechtsverletzung muss grundsätzlich

---

478 *Papier* in: Handbuch des Staatsrechts, Bd. 8, 3. Aufl., 2010, § 177 Rdnr. 30; *Huber*, in: v. Mangoldt/Klein/Starck, GG, 6. Aufl. 2010, Art. 19 Abs. 4 Rdnr. 431.

479 *Papier*, a.a.O.; differenzierend zwischen Statusangelegenheiten und vermögensrechtlichen Streitigkeiten: BVerwGE 66, 241 (242 ff.); E 95, 379 (381); E 117, 145 (147); BVerfG, NJW 1983, 2569; vgl. hierzu *Schmidt-Aßmann*, in: Maunz/Dürig, GG, 69. EL 2013, Art. 19 Abs. 4 Rdnr. 115.

480 Vgl. *Schmidt-Aßmann*, a.a.O., Art. 19 Abs. 4 Rdnr. 113.

481 BVerwGE 68, 62 ff.; BVerwG, NVwZ 1997, 390 (391); vgl. *Huber*, in: v. Mangoldt/Klein/Starck, GG, 6. Aufl. 2010, Art. 19 Abs. 4 Rdnr. 432.

482 BVerfGE 18, 392 (396); zur Kirchensteuer: BVerfGE 19, 206 (218); E 30, 415 (422); zur Friedhofsverwaltung: BVerwG, NJW 1990, 2079 f.

483 *Krebs*, in: v. Münch/Kunig, GG, Bd. 1, 5. Aufl. 2000, Art. 19 Rdnr. 61; *Schmidt-Aßmann*, in: Maunz/Dürig, GG, 69. EL 2013, Art. 19 Abs. 4 Rdnr. 156.

484 Vgl. *Papier*, in: Handbuch des Staatsrechts, Bd. 8, 3. Aufl., 2010, § 177 Rdnr. 48 und 54.

bereits eingetreten sein und noch andauern.[485] Ob sie gegenwärtig ist, kann nur für jeden Einzelfall gesondert bestimmt werden, wobei die rechtlichen, tatsächlichen, mittelbaren und unmittelbaren Wirkungen ermittelt und berücksichtigt werden müssen.[486]

b) Das Prinzip effektiven Rechtsschutzes

Schutzziel des Art. 19 Abs. 4 GG ist ferner die Effektivität des subjektiven Rechtsschutzes. Gemeint ist hiermit, dass nicht etwa eine bestmögliche oder optimale, sondern primär eine wirksame und möglichst lückenlose gerichtliche Kontrolle sicher zu stellen ist.[487] Hiervon umfasst sind der Zugang zu den Gerichten, die Überprüfung des Streitstoffs in tatsächlicher und rechtlicher Hinsicht im Rahmen eines gerichtlichen Verfahrens sowie der Erlass einer verbindlichen gerichtlichen Entscheidung.[488]

Da die Voraussetzungen für die Gewährung wirksamen Rechtsschutzes in Art. 19 Abs. 4 GG nicht näher beschrieben sind, obliegt es vor allem dem Gesetzgeber diese Anforderungen zu konkretisieren, wobei ihm ein erheblicher Gestaltungsspielraum eingeräumt ist.[489] Zur Gewährleistung wirksamen Rechtsschutzes bedarf es insbesondere einer rechtlichen Ordnung des Prozesses,[490] der Zurverfügungstellung bestimmter verwaltungsprozessualer Institute[491] und des Rechtsschutzes innerhalb angemessener Zeit.[492]

---

485 *Schmidt-Aßmann*, VVDStRL Bd. 34 (1976), S. 221 (235 f.).

486 *Schmidt-Aßmann/Schenk*, in: Schoch/Schneider/Bier, VwGO, 25. EL 2013, Einleitung Rdnr. 23, *Schmidt-Aßmann*, in: Maunz/Dürig, GG, 69. EL 2013, Art. 19 Abs. 4 Rdnr. 164 ff.

487 *Lorenz*, in: Festschrift für C.-F. Menger, 1985, S. 143 (152); *Maurer*, in: Badura/Dreier (Hrsg.), Festschrift 50 Jahre Bundesverfassungsgericht, Bd. 2, 2001, S. 467 (476); vgl. BVerfGE 101, 106 (122 f.); E 113, 273 (310 f.); E 118, 168 (207 f.).

488 BVerfGE 107, 395 (401); E 113, 273 (310 f.)

489 Vgl. *Krebs*, in: v. Münch/Kunig, Bd. 1, 5. Aufl. 2000, Art. 19 Rdnr. 65; *Schmidt-Aßmann/Schenk*, in: Schoch/Schneider/Bier, VwGO, 25. EL 2013, Einleitung Rdnr. 153 f.; *Lorenz*, in: Festschrift für C.-F. Menger, 1985, 143 (152).

490 *Schmidt-Aßmann/Schenk*, a.a.O., Rdnr. 155.

491 *Schmidt-Aßmann/Schenk*, in: Schoch/Schneider/Bier, VwGO, 25. EL 2013, Einleitung, Rdnr. 160 ff.

492 *Schmidt-Aßmann/Schenk*, a.a.O., Rdnr. 157 ff.

Der Gesetzgeber hat bei der Gestaltung des Zugangs zum (Verwaltungs-)Gericht und der Verfahrensordnungen zu beachten, dass die Regelungen zweckgerichtet, geeignet, angemessen und im Übrigen auch für den Betroffenen zumutbar sind. Dabei darf dem Einzelnen die gerichtliche Kontrolle „nicht in unzumutbarer, aus Sachgründen nicht mehr zu rechtfertigender Weise erschwert werden".[493] Unterhalb dieser Schwelle kann der Gesetzgeber jedoch Regelungen über besondere formelle – auch einschränkende – Voraussetzungen des zu gewährenden Rechtsschutzes treffen, insbesondere wenn sie zur Einhaltung anderer Verfassungsgrundsätze geboten sind.[494] „Denn die Verfassung ist ein Sinngefüge, bei dem einzelne Gewährleistungen, und mithin auch Art. 19 Abs. 4 S. 1 GG, so auszulegen sind, dass auch anderen Verfassungsnormen und -grundsätzen nicht Abbruch getan wird."[495] So kann ein Richter zur Verfahrensbeschleunigung Präklusions- und Fristenregelungen in Bezug auf Rechtsbehelfe oder Rechtsmittel verfügen,[496] zur Rechtssicherheit einzelner Prozesshandlungen Formerfordernisse auferlegen oder zur Verhinderung der Überlastung der Gerichte andere Einschränkungen erlassen.[497] Auch werden Kostenvorschussregelungen[498] oder Vorgaben zur Durchführung eines Vorverfahrens[499] als grundsätzlich zulässig erachtet.

Dem Gesetzgeber steht darüber hinaus ein großer Spielraum im Hinblick auf die Ausgestaltung des Rechtsweges zu. Aus Art. 19 Abs. 4 GG ist nach herrschender Auffassung keine Garantie für einen bestimmten Instanzenzug ableitbar.[500] Der Gesetzgeber ist in seiner Entscheidung grundsätzlich frei, ob er für

---

493 BVerfGE 101, 397 (408); BVerfGK 7, 87 (104); *Jarass*, in: Jarass/Pieroth, GG, 10. Aufl. 2009, Art. 19 Rdnr. 50; *Krebs*, in: v. Münch/Kunig, GG, Bd. 1, 5. Aufl. 2000, Art. 19 Rdnr. 65.

494 Vgl. *Lorenz*, in: Festschrift für C.-F. Menger, 1985, S. 143 (146 f.).

495 BVerfGE 60, 253 (267).

496 Vgl. BVerfGE 88, 118 (124);E 60, 253 (269 ff.); vgl. auch BVerfGK 16, 114 f.; *Jarass*, in: Jarass/Pieroth, GG, 10. Aufl. 2009, Art. 19 Rdnr. 58 ff.

497 Vgl. *Schmidt-Aßmann/Schenk*, in: Schoch/Schneider/Bier, VwGO, 25. EL 2013, Einleitung Rdnr. 154.

498 BVerfGE 10, 264 (268).

499 BVerfGE 40, 237 (256 f.).

500 *Jarass*, in: Jarass/Pieroth, GG, 10. Aufl. 2009, Art. 19 Rdnr. 54; *Sachs*, in: Sachs, 6. Aufl. 2011, Art. 19 Rdnr. 120; *Schmidt-Aßmann/Schenk*, in: Schoch/Schneider/Bier, VwGO, 25. EL 2013, Einleitung Rdnr. 28; a.A.: *Lorenz*, Der Rechtsschutz des Bürgers und die Rechtsweggarantie, S. 244; vgl. *Degenhart*, in: Handbuch des Staatsrechts,

bestimmte Rechtsmaterien eine zweite Tatsacheninstanz schafft. So hat sich der Gesetzgeber beispielsweise bei Erlass des Vermögensgesetzes dazu entschieden, dass Berufung oder Beschwerde gegen Entscheidungen des (Verwaltungs-)Gerichts ausgeschlossen sind, § 37 Abs. 2 VermG.[501] Dem Rechtsschutzsuchenden verbleibt nach § 37 Abs. 2 S. 2 VermG u.a. lediglich die Beschwerde gegen die Nichtzulassung der Revision.

Vielfach wird mit der Streichung der zweiten Instanz die Beschleunigung des Verfahrens und der Abbau von Überlastungen bezweckt, was sich bislang nicht nachweisen ließ. So wird diesen Argumenten entgegengehalten, dass die eigentliche Ursache der Überlastung verkannt wird; nicht die Gewährung einer zweiten Instanz, sondern die unzureichende Ausstattung der Gerichte und die schwierigen zu behandelnden materiellrechtlichen Fragen würde die Überlastungen begründen.[502]

Art. 19 Abs. 4 GG beinhaltet schließlich nicht nur Maßstäbe für die Gesetzgebung sondern auch Vorgaben für die Ausgestaltung der Verwaltung und das Verwaltungsverfahren. So darf beispielsweise der nachfolgende Rechtschutz nicht erschwert oder gar verhindert werden.[503]

Eine Berücksichtigung von Rechten des Staates wird durch das Gebot effektiven Rechtsschutzes weder gefordert noch steht es ihr entgegen. Da die Rechtsschutzgarantie des Art. 19 Abs. 4 GG nur in Ausnahmefällen auf juristische Personen öffentlichen Rechts Anwendung findet,[504] liegt es an dem Gesetzgeber, für diese einfachgesetzliche Grundlagen zu schaffen.

Das Wirksamkeitsgebot erstreckt sich ferner auf die vom Gericht zu beachtende Kontrolldichte. Grundsätzlich hat der Rechtschutzsuchende einen Anspruch auf vollständige Überprüfung der hoheitlichen Maßnahme, sowohl in

---

Bd. 5, 3. Aufl. 2007; § 115 Rdnr. 29; vgl. auch *Krebs*, in v. Münch/Kunig, GG, Bd. 1, 5. Aufl. 2000, Art. 19 Rdnr. 63.

501 Vgl. BVerfG, VIZ 2000, 148 (149), wonach der Ausschluss der Berufung in § 37 Abs. 2 S. 1 VermG verfassungsrechtlich nicht zu beanstanden sei.

502 Vgl. *Stelkens/Panzer*, in: Schoch/Schneider/Bier, VwGO, 25. EL 2013, § 1 Rdnr. 10, § 2 Rdnr. 23.

503 *Jarass*, in: Jarass/Pieroth, GG, 10. Aufl. 2009, Art. 19 Rdnr. 67.

504 *Schmidt-Aßmann*, in: Maunz/Dürig, GG, 69. EL 2013, Art. 19 Abs. 4 GG Rdnr. 42.

rechtlicher als auch tatsächlicher Hinsicht. An die behördlichen Feststellungen und Wertungen der Verwaltungsbehörde ist das Gericht grundsätzlich nicht gebunden.[505] Hierzu zählt, dass die Gerichte unbestimmte Rechtsbegriffe umfassend zu überprüfen haben, es sei denn, sie sind so vage formuliert, „dass die gerichtliche Kontrolle an die Funktionsgrenzen der Rechtsprechung stößt".[506] Da dem Gesetzgeber die Ausgestaltung des Gebotes effektiven Rechtsschutzes obliegt, kann er den Kontrollauftrag verschärfen (vgl. § 146 Nr. 2 FlurbG) oder begrenzen, wie bei der Einräumung von Gestaltungs-, Ermessens- und Beurteilungsspielräumen der Verwaltung.[507]

Wirksamer Rechtsschutz bedeutet darüber hinaus Rechtsschutz innerhalb eines angemessenen Zeitraums.[508] Hieraus folgt, dass zur Vermeidung irreparabler Schäden durch hoheitliche Maßnahmen, ein vorbeugender[509] und vorläufiger Rechtsschutz möglich sein muss.[510] Den als Beschleunigungsgebot aufzufassenden Grundsatz haben insbesondere der Gesetzgeber bei der Ausgestaltung der Prozessordnungen und die Gerichte im Hinblick auf Ausnutzung und Auswahl der ihnen zur Verfügung gestellten Institute sowie der Überprüfung ihrer Arbeitsabläufe zu beachten.[511] Ob die Verfahrensdauer angemessen ist, lässt sich nur nach den besonderen Umständen des Einzelfalles feststellen.[512]

---

505 BVerfGE 103, 142 (156).

506 BVerfGE 84, 34 (49 f.).

507 *Schmidt-Aßmann/Schenk*, in: Schoch/Schneider/Bier, VwGO, 25. EL 2013, Einleitung Rdnr. 184 ff.; vgl. auch *Schmidt-Aßmanns* Ausführungen zur normativen Ermächtigungslehre, in: Maunz/Dürig, GG, 69. EL 2013, Art. 19 Abs. 4 GG Rdnr. 185 ff.; *Jarass*, in; Jarass/Pieroth, GG, 10. Aufl. 2009, Art. 19 Rdnr. 63 f.; BVerfGE 88, 40 (56); E BVerfGE 113, 273 (310 f.); vgl. auch BVerfGK 16, 418 (433 f.).

508 Vgl. BVerfG, NJW 2001, 2707; *Schmidt-Aßmann/Schenk*, in: Schoch/Schneider/Bier, VwGO, 25. EL 2013, Einleitung Rdnr. 157 ff..

509 *Lorenz*, in: Festschrift für C.-F. Menger, S. 143 (157); *Schenke*, in: Dolzer et al., BK-GG, 153. EL 2011, Art. 19 Abs. 4 Rdnr. 644 ff.; *Jarass*, in; Jarass/Pieroth, GG, 10. Aufl. 2009, Art. 19 Rdnr. 56.

510 *Jarass*, a.a.O., Art. 19 Rdnr. 57; *Schenke*, a.a.O., Art. 19 Abs. 4 Rdnr. 671 ff.; BVerfGK 14, 1 (3 f.); BVerfGK 11, 241 (250).

511 *Schmidt-Aßmann*, in: Maunz/Dürig, GG, 69. EL 2013, Art. 19 Abs. 4 GG Rdnr. 263; vgl. auch *VerfGH Berlin*, Beschluss vom 17.04.2007 – 39/07 –, Juris, der aufgrund der geringen Zahl an Verhandlungstagen und der geringen durchschnittlichen Verhandlungsdauer im Haftprüfungs- und Haftbeschwerdeverfahren eine erhebliche Verfah-

Das Gebot gilt ferner im Sinne einer Justizgewährleistungspflicht[513] für den Haushaltsgesetzgeber und die Justizverwaltungen, die bereits präventiv für eine ausreichend personelle und sachliche Ausstattung der Gerichte zu sorgen haben.[514] Insbesondere haben die jeweiligen Landesregierungen etwaige Stellenabbauvorhaben bei den Fachgerichten zurückzustellen, wenn eine erhebliche Anzahl anhängiger Verfahren älter als drei Jahre ist.[515] Ausnahmen hiervon wurden übergangsweise in den neuen Bundesländern wegen der nach dem Beitritt zu verarbeiteten Umstrukturierungen der Justizverwaltungen angenommen, die jedoch aufgrund ihres Abschlusses heute nicht mehr zu berücksichtigen sind.[516]

c) Zulässigkeit und Grenzen weiterer Aufgabenübertragung

Die Verletzung subjektiver Rechte durch die öffentliche Gewalt berechtigt den Einzelnen nach Art. 19 Abs. 4 GG zur gerichtlichen Geltendmachung. Art. 19 Abs. 4 GG beinhaltet jedoch lediglich Mindestanforderungen an den vom Gesetzgeber auszugestaltenden Individualrechtsschutz.[517] Will der Rechtsschutzsuchende darüber hinausgehend die Verletzung objektiven Rechts oder anderer Rechtspositionen als die, die von Art. 19 Abs. 4 GG umfasst sind, geltend ma-

---

rensverzögerung rügt und daher einen Verstoß gegen das Grundrecht auf persönliche Freiheit annimmt.

512 BVerfG, NJW 2000, 797; VerfGBbg, LKV 2001, 409.

513 Vgl. hierzu *Maurer*, in: Badura/Dreier (Hrsg.), Festschrift 50 Jahre Bundesverfassungsgericht, Bd. 2, 2001, S. 467 (491 f.).

514 VerfGBbg, NVwZ 2003, 1379 (1380); BayVerfGH, BayVBl. 1991, 238 (239), der hierin keine Verbürgung subjektiver verfassungsmäßiger Rechte i.S.d. Art. 120 BayVerf erkennt. BVerfGE 36, 264 (275) und BVerfG, NJW 2000, 797, das die Justizgewährungspflicht aus Art. 2 Abs. 1 bzw. Abs. 2 S. 2 GG i.V.m. dem in Art. 20 Abs. 3 GG verankerten Rechtsstaatsprinzips folgert; vgl. *Schmidt-Aßmann/Schenk*, in: Schoch/Schneider/Bier, VwGO, 25. EL 2013, Einleitung Rdnr. 159.

515 Vgl. VerfGBbg, BeckRS 2009, 42517, das das Recht des Rechtsschutzsuchenden auf ein zügiges Gerichtsverfahren nach Art. 52 Abs. 4 S. 1 VerfBbg (entspricht Art. 78 Abs. 3 S. 1 SächsVerf) als verletzt ansieht, wenn bei einem Anteil von ca. 20 % der mindestens seit drei Jahren anhängigen Verfahren dennoch ein Abbau von Richterstellen am VG Potsdam erfolgt.

516 VerfGBbg, LKV 2001, 409.

517 *Wahl/Schütz*, in: Schoch/Schneider/Bier, VwGO, 25. EL 2013, § 42 Abs. 2 Rdnr. 38.

chen, bedarf es hierfür einer entsprechenden gesetzlichen Ermächtigung.[518] Dem steht Art. 19 Abs. 4 GG nicht entgegen. Vielmehr obliegt es dem Gesetzgeber, normative Grundlagen für weitere Rechtsschutzmöglichkeiten zu schaffen.[519]

So können in dem jeweiligen gesetzlich vorgesehenen Umfang gesetzliche Prozessstandschaften, Klagerechte von Behörden, Interessenten- und Verbandsklagen[520] sowie Popularklagen oder andere objektive Kontrollverfahren, wie etwa die Normenkontrolle, zugelassen werden. Sie können und dürfen gleichwohl nur eine Nebenfunktion der Verwaltungsgerichtsbarkeit einnehmen und müssen im Falle hohen Geschäftsanfalls im Gegensatz zu den verfassungsrechtlich vorgesehenen Individualrechtsschutzverfahren eine nachrangige Erledigung hinnehmen.[521]

Soweit den Verwaltungsgerichten andere Rechtsschutzaufträge als die nach Art. 19 Abs. 4 GG zugewiesen werden, ist dies nur in bestimmten Grenzen möglich; sie dürfen den Individualrechtsschutz nicht ersetzen und die Gerichte im Hinblick auf den Arbeitsanfall weder umfänglich noch inhaltlich überfordern.[522]

Grenzen für die Zuweisung anderer Rechtsschutzaufträge können sich auch aus den materiellen Grundrechten ergeben, insbesondere wenn durch die Zuwei-

---

518 Vgl. *Wahl*, in: Schoch/Schneider/Bier, VwGO, 25. EL 2013, Vorbemerkung, § 42 Abs. 2 Rdnr. 16.

519 Vgl. BVerfG, NVwZ 2001, 1148 (1149); *Schmidt-Aßmann*, in: Festschrift für C.-F. Menger, S. 107 (110).

520 Vgl. im Umweltrecht: § 61 BNatSchG i.d.F. des Gesetzes vom 25.03.2002, BGBl. I S. 1193, sowie § 2 Umwelt-Rechtsbehelfsgesetz vom 07.12.2006, BGBl. I S. 2816; im Behindertenrecht: § 13 Behindertengleichstellungsgesetz vom 27.04.2002, BGBl. I S. 1468.

521 Vgl. *Schmidt-Aßmann*, in: Festschrift für C.-F. Menger, S. 107 (110); vgl. auch *Wahl/Schütz*, in: Schoch/Schneider/Bier, VwGO, 25. EL 2013, § 42 Abs. 2 Rdnr. 37 f.; vgl. ferner *Schlacke*, Überindividueller Rechtsschutz, S. 63 ff., mit Bezug auf die naturschutzrechtliche Verbandsklage.

522 *Krebs*, in: v. Münch/Kunig, GG, Bd. 1, 5. Aufl. 2000, Art. 19 Rdnr. 58; *Huber*, in: v. Mangoldt/Klein/Starck, GG, 6. Aufl. 2010, Art. 19 Abs. 4 Rdnr. 346; *Schmidt-Aßmann*, in: Maunz/Dürig, 69. EL 2013, Art. 19 Abs. 4 Rdnr. 9.

sung materielle Rechtspositionen Dritter beeinträchtigt werden. Insoweit obliegt dem Gesetzgeber die Aufgabe einer sorgfältigen Interessenabwägung.[523]

Auch bei der Bestimmung subjektiver öffentlicher Rechte ist Art. 19 Abs. 4 GG zu beachten. Die Rechtsprechung trifft heutzutage auf eine Vielfalt unterschiedlicher Interessen, seien sie individueller, kollektiver, privater oder öffentlicher Art. Den Verwaltungsgerichten wird hierbei die nicht immer einfache Aufgabe zuteil, zunächst Inhalt und Umfang der miteinander konkurrierenden Interessen zu erfassen, um dann im Wege der Auslegung zu ermitteln, inwieweit und für wen wehrfähige subjektive Rechte begründet werden. Obgleich der Subjektivierungsauftrag aus den Grundrechten nicht nur den Gesetzgeber, sondern im Falle seiner Untätigkeit auch die Rechtsprechung trifft,[524] ist letztere nicht generell dazu verpflichtet, aus diesem Interessenkonglomerat unter Beteiligung aller denkbaren Interessenträger ein wehrfähiges Recht erst zu schaffen. Es bleibt vielmehr vorrangig Aufgabe des Gesetzgebers, entsprechende gesetzliche Konkretisierungen vorzunehmen.[525]

Die Entwicklung der Schutznormlehre zeigt, dass Rechtsprechung und Lehre aufgrund der aufkommenden Interessenvielfalt die Begrifflichkeit des subjektiven Rechts bereits erweitert haben.[526] Da das subjektive Recht aber nicht nur Zulässigkeit, sondern auch den Umfang der verwaltungsgerichtlichen Kontrolle determiniert, ist bei der Auslegung subjektiver öffentlicher Rechte Vorsicht geboten, denn hierdurch könnte anderenfalls Tür und Tor für eine verwaltungsgerichtliche Aufgabenerweiterung im Hinblick auf objektive Rechtskontrollen ge-

---

523 Vgl. *Schmidt-Aßmann*, in: Maunz/Dürig, 69. EL 2013, Art. 19 Abs. 4 Rdnr. 271.

524 Wahl, in: Schoch/Schneider/Bier, VwGO, 25. EL 2013, Vorbemerkung, § 42 Abs. 2 Rdnr. 80.

525 *Gurlit*, Die Verwaltung 28 (1995), S. 449 (472 f.); *Schmidt-Aßmann*, in: Festschrift für C.-F. Menger, S. 107 (122), *ders./Schenk*; in: Schoch/Schneider/Bier, VwGO, 25. EL 2013, Einleitung Rdnr. 176 f.

526 *Schmidt-Aßmann*, in: Festschrift für C.-F. Menger, S. 107 (122); *ders./Schenk*, in: Schoch/Schneider/Bier, VwGO, 25. EL 2013, Einleitung Rdnr. 176; vgl. auch *Wahl*, in: Schoch/Schneider/Bier, VwGO, 25. EL 2013, Vorbemerkung, § 42 Abs. 2 VwGO Rdnr. 97 sowie *Wahl/Schütz*, in: Schoch/Schneider/Bier, VwGO, 25. EL 2013, § 42 Abs. 2 Rdnr. 43 ff.

öffnet werden, die die Verwaltungsgerichte leistungsmäßig überfordern und auch die von Verfassung wegen zugedachte Hauptfunktion gefährden könnte.[527]

Eine Ausweitung objektiver Rechtskontrolle ist aber nicht nur über eine inhaltliche Erweiterung des subjektiven Rechts zu befürchten, sondern ferner durch die Zuordnung einzelner Interessen zu öffentlichen Rechtsträgern:

aa) Begünstigung von Hoheitsträgern im Wege der Auslegung

Problematisch ist in diesem Zusammenhang, ob ein Hoheitsträger Begünstigter einer justitiablen subjektiven öffentlichen Rechtsstellung sein kann, wenn die gesetzliche Regelung offen lässt, wem sie zustehen soll.[528]

Zunächst ist zu prüfen, ob sich diese Frage anhand der Definition des subjektiven öffentlichen Rechts beantworten lässt. Maßgeblich ist dabei, ob man seine Anwendung entsprechend der von *Bühler* und *Bachof* begründeten Auffassung auf Individuen beschränkt[529] oder es nach der sog. Rechtsverhältnistheorie seiner personalen Bestandteile entledigt, indem man diese durch den Begriff des Rechtssubjekts ersetzt und ihm eine formal-technische Funktion[530] zuweist und damit auch auf Hoheitsträger erstreckt.

Letztere Annahme hat zwar den Vorteil, die Anwendungsbereiche zu erhöhen, jedoch liefert diese Annahme nach der Gegenauffassung keine hinreichende Beantwortung auf die zuvor gestellte Frage. Weder könne von der Zuweisung subjektiver Rechte zu einem hoheitlichen Organ auf seine verwaltungsgerichtliche Durchsetzbarkeit, noch von der bloßen Existenz einer Klagemöglichkeit auf ein dahinterstehendes subjektives öffentliches Recht geschlossen werden.[531] Auch ließen sich die Probleme des subjektiven öffentlichen Rechts in Bezug auf Bestimmbarkeit und Konturenklarheit hierdurch nicht verringern, sondern statt-

---

527 Vgl. *Krebs*, in: Festschrift für C.-F. Menger, 1985, S. 191 (210); vgl. *Schmidt-Aßmann/Schenk*, in: Schoch/Schneider/Bier, VwGO, 25. EL 2013, Einleitung Rdnr. 177; *Schmidt-Aßmann*, in: Festschrift für C.-F. Menger, 1985, S. 107 (122).

528 Vgl. *Krebs*, in: Festschrift für C.-F. Menger, 1985, S. 191 (207 f.).

529 *Wahl/Schütz*, in: Schoch/Schneider/Bier, VwGO, 25. EL 2013, § 42 Abs. 2 Rdnr. 43 und 103; *Krebs*, a.a.O., S. 191 (208 ff.); *Huber*, Konkurrenzschutz im Verwaltungsrecht, 1991, S. 168.

530 *Bauer*, DVBl. 1986, 208 ff.; vgl. *Henke*, DÖV 1980, 621 (623 ff.); *Jarass*, DVBl. 1976, 732 (737); *Schenke*, Verwaltungsprozessrecht, 12. Aufl. 2009, Rdnr. 387.

531 Vgl. *Huber*, Konkurrenzschutz im Verwaltungsrecht, 1991, S. 168 ff.

dessen nur erhöhen.[532] Zweifel über die Existenz einer einheitlichen Kategorie des subjektiven öffentlichen Rechts[533] würden hierdurch weiter gestärkt.[534] Letztlich wäre durch die Erfassung von Individualrechten und Rechten von Hoheitsträgern unter dem Begriff des subjektiven öffentlichen Rechts gar zu befürchten, dass von einer rein formal erfassten Identität auf eine inhaltliche geschlossen werde.[535]

Diese Auffassung begründet in dogmatisch durchaus nachvollziehbarer Weise, dass zur Beantwortung der Frage nicht auf neue Begrifflichkeiten des subjektiv öffentlichen Rechts zurückgegriffen werden muss. Vielmehr sind die durch den Gesetzgeber erlassenen Rechtsnormen dahin gehend zu überprüfen, welchem Rechtssubjekt sie welche Rechtspositionen zuordnen.[536] Soweit dem Staat über die öffentliche Rechtsordnung Ansprüche eingeräumt werden, kann er diese schließlich als Rechte im Sinne des § 42 Abs. 2 VwGO geltend machen. Einer Ausweitung des subjektiven öffentlichen Rechts auf Rechtspositionen des Staates bedarf es hierfür nicht.[537]

Gegen eine generelle Ausdehnung subjektiver öffentlicher Rechte zugunsten des Staates aus allgemein gehaltenen Normen spricht auch ihre enge Verbindung mit den Grundrechten, die das Fundament der einfachgesetzlichen subjektiven öffentlichen Rechte bilden. Die Grundrechte beinhalten ein an den Gesetzgeber gerichtetes Subjektivierungsgebot, die in ihnen nur dem Grunde nach enthaltenen Rechtspositionen in einfaches Recht umzusetzen und inhaltlich zu konturieren sowie auszuformen. Dem Gesetzgeber steht insofern zwar ein Gestaltungsspielraum zu, dennoch bleibt er hierbei an die Grundrechte gebunden.[538] So wei-

---

532 *Krause*, VVDStRL 45 (1986), 212 (221 f.).

533 Vgl. *Bauer*, Geschichtliche Grundlagen, 1986, S. 174 m.w.N.

534 *Krebs*, in: Festschrift für C.-F. Menger, 1985, S. 191 (209 f.).

535 *Schmid*, Klagebefugnis und subjektive Rechte von Gemeinden, 1991, S. 19; vgl. *Stober*, in: Wolff/Bachof/Stober/Kluth, Verwaltungsrecht I, 12. Aufl. 2007, § 41 Rdnr. 9 f.

536 *Krebs*, in: Festschrift für C.-F. Menger, 1985, S. 191 (209 f.).

537 *Wahl/Schütz*, in: Schoch/Schneider/Bier, VwGO, 25. EL 2013, § 42 Abs. 2 Rdnr. 103; *Krebs*, a.a.O.; *Huber*, Konkurrenzschutz im Verwaltungsrecht, 1991, S. 168; vgl. *Pietzner/Ronellenfitsch*, Assessorexamen, 12. Aufl. 2010, § 14 Rdnr. 3.

538 *Schmitt Glaeser/Horn*, Verwaltungsprozeßrecht, 15. Aufl. 2000, Rdnr. 163 a.E.; *Wahl*, in: Schoch/Schneider/Bier, VwGO, 25. EL 2013, Vorbemerkung, § 42 Abs. 2 Rdnr. 75 ff.

sen die meisten subjektiven öffentlichen Rechte einen Grundrechtsbezug auf.[539] Vor diesem Hintergrund wäre ein Auslegungsergebnis, dass den Staat als Begünstigten einer im Wege des Subjektivierungsgebots erfolgten einfachgesetzlichen Ausformung eines Grundrechts ermittelt, zumindest dann höchst zweifelhaft, wenn er sich nicht auf das dahinterstehende Grundrecht berufen kann. Daher bleibt der Gesetzgeber in der Pflicht, für eine entsprechende Zuordnungsklarheit zu sorgen.

bb) Begünstigung von Hoheitsträgern durch Richterrecht

Hat der Gesetzgeber den an ihn gerichteten Subjektivierungsauftrag nicht erfüllt, fragt sich, ob und inwieweit diese Aufgabe nun einem Verwaltungsrichter zusteht, indem er anstelle des Gesetzgebers subjektivrechtliche Gesetzeslücken durch Richterrecht schließt.[540] Unabhängig davon, ob man eine normexterne Wirkung der Grundrechte annimmt und die subjektiven Rechte bei Fehlen einer einfachgesetzlichen Regelung direkt aus dem Grundrecht entnimmt,[541] oder ob man wegen des Vorrangs des einfachen Rechts und der Rechtssatzabhängigkeit subjektiver Rechte die Ableitung subjektiver Rechte aus den Grundrechten im Wege der richterlichen Rechtsfortbildung als einfachrechtliche Ausgestaltung versteht,[542] kann es sich hier allenfalls um eine Art „Notkompetenz" handeln,[543] die insoweit auch im Hinblick auf das Prinzip der Gewaltenteilung keine gleichwertige Ausgestaltungsbefugnis wie die der Legislative beinhaltet.[544] Die richterliche Rechtsfortbildung stellt gerade keine Haupt- sondern nur eine Nebenfunktion der Verwaltungsgerichtsbarkeit dar. Insbesondere obliegt es ihr

539 *Wahl*, in: Schoch/Schneider/Bier, VwGO, 25. EL 2013, Vorbemerkung, § 42 Abs. 2 Rdnr. 85, der für das Baurecht einen Grundrechtsbezug zu Art. 14 GG und für das Wirtschaftsrecht zu Art. 12 annimmt.

540 *Wahl*, a.a.O., Vorbemerkung, § 42 Abs. 2 Rdnr. 80; vgl. *Ossenbühl*, in: Handbuch des Staatsrechts, Bd. 5, 3. Aufl. 2007, § 100 Rdnr. 35 ff.

541 *Kopp/Schenke*, VwGO, 19. Aufl. 2013, § 42 Rdnr. 121; *Schmidt-Aßmann*, in: Maunz/Dürig, GG, 69. EL 2013, Art 19 Abs. 4 Rdnr. 122, 125; vgl. *Schmitt Glaeser/Horn*, Verwaltungsprozeßrecht, 15. Aufl. 2000, Rdnr. 163 a.E.; *Würtenberger*, Verwaltungsprozessrecht, 2008, Rdnr. 279; *Schmidt-Preuß*, Kollidierende Privatinteressen im Verwaltungsrecht, 1992, S. 566; *Hufen*, Verwaltungsprozessrecht, 9. Aufl. 2013, § 14 Rdnr. 83 ff.

542 So *Wahl*, in: Schoch/Schneider/Bier, VwGO, 25. EL 2013, Vorbemerkung, § 42 Abs. 2 Rdnr. 85; *Preu*, Subjektivrechtliche Grundlagen, 1992, S. 31.

543 *Sendler*, NVwZ 1990, 231 (235); *Preu*, JZ 1991, 265 (270).

544 Offengelassen *Wahl*, in: Schoch/Schneider/Bier, VwGO, 25. EL 2013, Vorbemerkung, § 42 Abs. 2 Rdnr. 91.

nicht, als „Ersatzgesetzgeber" der Legislative zu fungieren, indem sie parlamentarische Unbestimmtheiten oder gar Lücken ausgleicht.[545] Sie vermag allenfalls und nur ausnahmsweise grundrechtliche bzw. grundrechtsähnliche Mindeststandards zu konkretisieren, soweit dies zum Schutze der Grundrechte bzw. zum Schutze der kommunalen Selbstverwaltungsgarantie erforderlich ist.[546]

Darüber hinausgehende Ausbildungen oder -gestaltungen subjektiver Rechte sowie deren Zuweisungen an die öffentliche Hand durch Richterrecht sind zum Schutze der Grundrechte und der Selbstverwaltungsgarantie gerade nicht geboten, soweit die öffentliche Hand sich nicht hierauf berufen kann. Auch könnte diese Vorgehensweise wiederum einen Konflikt mit (Grund-)Rechten anderer Beteiligter verursachen,[547] so dass sie bereits im Hinblick auf die Gesetzesbindung der Verwaltungsgerichtsbarkeit und den Vorbehalt des Gesetzes bedenklich erscheint.[548] Dies ergibt sich auch aus der Systementscheidung für den Individualrechtsschutz nach Art. 19 Abs. 4 GG, der lediglich die hiernach Berechtigten ohne entsprechende gesetzliche Legitimation zur klageweisen Geltendmachung ihrer Rechte ermächtigt. Dagegen bedürfen diejenigen, die nicht vom Schutzbereich des Art. 19 Abs. 4 GG umfasst sind, zur gerichtlichen Geltendmachung ihrer Rechte einer entsprechenden (einfach) gesetzlichen Berechtigung.[549]

Soweit also Verwaltungsgerichte bei Fehlen einer einfachgesetzlichen Subjektivierung ausnahmsweise subjektive Rechte im Rahmen grundrechtlicher Mindeststandards richterrechtlich ausformen dürfen, vermögen sie konsequenterweise subjektive Rechtsstellungen von Hoheitsträgern nicht zu vermitteln, sofern diese nicht grundrechtsfähig sind oder nicht vom Schutzbereich der kommunalen Selbstverwaltungsgarantie umfasst werden.

---

545 *Schmidt-Aßmann*, in: Festschrift für C.-F. Menger, 1985, S. 107 (120 ff.).

546 *Schmidt-Preuß*, Kollidierende Privatinteressen im Verwaltungsrecht, 1992, S. 52; *Preu*, JZ 1991, 265 (270); *Schmid*, Klagebefugnis und subjektive Rechte von Gemeinden, 1991, S. 99 ff.

547 *Gurlit*, Die Verwaltung 28 (1995), S. 449 (468 f.).

548 Vgl. im Hinblick auf Drittschutzkonstellationen *Preu*, Subjektivrechtliche Grundlagen, 1992, S. 30; vgl. ferner *Schmidt-Aßmann*, in: Festschrift für C.-F. Menger, 1985, S. 107 (121 f.).

549 *Wahl*, in: Schoch/Schneider/Bier, VwGO, 25. EL 2013, Vorbemerkung, § 42 Abs. 2 VwGO Rdnr. 16; *Schmidt-Aßmann*, in: Festschrift für C.-F. Menger, 1985, S. 107 (110).

2. Verwaltungsgerichtsbarkeit im System der Gewaltenteilung

Das in Art. 20 Abs. 2 S. 2 und Abs. 3 GG nur in Grundzügen enthaltene Prinzip der Gewaltenteilung regelt die Verteilung staatlicher Funktionen und Aufgaben der gesetzgebenden, der vollziehenden und der rechtsprechenden Gewalt (sog. funktionelle Gewaltenteilung) durch ihre jeweiligen Organe (sog. organisatorische bzw. institutionelle Gewaltenteilung).[550] Gewaltenteilung beinhaltet neben dem Gebot der Trennung auch das der Zuordnung und damit die Verschränkung der einzelnen Gewalten.[551] Das Trennungsgebot ist hier jedoch nicht absolut zu verstehen. Sinn und Zweck der Gewaltenteilung liegen vielmehr in der organisatorisch sachgerechten und rationalen Verteilung politischer Macht und Verantwortung, der Kontrolle der Machtinhaber sowie der Beschränkung der öffentlichen Gewalt.[552]

Die Verwaltungsgerichtsbarkeit zählt in organisatorischer Hinsicht zur rechtsprechenden Gewalt, Art. 92, 95 Abs. 1 GG.[553] Die Besonderheit der Verwaltungsgerichtsbarkeit im Vergleich zur ordentlichen Gerichtsbarkeit besteht in ihrem Verhältnis zur Exekutive, aus der sie ursprünglich hervorgegangen ist, und von der sie sich im Laufe ihrer Entstehungsgeschichte distanziert hat.[554]

Während Legislative und Exekutive miteinander verfassungsrechtlich und politisch verknüpft sind, bestehen an der Eigenständigkeit der (Verwaltungs-)Gerichtsbarkeit gegenüber den anderen Gewalten keine Zweifel.[555] Diese ergibt sich aus der organisatorischen Selbständigkeit der Gerichte, der in Art. 97

---

550 BVerfGE 68, 1 (86); E 98, 218 (251 f.); NVwZ-RR 2001, 311 (313).

551 Vgl. *Papier*, NJW 2002, 2585 (2587) zur Frage, ob das Prinzip der Gewaltenteilung eine Selbstverwaltung der Dritten Gewalt gebietet; *Schmidt-Aßmann/Schenk*, in: Schoch/Schneider/Bier, VwGO, 25. EL 2013, Einleitung Rdnr. 56; *Schmidt-Aßmann*, in: Festschrift für C.-F. Menger, 1985, S. 107 (114).

552 *Jarass*, in: Jarass/Pieroth, GG, 10. Aufl. 2009, Art. 20 Rdnr. 24; BVerfG E 95, 1 (15).

553 Vgl. *Herzog/Grzeszick*, in: Maunz/Dürig, GG, 69. EL 2013, Art. 20 V. Rdnr. 15, 36.

554 Vgl. *Tschentscher*, Demokratische Legitimation der dritten Gewalt, 2006, S. 150; *Schmidt-Aßmann*, in: Festschrift für C.-F. Menger, 1985, S.107 (112); zur geschichtlichen Entwicklung siehe oben Kapitel A.

555 *Maurer*, in: Badura/Dreier (Hrsg.), Festschrift 50 Jahre Bundesverfassungsgericht, Bd. 2, 2001, S. 467 (470); *Schmidt-Aßmann*, a.a.O.; *Lorenz*, Verwaltungsprozessrecht, 2000, § 5 Rdnr. 2.

GG statuierten sachlichen und persönlichen Unabhängigkeit der Richter und dem Rechtsprechungsmonopol gemäß Art. 92 GG, nach der die Rechtsprechung ausschließlich den Richtern anvertraut ist, sowie der grundsätzlichen Inkompatibilität von Richter- und Verwaltungsamt.[556] Gleichwohl ist die rechtsprechende Gewalt an die von der Legislative erlassenen – verfassungskonformen – Gesetze gebunden.[557]

a) Verhältnis Judikative zur Exekutive

Die Verwaltungsgerichtsbarkeit steht aufgrund ihres gerichtlichen Kontrollauftrags und ihrer Einwirkungsmöglichkeiten auf behördliche Entscheidungen in einer besonderen Beziehung zur Exekutive, die mitunter Zweifel an einem eigenständigen Bereich der Verwaltung gegenüber der Rechtsprechung begründen und Befürchtungen über eine Verschiebung der Gewaltenbalance aufkommen lassen.[558]

Ob und inwieweit der Exekutive ein eigenständiger Bereich zur Verfügung steht, ist umstritten. Teilweise wird die Existenz eines Eigenbereichs mit Bezugnahme auf die Terminologie des Verwaltungsvorbehalts[559] oder auf die Kernbereichstheorie[560] begründet. So soll der Exekutive im Rahmen des Verwaltungsvorbehalts ein gewisses Maß an Eigenständigkeit vor einem gerichtlichen Zugriff in die für sie zentralen Tätigkeitsbereichen verbleiben. Gemeint ist hiermit nicht die einzelne Entscheidung, sondern die Aktivität und Bewegungsfreiheit der Verwaltung bei der Entwicklung von Planungen und Konzepten sowie der Art und Weise der Aufgabenerfüllung.[561] Verwaltungsvorbehalte werden zudem dort angenommen, wo der Gesetzgeber sie der Exekutive, z.B. aus Gründen der

---

556 Vgl. *Lorenz*, Verwaltungsprozessrecht, 2000, § 5 Rdnr. 3; *Jarass*, in: Jarass/Pieroth, GG, 10. Aufl. 2009, Art. 20 Rdnr. 27.

557 *Jarass*, a.a.O., Art. 20 Rdnr. 25; *Maurer*, in: Badura/Dreier (Hrsg.), Festschrift 50 Jahre Bundesverfassungsgericht, Bd. 2, 2001, S. 467 (470).

558 *Kissel*, NJW 1982, 1777; Vgl. *Lorenz*, Verwaltungsprozessrecht, 2000, § 5 Rdnr. 5, vgl. auch Darstellungen bei *Schmidt-Aßmann*, in: Festschrift für C.-F. Menger, 1985, S.107 (112);

559 Vgl. *Schmidt-Aßmann*, a.a.O., S. 107 (113).

560 BVerfGE 30, 1 (27 f.); E 34, 52 (59); E 95, 1 (15); kritisch hierzu: vgl. *Baer*, Der Staat 40 (2001), 525 (526 ff.); vgl. *Horn*, AöR 127 (2002), S. 427 (438 ff.).

561 *Schmidt-Aßmann*, in: Festschrift für C.-F. Menger, 1985, S.107 (113).

Sachnähe und Flexibilität, ausdrücklich gewährt, wie etwa bei der Einräumung von Beurteilungs-, Ermessens- und Gestaltungsspielräumen.[562]

b) Verhältnis Judikative zur Legislative

Aber auch die Trennung von (Verwaltungs-)Rechtsprechung zur Legislative ist nicht hinreichend bestimmbar. Insbesondere die Ausübung richterlicher Rechtsfortbildung ist wegen der strikten Gesetzesgebundenheit des Richters vielfach umstritten,[563] obgleich sie als traditionelle Aufgabe der Rechtsprechung überwiegend anerkannt wird[564] und in einzelnen Gesetzen ausdrücklich vorgesehen ist, wie beispielsweise in § 132 Abs. 4 GVG und § 11 Abs. 4 VwGO, § 41 Abs. 4 SGG und § 11 Abs. 4 FGO.

Das Hauptproblem liegt hierbei in der nicht abstrakt darstellbaren Grenze der Rechtsfortbildung. Zur Bestimmung ihrer Zulässigkeit bedient man sich der Methodenlehre. Voraussetzung ist zunächst eine planwidrige Regelungslücke, zu deren Ausfüllung eine Orientierung an der Rechtsgrundlage selbst, ihrem Sinn und Zweck, ihrer systematischen Stellung im Gesetz und den verfassungsrechtlichen Vorgaben notwendig ist.[565] Während eine Rechtsfortbildung praeter legem nach der Rechtsprechung des Bundesverfassungsgerichts nicht von vornherein ausgeschlossen ist, aber einer sorgfältigen Begründung bedarf,[566] sind Abweichungen vom positiven Gesetzesrecht (contra legem) dagegen grundsätz-

---

562 *Degenhart*, NJW 1984, 2184 (2189); kritisch zum Argument der institutionellen Effizienz: *Baer*, Der Staat 40 (2001), 525 (546 f.).

563 Vgl. *Tschentscher*, Demokratische Legitimation der dritten Gewalt, 2006, S. 190 ff.; *Kissel*, NJW 1982, 1777 (1780 f.); *Hillgruber*, in: Maunz/Dürig, GG, 69. EL 2013, Art. 97 Rdnr. 63.

564 *Schmidt-Aßmann*, in: Festschrift für C.-F. Menger, 1985, S.107 (118); BVerfGE 65, 182 (191); a.A. *Hillgruber*, in: Maunz/Dürig, GG, 69. EL 2013, Art. 97 Rdnr. 66.

565 Vgl. *Kissel*, NJW 1982, 1777 (1780 f.), der zu einer „möglichst engen Gesetzesbindung sowie zur selbstkritischen Zurückhaltung bei der richterlichen Rechtsfortbildung" auffordert; *Herzog/Grzeszick*, in: Maunz/Dürig, GG, 69. EL 2013, Art. 20 VI. Rdnr. 88 ff.

566 Vgl. BVerfGE 88, 145 (166 f.); vgl. hierzu auch *Herzog/Grzeszick*, a.a.O., die Rechtsfortbildung „nur auf der Grundlage und in den Grenzen eines Gesetzes" für zulässig erachten.

lich unzulässig.[567] Eine Ausnahme hiervon kommt nur in Betracht, wenn eine entsprechende spezielle Ermächtigung des Richters durch den Gesetzgeber vorliegt.[568]

Insbesondere die – uneinheitliche – Rechtsprechung des Bundesverfassungsgerichts konnte bislang für keine notwendige Klarheit sorgen,[569] was nicht zuletzt daran liegt, dass es den Richtern die Wahl der anzuwendenden Auslegungsmethode freistellt.[570] Eine Kehrtwende von seiner bisherigen Rechtsprechung und damit eine Verfestigung der Grenzziehung könnte sich aus dem Minderheitsvotum zu seiner Entscheidung vom 15.01.2009 – 2 BvR 2044/07 –[571] ergeben, welches auch in der Literatur grundsätzliche Zustimmung gefunden hat.[572]

Die abweichenden Senatsmitglieder haben dargelegt, dass bei der Ermittlung der Grenzen richterlicher Rechtsfortbildung zunächst durch Auslegung der Norm anhand der anerkannten Methoden zu prüfen sei, ob der Gesetzgeber eine eindeutige Entscheidung getroffen hat, von der der Richter nicht eigenmächtig abweichen darf. Hierbei habe der Richter zunächst – sofern möglich – über den Wortlaut der Norm und unter Berücksichtigung des Sinn und Zwecks der Norm den subjektiven oder objektiven Willen des Gesetzgebers zu ermitteln.

---

567 BVerfGE 87, 273 (279 f.); *Herzog/Grzeszick*, in: Maunz/Dürig, GG, 69. EL 2013, Art. 20 VI. Rdnr. 148; vgl. *Tschentscher*, Demokratische Legitimation der dritten Gewalt, 2006, S. 194.

568 Vgl. *Hillgruber*, in: Maunz/Dürig, GG, 69. EL 2013, Art. 97 Rdnr. 63.

569 Vgl. *Herzog/Grzeszick*, in: Maunz/Dürig, GG, 69. EL 2013, Art. 20 VI. Rdnr. 88, mit Verweis auf die unterschiedlichen Auffassungen des Bundesverfassungsgerichts zur Entbehrlichkeit parlamentarischer Regelungen in seinen Entscheidungen BVerfGE 84, 212 (226 f.), E 88, 103 (116) und E 108, 150 (159 f.); vgl. ferner BVerfGK 16, 449 (456 f.), das auch in dieser Entscheidung keinen Anlass sieht, die Grenzen richterlicher Rechtsauslegung und -fortbildung bei Einschränkungen der freien Berufsausübung allgemein und abschließend festzulegen.

570 Vgl. BVerfGK 16, 449 (457 ff.).

571 BVerfGE 122, 248 ff., Sondervotum der Senatsmitglieder Voßkuhle/Osterloh/Di Fabio (S. 282 ff.) und des Senatsmitglieds Gerhardt (S. 302 f.).

572 *Rüthers*, NJW 2009, 1461 f.; *Möllers*, JZ 2009, 668 (671 ff.); vgl. auch *Kudlich/Christensen*, JZ 2009, 943 (947).

Während das Bundesverfassungsgericht bislang dem Richter eine freie Auswahl der anzuwendenden Auslegungsmethoden, mit der er auch das Auslegungsergebnis wählen kann, zubilligt, wird in dem Sondervotum die vorrangige Bedeutung der Ermittlung des Normzwecks anhand der Gesetzesmaterialien und der Normhistorie für eine sachgerechte Auslegung herausgestellt.[573]

Aufgabe der richterlichen Rechtsfortbildung sei es, die ursprünglichen Zielsetzungen des Gesetzgebers bezogen auf den konkreten Fall auch unter gewandelten Bedingungen möglichst zuverlässig und fortdauernd zur Durchsetzung zu verhelfen. Hierbei seien klare gesetzgeberische Regelungskonzepte stets zu respektieren. Der Richter dürfe sich selbst dann nicht hierüber hinwegsetzen, wenn er die hiernach zu treffende Entscheidung als unzweckmäßig erachte.

Die Grenzen der Rechtsfortbildung seien bei begünstigenden Entscheidungen weiter zu ziehen und müssten dagegen bei belastenden Entscheidungen deutlich enger gesetzt werden.[574]

Obgleich das Sondervotum aufgrund der Fallbezogenheit keine generalisierenden Maßstäbe für den Umfang richterlicher Rechtsfortbildung setzt, vermittelt es zumindest nachvollziehbare und ausbaufähige Ansätze für die Anwendung und Gewichtung der hierfür zugrunde zulegenden methodischen Auslegungsregeln.[575]

In der Literatur werden über Zulässigkeit und Umfang der richterlichen Rechtsbildung unterschiedliche Auffassungen vertreten. Einerseits wird die Zulässigkeit richterlicher Rechtsfortbildung (praeter legem) nur in Bezug auf begünstigende hoheitliche Entscheidungen angenommen.[576] Nach anderer Auffassung seien die Zulässigkeitsgrenzen weiter zu fassen. Der Gesetzesvorbehalt sei nicht als Verbot von Rechtsfortbildung und Analogie zu verstehen. Richterliche Rechtsfortbildung sei dort notwendig, wo der verfassungsmäßige Gesetzesauf-

---

573 BVerfG, NJW 2009, 1469 (1477 ff.); *Rüthers*, NJW 2009, 1461 f.
574 BVerfG, NJW 2009 1469 (1477).
575 *Möllers*, JZ 2009, 668 (672 f.).
576 *Hillgruber*, JZ 1996, 118 (124).

trag unerfüllt bliebe und sei darüber hinaus auch zur Regelung eines atypischen und nicht grundrechts- oder finanzintensiven Sachverhalts möglich.[577]

Nach einer weiteren Auffassung habe die Judikative bei der Rechtsfortbildung die allgemeinen gesetzlichen Grenzen und verfassungsrechtlichen Vorbehalte einzuhalten.[578]

Insoweit ist eine eher restriktive an dem vom Gesetzgeber bestimmten Zweck orientierte Anwendung richterlicher Rechtsbildung geboten. Auch wenn der Gesetzgeber bei Erlass von Gesetzen nicht jeden möglichen zukünftigen Streitfall vorausschauend mit berücksichtigen kann,[579] ist es gleichwohl nicht Aufgabe der (Verwaltungs-)Rechtsprechung, jedwede Konkretisierung vorzunehmen, die die anderen Gewalten – bewusst oder unbewusst – versäumt haben. Zu einer Lückenschließung durch Rechtsprechung zwingt auch nicht die in diesem Zusammenhang vielfach angeführte Befürchtung, das Gericht könne anderenfalls seinem Entscheidungszwang nicht nachkommen und würde damit gegen die Justizgewährungspflicht verstoßen.[580] Eine Entscheidung wäre gleichwohl nach der vorhandenen Gesetzeslage möglich und auch erforderlich, mag sie auch anders ausfallen als die Entscheidung, die das Gericht für geboten erachtet.[581]

Insbesondere obliegt es nicht der Verwaltungsgerichtsbarkeit parlamentarische Unbestimmtheiten auszugleichen. Es ist primär Aufgabe der Legislative, etwaige vorhandene Lücken – ggf. nachträglich – normativ zu schließen, bzw. Aufgabe der Exekutive, diese im Wege des Verordnungs- und Satzungsrecht zu ergänzen.[582]

---

577 *Reimer*, in: Hoffmann-Riem/Schmidt-Aßmann/Voßkuhle (Hrsg.), Band 1, 2. Aufl. 2012, § 9 Rdnr. 28 f.; *Pieroth/Aubel*, JZ 2003, 504 (509); *Classen*, JZ 2003, 693 (696).

578 Vgl. *Herzog/Grzeszick*, in: Maunz/Dürig, GG, 69. EL 2013, Art. 20 VI. Rdnr.89 f.; so wohl auch *Scherzberg*, in: Erichsen/Ehlers, Allgemeines Verwaltungsrecht, 14. Aufl. 2010, § 12 Rdnr. 15.

579 Vgl. Darstellungen bei *Kissel*, NJW 1982, 1777 (1780).

580 Vgl. *Tschentscher*, Demokratische Legitimation der dritten Gewalt, 2006, S. 194.

581 *Hillgruber*, in: Maunz/Dürig, GG, 69. EL 2013, Art. 97 Rdnr. 69.

582 *Schmidt-Aßmann*, in: Festschrift für C.-F. Menger, 1985, S. 107 (122), der diese Problematik im Zusammenhang mit der Zulässigkeit eines Funktionswandels der Verwaltungsgerichtsbarkeit erörtert.

Obgleich der Grundsatz der Gewaltenteilung und der des Vorrangs des Gesetzes den Verwaltungsgerichten keinen bloßen Gesetzesvollzug auferlegen, sondern eine von allen drei Gewalten gemeinsam zu erbringende Aufgabenerfüllung vorsehen,[583] so darf richterliche Rechtsfortbildung nur zur einer „anteiligen" Aufgabenzuordnung nicht zu einer selbständigen und neuen Funktion der Verwaltungsgerichtsbarkeit führen.[584]

Die Problematik der Rechtsfortbildung betrifft dabei auch das subjektive öffentliche Recht. Bei seiner Auslegung ist nicht nur Art. 19 Abs. 4 GG, sondern auch der Grundsatz der Gewaltenteilung zu beachten. Eine Zuweisung „subjektiver Rechte" zugunsten der öffentlichen Hand kann sich vorrangig nur aus der Norm selbst bzw. dem ihr zugrunde liegenden Willen des Gesetzgebers ergeben. Einer davon losgelösten Ausweitung der Begrifflichkeit des subjektiven öffentlichen Rechts auf Hoheitsträger bedarf es hierfür nicht. [585]

In Anbetracht der Tatsache, dass die wichtigsten allgemeinen Grundsätze des Verwaltungsrechts bereits überwiegend normiert sind, werden neue Anwendungsbereiche für mögliche öffentlich-rechtliche Rechtsfortbildung insbesondere in Bereichen des besonderen Verwaltungsrechts und in den Neuerungen und Auswirkungen des europäischen Verwaltungsrechts auf das nationale Verwaltungsrecht gesehen.[586]

3. Verfahrensgrundsätze für die Verwaltungsrechtsprechung

Art. 19 Abs. 4 GG wird durch jene Elemente des Rechtsstaatsprinzips ergänzt, die über eine verfassungsrechtliche Verankerung bestimmter für die dritte Ge-

---

583 Vgl. *Hufen*, Verwaltungsprozessrecht, 9. Aufl. 2013, § 1 Rdnr. 5, 7; *Schmidt-Aßmann/Schenk*, in: Schoch/Schneider/Bier, VwGO, 25. EL 2013, Einleitung Rdnr. 175.

584 *Schmidt-Aßmann*, in: Festschrift für C.-F. Menger, 1985, S. 107 (121 f.).

585 Vgl. *Krebs*, in: Festschrift für C.-F. Menger, 1985, S. 191 (208 ff.); *Wahl/Schütz*, in: Schoch/Schneider/Bier, VwGO, 25. EL 2013, § 42 Rdnr. 103; siehe oben C.I.1.c)aa) und bb), S. 89 ff.

586 *Schmidt-Aßmann/Schenk*, in: Schoch/Schneider/Bier, VwGO, 25. EL 2013, Einleitung Rdnr. 175.

walt insgesamt geltender Verfahrensstandards ein Mindestmaß an Qualität zur Erreichung des Rechtsschutzziels gewährleisten. Hierbei handelt es sich insbesondere um das Gebot rechtlichen Gehörs (Art. 103 Abs. 1 GG), das Recht auf den gesetzlichen Richter (Art. 101 Abs. 1 S. 2 GG) sowie die Grundsätze der Waffengleichheit und des Willkürverbots (Art. 3 Abs. 1 GG) sowie des fairen Verfahrens (Art. 2 Abs. 1 GG), die in den Prozessordnungen eine Konkretisierung erfahren haben.

Sie gelten nicht nur als objektive Rechtsstaatsprinzipien, sondern auch als formelle grundrechtsgleiche Rechte, die im Wege der Verfassungsbeschwerde geltend gemacht werden können.[587]

Ferner begründet Art. 92 GG für die Rechtsprechung ein Richtermonopol und Art. 97 GG eine Unabhängigkeitsgarantie für Gerichte und Richter, die insbesondere für die Verwaltungsgerichtsbarkeit in Abgrenzung zur Exekutive von großer Bedeutung sind.

Nachfolgend sollen nur überblicksartig einzelne Verfahrensgrundsätze – soweit für diese Arbeit von Belang – dargestellt werden:

Art. 101 Abs. 1 S. 2 GG beinhaltet das Gebot, dass niemandem sein gesetzlicher Richter entzogen werden darf, d.h. dass jeder Prozessbeteiligte einen Anspruch auf Entscheidung seiner Rechtsangelegenheit durch einen bereits abstrakt-generell festgelegten Richter hat.[588] Darüber hinaus gewährt er nach herrschender Meinung auch einen Anspruch auf einen Richter, der den verfassungsmäßigen Anforderungen nach Art. 92 und 97 GG genügt, d.h., der unabhängig, neutral und objektiv ist.[589]

Das in Art. 103 Abs. 1 GG geregelte Recht auf Gehör beinhaltet mehrere Funktionen. Es vermittelt den Prozessbeteiligten ein Recht auf Information, ein Recht auf Äußerung in rechtlicher und tatsächlicher Hinsicht sowie ein Recht

---

587 *Maurer*, in: Badura/Dreier (Hrsg.), Festschrift 50 Jahre Bundesverfassungsgericht, Bd. 2, 2001, S. 467 (493 f.); *Schmidt-Aßmann*, in: Festschrift für C.-F. Menger, 1985, S. 107 (117).

588 *Jarass*, in: Jarass/Pieroth, GG, 10. Aufl. 2009, Art. 101 Rdnr. 5a ff.; BVerfGE 82, 159 (194); BVerfGE 95, 322 (329).

589 BVerfGE 82, 286 (298); *Degenhart*, in: Sachs, 6. Aufl. 2011, Art. 101 GG Rdnr. 9.

auf Berücksichtigung ihres Vorbringens. Es ist nicht nur zwingender Bestandteil der Rechtsstaatsgarantie sondern auch Ausfluss der Menschenwürde, nach der der einzelne Bürger nicht als Objekt sondern als selbstbestimmendes Individuum zu behandeln ist.[590]

Beiden grundrechtsgleichen Verfahrensgrundsätzen ist gemein, dass nicht nur natürliche und juristische Personen des Privatrechts, sondern auch juristische Personen des öffentlichen Rechts sich auf sie berufen können, wenn sie parteifähig oder von dem Verfahren unmittelbar betroffen sind.[591]

Fraglich ist, ob dies entsprechend auch für die durch Art. 3 Abs. 1 GG i.V.m. dem Rechtsstaatsprinzip gewährleistete Waffengleichheit und das Fairnessgebot nach Art. 2 Abs. 1 GG i.V.m. dem Rechtsstaatsgebot gilt.[592]

Das Gebot der Waffengleichheit, dem im Drittschutz große Bedeutung beigemessen wird,[593] fordert eine verfahrensrechtliche Gleichberechtigung der Beteiligten, in dem sie gleichermaßen Anträge stellen, Prozesshandlungen vornehmen sowie in rechtlicher und tatsächlicher Hinsicht vortragen können. Ferner erfordert das Gebot eine gleichwertige Rechtsstellung der Parteien, so dass der Zugang zum Gericht durch Ungleichheiten nicht verhindert wird. Ein entsprechender Ausgleich ist z.B. durch Prozesskostenhilferegelungen geschaffen worden.[594]

Das Bundesverfassungsgericht geht in seiner Rechtsprechung davon aus, dass juristische Personen des öffentlichen Rechts grundsätzlich nicht grundrechtsfähig sind und sich daher auch nicht im Wege der Verfassungsbeschwerde auf den Gleichheitssatz berufen können. Gleichwohl könnten der hierin enthaltene Gleichheitssatz oder das Willkürverbot als allgemeine Rechtsgrundsätze für

590 Vgl. *Maurer*, in: Badura/Dreier (Hrsg.), Festschrift 50 Jahre Bundesverfassungsgericht, Bd. 2, 2001, S. 467 (496 f.).

591 BVerfGE 21, 362 (373); E 61, 82 (104); vgl. zu Art. 101 GG: *Jarass*, in Jarass/Pieroth, GG, 10. Aufl. 2009, Art. 101 Rdnr. 5; zu Art. 103 Abs. 1 S. 2 GG vgl. *Schmidt-Aßmann/Schenk*, in: Schoch/Schneider/Bier, VwGO, 25. EL 2013, Einleitung Rdnr. 45.

592 Vgl. zum Fairnessgebot die Darstellungen bei *Dörr*, Faires Verfahren, S. 169 ff.

593 *Schmidt-Aßmann/Schenk*, in: Schoch/Schneider/Bier, VwGO, 25. EL 2013, Einleitung Rdnr. 48.

594 *Maurer*, in: Badura/Dreier (Hrsg.), Festschrift 50 Jahre Bundesverfassungsgericht, Bd. 2, 2001, S. 467 (499).

die Beziehungen innerhalb des hoheitlichen Staatsaufbaues gelten. Sie könnten jedoch nur im Wege objektiver Kontrollverfahren bzw. im richterlichen Vorlageverfahren einer verfassungsgerichtlichen Prüfung unterzogen werden.[595]

Dem Gebot fairen Verfahrens kommt im Verwaltungsprozess nur ein eingeschränkter Anwendungsbereich zu. Es gewährleistet lediglich die Einhaltung prozessualer Mindestanforderungen, enthält aber keine spezifischen Verbote oder Gebote und bedarf daher der Konkretisierung durch den Gesetzgeber.[596] Es hat insoweit nur eine Auffangfunktion und kommt dann zum Tragen, wenn keine anderen spezielleren Regelungen, wie etwa Art. 103 Abs. 1 GG oder Art. 3 Abs. 1 GG, eingreifen.[597]

Während sich das Bundesverfassungsgericht zu der Frage der Geltendmachung dieses Grundsatzes durch juristische Personen des öffentlichen Rechts noch nicht konkret geäußert hatte,[598] wird dies in der Literatur vereinzelt befürwortet.[599]

Unabhängig davon, ob juristische Personen des öffentlichen Rechts sich auch auf die Verfahrensgrundsätze der Waffengleichheit und der Verfahrensfairness berufen können, vermitteln ihnen weder diese noch die Grundsätze auf rechtliches Gehör und den gesetzlichen Richter eine außerhalb ihres formellen Schutzbereichs liegende Berechtigung zur Beschreitung des Rechtswegs, wie ihn nur Art. 19 Abs. 4 GG gewährleisten kann. Die Verfahrensgrundsätze beziehen sich ausschließlich auf die Gestaltung des gerichtlichen Verfahrens durch das Gericht, nicht auf den Zugang zum Gericht.[600] Eine Verpflichtung zur materiellrechtlichen Gleichstellung etwa mit natürlichen Personen oder Personenverbänden kann aus ihnen nicht entnommen werden.

---

595 BVerfGE 21, 362 (372 f.); E 76, 130 (139); offen E 61, 82 (101 f.); E 83, 363 (393); ohne Differenzierung hierzu *Schmidt-Aßmann*, in: Badura/Dreier (Hrsg.), Festschrift 50 Jahre BVerfG, Bd. 2, 2001, S. 803 (806).

596 *Maurer*, in: Badura/Dreier (Hrsg.), Festschrift 50 Jahre Bundesverfassungsgericht, Bd. 2, 2001, S. 467 (500); *Schmidt-Aßmann/Schenk*, in: Schoch/Schneider/Bier, VwGO, 25. EL 2013, Einleitung Rdnr. 47.

597 Vgl. *Stern*, Staatsrecht, Bd. III/1, 1988, S. 1472.

598 Vgl. BVerfGE 61, 82 (101 f., 104).

599 So *Dörr*, Faires Verfahren, S. 175; *Schmidt-Aßmann/Schenk*, in: Schoch/Schneider/Bier, VwGO, 25. EL 2013, Einleitung Rdnr. 47.

600 *Huber*, in: v. Mangoldt/Klein/Starck, GG, 6. Aufl. 2010, Art. 19 Abs. 4 Rdnr. 360.

II. Verwaltungsprozessrechtliche Grundlagen

Art. 19 Abs. 4 GG enthält eine „systemprägende Leitvorstellung“ für die einfachgesetzliche Ausgestaltung des Verwaltungsprozessrechts,[601] denn Rechtsschutz gegen die öffentliche Gewalt ist seit Einführung der Generalklausel (§ 40 Abs. 1 VwGO) in erster Linie Verwaltungsrechtsschutz.[602]

Die Verwaltungsgerichtsordnung beinhaltet mit ihrer auf den Schutz subjektiver öffentlicher Rechte gerichteten Hauptfunktion eine Konkretisierung der verfassungsrechtlichen Grundsätze. Das subjektive öffentliche Recht bildet hierbei das Zentrum. Es bestimmt gemäß § 42 Abs. 2 HS. 2 VwGO über den Zugang zur Verwaltungsgerichtsbarkeit und über den Umfang der Kontrolle rechtswidrigen Handelns, § 113 Abs. 1 S. 1 und Abs. 5 S. 1 VwGO.[603]

Obgleich Art. 19 Abs. 4 GG der Verwaltungsgerichtsbarkeit über den Individualrechtsschutz wesentliche Hauptfunktionsweisen vermittelt, sind sein Schutzbereich und der Aufgabenbereich der Verwaltungsgerichtsbarkeit nicht identisch. Art. 19 Abs. 4 GG beinhaltet lediglich Mindestanforderungen an die Ausgestaltung des Individualrechtsschutzes, ohne darüber hinausgehende Rechtsschutzgestaltungen des Gesetzgebers zu verbieten.

Insoweit hat der Gesetzgeber bei Erlass der Verwaltungsgerichtsordnung von seinem Gestaltungsspielraum Gebrauch gemacht und neben dem Individualrechtsschutz andere Rechtsschutzmöglichkeiten geschaffen, die wie etwa die Normenkontrolle gemäß § 47 VwGO auf eine Überprüfung objektiver Rechtsverletzungen gerichtet sind oder z.B. im Rahmen des § 42 Abs. 2 HS. 1 VwGO auf eine Geltendmachung subjektiver Rechte verzichten.[604]

Hierzu zählt auch die Einführung von Klagerechten der öffentlichen Hand. Ohne selbst Schutzberechtigte nach Art. 19 Abs. 4 GG zu sein, werden ihr unter bestimmten Voraussetzungen Rechtsschutzmöglichkeiten für kompetenzrechtli-

---

601 *Schmidt-Aßmann/Schenk*, in: Schoch/Schneider/Bier, VwGO, 25. EL 2013, Einleitung Rdnr. 21.

602 *Lorenz*, in: Festschrift für C.-F. Menger, 1985, S. 143 (145 f.).

603 *Wahl/Schütz*, in: Schoch/Schneider/Bier, VwGO, 25. EL 2013, § 42 Abs. 2 Rdnr. 16 ff.; *Schmidt-Aßmann*, in: Festschrift für C.-F. Menger, 1985, S. 107 (109).

604 *Schmidt-Aßmann*, a.a.O., S. 107 (108).

che oder organschaftliche Streitigkeiten vor den Verwaltungsgerichten gewährt.[605] Diese Rechte werden heute als „subjektive Rechte im weiteren Sinne“ [606], als „subjektive Rechte“[607] oder in Abgrenzung zu den subjektiven öffentlichen Rechten des Bürgers aufgrund ihres apersonalen Charakters nur als „Rechte im Sinne des § 42 Abs. 2 VwGO“[608] bezeichnet.

Während der fünfziger und Anfang der sechziger Jahre, in denen die Verwaltungsgerichtsordnung entwickelt und erlassen wurde, ist die Einbeziehung klagbarer Rechte von Trägern öffentlicher Gewalt bzw. Behörden aus unterschiedlichen Gesichtspunkten heraus noch weitaus problematischer betrachtet worden.[609] So sah die damals herrschende Auffassung in der Rechtslehre Innenrechtsstreitigkeiten zwischen Behörden desselben Rechtsträgers, sog. Insichprozesse, als durchweg unzulässig an.[610]

---

605 Vgl. *Schmidt-Aßmann/Schenk*, in: Schoch/Schneider/Bier, VwGO, 25. EL 2013, Einleitung Rdnr. 5.

606 *Schmidt-Aßmann*, in: Maunz/Dürig, GG, 69. EL 2013, Art. 19 Abs. 4 Rdnr. 148; *Schmitt Glaeser/Horn*, Verwaltungsprozeßrecht, 15. Aufl. 2000, Rdnr. 169 a.

607 *Maurer*, Allgemeines Verwaltungsrecht, 18. Aufl. 2011, § 8 Rdnr. 2; *Schenke*, Verwaltungsprozessrecht, 12. Aufl. 2009, Rdnr. 387; so auch z.T. die Rechtsprechung, vgl. BVerwG, ZOV 1997, 121; *OVG Bautzen*, Urteil vom 18.09.1997 – 1 S 354/96 –, Juris; vgl. ferner *Ehlers*, Der gerichtliche Rechtsschutz der Gemeinde, 1986, S. 36 f., der die Bezeichnung subjektiver Rechte nur auf Außenrechtsfälle begrenzt.

608 *Wahl/Schütz*, in: Schoch/Schneider/Bier, VwGO, 25. EL 2013, § 42 Abs. 2 Rdnr. 93; *Pietzner/Ronellenfitsch*, Assessorexamen, 12. Aufl. 2010, § 14 Rdnr. 3; vgl. auch *Krebs*, in: Festschrift für C.-F. Menger, 1985, S. 207 ff.

609 Vgl. *Klinger*, VwGO, § 61 C 3 c. m.w.N. zum Insichprozess; vgl. *Forsthoff*, Lehrbuch des Verwaltungsrechts, Bd. 1, 8. Aufl. 1961, S. 396, nur ausnahmsweise sei ein Rechtsstreit zwischen rechtsfähigen Behörden möglich, nicht dagegen ein Innenrechtsstreit zwischen Behörden über Kompetenzen. Zum damaligen Rechtsverständnis ferner *ders.*, a.a.O., S. 127 ff.

610 *Klinger*, VwGO, § 61 C 3 c.; a.A. *Haas*, DÖV 1952, 135 ff. und 170 ff.; vgl. Darstellung bei *Becker-Birck*, Der Insichprozess in der Verwaltungsgerichtsbarkeit, 1966, S. 24.

Auch die überwiegende Rechtsprechung hielt Insichprozesse ohne entsprechende gesetzliche Regelung für unzulässig, da zwischen streitenden Behörden desselben Rechtsträgers kein Rechtsverhältnis bestehe.[611]

Diese Auffassung bekräftigte ferner der Regierungsentwurf zur Verwaltungsgerichtsordnung. Nach der Erläuterung zu § 61 fehle einem Rechtsstreit zwischen Behörden desselben Rechtsträgers das Rechtsschutzbedürfnis, so dass es keiner Verleihung der Parteifähigkeit an Behörden bedürfe. Etwaige Streitigkeiten zwischen diesen sollten vielmehr auf dem innerdienstlichen Wege oder über die Regierung geklärt werden.[612] Letztlich hat sich der Gesetzgeber mit Erlass der Verwaltungsgerichtsordnung für eine den Ländern vorbehaltene Regelung der Beteiligungsfähigkeit von Behörden in § 61 Nr. 3 VwGO entschieden.[613] Aber auch diese Regelung konnte den Streit um die Zulässigkeit von Innenrechtsstreitigkeiten ohne entsprechende gesetzliche Regelung zunächst nicht beilegen.[614] Mittlerweile wird deren Zulässigkeit unter bestimmten Voraussetzungen als „unbestritten" angesehen.[615]

Dies gilt insbesondere für Streitigkeiten der mit eigenen Rechten ausgestatteten Verwaltungsträger untereinander und die sog. Kommunalverfassungs- und Organstreitigkeiten. Insichprozesse zwischen Behörden desselben Rechtsträgers sind nur ausnahmsweise nach Maßgabe der zugewiesenen Kompetenzen zulässig.[616]

Weitere über den Individualrechtsschutz hinausgehende Verfahren bilden die Fälle der gemäß § 42 Abs. 2 HS. 1 VwGO gesondert zuerkannten Klagebefugnisse, in denen eine individuelle Klagebefugnis nicht erforderlich ist, wie die Klagemöglichkeiten besonderer öffentlicher Stellen gegen Entscheidungen anderer Verwaltungsbehörden kraft Gesetzes, z.B. nach § 8 Abs. 4 HWO oder § 35

---

611 OVG Hamburg, DVBl. 1951, 479 f.; LVG Düsseldorf, DVBl. 1951, 480 (481 f.); OVG Lüneburg, OVGE 5, 418 (420); OVG Saarlouis, DÖV 1958, 508 (509 f.); a.A. OVG Münster, DÖV 1953, 570 (571); VGH München, NJW 1963, 218 f.

612 Regierungsentwurf der VwGO, BTDrucks 1/4278, S. 39 zu § 64 und S. 36 zu § 46 re. Spalte; BTDrucks 2/462, S. 37 f. zu § 64.

613 Vgl. *Klinger*, VwGO, 1960, § 61 C 3 c.

614 Vgl. *Becker-Birck*, Der Insichprozess in der Verwaltungsgerichtsbarkeit, 1966, S. 24.

615 *Hoppe*, Organstreitigkeiten vor den Verwaltungs- und Sozialgerichten, 1970, S. 25.

616 *Erichsen*, in: Festschrift für C.-F. Menger, 1985, S. 211 (225 ff.); BVerwG, NJW 1992, 927.

Abs. 3 WPflG, und die gesetzlich anerkannten Verbandsklagen. Ferner zählen hierzu die sog. Parteistreitigkeiten, z.B. aus öffentlich-rechtlichen Verträgen.[617]

Ob und inwieweit einzelnen Organen oder Trägern öffentlicher Gewalt verwaltungsgerichtlicher Rechtsschutz zu gewähren ist, soll in dieser Arbeit anhand der Rechtswegeröffnung (zu **1.**) sowie den Sachurteilsvoraussetzungen der Beteiligtenfähigkeit (**D. I.**), dem Rechtsschutzbedürfnis (zu **3.**), und insbesondere der Klagebefugnis (zu **2.** und zu **D. III.-V.**) untersucht und dargestellt werden.

1. Rechtswegeröffnung zu den Verwaltungsgerichten

Gemäß § 40 Abs. 1 S. 1 VwGO ist der Verwaltungsrechtsweg in allen öffentlich-rechtlichen Streitigkeiten nichtverfassungsrechtlicher Art eröffnet, sofern keine abdrängende gesetzliche Sonderzuweisung besteht. Diese Generalklausel stellt die gesetzliche Ausformung des durch Art. 19 Abs. 4 S. 1 GG garantierten Rechtsschutzes des Einzelnen bei Verletzung subjektiver Rechte durch die öffentliche Gewalt dar.[618] Sie ist in Abweichung von früheren Verwaltungsgerichtsgesetzen einzelner Länder nicht mehr von einer bestimmten staatlichen Handlungsform, z.B. einem Verwaltungsakt, abhängig, sondern gewährt Rechtsschutz gegenüber allen hoheitlichen Handlungsformen.[619]

Da die öffentliche Hand sich im Falle mangelnder Grundrechtsfähigkeit nicht auf Art. 19 Abs. 4 GG berufen kann,[620] ist stets zu prüfen, inwieweit ihr das einfache Recht bzw. Art. 28 Abs. 2 GG die Rechtswegeröffnung zu den Verwaltungsgerichten ermöglicht.

a) Aufdrängende Rechtswegzuweisungen

Der Rechtsweg zu den Verwaltungsgerichten ist bereits dann eröffnet, wenn gesetzliche Regelungen vorhanden sind, die den Verwaltungsgerichten die Streitsache speziell zuweisen. Die Generalklausel nach § 40 Abs. 1 S. 1 VwGO

---

617 *Schmidt-Aßmann/Schenk*, in: Schoch/Schneider/Bier, VwGO, 25. EL 2013, Einleitung Rdnr. 172 f.

618 *Hüttenbrink*, in Kuhla/Hüttenbrink, Der Verwaltungsprozess, C. Rdnr. 1 f.

619 *Schenke*, Verwaltungsprozessrecht, 12. Aufl. 2009, § 3 Rdnr. 86.

620 Siehe oben zu C.I.1.a)bb), S. 70 ff.

kommt insoweit nicht zum Tragen.[621] Der Erlass solcher Sonderzuweisungen unterliegt der konkurrierenden Gesetzgebung, Art. 72 Abs. 1, Art. 74 Abs. 1 Nr. 1 GG, von der der Bundesgesetzgeber durch die §§ 40, 187 Abs. 1 VwGO bereits erschöpfend Gebrauch gemacht hat. So ist beispielsweise in beamtenrechtlichen Streitigkeiten gemäß § 126 BBG für Bundesbeamte sowie gemäß § 126 Abs. 1 BRRG und § 54 BeamtStG für Landes- und Gemeindebeamte der Verwaltungsrechtsweg eröffnet.[622] Einzelnen Länderbestimmungen, in denen aufdrängende Sonderbestimmungen geregelt werden, wie z.B. in § 65 HS. 2 ASOG Bln, ist wegen der konkurrierenden Gesetzgebungskompetenz des Bundes nur deklaratorische Bedeutung beizumessen.[623] Einer landesrechtlichen Sonderzuweisung zu den Verwaltungsgerichten sind dagegen die in § 40 Abs. 2 S. 2 Alt. 2 VwGO geregelten Streitigkeiten über den Ausgleich von Vermögensnachteilen wegen Rücknahme rechtswidriger Verwaltungsakte zugänglich.[624] Gemäß § 187 Abs. 1 VwGO verbleibt den Ländern ferner die Möglichkeit, disziplinar- und schiedsgerichtliche Aufgaben in Bezug auf Vermögensauseinandersetzungen öffentlich-rechtlicher Verbände der Verwaltungsgerichtsbarkeit zu übertragen und diesen Gerichten selbständige Berufsgerichte anzugliedern.[625]

Aus dieser beschränkten Gesetzgebungsmöglichkeit der Länder folgt, dass es in erster Linie dem Bundesgesetzgeber obliegt, im Rahmen seiner Gesetzgebungskompetenz für bestimmte Streitigkeiten zwischen einzelnen hoheitlichen Organen den Rechtsweg zu den Verwaltungsgerichten zuzuweisen.

b) Vorliegen einer Rechtsstreitigkeit

§ 40 Abs. 1 S. 1 VwGO setzt das Bestehen einer rechtlichen Streitigkeit voraus. Maßgeblich ist, dass die Streitigkeit staatliches Recht betrifft. Streitigkeiten über Moralvorstellungen o.ä. werden hiervon nicht umfasst.

---

621 *Schmitt Glaeser/Horn*, Verwaltungsprozeßrecht, 15. Aufl. 2000, Rdnr. 33.

622 Zum Verhältnis von § 126 BBG, § 126 BRRG und § 54 BeamtStG vgl. *Terhechte*, NVwZ 2010, 996 ff.; *Kopp/Schenke*, VwGO, 19. Aufl. 2013, § 40 Rdnr.75; vgl. ferner *Sodan*, in: Sodan/Ziekow, VwGO, 3. Aufl. 2010, § 40 Rdnr. 141 f.

623 Vgl. hierzu *Reimer*, in: Posser/Wolff, BeckOK VwGO, 28. Ed. 01/2014, § 40 Rdnr. 223 f. m.w.B.; vgl. ferner *Terhechte*, a.a.O., 996 f.

624 *Ehlers*, in: Schoch/Schneider/Bier, VwGO, 25. EL 2013, § 40 Rdnr. 28, 30.

625 *Kopp/Schenke*, VwGO, 19. Aufl. 2013, § 187 Rdnr. 1 ff.

Eine rechtliche Streitigkeit liegt immer dann vor, wenn mindestens zwei Personen über Rechte streiten. Hierzu zählen grundsätzlich auch alle Streitigkeiten über Aufgaben, Befugnisse oder Verpflichtungen der öffentlichen Hand.[626]

Obgleich die Verwaltungsgerichtsordnung grundsätzlich nur auf Außenrechtsverhältnisse angelegt ist,[627] ist es mittlerweile anerkannt, dass sie Innenrechtsstreitigkeiten nicht ausschließt.[628] Zwar bildet die Verwaltung in funktioneller Hinsicht eine Einheit, dennoch erfordert ihre organisationsrechtliche Vielgestaltigkeit eine entsprechende rechtliche Binnenordnung,[629] die auch die Möglichkeit umfassen muss, Streitigkeiten aus diesem Bereich vor den Verwaltungsgerichten austragen zu können. Die Rechtsstreitigkeit i.S.d. § 40 Abs. 1 S. 1 VwGO umfasst daher grundsätzlich auch Streitigkeiten, die nach Maßgabe des Innenrechts zu beurteilen sind.[630]

Innenrechtsstreitigkeiten werden im Hinblick auf die Voraussetzung der Streitigkeit dann problematisch, wenn eine Personenverschiedenheit zwischen den Parteien des Rechtsstreits gefordert wird.[631]

An der Personenverschiedenheit mangelt es – zumindest begrifflich –, wenn ein Hoheitsträger einen sog. Insichprozess führen will.[632] Hierunter wird ein Prozess verstanden, bei dem sowohl auf Kläger- als auch auf Beklagtenseite dasselbe Rechtssubjekt steht, wie z.B. in den Fällen, in denen sich zwei Behörden, Organe oder sonstige Einrichtungen einer juristischen Person des öffentlichen Rechts bzw. die jeweilige Einrichtung und ihr Rechtsträger im Prozess ge-

---

626 *Ehlers*, in: Schoch/Schneider/Bier, VwGO, 25. EL 2013, § 40 Rdnr. 101.

627 *Hoppe*, Organstreitigkeiten vor den Verwaltungs- und Sozialgerichten, 1970, S. 33.

628 *Krebs*, JURA 1981, 569 (577 f.); *Erichsen*, in: Festschrift für C.-F. Menger, 1985, S. 211 (220).

629 Siehe oben B.I., S. 50 ff.

630 Vgl. *Pietzner/Ronellenfitsch*, Assessorexamen, 12. Aufl. 2010, § 14 Rdnr. 3.

631 So *Ehlers*, in: Schoch/Schneider/Bier, VwGO, 25. EL 2013, § 40 Rdnr. 99; dagegen OVG Bautzen, NJW 1999, 2832 (2833); *Becker-Birck*, Der Insichprozess in der Verwaltungsgerichtsbarkeit, 1966, S. 98.

632 Vgl. *Ehlers*, a.a.O., Rdnr. 98 f., der die Zulässigkeit von Insichprozessen mangels Personenverschiedenheit an dem Merkmal „Streitigkeit“ i.S.d. § 40 Abs. 1 S. 1 VwGO scheitern lässt.

genüberstehen.[633] Auch wenn Körperschaften des öffentlichen Rechts rechtsbegrifflich einheitlich sind, ergeben sich aus ihrer Gliederung in unterschiedliche Organe, aus dem horizontalen und vertikalen Behördenaufbau sowie aus der Existenz von Weisungsfreiheiten entsprechende Grenzen bei der Fassung eines einheitlichen Willens. Daher werden Insichprozesse innerhalb einer juristischen Person des öffentlichen Rechts nur in bestimmten Einzelfällen als zulässig erachtet. Als zulässig im Sinne des § 40 Abs. 1 S. 1 VwGO gelten solche Insichprozesse, in denen der Gesetzgeber diese Möglichkeit ausdrücklich normiert oder der Kläger bzw. Antragsteller von der Rechtsordnung mit speziellen Rechten ausgestattet ist und insoweit eine Verletzung seiner Rechte schlüssig geltend machen kann.[634]

Hiervon zu trennen sind die Innenrechts- oder Organstreitigkeiten, zu denen auch der Kommunalverfassungsstreit gehört. Bei diesen Streitigkeiten wird eine erforderliche Personenverschiedenheit stets angenommen, wenn verschiedene innerorganisatorische Funktionssubjekte einer juristischen Person am Prozess beteiligt sind.[635] Fraglich war nach früherer Auffassung lediglich, ob es sich bei diesen Binnenstreitigkeiten überhaupt um *Rechts*streitigkeiten i.S.d. § 40 Abs. 1 S. 1 VwGO handelt. Nach Überwindung der Impermeabilitätstheorie[636] besteht jedoch mittlerweile Einigkeit darüber, dass die den Binnenbereich staatlicher Organisationen und deren Untergliederungen regelnden Vorschriften Rechtssatzqualität haben, und dass die innerorganisatorischen Funktionsträger selbst grundsätzlich Zurechnungssubjekte dieser Innenrechtssätze sein können.[637]

Ob und inwieweit die sog. justizfreien Hoheitsakte Rechtsstreitigkeiten begründen können, ist fraglich. Hierzu gehören u.a. Regierungsakte, d.h. Maßnahmen, die in den Bereich der Staatsleitung fallen, Gnadenakte oder auch Son-

---

633 Vgl. *Hüttenbrink*, in: Kuhla/Hüttenbrink, Verwaltungsprozess, 2002, D Rdnr. 78; *Wahl/Schütz*, in: Schoch/Schneider/Bier, VwGO, 25. EL 2013, § 42 Abs. 2 Rdnr. 102.

634 *Lorenz*, Verwaltungsprozessrecht, 2000, § 25 Rdnr. 34; OVG Bautzen, NJW 1999, 2832 (2832 f.); vgl. auch BVerwG, NJW 1992, 927, das die Zulässigkeit am fehlenden Rechtsschutzbedürfnis scheitern lässt, wenn die Prozessbeteiligten einer gemeinsamen Spitze unterstellt sind, die für beide den Streitfall verbindlich entscheiden kann.

635 Vgl. *Krebs*, JURA 1981, 569 (577 f.); *Ehlers*, in: Schoch/Schneider/Bier, VwGO, 25. EL 2013, § 40 Rdnr. 99.

636 Vgl. hierzu Darstellung von *Ehlers*, a.a.O., Rdnr. 104.

637 Vgl. hierzu *Schoch*, JuS 1987, 783 (785); *Krebs*, JURA 1981, 569 (572 f.).

derstatusverhältnisse.[638] Ferner zählen hierzu Streitigkeiten über fachaufsichtliche Weisungen zwischen Gemeinde und Fachaufsichtsbehörde.[639] Solche Streitigkeiten werden nach der Rechtsprechung des Bundesverwaltungsgerichts grundsätzlich der gerichtlichen Überprüfung entzogen, wenn nicht die Rechtsnatur der Weisung ausnahmsweise den Charakter eines Verwaltungsakts trägt, in dem sie das Merkmal der unmittelbaren Außenwirkung erfüllt und eine Verletzung in eigenen Rechten möglich ist.[640]

Des Weiteren gibt es umstrittene Problemfälle im Bereich der kirchlichen oder religionsgemeinschaftlichen Angelegenheiten des deutschen Staatskirchenrechts, auf die hier nicht weiter eingegangen werden soll.[641]

c) Vorliegen einer öffentlich-rechtlichen Streitigkeit

Der Begriff der öffentlich-rechtlichen Streitigkeit wird in der Verwaltungsgerichtsordnung nicht erläutert. Der Gesetzgeber hat bei Erlass der Norm von einer Definition der öffentlich-rechtlichen Streitigkeit bewusst abgesehen, um dessen Ausformung der Rechtsprechung und Lehre zu überlassen.[642]

Allein aus der rechtlichen Qualifikation eines rechtsschutzbegehrenden Hoheitsträgers als Teil der öffentlichen Gewalt kann noch nicht auf das Vorliegen einer öffentlich-rechtlichen Streitigkeit geschlossen werden.[643]

---

638 Vgl. *Schmitt Glaeser/Horn*, Verwaltungsprozeßrecht, 15. Aufl. 2000, Rdnr. 39 ff.; deren Rechtscharakter bejahend: *Schmidt-Aßmann*, in: Maunz/Dürig, GG, 69. EL 2013, Art. 19 Abs. 4 Rdnr. 80; *Jarass*, in: Jarass/Pieroth, GG, 10. Aufl. 2009, Art. 19 Rdnr. 43; verneinend: BVerwGE 14, 73 ff.; differenzierend BVerfGE 30, 108 (110 f.), bejahend im Falle einer Verschlechterung eines bereits eingeräumten Gnadenerweises.

639 Vgl. *Maurer*, Allgemeines Verwaltungsrecht, 18. Aufl. 2011, § 23 Rdnr. 23.

640 BVerwG, NVwZ 1995, 910; anders *Gern*, Sächsisches Kommunalrecht, 2. Aufl. 2000, Rdnr. 964 f., der eine Anfechtungsklage generell ausschließt und nur ausnahmsweise die Leistungsklage bei Eingriff in den durch Art. 28 Abs. 2 GG geschützten Selbstverwaltungsbereich für zulässig erachtet.

641 Vgl. hierzu *Ehlers*, in: Schoch/Schneider/Bier, VwGO, 25. EL 2013, § 40 Rdnr. 106 ff.

642 Vgl. Regierungsentwurf der VwGO, BTDrucks 1/4278, S. 33 zu § 38 (re. Spalte); BTDrucks 2/462, S. 31 zu § 38 (re. Spalte);

643 Vgl. *Sodan*, in: Sodan/Ziekow, VwGO, 3. Aufl. 2010, § 40 Rdnr. 300 f.

Denn als nicht öffentlich-rechtlich können auch solche Rechtsstreitigkeiten zu beurteilen sein, die sich aus der Teilnahme öffentlich-rechtlicher Körperschaften am Privatrechtsverkehr begründen. Dazu zählen vor allem fiskalische Hilfsgeschäfte, wie der Kauf von Gegenständen für die eigene Ausstattung, die Anmietung oder der Kauf von Verwaltungsgebäuden, Einstellung von Arbeitern und Angestellten (nicht dagegen von Beamten) sowie erwerbswirtschaftliche Betätigungen öffentlich-rechtlicher Körperschaften[644], z.B. durch den Betrieb von staatlichen Unternehmen, An- und Verkauf von Unternehmen und Unternehmensbeteiligungen sowie die Verwaltung eigenen Vermögens. Bei rein fiskalischem Handeln agiert die öffentliche Verwaltung wie eine Privatperson.[645] Ihr stehen deshalb keine besonderen verwaltungsrechtlichen Befugnisse zu. Das Verhalten von Behörden in diesem Bereich kann daher rein zivilrechtlich zu beurteilen sein.[646]

Vielmehr ist eine Streitigkeit in Abgrenzung gegenüber den privatrechtlichen Streitigkeiten im Sinne des § 13 GVG immer dann als öffentlich-rechtlich zu beurteilen, wenn der der Klage zugrunde liegende Streitgegenstand nach öffentlichem Recht zu beurteilen ist. Insoweit ist zunächst zu prüfen, nach welchem Normenkomplex sich die diese Streitigkeit beurteilt, welche Norm die streitentscheidende Regelung enthält und anschließend ob diese dem öffentlichen Recht angehört.[647]

Zuordnungsprobleme ergeben sich, wenn sowohl Normen des Privatrechts als auch solche des öffentlichen Rechts in Frage kommen. Hierzu zählen unter anderem die Hausverbots- und Subventionsfälle,[648] aber auch die fraktionsinternen Streitigkeiten um Ausschlüsse aus kommunalen Ratsfraktionen.[649]

---

644 Vgl. *Kopp/Schenke*, VwGO, 19. Aufl. 2013, § 40 Rdnr. 25.

645 Siehe oben B.II., S. 57 ff.

646 *Maurer*, Allgemeines Verwaltungsrecht, 18. Aufl. 2011, § 3 Rdnr. 18 ff.; vgl. Darstellungen bei *R. Schmidt*, Verwaltungsprozessrecht, 15. Aufl. 2013, Rdnr. 49 ff.

647 *Hüttenbrink*, in: Kuhla/Hüttenbrink, Verwaltungsprozess, 2002, C Rdnr. 4; *Lorenz*, Verwaltungsprozessrecht, 2000, § 11 Rdnr. 7; *Ehlers*, in: Schoch/Schneider/Bier, VwGO, 25. EL 2013, § 40 Rdnr. 203.

648 Vgl. zum Hausrecht *Knemeyer*, DÖV 1970, 596 ff.; *Kopp/Schenke*, VwGO, 19. Aufl. 2013, § 40 Rdnr. 22; zur Lösung der wird hier zum Teil auf die von *H. P. Ipsen* in den fünfziger Jahren entwickelte Zwei-Stufen-Lehre zurückgegriffen, vgl. hierzu *Ipsen*, in:

Ist das Problem der Zuordnung der Streitigkeit zu dem richtigen Normenkomplex gelöst, bleibt anschließend zu klären, ob die streitentscheidende Norm selbst öffentlich-rechtlich oder privatrechtlich ist. Diese Differenzierung ist insbesondere deshalb erforderlich, da der jeweilige Normenkomplex nicht zwingend nur öffentlich-rechtlich oder nur privatrechtlich ausgerichtet sein muss, sondern wie beispielsweise im Vermögensrecht, auch Normen oder einzelne Regelungen beinhalten kann, die unterschiedlichen Rechtsgebieten zuzuordnen sind. So sind etwa die Regelungen über die Rückübertragung von Vermögenswerten an den Berechtigten i.S.d. § 2 Abs. 1 VermG (Alteigentümer) gemäß §§ 3 Abs. 1-2 VermG dem öffentlichen Recht zuzuordnen,[650] während § 3 Abs. 3, 4 und 5 VermG das privatrechtliche Verhältnis zwischen Berechtigtem und Verfügungsberechtigtem (derzeitiger Eigentümer) in Bezug auf die Reichweite seiner Verfügungsmacht sowie seine Aufwandsersatzansprüche betrifft.[651] Ähnlich verhält es sich mit den Wertausgleichsregelungen in § 7 VermG. § 7 Abs. 1 VermG regelt einen Wertersatzanspruch des Verfügungsberechtigten für seine bis zum 02.10.1990 durchgeführten Baumaßnahmen, der von der zuständigen Behörde im Restitutionsbescheid mit zu berücksichtigen und insoweit öffentlich-rechtlicher Natur ist. Wertausgleichsansprüche nach § 7 Abs. 2 VermG sowie die Aufrechnungsansprüche gemäß § 7 Abs. 7 VermG dagegen hat der Verfügungsberechtigte gegen den Berechtigten ausschließlich zivilrechtlich geltend zu machen, § 7 Abs. 8 S. 3 VermG.[652]

Die Frage, wann Normen solche des öffentlichen Rechts sind, versuchen unterschiedliche Qualifikationstheorien zu beantworten. Nach der Interessentheorie sind die Rechtsnormen öffentlich-rechtlich, die öffentliche Interessen betreffen. Dagegen soll es sich um Privatrecht handeln, wenn die Rechtssätze Privat-

---

Festschrift für G. Wacke, 1972, S. 139 (142 ff.); BVerwGE 1, 308 (310); kritisch hierzu *Ehlers*, a.a.O., Rdnr. 255 ff.

649 Vgl. hierzu *Schmidt-Jortzig/Hansen*, NVwZ 1994, 116 ff.; den Verwaltungsrechtsweg befürwortend: VGH Kassel, NVwZ 1999, 391 (392); *VG Braunschweig*, Urteil vom 12.09.2007 – 1 A 37/07 –, Juris; VG Oldenburg, NdsVBl. 2003, 163; a.A. VGH München, NJW 1988, 2754 f.; ders., NVwZ 1989, 494.

650 *Ehlers*, in: Schoch/Schneider/Bier, VwGO, 25. EL 2013, § 40 Rdnr. 457; *Gneipelt*, in: Kimme, Offene Vermögensfragen, Bd. 1, 29. EL 06/2009, § 3 VermG Rdnr. 1.

651 LG Berlin, VIZ 1993, 124; *Ehlers*, in: Schoch/Schneider/Bier, VwGO, 25. EL 2013, § 40 Rdnr. 453 f.; *Meier*, in: Kimme, Offene Vermögensfragen, Bd. 2, 29. EL 06/2009, § 37 VermG Rdnr. 15, 23.

652 *Ehlers*, in: Schoch/Schneider/Bier, VwGO, 25. EL 2013, § 40 Rdnr. 466.

oder Individualinteressen dienen. Da der Schutz individueller Interessen auch im öffentlichen Interesse liegen kann, ist die Interessentheorie nur wenig konkret.[653] Insbesondere bei Rechtsbeziehungen, an denen der Staat beteiligt ist, lässt sich diese Differenzierung nur schwer vornehmen, da er bei seinen Handlungen stets das öffentliche Interesse mit berücksichtigen muss.[654] Dies gilt ferner im Bereich der Leistungsverwaltung, bei der er öffentliche Aufgaben mit den Mitteln des Privatrechts erfüllen kann. Insoweit liefert diese Theorie nicht genügend Abgrenzungskriterien.[655]

Nach der Subordinations- oder Subjektionstheorie sind Normen dann öffentlich-rechtlich, wenn sie ein Rechtsverhältnis regeln, indem sich die Streitenden in einem Über- bzw. Unterordnungsverhältnis gegenüberstehen.[656] Diese Theorie ermöglicht jedoch nur in bestimmten Fällen eine klare Qualifikation. Sie knüpft ausschließlich an das Verhältnis zwischen Bürger und Staat an und kann daher die Abgrenzungsfrage weder in Angelegenheiten des Organisationsrechts[657] noch in den Fällen beantworten, in denen sich gleichrangige Träger öffentlicher Gewalt, z.B. bei sog. koordinationsrechtlichen Verträgen über Gebietsänderungen zwischen Gemeinden,[658] gegenübertreten oder ein Hoheitsträger mit dem Bürger Verträge abschließt[659] und sich damit auf die gleiche Ebene begibt.[660] Auch bei der Einordnung von Realakten, die sowohl öffentlich-rechtlich als auch privatrechtlich sein können, hilft diese Theorie nicht weiter.[661]

653 *Ehlers*, in: Schoch/Schneider/Bier, VwGO, 25. EL 2013, § 40 Rdnr. 222.

654 *Schenke*, Verwaltungsprozessrecht, 12. Aufl. 2009, § 3 Rdnr. 103.

655 *Sodan*, in: Sodan/Ziekow, VwGO, 3. Aufl. 2010, § 40 Rdnr. 291 f.

656 Vgl. *v. Nicolai*, in: Redeker/v. Oertzen, VwGO, 15. Aufl. 2010, § 40 Rdnr. 8; *Sodan*, in: Sodan/Ziekow, VwGO, 3. Auf. 2010, § 40 Rdnr. 293 ff.; *Kopp/Schenke*, VwGO, 19. Aufl. 2013, § 40 Rdnr. 11.

657 *Ehlers*, in: Schoch/Schneider/Bier, VwGO, 25. EL 2013, § 40 Rdnr. 223.

658 Vgl. *Schliesky*, in: Knack/Henneke, VwVfG, 9. Aufl. 2010, § 54 Rdnr. 56 ff. mit weiteren Beispielen; zum öffentlich-rechtlichen Vertrag zwischen Gemeinde und öffentlich-rechtlicher Naturschutzbehörde vgl. BVerwGE 104, 353 (362).

659 Vgl. BVerwGE 96, 326 (329 ff.).

660 *Schmitt Glaeser/Horn*, Verwaltungsprozeßrecht, 15. Aufl. 2000, Rdnr. 50.

661 *Schenke*, Verwaltungsprozessrecht, 12. Aufl. 2009, § 3 Rdnr. 101; *Sodan*, in: Sodan/Ziekow, VwGO, 3. Auf. 2010, § 40 Rdnr. 294.

Nach der heute wohl herrschenden Auffassung wird zur Abgrenzung daher primär die sog. modifizierte Subjektstheorie herangezogen.[662] Hiernach ist ein Rechtsverhältnis dann öffentlich-rechtlicher Natur, wenn die zugrundeliegende Rechtsnorm sich nicht an jedermann, sondern zumindest auf der einen Seite des durch sie geregelten Rechtsverhältnisses ausschließlich an einen Träger öffentlicher Gewalt wendet, indem sie diesen berechtigt oder verpflichtet.[663]

d) Streitigkeit nicht verfassungsrechtlicher Art

Gemäß § 40 Abs. 1 S. 1 VwGO wird der Verwaltungsrechtsweg nur für Streitigkeiten nicht verfassungsrechtlicher Art eröffnet. Die Bedeutung dieser Begrifflichkeit ist in Rechtsprechung und Rechtslehre umstritten.[664] Das Gesetz selbst liefert hierzu keine Dcfinition. Nach herrschender Ansicht ist eine Streitigkeit dann verfassungsrechtlicher Art, wenn zwei Verfassungsorgane bzw. unmittelbar am Verfassungsleben beteiligte Rechtsträger über Rechte und Pflichten streiten, die in der Verfassung unmittelbar geregelt sind. Man spricht hierbei auch von einer doppelten Verfassungsunmittelbarkeit. Demgemäß scheidet der Verwaltungsrechtsweg für alle Streitigkeiten aus, die Bundes- oder Landesverfassungsrecht im materiellen Sinne betreffen und deren Beteiligte in einem Verfassungsrechtsverhältnis zueinander stehen, bzw. für die eine Rechtssatzkontrolle des formellen Gesetzgebers in Frage steht.[665]

Soweit einzelne organisationsrechtliche Regelungen in den jeweiligen Gemeindeordnungen der Länder irreführender Weise als Kommunalverfassungs-

---

662 *Schenke*, Verwaltungsprozessrecht, 12. Aufl. 2009, § 3 Rdnr. 104; *Sodan*, in: Sodan/Ziekow, VwGO, 3. Auf. 2010, § 40 Rdnr. 302 ff.

663 *Stober*, in: Wolff/Bachof/Stober/Kluth, Verwaltungsrecht I, 12. Aufl. 2007, § 22 Rdnr. 28 ff.; *Schenke*, a.a.O.; zur materiellen – modifizierten – Subjektstheorie vgl. *Ehlers*, in: Schoch/Schneider/Bier, VwGO, 25. EL 2013, § 40 Rdnr. 235 ff.; ähnlich *Schmitt Glaeser/Horn*, Verwaltungsprozeßrecht, 15. Aufl. 2000, Rdnr. 46.

664 *Ossenbühl*, in: Gedächtnisschrift für W. Martens, 1987, S. 177 (189 ff.).

665 *Schmitt Glaeser/Horn*, Verwaltungsprozeßrecht, 15. Aufl. 2000, Rdnr. 56; *Hufen*, Verwaltungsprozessrecht, 9. Aufl. 2013, § 11 Rdnr. 49 ff.; *Würtenberger*, Verwaltungsprozessrecht, 3. Aufl. 2008, Rdnr. 161 ff.; vgl. hierzu *Bethge*, JuS 2001, 1100 ff., der vom „Phantom der doppelten Verfassungsunmittelbarkeit" spricht; a.A. *Schenke*, Verwaltungsprozessrecht, 12. Aufl. 2009, § 3 Rdnr. 128; *Ehlers*, in: Schoch/Schneider/Bier, VwGO, 25. EL 2013, § 40 Rdnr. 141, 143, der aufzeigt, dass es auch zwischen Staat und Bürger verfassungsrechtliche Streitigkeiten geben kann.

recht bezeichnet werden,[666] handelt es sich bei den hierauf bezogenen Streitigkeiten gerade nicht um Verfassungsstreitigkeiten im formellen und materiellen Sinne.[667] Bei diesen Streitigkeiten geht es nicht um Verfassungsrecht, sondern um einfachgesetzliches kommunales Organisationsrecht. Zudem sind Gemeindeorgane keine Verfassungsrechtssubjekte, sondern lediglich kommunale Verwaltungsorgane.[668]

Daneben lassen sich all jene Streitigkeiten, die Exekutivmaßnahmen zum Gegenstand haben und unmittelbar oder mittelbar andere Hoheitsträger betreffen, unproblematisch als nicht verfassungsrechtlich einordnen.[669]

e) Abdrängende Sonderzuweisung

Der Rechtsweg zu den allgemeinen Verwaltungsgerichten ist nach § 40 Abs. 1 S. 1 HS. 2 VwGO ausgeschlossen, wenn eine Zuweisung an die besonderen Zweige der Verwaltungsgerichtsbarkeit erfolgt, wie etwa gemäß § 51 SGG an die Sozialgerichte oder gemäß § 33 FGO an die Finanzgerichte. Darüber hinaus können sich Zuweisungen an die ordentlichen Gerichte aus dem Verfassungs- oder dem einfachen Recht ergeben, so z.B. in Streitigkeiten um die Höhe der Enteignungsentschädigung gemäß Art. 14 Abs. 3 S. 4 GG und bei Amtshaftungs- und Regressansprüchen gemäß Art. 34 S. 3 GG sowie bei repressiven Handlungen der Polizei in ihrer Funktion als Justizbehörde zur Ermittlung und Verfolgung strafbarer Handlungen gemäß § 23 Abs. 1 S. 1 EGGVG.[670]

Ferner ergeben sich abdrängende Sonderzuweisungen zu den ordentlichen Gerichten in einzelnen die neuen Länder betreffenden Gesetzen, wie beispiels-

---

666 Vgl. hierzu *Schenke*, Verwaltungsprozessrecht, 12. Aufl. 2009, § 3 Rdnr. 124, der diese deshalb als „Streitigkeiten zwischen Organen bzw. Organteilen von Gemeinden“ bezeichnet.

667 *Lorenz*, Verwaltungsprozessrecht, 2000, § 11 Rdnr. 41; Schoch, JURA 2008, 826 (831 f.); *Roth*, Verwaltungsrechtliche Organstreitigkeiten, 2001, S. 163 f.

668 *Gern*, VBlBW 1989, 449 (450); *Schoch*, JuS 1987, 783 (785); *Bethge*, in: Handbuch der kommunalen Wissenschaft und Praxis, Bd. 1, 3. Aufl., 2007, § 28 Rdnr. 39; vgl. *Maurer*, Allgemeines Verwaltungsrecht, 18. Aufl. 2011, § 23 Rdnr. 10a ff.

669 Vgl. *Schmid*, Klagebefugnis und subjektive Rechte von Gemeinden, 1991, S. 43 f.

670 Vgl. *Lorenz*, Verwaltungsprozessrecht, 2000, § 11 Rdnr. 58 ff. und 72 ff.; vgl. ferner *Schoch*, in: Festschrift für C.-F. Menger, 1985, S. 305 ff.

weise gemäß § 7 Abs. 8 S. 3 VermG für Streitigkeiten über Wertausgleichsansprüche gemäß § 7 Abs. 2 VermG und Nutzungsentgeltherausgabeansprüche sowie aufrechenbarer Gegenforderungen nach § 7 Abs. 7 VermG oder auch gemäß § 7 Abs. 1 S. 1 MauerG für Rechtstreitigkeiten nach dem Mauergesetz.

2. Klagebefugnis

Gemäß § 42 Abs. 2 VwGO sind Anfechtungs- und Verpflichtungsklagen nur zulässig, wenn der Kläger geltend macht, durch einen Verwaltungsakt bzw. durch dessen Ablehnung oder Unterlassung in seinen Rechten verletzt zu sein. Während die Rechtsverletzung erst auf der Ebene der Begründetheit der Klage geprüft wird, genügt deren substantiierte Behauptung den Anforderungen an die „Geltendmachung" der Klagebefugnis.[671]

Die Bedeutung der Klagebefugnis liegt nach allgemeiner Auffassung darin, Popularklagen auszuschließen,[672] mit denen der Einzelne als Sachwalter der Allgemeinheit für die Durchsetzung des Rechts („quivis ex populo") auftritt.[673] Dies ergibt sich bereits aus der amtlichen Begründung zum Regierungsentwurf der Verwaltungsgerichtsordnung[674] sowie dem Wortlaut des Art. 19 Abs. 4 GG, wonach die Rechtsweggarantie nur bei der Verletzung des Bürgers in eigenen Rechten besteht. § 42 Abs. 2 VwGO ist eine Ausformung dieses verfassungsrechtlichen Maßstabes.[675] Maßgeblich für die Funktion der Klagebefugnis ist aber nicht nur der Ausschluss von Popularklagen, sondern darüber hinaus auch der Ausschluss von Interessentenklagen. Denn nur derjenige, der eine Verlet-

---

671 BVerwGE 60, 154 (160 f.); *Schenke*, Verwaltungsprozessrecht, 12. Aufl. 2009, § 14 Rdnr. 493; *Lorenz*, Verwaltungsprozessrecht, 2000, § 18 Rdnr. 1.

672 Vgl. hierzu auch die Abgrenzung zur Prozessstandschaft bei *Schmid*, Klagebefugnis und subjektive Rechte von Gemeinden, 1991, S. 46 ff.

673 BVerwGE 17, 27 (91); E 121, 57 (58 f.); BVerwG, NVwZ 1994, 285 (285 f.); *Hufen*, Verwaltungsprozessrecht, 9. Aufl. 2013, § 14 Rdnr. 71; *Hüttenbrink*, in: Kuhla/Hüttenbrink, Der Verwaltungsprozess, 3. Aufl. 2002, D Rdnr. 57; *Schmitt Glaeser/Horn*, Verwaltungsprozeßrecht, 15. Aufl. 2000, Rdnr. 150; *Schenke*, Verwaltungsprozessrecht, 12. Aufl. 2009, Rdnr. 490; *v. Nicolai*, in: Redeker/v. Oertzen, VwGO, 15. Aufl. 2010, § 42 Rdnr. 44.

674 BTDrucks I/4278, Anlage 1, zu § 41, S. 35 und III/55, S. 32.

675 *Wahl*, in: Schoch/Schneider/Bier, VwGO, 25. EL 2013, Vorbemerkung, § 42 Abs. 2 Rdnr. 1.

zung in eigenen *Rechten* und nicht nur in wirtschaftliche, kulturelle, ideelle oder anders geartete Interessen geltend machen kann, soll klagebefugt sein.[676]

Soweit der Gesetzgeber Trägern öffentlicher Gewalt den Zugang zu den Verwaltungsgerichten einräumt, erfolgt dies nicht etwa in Konkretisierung verfassungsrechtlicher Vorgaben, sondern allenfalls aus „(politischen) Zweckmäßigkeitserwägungen" heraus.[677]

Die Klagebefugnis ist über den in § 42 Abs. 2 VwGO geregelten Anwendungsbereich auf Anfechtungs- und Verpflichtungsklagen hinaus zudem für andere Klagearten bedeutsam. So wendet die Rechtsprechung das Erfordernis der Klagebefugnis zur Vermeidung von Popularklagen auch auf die Feststellungs-,[678] Leistungs-[679] und Fortsetzungsfeststellungsklage[680] (analog) an.

Die Rechtslehre vertritt hierzu unterschiedliche Auffassungen. Während ein Teil der Lehre die Anwendung der Klagebefugnis ausschließlich den Anfechtungs- und Verpflichtungsklagen vorbehält,[681] bejaht die herrschende Meinung die analoge Anwendung des § 42 Abs. 2 VwGO auf die Leistungsklage, weil sie der Verpflichtungsklage ähnlich sei und Popularklagen hierdurch verhindert werden sollen. Das den Individualrechtsschutz verkörpernde prozessuale Prinzip der Klagebefugnis beschränke sich eben nicht nur auf die in § 42 Abs. 2 VwGO benannten Klagearten.[682] Sie gelte auch für die Fortsetzungsfeststellungsklage,

---

676 Vgl. BVerfGE 83, 182 (196); *VG Leipzig*, Urteil vom 07.05.2003 – 2 K 344/01 –, Tz. 15 Juris; *Ehlers*, Der gerichtliche Rechtsschutz der Gemeinde, 1986, S. 34 f.; *ders.*, NVwZ 1990, 105 (111); *ders.*, VerwArch 84 (1993), S. 139 (140 f.); *Wahl/Schütz*, in: Schoch/Schneider/Bier, VwGO, 25. EL 2013, 42 Abs. 2 Rdnr. 8.

677 *Huber*, in: v. Mangoldt/Klein/Starck, GG, 6. Aufl. 2010, Art. 19 Abs. 4 Rdnr. 383.

678 St. Rspr. BVerwG, NVwZ 1991, 470 (471); BVerwGE 100, 262 (271); dass., NVwZ 2009, 1305 (1306).

679 BVerwGE 36, 192 (199); E 59, 319 (326); BVerwG, NJW 1977, 118; dass., NVwZ-RR 1992, 371.

680 BVerwGE 65, 167 (168 f.); BVerwG, NJW 1994, 2037 (2038).

681 *Kopp*, VwGO, 1992, § 42 Rdnr. 38; *Bettermann*, DVBl. 1965, 365 (366); *Achterberg*, DVBl. 1981, 278 (279); *Rupp*, DVBl. 1982, 144 (146); *Erichsen*, DVBl. 1982, 95 (100), der über eine auf Leistungsklagen anzuwendende Prozessführungsbefugnis zu demselben Ergebnis gelangt.

682 *Maurer*, Allgemeines Verwaltungsrecht, 18. Aufl. 2011, § 8 Rdnr. 5; *Schmitt Glaeser/Horn*, Verwaltungsprozeßrecht, 15. Aufl. 2000, Rdnr. 387; *Schenke*, Verwaltungs-

da sie an die Stelle der nach Erledigung des Verwaltungsakts unzulässig gewordenen Anfechtungs-, Verpflichtungs- oder Leistungsklage[683] tritt.[684]

Eine analoge Anwendung der Klagebefugnis auf die Feststellungsklage wird dagegen von einem beachtlichen Teil der Rechtslehre wegen fehlender Regelungslücke verneint.[685] § 43 Abs. 1 VwGO sehe bereits in dem Erfordernis des berechtigten Interesses eine besondere Subjektivierung vor und sei als ausdrückliche Entscheidung des Gesetzgebers zu respektieren.[686] Auch der Wortlaut der Normen stehe einer Analogie entgegen: Während § 42 Abs. 2 VwGO auf die Geltendmachung einer Rechtsverletzung abstelle, betreffe § 43 Abs. 1 VwGO lediglich die Feststellung eines Rechtsverhältnisses.[687]

Nach anderer Auffassung schließe § 43 Abs. 1 VwGO zumindest für die Nichtigkeitsfeststellungsklage oder für Klagen auf Feststellung des (Nicht-)Bestehens eines Rechtsverhältnisses keine analoge Anwendung von § 42 Abs. 2 VwGO aus.[688] Diese Ansicht wird mit dem Argument begründet, dass über das

---

prozessrecht, 12. Aufl. 2009, Rdnr. 492; im Ergebnis auch *Hufen*, Verwaltungsprozessrecht, 9. Aufl. 2013, § 17 Rdnr. 8; *Ehlers*, NVwZ 1990, 105 (109 f.); *ders.*, VerwArch 84 (1993), S. 139 (142 f.).

683 *Ehlers*, NVwZ 1990, 105 (112).

684 *Schenke*, in: Festschrift für C.-F. Menger, 1985, S. 461 (467); *Krebs*, in: Festschrift für C.-F. Menger, 1985, S. 191 (200, Fn. 55); *Schmitt Glaeser/Horn*, Verwaltungsprozeßrecht, 15. Aufl. 2000, Rdnr. 353 f.; *Hufen*, Verwaltungsprozessrecht, 9. Aufl. 2013, § 18 Rdnr. 54.

685 Vgl. *Schmitt Glaeser/Horn*, Verwaltungsprozeßrecht, 15. Aufl. 2000, Rdnr. 341; *Schenke*, Verwaltungsprozessrecht, 12. Aufl. 2009, Rdnr. 410.

686 *Schoch*, JuS 1987, 783 (789 ff.); *Roth*, Verwaltungsrechtliche Organstreitigkeiten, 2001, S. 292 ff.

687 *Schmitt Glaeser/Horn*, Verwaltungsprozeßrecht, 15. Aufl. 2000, Rdnr. 341.

688 Vgl. *Happ*, in: Eyermann/Fröhler, VwGO, 13. Aufl. 2010, § 43 Rdnr. 4; *Knuth*, JuS 1986, 523 (525 ff.); *Fehrmann*, NWVBl. 1989, 303 (305 f.); *Ehlers*, NVwZ 1990, 105 (110 f.); *ders.*, VerwArch 84 (1993), S. 139 (143 f.); *Bickel*, in: Festgabe für G. Ch. v. Unruh, 1983, S. 1035 (1037 mit Fn. 10); differenzierend *Krebs*, in: Festschrift für C.-F. Menger, 1985, S. 191 (199), der eine analoge Anwendung der Klagebefugnis für den Fall der Feststellung auf (Nicht-)Bestehen eines Rechtsverhältnisses zwischen Dritten für erforderlich hält. Vgl. auch *Hufen*, Verwaltungsprozessrecht, 9. Aufl. 2013, § 18 Rdnr. 17, 26, 31, der die Analogie u.a. bei Nichtigkeitsfeststellungsklagen und Organstreitverfahren bejaht. Vgl. ferner *Wahl/Schütz*, in: Schoch/Schneider/Bier, VwGO, 25.

besondere Feststellungsinteresse allein eine Feststellungspopularklage nicht verhindert werden könne. § 43 VwGO beinhalte keine abschließenden Regelungen über die Sachentscheidungsvoraussetzungen der Feststellungsklage. Insbesondere ersetze das besondere Feststellungsinteresse nicht die Klagebefugnis; es sei lediglich dem Rechtsschutzbedürfnis zuzuordnen,[689] während die Klagebefugnis Ausprägung der Prozessführungsbefugnis sei.[690]

Feststellungsklageverfahren, an denen auf beiden Seiten Träger öffentlicher Gewalt beteiligt sind, kommen überwiegend im innenrechtsbezogenen Organstreitverfahren vor.[691] Im Gegensatz zur Anfechtungs- und Verpflichtungsklage, die nach herrschender Meinung auf Organstreitverfahren mangels außenrechtlicher Beziehung keine Anwendung finden, beinhaltet der Feststellungsausspruch des Gerichts keine Kassationswirkung.[692] Die Feststellungsklage vermag das Recht des betroffenen Organs oder Organteils insoweit nicht in Gänze durchzusetzen. Um dem Betroffenen aber eine Reaktionsmöglichkeit gegen die Beeinträchtigung seiner organschaftlichen Rechte – soweit man diese anerkennt – zur Verfügung zu stellen,[693] soll die Feststellungsklage als „Rechtsverletztenklage“ ausgestaltet sein.[694] Insofern soll § 42 Abs. 2 VwGO neben dem besonderen Feststellungsinteresse analog Anwendung finden.[695]

EL 2013, § 42 Abs. 2 Rdnr. 23 ff. und 31 f., die eine analoge Anwendung nur für den Organstreit und die Normenerlassklage annehmen.

689 *Happ*, in: Eyermann/Fröhler, VwGO, 13. Aufl. 2010, § 43 Rdnr. 29; *Ehlers*, VerwArch 84 (1993), S. 139 (143 f.).

690 *Ehlers*, NVwZ 1990, 105 (110).

691 Vgl. hierzu *Pietzcker*, in: Schoch/Schneider/Bier, VwGO, 25. EL 2013, Vorbemerkung, § 42 Abs. 1 Rdnr. 18.

692 Vgl. *Pietzcker*, a.a.O., Rdnr. 18 ff.; *Schoch*, JURA 2008, 826 (834 f.); a.A. VGH München, NVwZ 1985, 845; dass., BayVBl. 1988, 16.

693 Vgl. OVG Münster, NVwZ-RR 1993, 157.

694 *Wahl/Schütz*, in: Schoch/Schneider/Bier, VwGO, 25. EL 2013, § 42 Abs. 2 Rdnr. 31; zur Klage auf Feststellung der Rechtswidrigkeit des Beschlusses vgl. *v. Nicolai*, in: Redeker/v. Oertzen, VwGO, 15. Aufl. 2010, § 43 Rdnr. 12 ff.

695 *Ehlers*, NVwZ 1990, 105 (111); *Hufen*, Verwaltungsprozessrecht, 9. Aufl. 2013, § 18 Rdnr. 17; *Wahl/Schütz*, in: Schoch/Schneider/Bier, VwGO, 25. EL 2013, § 42 Abs. 2 Rdnr. 31.

a) Geltendmachung einer Rechtsverletzung

Nach dem Wortlaut des § 42 Abs. 2 VwGO muss der Kläger die Rechtsverletzung in seinen Rechten geltend machen, ohne hierbei die Anforderungen an den Vortrag näher zu definieren. Die bloße Behauptung einer Rechtsverletzung reicht dafür nicht. Sie ist nicht dazu geeignet, die Funktion der Klagebefugnis, Popular- und Interessenklagen auszuschließen, entsprechend zu sichern. Andererseits dürfen an die Geltendmachung nicht zu hohe Anforderungen gestellt werden, da es sich hier um eine Zulässigkeitsvoraussetzung handelt, die die Begründetheitsprüfung nicht vorwegnehmen darf.[696]

Die Rechtslehre und Rechtsprechung haben zur Art und Weise der Geltendmachung verschiedene Theorien entwickelt. Während nach der sog. Schlüssigkeitstheorie eine schlüssige Behauptung des Klägers, er werde im Falle der Rechtswidrigkeit der hoheitlichen Maßnahme in seinen Rechten verletzt, gefordert wird,[697] muss sich nach der von der herrschenden Meinung vertretenen Möglichkeitstheorie aus dem Vortrag des Klägers lediglich die Möglichkeit der Rechtswidrigkeit der hoheitlichen Maßnahme und eine hierdurch verursachte eigene Rechtsverletzung ergeben. D.h., die Klagebefugnis fehlt nur dann, wenn dem Kläger offensichtlich und unter keinem denkbaren rechtlichen Gesichtspunkt die behaupteten Rechte zustehen können.[698] Soweit die Schlüssigkeitstheorie auf einen schlüssigen Vortrag einer eigenen Rechtsverletzung abstellt, belastet sie die Zulässigkeit mit einem Prüfungsumfang, der erst im Rahmen der Begründetheit bei der Prüfung der Verletzung des subjektiven Rechts vorzunehmen ist, und verursacht insofern auch Konflikte mit dem Amtsermittlungsgrundsatz nach § 86 Abs. 1 VwGO. Andererseits greift sie zu kurz, in dem sie die bloße Behauptung der Rechtswidrigkeit genügen lässt, so dass der Möglichkeitstheorie der Vorzug zu gewähren ist.[699]

---

696 *Schenke*, Verwaltungsprozessrecht, 12. Aufl. 2009, Rdnr. 493.

697 *Ule*, Verwaltungsprozessrecht, 9. Aufl. 1987, § 33 II. S. 203; zum Zusammenhang zwischen Schlüssigkeits- und Adressatentheorie: *Gurlit*, Die Verwaltung 28 (1995), S. 449 (459).

698 Stellvertretend für viele: *Schmitt Glaeser/Horn*, Verwaltungsprozeßrecht, 15. Aufl. 2000, Rdnr. 155 f.; vgl. zum Prüfungsumfang bei § 42 Abs. 2 VwGO: BVerwG, NVwZ 1993, 884 ff.

699 Vgl. *Schenke*, Verwaltungsprozessrecht, 12. Aufl. 2009, Rdnr. 494; *Schmitt Glaeser/Horn*, Verwaltungsprozeßrecht, 15. Aufl. 2000, Rdnr. 154 f.

b) Rechte im Sinne des § 42 Abs. 2 VwGO

Bei den Rechten im Sinne des § 42 Abs. 2 VwGO handelt es sich in erster Linie um subjektive öffentliche Rechte der Bürger. Aber auch Rechtspositionen von Hoheitsträgern in Form von organschaftlichen Rechten oder Rechten von Gemeinden und anderer juristischer Personen öffentlichen Rechts zählen dazu,[700] unabhängig davon, ob man sie nun „subjektive Rechte“ [701], „subjektive Rechte im weiteren Sinne“ [702] oder lediglich „Rechte“ im Sinne des § 42 Abs. 2 VwGO[703] nennt. Unter Berücksichtigung des Unterschieds zwischen den subjektiven Rechten eines Privaten und den organschaftlichen Rechten oder Kompetenzen von Hoheitsträgern sollen sie nachfolgend als wehrfähige Rechte im Sinne des § 42 Abs. 2 VwGO bezeichnet werden.

aa) Mögliche Rechtsquellen

Ob einem betroffenen Individuum im konkreten Fall ein subjektives öffentliches Recht zusteht, wird nach der herrschenden Auffassung in Literatur[704] und Rechtsprechung[705] anhand der Schutznormtheorie im Wege der Auslegung der in Betracht kommenden Norm bestimmt. Hiernach muss ein Rechtssatz des öffentlichen Rechts vorliegen, der eine Verhaltenspflicht des Staates zum Gegenstand haben, die auch auf die Befriedigung bzw. den Schutz eines sich von der Allgemeinheit abgrenzenden Personenkreises abzielt und damit nicht ausschließlich zur Verwirklichung öffentlicher Interessen bestimmt ist. Ferner muss der Rechtssatz dem Betroffenen die Rechtsmacht einräumen, sein Interesse gegen-

---

700 *Wahl/Schütz*, in: Schoch/Schneider/Bier, VwGO, 25. EL 2013, § 42 Abs. 2 Rdnr. 43.

701 *Bauer*, DVBl. 1986, 208 ff.; *Maurer*, Allgemeines Verwaltungsrecht, 18. Aufl. 2011, § 8 Rdnr. 2; *Schenke*, Verwaltungsprozessrecht, 12. Aufl. 2009, § 10 Rdnr. 3; so auch die überwiegende Rechtsprechung, vgl. BVerwG, ZOV 1997, 121; OVG Bautzen, ZfB 1997, 314 (319); vgl. ferner *Ehlers*, Der gerichtliche Rechtsschutz der Gemeinde, 1986, S. 36 f., der jedoch die Bezeichnung subjektiver Rechte nur auf Außenrechtsfälle begrenzt.

702 *Schmidt-Aßmann*, in: Maunz/Dürig, GG, 69. EL 2013, Art. 19 Abs. 4 Rdnr. 148; *Schmitt Glaeser/Horn*, Verwaltungsprozeßrecht, 15. Aufl. 2000, Rdnr. 169 a.

703 *Wahl/Schütz*, in: Schoch/Schneider/Bier, VwGO, 25. EL 2013, § 42 Abs. 2 Rdnr. 93; *Pietzner/Ronellenfitsch*, 12. Aufl. 2010, § 14 Rdnr. 3; vgl. auch *Krebs*, in: Festschrift für C.-F. Menger, 1985, S. 207 ff.

704 *Stober*, in: Wolff/Bachof/Stober/Kluth, Verwaltungsrecht I, 2007, § 43 Rdnr. 24; *Wahl*, in: Schoch/Schneider/Bier, VwGO, 25. EL 2013, Vorbemerkung, § 42 Abs. 2 Rdnr. 94 ff.

705 Vgl. BVerwGE 1, 83; E 68, 58 (59 ff.); E 80, 259 (260).

über dem Verpflichteten gerichtlich durchzusetzen zu können.[706] Die Schutznormlehre wird heute überwiegend zur Ermittlung drittschützender Wirkungen einschlägiger Rechtssätze herangezogen.[707]

Der Rechtssatz als taugliche Grundlage eines subjektiven öffentlichen Rechts kann nicht nur ein förmliches Gesetz, sondern auch eine untergesetzliche Norm[708] oder auch eine Rechtsposition sein, die durch Vertrag, Verwaltungsakt oder in anderer rechtlich beachtlicher Form begründet worden ist.[709] Der Schutzzweck ist durch Auslegung entsprechend den anerkannten Regeln zu ermitteln. Fehlt es an diesem gesetzlich bezweckten Interessenschutz, handelt es sich bei der durch die Norm bewirkten Begünstigung lediglich um einen Rechtsreflex, der dem Begünstigten keine subjektive Rechtsstellung vermittelt.[710]

Die rechtlich bedeutsamsten subjektiven öffentlichen Rechte sind auf der Ebene des Verfassungsrechts angesiedelt. Sie spiegeln sich zum anderen in den subjektiven öffentlichen Rechten des Verwaltungsrechts wider, in dem diese die entsprechenden Grundrechte in ihrer konkreten ausdifferenzierten einfachen Rechtsordnung verankern. Insoweit bleibt der Vorrang des einfachen Rechts zu beachten, da die in den Grundrechten nur dem Grunde nach enthaltenen Rechtspositionen der einfachrechtlichen Ausformung bedürfen, um sie in der Praxis handhabbar zu machen.[711]

Aus diesem Grunde ist, bevor Grundrechte oder ähnliche Verfassungsrechte als subjektive Rechte herangezogen werden, danach zu differenzieren, ob sie ihre Wirkung „normintern" bei der Anwendung einfachgesetzlicher Regelungen oder „normextern" als unmittelbares subjektives Recht entfalten.[712]

---

706 Zu den Kriterien der Schutznormlehre vgl. Darstellungen bei *Bauer*, Geschichtliche Grundlagen, S. 140 ff.

707 *Wahl*, in: Schoch/Schneider/Bier, VwGO, 25. EL 2013, Vorbemerkung, § 42 Abs. 2 Rdnr. 97.

708 Vgl. BVerwGE 94, 151, 155 zur Begründung eines subjektiven Rechts durch Regelungen eines Bebauungsplans.

709 Vgl. *Kopp/Schenke*, VwGO, 19. Aufl. 2013, § 42 Rdnr. 78 ff. m.w.B.

710 *Schmitt Glaeser/Horn*, Verwaltungsprozeßrecht, 15. Aufl. 2000, Rdnr. 163.

711 Siehe oben C.I.1.a)aa), S. 68 ff.

712 *Wahl*, in: Schoch/Schneider/Bier, VwGO, 25. EL 2013, Vorbemerkung, § 42 Abs. 2 Rdnr. 49 ff.

Für den Fall, dass der Gesetzgeber bereits eine wehrfähige Rechtsstellung normiert hat, gilt der Vorrang der einfachen Rechtsordnung. Soweit ein Grundrecht mit dem betroffenen Rechtsbereich einen thematischen Bezug aufweist, kann es in etwaigen Zweifelsfällen normintern zur Auslegung und Interpretation der Norm ergänzend herangezogen werden. So stehen etwa das Baurecht und auch das Vermögensrecht in Bezug zum Eigentumsgrundrecht aus Art. 14 GG, während beispielsweise das konkurrierende Wirtschaftsverwaltungsrecht durch Art. 12 GG geprägt wird.[713]

Im Gegensatz hierzu kann eine Rechtsverletzung auch in dem unmittelbaren Eingriff in ein Grundrecht gegeben sein, wenn mangels einfachgesetzlicher Regelung die Betroffenheit des Verletzten nur auf grundrechtlicher Ebene erfassbar ist, so z.B. wenn das Verwaltungshandeln im „gesetzesfreien Raum" der Leistungsverwaltung im Rahmen der Subventionsvergabe stattfindet.[714]

Soweit man solche (subjektive) öffentliche Rechte auch den Hoheitsträgern vorbehalten will, können diese sich nur dann auf Grundrechte im Sinne einer normexternen Wirkung berufen, wenn sie auch Träger des betroffenen Grundrechts sind. Dies gilt nach der herrschenden Meinung ausschließlich in den bereits beschriebenen Ausnahmefällen der grundrechtsdienenden juristischen Personen öffentlichen Rechts bzw. der Kirchen.[715] Im Übrigen können sich wehrfähige Rechte für Hoheitsträger grundsätzlich nur aus dem einfachen Recht ergeben.

Auf verfassungsrechtlicher Ebene ist für Gemeinden die kommunale Selbstverwaltungsgarantie gemäß Art. 28 Abs. 2 GG zu beachten.[716] Auch sie soll der betroffenen Gemeinde normextern, z.B. beim Streit über Rechtmäßigkeit und Reichweite von Aufsichtsmaßnahmen im eigenen Wirkungskreis,[717] oder norm-

---

713 Vgl. *Lorenz*, Verwaltungsprozessrecht, 2000, § 18 Rdnr. 22 ff.

714 Vgl. *Würtenberger*, Verwaltungsprozessrecht, 3. Aufl. 2008, Rdnr. 279; *Maurer*, Allgemeines Verwaltungsrecht, 18. Aufl. 2011, § 8 Rdnr. 10 ff.; *Lorenz*, Verwaltungsprozessrecht, 2000, § 18 Rdnr. 26 ff.; kritisch *Wahl/Schütz*, in: Schoch/Schneider/Bier, VwGO, 25. EL 2013, § 42 Abs. 2 Rdnr. 59.

715 Siehe oben C.I.1.a)bb), S. 70 ff.

716 *Kopp/Schenke*, VwGO, 19. Aufl. 2013, § 42 Rdnr. 138; vgl. *VG Oldenburg*, Urteil vom 11.12.2008 – 5 A 2025/08 –, Tz. 28 ff. Juris.

717 So *Hufen*, Verwaltungsprozessrecht, 9. Aufl. 2013, § 14 Rdnr. 100.

intern durch gesetzliche Regelungen, wie beispielsweise Mitwirkungsrechte gemäß § 36 Abs. 1 S. 1 BauGB oder § 45 Abs. 1b S. 2 StVO, eine verwaltungsgerichtlich wehrfähige Rechtsposition verleihen.[718]

In Betracht kommt ferner das in Art. 3 Abs. 1 GG enthaltene Willkürverbot, an das die Exekutive bei der Vornahme ihrer Handlungen gebunden ist. Fraglich ist jedoch sein subjektiver Gehalt zugunsten juristischer Personen öffentlichen Rechts.[719] Soweit juristische Personen öffentlichen Rechts nicht grundrechtsfähig sind, können sie sich auf Art. 3 GG nicht berufen. Darüber hinaus beinhaltet das Willkürverbot gegen rechtswidrige Maßnahmen lediglich das Gebot, das Recht gleich anzuwenden. Um eine Ungleichbehandlung rügen zu können, muss der Betroffene aber erst nachweisen, dass die verletzte Norm ihm ein wehrfähiges Recht verleiht.[720] Dies gilt es aber erst zu untersuchen.

Für die Länder soll der Grundsatz der Eigenstaatlichkeit ein wehrfähiges (subjektives) Recht vermitteln.[721]

Verfahrensvorschriften vermitteln in der Regel keine wehrfähigen (subjektiven) Rechte, da sie meist verwaltungsinterne Normen darstellen.[722] Dagegen ist die Verletzung von Verfahrensvorschriften dann erheblich, wenn die Möglichkeit besteht, dass der Verwaltungsakt entgegen § 46 VwVfG bei ordnungsgemäßem Verfahren ein anderes Ergebnis aufgewiesen hätte, insofern den Kläger in seinen materiellen Rechten betrifft[723] und keine Heilung des Verfahrensfehlers im Sinne des § 45 Abs. 2 VwVfG nachgeholt wird.[724]

Daneben können auch Verstöße gegen Verfahrensbeteiligungsrechte, insbesondere im Rahmen förmlicher Verwaltungsverfahren, zur Anfechtbarkeit der Entscheidung führen, wie etwa bei Verstoß gegen die Herstellung des gemeindlichen Einvernehmens gemäß § 36 BauGB. Dies gilt jedenfalls dann, wenn die

---

718 BVerwGE 95, 333; BVerwG, NVwZ 1995, 910.

719 Im Vergleich zu objektiven Kontrollverfahren siehe oben C.I.3., S. 99 ff.

720 BVerwG, DÖV 1979, 911 f.; *Ehlers*, Der gerichtliche Rechtsschutz der Gemeinde, 1986, S. 50.

721 *Kopp/Schenke*, VwGO, 19. Aufl. 2013, § 42 Rdnr. 141.

722 *Lorenz*, Verwaltungsprozessrecht, 2000, § 18 Rdnr. 32.

723 Vgl. BVerwG, NVwZ 1999, 876 (877).

724 Vgl. *Kopp/Schenke*, VwGO, 19. Aufl. 2013, § 113 Rdnr. 55 ff.

Verfahrensvorschrift auch dem Grundrechtsschutz bzw. einem anderen verfassungsrechtlich geschützten Interesses des Klägers (z.B. aus Art. 28 Abs. 2 GG) dient.[725]

bb) Rechtsnatur der geltend zu machenden Rechte

§ 42 Abs. 2 VwGO lässt ebenfalls offen, ob die Klagebefugnis nur auf subjektiv öffentliche Rechte oder aber auch auf privatrechtlich begründete Rechte gestützt werden kann. Zwar spielt die in Schrifttum und Rechtsprechung umstrittene[726] Frage im klassischen Bürger-Staat-Verhältnis kaum eine über die Dogmatik hinausgehende praktische Rolle, da die meisten durch das Privatrecht geschützten Privatinteressen gleichzeitig durch Grundrechte, insbesondere durch Art. 2 Abs. 1 GG oder Art. 14 Abs. 1 GG, geschützt sind.[727] Die Problematik entfaltet aber insbesondere dort ihre praktische Relevanz, wo Hoheitsträger, die sich nicht auf Grundrechte oder Art. 28 Abs. 2 GG berufen können, ihre Klagebefugnis mangels entsprechender einfach öffentlich-rechtlicher Rechtspositionen auf privatrechtlich verankerte Interessen stützen.

Während ein Teil der Literatur – meist ohne nähere Begründung – behauptet, dass die Klagebefugnis im Sinne des § 42 Abs. 2 VwGO auch private Rechte umfasse,[728] beschränkt die herrschende Lehre dagegen die Klagebefugnis nur auf Rechtspositionen des öffentlichen Rechts.[729] Nur diese könnten einen Ho-

---

725 *Hüttenbrink*, in: Kuhla/Hüttenbrink, Verwaltungsprozess, 3. Aufl. 2002, D. Rdnr. 75; *Hufen*, Verwaltungsprozessrecht, 9. Aufl. 2013, § 14 Rdnr. 90, 103; vgl. BVerfGE 53, 30 (66), sog. „Mühlheim-Kährlich-Beschluss".

726 Vgl. *Jarass*, DVBl. 1976, 732 (737); vgl. *Schmidt-Kötters*, in: Posser/Wolff, BeckOK VwGO, 28. Ed. 01/2014, § 42 Rdnr. 144, der nur Rechte des öffentlichen Rechts darunter subsumiert.

727 Vgl. *Kopp/Schenke*, 19. Aufl. 2013, § 42 Rdnr. 81.

728 So noch *Redeker*, in: Redeker/v. Oertzen, VwGO, 11. Aufl. 1994, § 42 Rdnr. 102; mit näherer Begründung *Roth*, Verwaltungsrechtliche Organstreitigkeiten, 2001, S. 289 ff., der gleichzeitig einräumt, dass private subjektive Rechte wegen § 40 Abs. 1 VwGO kaum eine praktische Relevanz erfahren werden. Vgl. ferner Darstellung von *Happ*, in: Eyermann/Fröhler, VwGO, 13. Aufl. 2010, § 42 VwGO Rdnr. 83 b.

729 *Kopp/Schenke*, VwGO, 19. Aufl. 2013, § 42 Rdnr. 81; *Ehlers*, VerwArch 84 (1993), S. 139 (144); *ders.*, Der gerichtliche Rechtsschutz der Gemeinde gegenüber Verwaltungsakten des Finanzamtes im Gewerbesteuerverfahren, 1986, S. 35 (mit Fn. 128); *Wahl/Schütz*, in: Schoch/Schneider/Bier, VwGO, 25. EL 2013, § 42 Abs. 2 Rdnr. 43; *v. Nicolai*, in: Redeker/v. Oertzen, VwGO, 15. Aufl. 2010, § 42 Rdnr. 49, 51 (gegenteilige Auffassung von *Redeker*, ebenda, bis zur 11. Aufl. 1994 zu Rdnr. 102); *Sodan*, in: So-

heitsträger berechtigen oder verpflichten.[730] Eine Berücksichtigung privater Rechte komme nach Auffassung von *Jarass* nur dann ausnahmsweise in Betracht, wenn durch das öffentliche Recht bestimmte privatrechtliche Einwendungen ausgeschlossen seien. Selbst dann sei jedoch ein Rückgriff auf das private Recht nicht vonnöten, da die wehrfähige (subjektive) Rechtsposition sich aus der „Beschränkungsnorm" selbst ergebe.[731] *Obermayer* ist dagegen der Auffassung, dass ein Verwaltungsakt keine privaten Rechte verletzen könne. Selbst im Falle einer rechtswidrigen Enteignung werde nicht etwa in das private Eigentum eingegriffen, sondern stattdessen das subjektive öffentliche Recht auf Gesetzmäßigkeit der Verwaltung gemäß Art. 20 Abs. 3 GG und das Grundrecht nach Art. 14 Abs. 3 GG, nur unter Beachtung der verfassungsmäßigen Ordnung enteignet zu werden, verletzt.[732]

Dass diese Grundsätze aber nicht ohne weiteres auf private Rechtspositionen von Hoheitsträgern übertragbar sind, ergibt sich bereits aus ihrer mangelnden Grundrechtsfähigkeit. *Obermayer* hatte bei seiner Darstellung offensichtlich nur das klassische Bürger-Staat-Verhältnis vor Augen.

Soweit *Schenke*[733] darüber hinaus auch privatrechtlich ausgestaltetes Eigentum öffentlicher Rechtsträger durch den Grundsatz, dass der Staat nicht ohne Rechtsgrund in private Rechte eingreifen darf, geschützt wissen will, mag dies objektiv-rechtlich gesehen zutreffend sein. Es ist jedoch nicht ersichtlich, inwieweit dieser Grundsatz einem Hoheitsträger eine wehrfähige (subjektiv) öffentliche Rechtsposition vermitteln kann. Auch der Verweis, dass diese Rechtspositionen nur wegen ihrer Zuordnung zu einer Körperschaft öffentlichen Rechts nicht grundrechtlich geschützt seien, macht sie nicht schutzbedürftiger und stellt sie damit den Rechtspositionen Privater gleich. Dies zeigt insbesonde-

---

dan/Ziekow, VwGO, 3. Aufl. 2010, § 42 Rdnr. 382; *Hufen*, Verwaltungsprozessrecht, 9. Aufl. 2013, § 14 Rdnr. 72; *Obermayer*, BayVBl. 1960, 208 (211); *Jarass*, DVBl. 1976, 732 (737); *Schmidt-Kötters*, in: Posser/Wolff, BeckOK VwGO, 28. Ed. 01/2014, § 42 Rdnr. 144; *Leschka*, SächsVBl. 2003, 181 (182 ff.); *Bleckmann*, VBlBW 1985, 361; *Schmitt Glaeser/Horn*, Verwaltungsprozeßrecht, 15. Aufl. 2000, Rdnr. 157; *Würtenberger*, Verwaltungsprozessrecht, 3. Aufl. 2008, Rdnr. 273.

730 *Ehlers*, VerwArch 84 (1993), S. 139 (144 f.).

731 *Jarass*, DVBl. 1976, 732 (738).

732 *Obermayer*, BayVBl. 1960, 208 (211); ähnlich auch *Kopp/Schenke*, VwGO, 19. Aufl. 2013, § 42 Rdnr. 81.

733 *Kopp/Schenke*, a.a.O.

re der Vergleich zum Eigentum: Der Staat kann sich u.a. deshalb nicht auf das Eigentumsgrundrecht berufen, gerade weil es nicht das Privateigentum, sondern das Eigentum Privater schützt.[734] Der von *Schenke* vorgenommene Rückgriff auf den ungeschriebenen Rechtsgrundsatz, der Staat dürfe nicht ohne Rechtsgrund in private Rechte eingreifen, würde darüber hinaus zu einer unzulässigen Umgehung des Schutzbereichs von Art. 14 GG führen. Dies gilt umso mehr, als dieser Grundsatz nicht nur aus Art. 20 Abs. 3 GG, sondern primär aus Art. 14 Abs. 3 GG hergeleitet wird.[735] Auf Art. 14 Abs. 3 GG kann sich der Hoheitsträger in der Regel aber nicht berufen, da ihm keine Rechtsposition aus Art. 14 Abs. 1 GG zusteht.[736]

Dass die Klagebefugnis sich nur aus (subjektiv) öffentlichen Rechten ergeben kann, zeigt ferner ihr systematischer Zusammenhang zu den Anforderungen an die Rechtswegeröffnung i.S.d. § 40 Abs. 1 VwGO und der Begründetheit von Anfechtungs- und Verpflichtungsklagen gemäß § 113 Abs. 1 S. 1, Abs. 5 S. 1 VwGO:

Maßgeblich für die Rechtswegeröffnung zu den Verwaltungsgerichten nach § 40 Abs. 1 VwGO ist u.a. das Vorliegen einer öffentlich-rechtlichen Streitigkeit. Diese ist als öffentlich-rechtlich zu beurteilen, wenn der der Klage zugrundeliegende Streitgegenstand nach öffentlichem Recht zu beurteilen ist, was wiederum dann der Fall ist, wenn die streitentscheidende Rechtsnorm dem öffentlichen Recht angehört.[737] Aber auch die Begründetheit einer Klage nach § 113 Abs. 1 S. 1, Abs. 5 S. 1 VwGO knüpft an (subjektive) Rechtspositionen des *öffentlichen* Rechts an. Nur diese können einen Verwaltungsakt oder sein Unterlassen rechtswidrig machen.[738] Dies ergibt sich auch aus dem Zusammenhang zwischen rechtswidriger Handlung und der Rechtsverletzung des Betroffenen. Die Rechtsverletzung des Betroffenen tritt gerade wegen der Rechtswidrigkeit der hoheitlichen Handlung oder ihres Unterlassens ein. Aus diesem Grunde soll

---

734 Siehe oben C.I.1.a)bb), S. 70 ff.

735 Vgl. BVerwG, UPR 1983, 310 f., Tz. 13 und 15 Juris.

736 BVerwG, NVwZ 1989, 247 ff., Tz. 21 f. Juris, (mit der Einschränkung für Gemeinden, dass für sie möglicherweise Art. 28 Abs. 2 GG streiten kann).

737 *Hüttenbrink*, in: Kuhla/Hüttenbrink, Verwaltungsprozess, 3. Aufl. 2002, C Rdnr. 4; *Lorenz*, Verwaltungsprozessrecht, 2000, § 11 Rdnr. 7; *Ehlers*, in: Schoch/Schneider/Bier, VwGO, 25. EL 2013, § 40 Rdnr. 203.

738 *Kopp/Schenke*, VwGO, 19. Aufl. 2013, § 42 Rdnr. 81.

das verletzte Recht demselben öffentlich-rechtlichen Rechtskreis zuzuordnen sein wie die zur Rechtswidrigkeit der Handlung oder Unterlassung führende Vorschrift. Die Klagebefugnis kann sich daher nur aus solchen – öffentlichen – Rechten ergeben, die ihrerseits eine Begründung der Klage ermöglichen können.[739]

Nachfolgend soll unter **D.** auf einzelne Fallkonstellationen, in denen Hoheitsträger Klagerechte geltend machen können, eingegangen werden.

3. Rechtsschutzbedürfnis

Für die Prüfung des Rechtsschutzbedürfnisses ist maßgeblich, ob das Rechtsschutzziel nicht auf einfacherem Weg erreicht werden kann, der Kläger also ein schutzwürdiges Interesse an der Klage hat. Das Rechtsschutzbedürfnis beruht auf einem allgemeingültigen prozessrechtlichen Gedanken und soll die Verwaltungsgerichtsbarkeit vor Missbrauch durch nicht erforderliche Inanspruchnahme bewahren. Es ist nur im Fall der Feststellungsklage als besonderes Feststellungsinteresse gesetzlich normiert, §§ 43 Abs. 1, 113 Abs. 1 S. 4 VwGO.[740]

Das Rechtsschutzbedürfnis erweist sich in den Fällen, in denen die öffentliche Hand als Klägerin auftritt, im Vergleich zum Privaten als besonderer Prüfungspunkt. Aufgrund ihrer organisatorischen Zugehörigkeit zum Staat stehen ihr – im Gegensatz zum Privaten – grundsätzlich eigene verwaltungsrechtliche Durchsetzungs- bzw. interne Regelungsmöglichkeiten zu.[741]

Der öffentlichen Hand fehlt daher das Rechtsschutzbedürfnis, wenn sie das Rechtschutzziel selbst durch eigene öffentlich-rechtliche Regelung herbeiführen kann.[742] Dies gilt insbesondere in den sog. Bürgerverurteilungsklagen[743], in denen die öffentliche Hand Leistungsansprüche gegenüber dem Bürger nicht durch Leistungsbescheid, sondern im Wege der Leistungsklage verwaltungsgerichtlich

---

739 *Leschka*, SächsVBl. 2003, 181 (183).

740 *Lorenz*, Verwaltungsprozessrecht, 2000, § 13 Rdnr. 1 f.; *Ehlers*, in: Schoch/Schneider/Bier, VwGO, 25. EL 2013, Vorbemerkung, § 40 Rdnr. 74 ff.

741 Vgl. *Lorenz*, Verwaltungsprozessrecht, 2000, § 13 Rdnr. 9 ff.

742 OVG Hamburg, NJW 1989, 605.

743 Siehe unter D.III.5., S. 162 f.

geltend macht. Da eine Titulierung durch Leistungsbescheid meist einfacher ist, fehlt ihr für solche Klagen grundsätzlich das Rechtsschutzbedürfnis, es sei denn, sie musste mit einer gerichtlichen Auseinandersetzung über die Forderung rechnen.[744]

Ferner ist erforderlich, dass der Rechtsstreit nicht durch eine gemeinsame Entscheidungsspitze intern beigelegt werden kann.[745] Das Rechtsschutzinteresse fehlt daher z.B. gegenüber Entscheidungen mittelbarer Staatsverwaltung, soweit diese der staatlichen Aufsicht des Klägers unterstehen.[746] Auch bei Insichprozessen, in denen beispielsweise der Oberbürgermeister einer Gemeinde einen Verwaltungsakt erlässt, der Rechtswirkungen auf das Eigentum der Gemeinde entfaltet, fehlt das Rechtsschutzbedürfnis der klagenden Gemeinde gegen den Verwaltungsakt, wenn der Verwaltungsakt ohne Weisung der Aufsichtsbehörde erlassen worden ist.[747] Dagegen soll das Rechtsschutzinteresse gegeben sein, wenn die den Verwaltungsakt erlassende Behörde weisungsgebunden ist, aber keine Identität zwischen Entscheidungsträger und gemeinsamer Verwaltungsspitze besteht.[748]

---

744 BVerwGE 80, 164 (165 f.); *VGH Kassel*, Urteil vom 17.09.1992 – 7 UE 1791/87 –, Tz. 28 Juris; *Würtenberger*, Verwaltungsprozessrecht, 3. Aufl. 2008, Rdnr. 389; *Schenke*, JZ 1996, 1103 (1112); a.A. *Hufen*, Verwaltungsprozessrecht, 9. Aufl. 2013, § 17 Rdnr. 11, der im Falle einer Wahlmöglichkeit die einfachere einseitige Regelung für vorrangig hält; ebenso *Ehlers*, JURA 2006, 351 (357), der nur bei ernsthaften Zweifeln an der Verwaltungsaktbefugnis der Verwaltung die Leistungsklage für zulässig hält; ähnlich auch *Christonakis*, SGb 2002, 305 (311 ff.), der hierin eine unzulässige Verkürzung des Rechtsschutzes des Bürgers erkennt und dem Argument der Prozesswirtschaftlichkeit behördlicher Klagen entgegen tritt.

745 VGH München, BayVBl. 2005, 405 f.

746 VGH Mannheim, NVwZ 1993, 393.

747 BVerwGE 101, 47 (50 f.) zur Restitutionsentscheidung des Amtes zur Regelung offener Vermögensfragen einer kreisfreien Stadt über ein im Eigentum der Stadt stehendes Grundstück.

748 *Stelkens*, in: Stelkens/Bonk/Sachs, 8. Aufl. 2014, § 35 Rdnr. 190.

D. Der Staat als Kläger

Sowohl die historische Entwicklung der Verwaltungsgerichtsbarkeit als auch die der Verwaltungsgerichtsordnung zeigen, dass der Verwaltungsprozess primär auf Außenrechtsstreitigkeiten zwischen Individuum und Staat ausgerichtet ist.[749] Sobald Träger öffentlicher Gewalt im Verwaltungsprozess als Kläger auftreten, müssen sie ebenso wie ein Bürger die jeweiligen Sachurteilsvoraussetzungen erfüllen. Dabei treten oftmals nicht nur in formeller Hinsicht Probleme auf, so z.B. bei der Frage des Rechtsschutzbedürfnisses des klagenden Hoheitsträgers sowie bei Innenrechtsstreitigkeiten bezüglich der Beteiligungsfähigkeit von Behörden und Organen. Auch die Anwendung materiellen Rechts bereitet mitunter Schwierigkeiten, wie etwa die Ermittlung von wehrfähigen Rechten im Sinne des § 42 Abs. 2 VwGO nach Maßgabe der Schutznormtheorie, sofern die Klagebefugnis nicht bereits in den jeweiligen Fachgesetzen ausdrücklich geregelt ist.

Nachfolgend soll in diesem Kapitel zur Beteiligtenfähigkeit (**I.**), zur Prozessvertretung (**II.**) und zur Klagebefugnis der öffentlichen Hand im bipolaren (**III.**) und multipolaren Rechtsverhältnis (**IV.** und **V.**) unter besonderer Berücksichtigung des Bau-, (Fach-)Planungs- und Vermögensrechts Stellung genommen werden.

I. Zur Beteiligung als Kläger

Unabhängig von der Frage, ob der Staat sich im Einzelnen auf Rechte i.S.d. § 42 Abs. 2 VwGO berufen kann, bestimmt § 61 VwGO in verfahrensrechtlicher Hinsicht, welche Rechtssubjekte sich am Prozess beteiligen und damit u.a. Kläger sein können.[750]

Neben natürlichen und juristischen Personen i.S.d. § 61 Nr. 1 VwGO sind dies nach Nr. 2 Vereinigungen, soweit ihnen ein Recht zustehen kann sowie gemäß Nr. 3 Behörden, sofern das Landesrecht dies bestimmt. § 61 VwGO steht dabei in systematischem Zusammenhang mit § 63 VwGO. Dieser regelt, welche

---

749 Siehe oben C.II., S. 103 ff.

750 *Bier*, in: Schoch/Schneider/Bier, VwGO, 25. EL 2013, § 61 Rdnr. 2.

Rolle die Beteiligten im Verwaltungsprozess einnehmen.[751] Außerhalb der VwGO wird § 61 VwGO durch Sonderbestimmungen ergänzt, die für bestimmte Personengruppen oder Einrichtungen die Partei- bzw. Beteiligungsfähigkeit speziell regeln. Dies betrifft u.a. gemäß § 3 PartG die politischen Parteien und deren Gebietsverbände der höchsten Stufe, sofern die Satzung der Partei nicht anderes regelt, [752] und gemäß § 4 Abs. 1 BEZNG das Bundeseisenbahnvermögen.[753] Nicht beteiligungsfähig im Verwaltungsstreitverfahren ist dagegen der Entschädigungsfonds, da die Beteiligungsfähigkeit des Entschädigungsfonds durch § 9 Abs. 3 EntschG auf den rechtsgeschäftlichen Verkehr beschränkt ist.[754]

Zur wirksamen Vornahme von Prozesshandlungen muss der jeweilige Beteiligte über die Beteiligungsfähigkeit hinaus auch gemäß § 62 VwGO prozessfähig, prozessführungsbefugt und postulationsfähig sein, § 67 VwGO.[755]

Die Prozessfähigkeit beschreibt die Fähigkeit, einen Prozess selbst oder durch einen Bevollmächtigten zu führen. Vereinigungen (öffentlichen Rechts) sowie Behörden sind als solche nicht prozessfähig. Für sie handeln gemäß § 62 Abs. 3 VwGO die jeweiligen gesetzlichen Vertreter und Vorstände. Wer gesetzlicher Vertreter ist, beurteilt sich im Einzelnen nach dem jeweiligen Verwaltungsorganisationsrecht.[756]

Die Feststellung der Beteiligtenfähigkeit ist insbesondere im Hinblick auf Innenrechtsstreitigkeiten problematisch:

§ 61 VwGO ist auf Streitigkeiten im Außenrechtsverhältnis zugeschnitten.[757] Während § 61 Nr. 1 VwGO mit den natürlichen und juristischen Personen Außenrechtssubjekte benennt, führt die Nr. 2 eine Mehrheit von Außenrechtssubjekten, folglich eine Außenrechtsvereinigung auf. Auch die auf Anraten des Bundesrates[758] erfolgte Einfügung der Nr. 3 bezweckte nur die Beteiligung der

---

751 *Dolde*, in: Festschrift für C.-F. Menger, 1985, S. 423 (424).

752 Vgl. *Stettner*, JA 1982, 394 (395); *Dolde*, a.a.O., S. 423 (426).

753 Vgl. *Kopp/Schenke*, VwGO, 19. Aufl. 2013, § 61 Rdnr. 6.

754 BVerwGE 118, 328 (330).

755 *Kopp/Schenke*, VwGO, 19. Aufl. 2013, § 61 Rdnr. 1.

756 *Bier*, in: Schoch/Schneider/Bier, VwGO, 25. EL 2013, § 62 Rdnr. 17.

757 Siehe oben C.II., S. 103 ff.

758 Vgl. BTDrucks II/462, S. 60 zu § 64.

Behörden, die den Verwaltungsakt und damit eine Regelung nach außen erlassen haben.[759] Da der Wortlaut darüber hinaus Innenrechtsstreitigkeiten, insbesondere Insichprozesse, nicht ausschließt, wird hieraus zum Teil der Rückschluss gezogen, dass solche Streitigkeiten grundsätzlich möglich seien.[760]

Soweit Organe oder Organteile eines Innenrechtsstreits Träger von wehrfähigen öffentlichen Rechten oder Pflichten sein können, sollen diese auch – zumindest in analoger Anwendung des § 61 VwGO – beteiligungsfähig sein.[761]

1. § 61 Nr. 1 VwGO

Ob für Organe, Organteile, Organ- oder Amtswalter eine Beteiligungsfähigkeit als natürliche Person gemäß § 61 Nr. 1 Alt. 1 VwGO in Frage kommt, wird insbesondere in inneruniversitären und kommunalverfassungsrechtlichen Angelegenheiten streitig diskutiert. Die Frage wird teilweise mit der Begründung bejaht, dass der Betroffene in seiner besonderen Stellung gleichzeitig eine natürliche Person sei.[762] Dagegen differenziert *Dolde* danach, ob die natürliche Person als Organwalter „Individualrechte auf das Amt oder aus dem Amt" geltend macht oder ob es um Streitigkeiten von Organen, vertreten durch den Organwalter geht. Nur der erste Fall sei dem § 61 Nr. 1 VwGO zuzuordnen.[763]

---

759 *Erichsen*, in : Festschrift für C.-F. Menger, 1985, S. 211 (222).

760 BVerwGE 45, 207 (208); vgl. *Dolde*, in: Festschrift für C.-F. Menger, 1985, S. 423 (435 f.).

761 *Bier*, in: Schoch/Schneider/Bier, VwGO, 25. EL 2013, § 61 Rdnr. 7; *Bethge*, DVBl. 1980, 824; *Dolde*, a.a.O., S. 423 (436); *Erichsen*, in: Festschrift für C.-F. Menger, 1985, S. 211 (223 ff.), der die Beteiligungsfähigkeit kraft Rechtsfortbildung begründet; ähnlich *Schoch*, JuS 1987, 783 (786 f.).

762 *BVerwG*, Beschluss vom 30.03.2006 – 2 B 8/06 –, Tz. 2 Juris (zur Frauenvertreterin nach dem Landesgleichstellungsgesetz des Landes Berlin); *dass.*, Beschluss vom 07.03.1980 – 7 B 58.79 –, Tz. 6 Juris; *dass.*, Beschluss vom 29.10.1980 – 7 C 5.79 –, Tz. 3 Juris (zur Klage eines Richters als Mitglied des Präsidiums gegen den Präsidenten des Gerichts als Vorsitzenden des Präsidiums); für § 61 Nr. 1 analog, soweit einzelne Personen klagen: *Gern*, VBlBW 1989, 449 (451); *Franz*, JURA 2005, 156 (160).

763 *Dolde*, in: Festschrift für C.-F. Menger, 1985, S. 423 (427); zustimmend auch *Kopp*, VwGO, 1992, § 61 Rdnr. 5.

Letztlich ist die Frage insgesamt zutreffenderweise zu verneinen. Weder das betroffene Organ noch der Organteil sind Außenrechtssubjekte wie der mit Individualrechten ausgestattete Mensch. Sie dienen in ihrer Eigenschaft als Amtswalter, Organe oder Organteile dazu, die Organisation „willens- und handlungsfähig zu machen“ und können als Innenrechtssubjekte nicht Träger individueller Rechte sein.[764]

Nach § 61 Nr. 1 Alt. 2 VwGO sind alle juristischen Personen des öffentlichen und privaten Rechts beteiligungsfähig. Für das öffentliche Recht sind dies u.a. die Gebietskörperschaften (der Bund, die einzelnen Länder, die Gemeinden und Gemeindeverbände), die sonstigen rechtsfähigen Körperschaften, wie z.B. Industrie- und Handelskammern (§ 3 Abs. 1 IHKG), Handwerksinnungen (§ 53 HWO) und Handwerkskammern (§ 90 Abs. 1 HWO), rechtsfähige öffentlich-rechtliche Anstalten, wie z.B. Sparkassen, Rundfunkanstalten Studentenwerke, und Stiftungen des öffentlichen Rechts.[765] Ferner zählen hierzu auch die Bistümer und Kirchengemeinden der katholischen und der altkatholischen Kirche, andere gemäß Art. 140 GG i.V.m. Art. 137 Abs. 5 WRV oder die nach entsprechenden Bestimmungen des Landesrechts als Körperschaften des öffentlichen Rechts anerkannten Kirchen und kraft Herkommens die meisten älteren Orden.[766]

2. § 61 Nr. 2 VwGO (analog)

Vereinigungen können beteiligungsfähig im Sinne des § 61 Nr. 2 VwGO sein, wenn ihnen ein Recht zustehen kann. Dies betrifft alle nichtrechtsfähigen Personenmehrheiten unabhängig von ihrer Organisationsform, soweit ein Mindestmaß an innerer Organisation besteht und sie Zuordnungsobjekte der konkret in Frage stehenden Rechte (im Aktivprozess) oder Pflichten (im Passivprozess), d.h. zu-

---

764 *Erichsen*, in: Festschrift für C.-F. Menger, 1985, S. 211 (221); *Bier*, in: Schoch/Schneider/Bier, VwGO, 25. EL 2013, § 61 Rdnr. 3 und 7; *Czybulka*, in: Sodan/Ziekow, 3. Aufl. 2010, § 61 Rdnr. 19; *Kopp/Schenke*, VwGO, 19. Aufl. 2013, § 61 Rdnr. 5.

765 Vgl. hierzu *Kopp/Schenke*, a.a.O.,§ 61 Rdnr. 6; Bier, a.a.O., § 61 Rdnr. 4.

766 Vgl. OVG Münster, NJW 1983, 2592 (zu einer katholischen Kirchengemeinde als Teilverband einer Diözese); *Korioth*, in: Maunz/Dürig, GG, 69. EL 2013, Art. 140 GG, 137 WRV Rdnr. 63 ff., 70 f.; *VG Freiburg*, Urteil vom 21.06.2007 – 4 K 1268/06 –, zit. nach Juris (zu einer jüdischen Gemeinde als Körperschaft des öffentlichen Rechts).

mindest teilrechtsfähig sind.[767] Ob ihnen das Recht tatsächlich zusteht, richtet sich nach materiellem Recht und ist damit keine Frage der Beteiligungsfähigkeit im Rahmen der Zulässigkeit der Klage, sondern ihrer Begründetheit.[768]

Ist nach dem vorstehend Ausgeführten eine Beteiligungsfähigkeit für die Betroffenen inneruniversitärer und kommunalverfassungsrechtlicher Streitigkeiten sowie sonstiger Innenrechtsstreitigkeiten gemäß § 61 Nr. 1 VwGO ausgeschlossen, stellt sich die Frage, ob ihnen eine Beteiligungsfähigkeit aus § 61 Nr. 2 VwGO (analog) zustehen kann.

Die Heranziehung des § 61 Nr. 2 VwGO (analog) auf kollegiale oder monokratische Organe, Organteile, Organ- und Amtswalter bietet sich aufgrund der Ähnlichkeit ihrer Rechte und Pflichten im Vergleich zu den Rechten und Pflichten der hierin bezeichneten Außenrechtsvereinigungen an. Die Außenrechtsvereinigung ist nach § 61 Nr. 2 VwGO beteiligungsfähig, sofern ihr im Hinblick auf den konkreten Streitgegenstand ein Recht zustehen kann. Dies muss auch entsprechend für Organe, Organteile, Organ- und Amtswalter gelten, soweit ihnen innerorganisatorische wehrfähige Rechte oder korrespondierende Pflichten zugewiesen sind. Dabei soll das verpflichtete Organ als Adressat einer korrespondierenden Verpflichtung und nicht die Körperschaft auf Beklagtenseite beteiligungsfähig sein.[769]

Während ein Teil der Rechtsprechung bei kommunalverfassungsrechtlichen, inneruniversitären oder sonstigen Innenrechtsstreitigkeiten § 61 Nr. 2 VwGO unmittelbar anwendet,[770] geht die überwiegende Auffassung in der Literatur von einer analogen Anwendung aus.[771] Die Analogie wird dadurch erforderlich, dass

---

767 *Dolde*, in: Festschrift für C.-F. Menger, 1985, S. 423 (431 f.); *Erichsen*, in: Festschrift für C.-F. Menger, 1985, S. 211 (224 f.); BVerwG, NVwZ 2004, 887.

768 *Dolde*, a.a.O., S. 423 (432); vgl. dagegen *Kopp/Schenke*, VwGO, 19. Aufl. 2013, § 61 Rdnr. 8, der diese Frage der Klagebefugnis oder der passiven Prozessführungsbefugnis zuordnet.

769 Vgl. *Dolde*, in: Festschrift für C.-F. Menger, 1985, S. 423 (436); *Bier*, in: Schoch/Schneider/Bier, VwGO, 25. EL 2013, § 61 Rdnr. 7; *Erichsen*, in: Festschrift für C.-F. Menger, 1985, S. 211 (223); vgl. *Bethge*, DVBl. 1980, 309 (313).

770 VGH Mannheim, DÖV 1983, 862; OVG Münster, NVwZ 1983, 486; dass., NVwZ 2003, 1526; offen VG Potsdam, LKV 2006, 566 (567).

771 Vgl. *Bethge*, DVBl. 1980, 824; *Ehlers*, JURA 2008, 359 (367), *Schenke*, Verwaltungsprozessrecht, 12. Aufl. 2009, Rdnr. 457.

§ 61 Nr. 2 VwGO nur auf Außenrechtsvereinigungen und damit nicht auf den Innenrechtskreis abzielt. Darüber hinaus fehlt es monokratischen Organen, Organteilen, Organ- oder Amtswaltern am Merkmal der „Vereinigung“; insoweit kommt hier sogar eine doppelte Analogie zum Tragen.[772]

Als beteiligungsfähig nach § 61 Nr. 2 VwGO (analog) werden u.a. anerkannt: der Gemeinderat[773], der Magistrat, das Ratsmitglied, der Bürgermeister, der Beigeordnete, der Gemeinderatsausschuss, die Ratsfraktion[774] und der Ortsbeirat[775], die Bezirke Berlins,[776] das Kuratorium einer Universität,[777] der Allgemeine Studentenausschuss gegen den Universitätspräsidenten,[778] die Gleichstellungsbeauftragte im Verfahren nach § 22 BGleiG[779] und die Fakultäten einer Universität[780], nicht jedoch der Fachbereichsrat einer Fachhochschule gegenüber dem Rektor der Fachhochschule[781].

3. § 61 Nr. 3 VwGO

Behörden sind nach dem Rechtsträgerprinzip grundsätzlich nicht beteiligungsfähig. Sie sind unselbständige Teile ihres jeweiligen Rechtsträgers und grundsätzlich nicht Zuordnungssubjekte von Rechten und Pflichten im Innen- und Außenverhältnis. Sollten ihnen im Einzelfall ein Recht zugewiesen sein, käme eine Beteiligtenfähigkeit nach § 61 Nr. 2 VwGO (analog) in Betracht.[782]

Gemäß § 61 Nr. 3 VwGO ist es den Ländern unter Durchbrechung des Rechtsträgerprinzips erlaubt, neben oder anstelle der an sich zu beteiligenden

---

772 *Schoch*, JuS 1987, 783 (787); *Martensen*, JuS 1995, 989 (991 f.).

773 VGH Mannheim, DÖV 1988, 976.

774 OVG Weimar, LKV 2000, 358; OVG Bautzen, SächsVBl. 2006, 12.

775 VGH Kassel, NVwZ 1987, 919.

776 OVG Berlin, LKV 2000, 453.

777 BVerwGE 45, 39 (42).

778 VGH Mannheim, NJW 1982, 902.

779 *VG Cottbus*, Beschluss vom 30.03.2006 – 5 L 73/06 –, Tz. 14 Juris.

780 VGH Kassel, ESVGH 31, 60 f.

781 *VG Sigmaringen*, Beschluss vom 08.01.2003 – 5 K 2626/02 –, Juris; vgl. auch OVG Berlin, OVGE 14, 93 (94 ff.).

782 *Dolde*, in: Festschrift für C.-F. Menger, 1985, S. 423 (433); *Bier*, in: Schoch/Schneider/Bier, VwGO, 25. EL 2013, § 61 Rdnr. 8.

Rechtsträger unmittelbare oder mittelbare Behörden für beteiligtenfähig zu erklären. Die für beteiligtenfähig erklärten Behörden treten im Rechtsstreit in Prozessstandschaft für den Rechtsträger auf. Ihre Prozesshandlungen und auch die Rechtskraft der Entscheidung des Gerichts wirken somit für und gegen den jeweiligen Rechtsträger.[783]

Von dieser Möglichkeit haben in ihren Ausführungsgesetzen zur VwGO die Länder Brandenburg (§ 8 Abs. 1 BbgVwGG), Mecklenburg-Vorpommern (§ 14 Abs. 1 AGGerStrG M-V) und das Saarland (§ 19 Abs. 1 SAGVwGO) für Behörden im Allgemeinen sowie Niedersachsen (§ 8 Abs. 1 NAGVwGO), Sachsen-Anhalt (§ 8 Abs. 1 AGVwGO SA) und Schleswig-Holstein (§ 6 S. 1 AGVwGO SH) für die unmittelbaren Landesbehörden Gebrauch gemacht. In Rheinland-Pfalz ist die Beteiligtenfähigkeit gemäß § 17 Abs. 2 AGVwGO nur für die Aufsichts- und Dienstleistungsdirektion oder eine andere obere Aufsichtsbehörde nach § 16 Abs. 7 HS. 2 AGVwGO im Falle der besonderen Aufsichtsklage geregelt.[784] In Nordrhein-Westfalen ist das bislang in § 5 Abs. 2 AGVwGO geregelte Behördenprinzip im Zuge der Modernisierung der Landesjustizgesetze seit dem 01.01.2011 aufgehoben.[785]

Für den Bund gilt das Rechtsträgerprinzip, nach dem Bundesbehörden prinzipiell nicht durch die landesgesetzliche Zulassung der Behördenbeteiligung beteiligtenfähig sind.[786]

II. Prozessvertretung von Hoheitsträgern

Während § 61 VwGO die Frage regelt, wer Beteiligter des Prozessrechtsverhältnisses sein kann, bestimmt § 67 VwGO, wer vor Gericht auftreten muss bzw. kann, also ob der Beteiligte den Rechtsstreit vor den Verwaltungs- und Ober-

---

783 *Bier*, in: Schoch/Schneider/Bier, VwGO, 25. EL 2013, § 61 Rdnr. 8.

784 Vgl. hierzu OVG Koblenz, NVwZ-RR 2003, 75.

785 Gesetz zur Modernisierung und Bereinigung von Justizgesetzen im Land Nordrhein-Westfalen vom 26.01.2010, GV. NW S. 29 ff. (vgl. die Aufhebung des AGVwGO NRW in Art. 2 Nr. 28 des Gesetzes und die Neuregelung in Art. 1 §§ 109-112 JustG NRW).

786 BVerwGE 20, 21 (22); E 14, 330 (331); *Kopp/Schenke*, VwGO, 19. Aufl. 2013, § 61 Rdnr. 13; a.A. *Dolde*, in: Festschrift für C.-F. Menger, 1985, S. 423 (434).

verwaltungsgerichten bzw. Verwaltungsgerichtshöfen sowie dem Bundesverwaltungsgericht selbst führen kann, sich hierzu durch einen Prozessbevollmächtigten vertreten lassen kann, oder ob er sich durch einen Bevollmächtigten vertreten lassen muss. § 67 Abs. 1 VwGO greift dabei den Grundfall auf, dass die Beteiligten im Sinne des § 61 VwGO den Rechtsstreit vor den Verwaltungsgerichten zunächst selbst führen können. Gleichwohl können sie sich dabei auch durch die in § 67 Abs. 2 VwGO festgelegten Bevollmächtigten, die sich durch eine gewisse Rechtskunde (wie z.B. Rechtsanwälte, Hochschullehrer des Rechts, Steuerberater etc.) oder durch familiäre Bindungen zum Beteiligten auszeichnen, vertreten lassen. Vor den Oberverwaltungsgerichten bzw. Verwaltungsgerichtshöfen sowie dem Bundesverwaltungsgericht herrscht gemäß § 67 Abs. 4 VwGO dagegen grundsätzlich Vertretungszwang.[787]

1. Prozessvertretung durch Behörden und juristische Personen öffentlichen Rechts

Behörden und juristischen Personen öffentlichen Rechts sowie den von ihnen zur Erfüllung ihrer öffentlichen Aufgaben gebildeten Zusammenschlüsse wird in § 67 Abs. 2 S. 2 Nr. 1 VwGO ein sogenanntes Behördenprivileg eingeräumt: Sie können sich vor den Verwaltungsgerichten nicht nur durch eigene Beschäftigte, sondern auch durch Beschäftigte anderer Behörden, juristischer Personen öffentlichen Rechts sowie der von ihnen zur Erfüllung ihrer öffentlichen Aufgaben gebildeten Zusammenschlüsse vertreten lassen. Die Einführung der Privilegierung beruhte ursprünglich auf finanziellen und prozessökonomischen Gründen. Durch den Einsatz eigener Beschäftigter sollten die für die Beauftragung eines Rechtsanwalts anfallenden Kosten eingespart und durch die „besondere Sachnähe" der Beschäftigten zum Streitstoff eine möglichst effektive und zügige Prozessführung gewährleistet werden. Die Frage der Vertretung durch Bedienstete anderer Behörden war dabei im Hinblick auf etwaige Interessenkollisionen umstritten.[788] Mit der durch das Gesetz vom 12.12.2007[789] aufgenommenen Klarstellung, sich auch durch Bedienstete *anderer* Behörden vertreten zu lassen, ist

---

787 Vgl. *Meissner/Schenk*, in: Schoch/Schneider/Bier, VwGO, 25. EL 2013, § 67 Rdnr. 2 f.

788 Vgl. *Czybulka*, in: Sodan/Ziekow, VwGO, 2. Aufl. 2007, § 67 Rdnr. 89; BVerwG, NVwZ-RR 1995, 548; Kuchler, NVwZ 1996, 244, 245.

789 BGBl. I S. 2840.

dieser Streit obsolet geworden.[790] In Anbetracht des ursprünglichen Zwecks der Behördenprivilegierung wird die geltende Erweiterung der Vertretungsmöglichkeit auf Bedienstete anderer Behörden in der Literatur vereinzelt dahingehend kritisiert, dass die mit der „besonderen Sachnähe" eigener Bediensteter verbundene effiziente Prozessführung nunmehr vernachlässigt werde.[791]

Gleichwohl ist aber zu beachten, dass dem Gericht für den Fall einer nicht sachgerechten Vertretung gemäß § 67 Abs. 3 S. 3 VwGO die Möglichkeit eingeräumt wird, dem Bevollmächtigten die weitere Vertretung zu untersagen.

In den Verfahren vor den Oberverwaltungsgerichten bzw. Verwaltungsgerichtshöfen sowie dem Bundesverwaltungsgericht müssen sich die Beteiligten grundsätzlich durch die in § 67 Abs. 2 S. 1 VwGO benannten Rechtsanwälte oder Rechtslehrer vertreten lassen. Behörden und juristische Personen öffentlichen Rechts sowie die von ihnen zur Erfüllung ihrer öffentlichen Aufgaben gebildeten Zusammenschlüsse gelangen auch insoweit in den Genuss einer Privilegierungsregelung, indem sie sich durch eigene Beschäftigte mit Befähigung zum Richteramt oder durch die anderer Behörden etc. vertreten lassen können. Die Befähigung zum Richteramt erstreckt sich gemäß § 5 Nr. 6 RDGEG auch auf Diplomjuristen im höheren Dienst.[792]

Eine über die Privilegierung hinausgehende Bevorteilung gegenüber den übrigen Beteiligten wird den Behörden jedoch nicht zuteil. Für sie gelten dieselben Sorgfaltsmaßstäbe wie für die sonstigen Beteiligten. Aufgrund des gesetzlich angeordneten Vertretungszwangs in § 67 Abs. 4 S. 4 VwGO entsprechen die in der Berufungs- und Revisionsinstanz zu beachtenden Sorgfaltspflichten, insbesondere bei der notwendigen Kontrolle der Absendung fristwahrender Schriftsätze, den Sorgfaltspflichten, die an einen Rechtsanwalt bzw. an eine anwaltlich vertretene Privatperson zu stellen sind.[793]

---

790 *Hartung*, in: Posser/Wolff, BeckOK VwGO, 28. Ed. 01/2014, § 67 Rdnr. 26.

791 *Hartung*, a.a.O., § 67 Rdnr. 58.

792 BVerwG, DÖV 2002, 33: keine Anwendung dagegen auf Diplomjuristen im gehobenen Dienst.

793 Zur Verschuldensfrage im Sinne des § 60 Abs. 1 VwGO vgl. BVerwG, NVwZ-RR 1996, 60 f. (Revisionsinstanz) und *OVG Münster*, Beschluss vom 21.09.2010 – 7 A

Die Behörden sollen durch das Behördenprivileg gegenüber den sonstigen Beteiligten aber auch nicht schlechter gestellt werden. Das Behördenprivileg beinhaltet lediglich das Recht der Behörden, sich eigener Beschäftigter bzw. den Beschäftigten anderer Behörden zu bedienen, es verpflichtet sie hierzu jedoch nicht. So werden Behörden, die sich anwaltlich vertreten lassen, in der Praxis immer wieder mit dem Vorwurf konfrontiert, in Anbetracht des Behördenprivilegs gegen die in § 162 VwGO enthaltene Kostenminderungspflicht[794] zu verstoßen und damit rechtsmissbräuchlich zu handeln.[795]

In der Literatur und Rechtsprechung wird davon ausgegangen, dass die Gebühren und Auslagen eines Rechtsanwalts gemäß § 162 Abs. 2 S. 1 VwGO stets erstattungsfähig sind und dass diese Vorschrift auch zugunsten von Behörden und juristischen Personen öffentlichen Rechts, die Rechtsanwälte mit ihrer Vertretung beauftragen, anzuwenden sei. Dessen Kostenerstattung sei nach allgemeinen Grundsätzen erst dann ausgeschlossen, wenn die anwaltliche Beauftragung offensichtlich keinen Nutzen bringt, da die Klage ersichtlich unzulässig oder aus anderen Gründen offensichtlich aussichtslos ist, und nur dazu dient, dem Gegner Kosten aufzubürden.[796]

2. Kommunales Vertretungsverbot

Das Gericht hat bei Vorliegen entsprechender Sachverhaltsangaben zu der Frage der prozessualen Zulässigkeit des Auftretens von Bevollmächtigten zu prüfen, ob ggf. Vertretungsverbote bestehen. In den Kommunalgesetzen der meisten Länder sind - abgesehen von Berlin, Hamburg und Bremen (ohne Bremerhaven) sowie Thüringen - ausdrückliche Bestimmungen enthalten, die es ehrenamtlich tätigen Bürgern verbieten, Dritte bei der Geltendmachung von Ansprüchen und

---

343/10 - BeckRS 2010, 53907 (Berufungsinstanz); *Czybulka*, in: Sodan/Ziekow, VwGO, 3. Aufl. 2010, § 67 Rdnr. 74 a.E.

794 Vgl. *Olbertz*, in: Schoch/Schneider/Bier, VwGO, 25. EL 2013, § 162 Rdnr. 45.

795 OVG Berlin, NVwZ-RR 2002, 237; OVG Lüneburg, NVwZ-RR 2004, 155 f.; *OVG Münster*, Beschluss vom 02.05.2005 - 6 E 372/05 - BeckRS 2005, 26520; *VG Köln*, Beschluss vom 03.04.2007 - 24 K 8399/04 - BeckRS 2007, 23947.

796 *Neumann*, in: Sodan/Ziekow, VwGO, 3. Aufl. 2010, § 162 Rdnr. 57 f.; OVG Berlin, NVwZ-RR 2002, 237; OVG Lüneburg, NVwZ-RR 2004, 155 f.; *OVG Münster*, Beschluss vom 02.05.2005 - 6 E 372/05 - BeckRS 2005, 26520; *VG Köln*, Beschluss vom 03.04.2007 - 24 K 8399/04 - BeckRS 2007, 23947.

zum Teil auch bei der Geltendmachung von Interessen gegenüber den jeweiligen Gemeinden und Kreisen zu vertreten, es sei denn, sie handeln als gesetzliche Vertreter.[797] Je nach landesrechtlicher Ausgestaltung sind die Vertretungsverbote mitunter auf Sachverhalte beschränkt, die sich auf die Ausübung der ehrenamtlichen Tätigkeit beziehen. Mit diesem Vertretungsverbot sollen Interessenkollisionen des Mandatsträgers und eine Einflussnahme auf den unparteiischen Geschäftsbetrieb der Körperschaften vermieden werden.[798]

Nach der Rechtsprechung des Bundesverfassungsgerichts und des Bundesverwaltungsgerichts bezieht sich das kommunale Vertretungsverbot u.a. auch auf Rechtsanwälte, soweit der Vertreter selbst Mandatsträger ist.[799] Es erstreckt sich dagegen weder auf den Sozius des Mandatsträgers noch auf einen mit ihm in Bürogemeinschaft tätigen Rechtsanwalt oder auf andere Anwälte, die in „irgendeiner persönlichen oder beruflichen Beziehung“ zu dem Mandatsträger stehen.[800] Zur Begründung führt das Bundesverfassungsgericht an, dass die landesrechtlichen kommunalen Vertretungsverbote nicht in den Schutzbereich des Art. 12 Abs. 1 GG eingreifen würden, da das Vertretungsverbot nur darauf abziele, „die Sauberkeit im öffentlichen Leben“ zu gewährleisten. Es beinhalte damit keine „objektiv berufsregelnde Tendenz“.[801] In Betracht sei lediglich eine Beeinträchtigung der in Art. 2 Abs. 1 GG verankerten Handlungsfreiheit zu ziehen. Die hieran in der Literatur vielfach geäußerte Kritik, dass sich das Vertretungsverbot bei verfassungsgemäßer Auslegung nur auf das jeweilige Innenverhältnis zwischen dem ehrenamtlich Tätigen und der Körperschaft, nicht aber auf dessen Berufstätigkeit erstrecken dürfe und ein Zurückweisungsbeschluss an Art. 12

---

797 Baden-Württemberg: § 17 Abs. 3 GemO; Bayern: Art. 50 GO; Brandenburg: § 23 BbgKVerf; Bremen für die Stadt Bremerhaven: § 12 Verfassung für die Stadt Bremerhaven; Hessen: § 26 HGO; Mecklenburg-Vorpommern: § 19 Abs. 4 i.V.m. § 26 KV; Niedersachsen: § 27 NGO; Nordrhein-Westfalen: §§ 32, 43 Abs. 2 GO NW; Rheinland-Pfalz: § 21 GemO; Saarland: § 26 KSVG; Sachsen: § 19 Abs. 3 SächsGemO; Sachsen-Anhalt: § 30 Abs. 3 GO LSA; Schleswig-Holstein: § 23 GO.

798 *Ehlers*, in: Mann/Püttner, Handbuch der kommunalen Wissenschaft und Praxis, Bd. 1, 3. Aufl. 2007, § 21 Rdnr. 27.

799 BVerfGE 52, 42 (51, 53 ff.); E 56, 99 (107); E 61, 68 (72 f.); BVerwG, NJW 1988, 1994; BVerwG, NJW 1984, 377 f.

800 BVerfGE 61, 68 (73); E 56, 99 (107).

801 BVerfGE 52, 42 (53 f.).

GG zu messen sei,[802] hat das Bundesverfassungsgericht in einer späteren Entscheidung aufgegriffen und erwidert, dass selbst bei Annahme einer Berufsausübungsregelung das Vertretungsverbot durch „hinreichende Gründe des Allgemeinwohls gerechtfertigt und auch mit dem Grundsatz der Verhältnismäßigkeit vereinbar“ sei.[803]

Dieser Auffassung wird durch die Literatur weiterhin entgegengehalten, dass eine gerichtliche Zurückweisung von Rechtsanwälten wegen Verstoßes gegen das kommunale Vertretungsverbot nach Maßgabe des Art. 12 GG unzulässig sei. Für einen Eingriff in die Berufsausübungsfreiheit fehle es an einer ausdrücklichen Ermächtigungsgrundlage des Gerichts, um den Rechtsanwalt zurückzuweisen. Auch die nunmehr in § 67 Abs. 3 S. 1 VwGO enthaltene Möglichkeit der Zurückweisung eines Bevollmächtigten weise nicht die gebotene Bestimmtheit und Normenklarheit auf.[804]

III. Rechte von Hoheitsträgern im zweipoligen Verhältnis

Anerkannt ist, dass die jeweiligen Hoheitsträger sich in organisatorischer Hinsicht wesentlich voneinander unterscheiden und entweder in einem Gleichordnungsverhältnis oder in einem Über- und Unterordnungsverhältnis zueinander stehen können. Das öffentliche Recht regelt insoweit nicht nur die Beziehungen des Staates zu den ihm nachgeordneten Trägern öffentlicher Gewalt, sondern auch das Verhältnis zwischen den jeweiligen Trägern mittelbarer Staatsverwaltung sowie die Beziehungen ihrer Organe und Organteile zueinander. Soweit Hoheitsträger in das Vermögen oder Zuständigkeiten und Funktionen anderer Hoheitsträger eingreifen, handelt es sich im Gegensatz zum Bürger-Staat-

802 So u.a. *Menger*, NJW 1980, 1827, 1829 f.; *Schoch*, Das kommunale Vertretungsverbot, 1981, S. 196 ff.

803 BVerfG, NJW 1988, 694 f. m.w.N.

804 *Meissner/Schenk*, in: Schoch/Schneider/Bier, VwGO, 25. EL 2013, § 67 Rdnr.108; *Schoch*, JuS 1989, 531, 536 f.; *Czybulka*, in: Sodan/Ziekow, VwGO, 3. Aufl. 2010, § 67 Rdnr. 39 und 111 a.E.; ähnlich wohl auch *Kopp/Schenke*, VwGO, 19. Aufl. 2013, § 67 Rdnr. 22 (zu Fn. 5); vgl. ferner *Ehlers*, in: Mann/Püttner, Handbuch der kommunalen Wissenschaft und Praxis, Bd. 1, 3. Aufl. 2007, § 21 Rdnr. 28, der der Auffassung des BVerfG nur beschränkt auf den innerorganisatorischen Bereich zustimmt.

Verhältnis nicht etwa um Einschränkungen von Freiheitsrechten, sondern im Wesentlichen um Kompetenzstreitigkeiten, für die der Rechtsweg zu den Verwaltungsgerichten gegeben sein kann.[805]

1. Hoheitsträger als Adressaten belastender Verwaltungsakte

Nach viel verbreiteter Formel sei die Klagebefugnis im Rahmen der Anfechtungsklage grds. immer dann zu bejahen, wenn der Kläger Adressat eines ihn belastenden Verwaltungsakts ist, da er im Falle der Rechtswidrigkeit des Verwaltungsakts zumindest in seinem Recht auf Freiheit von ungesetzlichem Zwang[806] gemäß Art. 2 Abs. 1 GG verletzt wird (sog. Adressatentheorie).[807]

Da der Kläger im Verwaltungsprozess sich in der Regel nicht gegen gesetzlose Eingriffe, sondern gegen rechtswidrige Verwaltungsentscheidungen wehrt, müsste die in Art. 2 Abs. 1 GG enthaltene Freiheit von ungesetzlichem Zwang gleichzeitig auch die Freiheit von rechtswidrigem Zwang umfassen. Zu Recht wird dieser Auffassung entgegengehalten, dass nicht jeder Rechtsverstoß zu einer (Grund-)Rechtsverletzung des Adressaten führt.[808] Denn nicht die Grundrechte erfordern jedwede objektive Rechtmäßigkeit des eingreifenden Verwaltungsakts, sondern der (objektiv-rechtliche) Grundsatz vom Vorrang des Gesetzes. Die Grundrechte dagegen gebieten zunächst die Beachtung des Vorbehalts des Gesetzes, wonach ein Eingriff nur zulässig sein kann, wenn er auf Grundlage eines seinerseits verfassungsgemäßen Gesetzes erfolgt. Sie erfordern nur insoweit auch die Rechtmäßigkeit der Verwaltungshandlung, wenn die ihr zugrunde liegende Norm einen interessenabwägungserheblichen Bezug zum jewei-

---

805 Vgl. BVerfGE 21, 362 (370 f.).

806 Vgl. BVerfGE 6, 32, 41; E 9, 83 (88); E 29, 402 (408); E 33, 44 (48); E 42, 20 (27).

807 Vgl. *Hüttenbrink*, in: Kuhla/Hüttenbrink, Verwaltungsprozess, 3. Aufl. 2002, D Rdnr. 59; *Würtenberger*, Verwaltungsprozessrecht, 3. Aufl. 2008, Rdnr. 280; *Schenke*, Verwaltungsprozessrecht, 12. Aufl. 2009, Rdnr. 510; *Hufen*, Verwaltungsprozessrecht, 9. Aufl. 2013, § 14 Rdnr. 60, der die Klagebefugnis für Kommunen aus Art. 28 Abs. 2 GG herleitet; *Lorenz*, Verwaltungsprozessrecht, 2000, § 18 Rdnr. 37 f; a.A. mit ausführlicher Begründung *Gurlit*, Die Verwaltung 28 (1995), S. 449 ff.

808 *Ehlers*, VerwArch 84 (1993), S. 139 (146).

ligen Grundrecht aufweist.[809] Daher ist auch in Adressatenfällen die maßgebliche Schutznorm zugunsten des Betroffenen nach Möglichkeit vorrangig aus dem einfachen Recht zu ermitteln.[810]

Soweit ein Hoheitsträger durch einen belastenden Verwaltungsakt zielgerichtet in Rechte des Bürgers eingreift, wird der dem Eingriff zugrundeliegenden Norm ein freiheitsschützender Gehalt und damit eine Vermutung für ihren Schutznormgehalt zugestanden.[811] Begründet wird dies mit dem Doppelcharakter der Eingriffsnormen in Bezug auf finale Adressatenfälle, einerseits die Befugnisse der Verwaltung festzulegen und andererseits den betroffenen Bürger vor Eingriffen zu schützen, die über die gesetzlich normierten Befugnisse hinausgehen.[812] Dementsprechend soll sich das subjektive Recht in der Regel aus der einfachgesetzlichen Eingriffsnorm selbst ergeben.[813]

Gleichwohl befreit es den betroffenen Bürger bei der Geltendmachung der Klagebefugnis nicht davon, die Rechtsverletzung i.S.d. § 42 Abs. 2 VwGO substantiiert darzulegen.[814]

Der Rückgriff auf die Adressatentheorie ist insbesondere bei ihrer Übertragung auf Hoheitsträger abzulehnen. Wie bereits ausgeführt, sind die den Hoheitsträgern gesetzlich eingeräumten Kompetenzrechte gerade nicht mit den grundrechtlich gesicherten subjektiv öffentlichen Rechten natürlicher Personen und ihrer Personenverbände vergleichbar. Soweit es sich hierbei nicht um entsprechend grundrechtsdienende juristische Personen öffentlichen Rechts handelt, streitet für sie auch kein grundrechtlich verbürgtes Eigentums- oder Freiheitsrecht, so dass sich ein Rückgriff auf Art. 2 Abs. 1 GG verbietet.[815] Daher ist insbesondere im Falle eines betroffenen Hoheitsträgers zu untersuchen, ob und

---

809 *Krebs*, in: Festschrift für C.-F. Menger, 1985, S. 191 (204); *Wahl/Schütz*, in: Schoch/Schneider/Bier, VwGO, 25. EL 2013, § 42 Abs. 2 Rdnr. 70, 48; vgl. *Gurlit*, Die Verwaltung 28 (1995), S. 449 (452).

810 So im Ergebnis auch *Würtenberger*, Verwaltungsprozessrecht, 3. Aufl. 2008, Rdnr. 280.

811 Vgl. *Erichsen*, in: Handbuch des Staatsrechts, Band 6, § 152 Rdnr. 45.

812 Vgl. *Ramsauer*, AöR 111 (1986), S. 501 (512); *Wahl/Schütz*, in: Schoch/Schneider/Bier, VwGO, 25. EL 2013, § 42 Rdnr. 70, 48.

813 *Schmid*, Klagebefugnis und subjektive Rechte von Gemeinden, 1991, S. 92; *Ramsauer*, AöR 111 (1986), S. 501 (511 f.).

814 *Gurlit*, Die Verwaltung 28 (1995), S. 499 (460).

815 *Gurlit*, a.a.O., S. 449 (453).

inwieweit die in Betracht kommende Norm diesem nach den Grundsätzen der Schutznormlehre ein Recht im Sinne des § 42 Abs. 2 VwGO zuweist.[816]

a) Polizeipflichtigkeit des Staates

Hoheitsträger können beispielsweise dann Adressaten belastender Verwaltungsakte sein, wenn sie materiell und formell einer Polizei- oder Ordnungspflicht unterliegen und die hoheitliche Maßnahme ihnen gegenüber Außenwirkung besitzt. In Rechtsprechung und Literatur ist anerkannt, dass Hoheitsträger aufgrund ihrer verfassungsrechtlichen Bindung an Recht und Gesetz gemäß Art. 20 Abs. 3 GG u.a. auch polizei- und ordnungsrechtliche Vorschriften zu beachten haben und insoweit materiell polizeipflichtig sind.[817]

Strittig ist jedoch, ob und inwieweit Hoheitsträger auch formell polizeipflichtig sind, d.h., ob die Einhaltung der materiellen Regelungen ihnen gegenüber durch die jeweiligen Polizei- und Ordnungsbehörden angeordnet und darüber hinaus auch mit Zwangsmitteln durchgesetzt werden können.[818]

Die Problematik der formellen Polizeipflichtigkeit geht auf die zum Ende des 19. Jahrhunderts entstandene Rechtsprechung des preußischen Oberverwaltungsgerichts zurück, welches die vollziehende Gewalt als eine Einheit unter der Krone verstand und nur den Bürger als möglichen Adressaten erkannte.[819] Hieraus entwickelte es den Grundsatz, dass Polizeibehörden nicht obrigkeitlich in die hoheitliche Verwaltungstätigkeit einer anderen Behörde eingreifen dürfen.[820]

---

816 Vgl. hierzu auch BVerwG, NVwZ 2000, 1044, zum Anfechtungsrecht eines Landes (Käufer) gegen das von der Gemeinde ausgeübte Vorkaufsrecht, da sowohl Käufer als auch Verkäufer final belastete Adressaten sind, denen ein einfachgesetzlicher Schutz über die §§ 24 ff. BauGB vermittelt wird.

817 Vgl. *Schenke*, Polizei- und Ordnungsrecht, 7. Aufl. 2011, Rdnr. 233; *Schoch*, JURA 2005, 324 (325); *Glöckner*, NVwZ 2003, 1207; vgl. BVerwGE 117, 1 (3 ff.).

818 Vgl. *Schoch*, JURA 2005, 324 (325); zum bauordnungsrechtlichen Einschreiten gegen Hoheitsträger: *Kuhla*, in: Kuhla/Hüttenbrink, Verwaltungsprozess, 3. Aufl. 2002, K Rdnr. 142d, der eine formelle Ordnungspflicht verneint.

819 Vgl. PrOVGE 2, 399 (409), siehe oben A.III., S. 26.

820 *Britz*, DÖV 2002, 891 f.; *Scholz*, DVBl. 1968, 732 (733, mit Fn. 12); *Borowski*, VerwArch 101 (2010), S. 58 (61 ff.).

Nach der heute herrschenden Auffassung in der Literatur soll eine behördliche Anordnungsbefugnis nur bestehen, wenn die zuständigen Polizei- und Ordnungsbehörden hierzu gesetzlich ermächtigt sind. Sie geht dabei ebenfalls von einem allgemeinen verwaltungsrechtlichen Grundsatz aus, dass Behörden vorbehaltlich einer speziellen ausdrücklichen Ermächtigung oder bestimmter Ausnahmesituationen, wie bei Gefahr im Verzug, nicht dazu befugt sind, in den Kompetenzbereich eines anderen – nebengeordneten – Hoheitsträgers einzugreifen.[821] Weitere Ausnahmen gelten für die Fälle, in denen der Hoheitsträger nur fiskalisch tätig werde oder die Maßnahme nicht in den Funktionsbereich des Hoheitsträgers eingreife.[822] Kommt ein Hoheitsträger seiner materiellen Pflicht nicht nach, könne in der Regel nur auf verwaltungsinternem Wege über die zuständige Aufsichtsbehörde bzw. Verwaltungsspitze ein Einschreiten initiiert werden.[823]

Dagegen seien nach anderer Auffassung die Polizei- und Ordnungsbehörden in der Regel zur Anordnung von Gefahrenabwehrmaßnahmen gegenüber dem materiell pflichtigen Hoheitsträger im Rahmen der Gesetze befugt. Nach dieser Ansicht wird ein Abstandnehmen von dem bislang überwiegend vertretenen verwaltungsrechtlichen Grundsatz der fehlenden Eingriffskompetenz gegen andere Hoheitsträger befürwortet.[824] Ein solches Verbot könne sich nur aus dem jeweiligen Gesetz ergeben.[825] Der von der herrschenden Auffassung angeführte Kompetenzkonflikt sei gerade nicht generell zu befürchten, sondern könne allenfalls in Ausnahmesituationen vorliegen, wenn etwa der Hoheitsträger an der Erfüllung seiner Aufgaben durch die Maßnahme gehindert werde.[826]

Während die überwiegende Rechtsprechung (bis vor kurzem) ebenfalls die Ansicht der herrschenden Meinung vertrat,[827] hat sich das Bundesverwaltungs-

---

821 *Schenke*, Polizei- und Ordnungsrecht, 7. Aufl. 2011, Rdnr. 234.

822 *Schenke*, a.a.O., Rdnr. 237; vgl. zum Meinungsstand *Scholz*, DVBl. 1968, 732 (733 m.w.N. in Fn. 11).

823 *Glöckner*, NVwZ 2003, 1207 (1208).

824 Vgl. Überblick hierzu bei *Borowski*, VerwArch 101 (2010), S. 58 (68 ff.).

825 *Scheidler*, LKV 2008, 300 (302 f.); *Schoch*, in: Schmidt-Aßmann, Besonderes Verwaltungsrecht, 14. Aufl. 2008, 2. Kap. Rdnr. 125; *Scholz*, DVBl. 1968, 732 (733 f.); *Britz*, DÖV 2002, 891 (899).

826 *Schoch*, JURA 2005, 324 (327); *Borowski*, VerwArch 101 (2010), S. 58 (84 f.).

827 OVG Lüneburg, DÖV 1960, 137 (138); BVerwGE 29, 52 (59 f.); VGH Kassel, NVwZ 2002, 889; wohl auch OVG Schleswig, NVwZ 2000, 1196 (1169 f.); vgl. *OVG Berlin*,

gericht in seinen jüngeren Entscheidungen von dem allgemeingültigen verwaltungsrechtlichen Grundsatz der fehlenden Polizeipflichtigkeit von Hoheitsträgern distanziert. Eine fehlende formelle Polizeipflichtigkeit könne nicht mit der Geltung eines hierauf gerichteten „vermeintlichen" allgemeinen Grundsatzes begründet werden. Maßgeblich seien allein die jeweiligen Regelungen des anzuwendenden Fachrechts.[828] Ferner hat es die Berechtigung der Behörde zum Erlass der belastenden Verfügung sowie den gesetzlich geregelten Adressatenkreis überprüft. Soweit das Gesetz zur Auswahl des möglichen Adressaten ausdrücklich auf bestimmte Eigenschaften abstellt, wie z.B. die Eigentümer-, Zustands- oder Handlungsstörerstellung, ohne zwischen privat- oder öffentlich-rechtlicher Organisation des Adressaten zu differenzieren, können auch (andere) Hoheitsträger, die diese Eigenschaften erfüllen, in Anspruch genommen werden.[829]

Bejaht man eine formelle Polizei- und Ordnungspflichtigkeit, kann der von der Gefahrenabwehrmaßnahme betroffene Hoheitsträger als unmittelbarer Adressat der belastenden Maßnahme unter den Voraussetzungen des § 42 Abs. 2 VwGO eine Anfechtungsbefugnis innehaben. Maßgebliche Schutznorm dürfte hierbei i.d.R. die Norm sein, die die Gefahrenabwehrbehörde zum Einschreiten berechtigt. Soweit diese sich gegen solche Personen richtet, die z.B. die Voraussetzungen des Zustands- oder Handlungsstörer (z.B. des Abfallbesitzers oder Anlagenbetreibers) erfüllen, ohne dabei zwischen öffentlichen oder privaten Personen zu unterscheiden (vgl. §§ 17, 24 S. 1 BImSchG, § 3 Abs. 4 KrW-/AbfG, § 24 AbfG BW), kann auch der Schutzcharakter der Norm sich entsprechend auf einen öffentlich-rechtlich organisierten Störer erstrecken.[830]

Urteil vom 10.09.2008 – 2 B 17.07 –, Tz. 26 Juris; a.A. VGH Mannheim, VBlBW 2001, 496.

828 BVerwGE 117, 1 (2 f.); BVerwG, NVwZ 2009, 588 (589), Tz. 18; vgl. dass., NVwZ 2003, 1252 (1253); vgl. dazu auch *Scheidler*, LKV 2008, 300 (301 f.).

829 Hier zur Eigenschaft einer Gemeinde als Anlagenbetreiber: BVerwGE 117, 1 (2 f.).

830 Vgl. BVerwGE 117, 1 (3 ff.); VGH Mannheim, NVwZ-RR 1997, 267 ff.; BVerwG, NVwZ 2003, 1252 f.; zu Gemeinden als Adressaten immissionsschutzrechtlicher Anordnungen vgl. *Scheidler*, LKV 2008, 300 ff.

b) Gemeinden als Adressaten

Eine Besonderheit gilt ferner für Gemeinden, für die aus dem Verfassungsrecht Art. 28 Abs. 2 GG – entweder unmittelbar oder normintern im Wege der Auslegung einfachen Rechts – wehrfähige Rechtspositionen vermitteln kann.[831]

Die Selbstverwaltungsgarantie nach Art. 28 Abs. 2 GG beinhaltet zunächst eine institutionelle Rechtssubjektsgarantie, die die Existenz von Gemeinden und Gemeindeverbänden als Bestandteil des Verwaltungsaufbaus sichert.[832] Für den verwaltungsgerichtlichen Prüfungsumfang bedeutsamer ist jedoch die Garantie für einen bestimmten Aufgabenkreis und einer eigenverantwortlichen Aufgabenwahrnehmung.[833] Art. 28 Abs. 2 S. 1 GG umfasst insoweit das Recht der Gemeinden, alle Angelegenheiten der örtlichen Gemeinschaft im Rahmen der Gesetze in eigener Verantwortung zu regeln. Die wichtigsten Gemeindehoheiten sind die Befugnis, Herrschaftsgewalt gegenüber jedermann auf ihrem Gebiet auszuüben,[834] die Organisationshoheit über die gemeindliche Verwaltung und ihre innere Verfassung,[835] die Rechtssetzungshoheit zum Erlass von Satzungen,[836] die Personalhoheit[837] und die Planungshoheit[838] sowie die in S. 3 verbürgte Finanzhoheit über eine eigenständige Einnahmen- und Ausgabenwirtschaft[839].

Mitunter wird bei Erlass von belastenden Verwaltungsakten gegenüber Gemeinden das Recht auf Freiheit von ungesetzlichem Zwang direkt aus Art. 28

831 Vgl. *Schenke*, Verwaltungsprozessrecht, 12. Aufl. 2009, Rdnr. 498 a.

832 *Pieroth*, in: Jarass/Pieroth, GG, 10. Aufl. 2009, Art. 28 Rdnr. 11; *Mehde*, in: Maunz/Dürig, GG, 69. EL 2013, Art. 28 Abs. 2 Rdnr. 39 ff.

833 *Dreier*, in: Dreier, GG, Bd. 2, 2. Aufl. 2006, Art. 28 GG Rdnr. 102.

834 BVerfGE 52, 95 (117 f.); *Nierhaus*, in: Sachs, GG, 6. Aufl. 2011, Art. 28 Rdnr 53.

835 BVerfGE 83, 363 (382); *Dreier*, in: Dreier, GG, 2. Aufl. 2006, Art. 28 Rdnr. 133 ff.

836 *Dreier*, a.a.O., Art. 28 Rdnr. 143.

837 *Nierhaus*, in: Sachs, 6. Aufl. 2011, Art. 28 Rdnr. 53.; BVerfGE 17, 172 (181 f.); E 91, 228 (245).

838 *Pieroth*, in: Jarass/Pieroth, GG, 10. Aufl. 2009, Art. 28 Rdnr. 13 sowie *Dreier*, in: Dreier, GG, 2. Aufl. 2006, Art. 28 Rdnr. 140, die eine über die bloße Bauplanung hinausgehende Planungshoheit vertreten; enger dagegen *Nierhaus*, a.a.O., Rdnr. 53 und 56; *Tettinger/Schwarz*, in: v. Mangoldt/Klein/Stark, GG, 6. Aufl. 2010, Art. 28 Rdnr. 181.

839 *Dreier*, a.a.O., Rdnr. 142; *Pieroth*, a.a.O., Rdnr. 14; vgl. BVerfGE 26, 228 (244); E 71, 25 (36 f.); E 83, 363 (385 f.); dass., NVwZ 1999, 520 (521).

Abs. 2 GG abgeleitet.[840] Dieser Auffassung wird aber entgegengehalten, dass vergleichbar zu der zuvor beschriebenen Beschwer eines Bürgers auch die Klagebefugnis von Gemeinden zunächst aus einfachgesetzlichem Recht herzuleiten ist.[841]

Zwar steht den Gemeinden gemäß Art. 28 Abs. 2 S. 1 GG das Recht zur eigenverantwortlichen Regelung aller Angelegenheiten der örtlichen Gemeinschaft nur „im Rahmen der Gesetze" zu und ist damit – abgesehen vom Kernbereich der Garantie – gesetzlich beschränkbar.[842] Aus dieser Begrifflichkeit wird aber gleichzeitig auch eine Beschränkung exekutivischen Handelns entnommen. Der Eingriff in die von Art. 28 Abs. 2 GG erfassten kommunalen Kompetenzrechte der Gemeinden unterliegt hiernach dem Vorbehalt des Gesetzes und ist ohne gesetzliche Grundlage rechtswidrig.[843]

Insofern soll Art. 28 Abs. 2 GG zugunsten der Gemeinden eine Schutzumfangerweiterung der Eingriffsnorm herbeiführen, so dass auch final betroffenen Gemeinden als Adressaten belastender Verwaltungsakte ein Recht auf Einhaltung der Eingriffsvoraussetzungen zugesprochen wird.[844]

Den häufigsten Anwendungsfall bilden die Aufsichtsmaßnahmen gegenüber Gemeinden, wobei hier zwischen eigenem und übertragenem Wirkungskreis zu differenzieren ist. Zum eigenen Wirkungskreis zählt der Bereich, für dessen Angelegenheiten die Gemeinde eigenverantwortlich zuständig ist oder die ihr durch

---

840 So *Hufen*, Verwaltungsprozessrecht, 9. Aufl. 2013, § 14 Rdnr. 95; vgl. *Happ*, in: Eyermann/Fröhler, VwGO, 13. Aufl. 2010, § 42 Rdnr. 117; vgl. auch *v. Nicolai*, in: Redeker/v. Oertzen, VwGO, 15. Aufl. 2010, § 42 Rdnr. 76.

841 *Bickel*, in: Festgabe für G. Ch. v. Unruh, 1983, S. 1035 (1044 ff.); vgl. auch *Mehde* , in: Maunz/Dürig, GG, 69. EL 2013, Art. 28 Abs. 2 Rdnr. 44, der in der Selbstverwaltungsgarantie keinen Auffangtatbestand gegen jede belastende Maßnahme sieht.

842 Vgl. *Hufen*, Verwaltungsprozessrecht, 9. Aufl. 2013, § 14 Rdnr. 98.

843 Vgl. Überblick bei *Hellermann*, in: Epping/Hillgruber, BeckOK GG, 19. Ed. 11/2013, Art. 28 Rdnr. 44 ff.; vgl. *Pieroth*, in Jarass/Pieroth, GG, 10. Aufl. 2009, Art. 28 Rdnr. 20; *Stern*, in: Dolzer et al., BK-GG, 153. EL 2011, Art. 28 Rdnr. 115; vgl. auch *Bethge*, in: Festgabe für G. Ch. v. Unruh, 1983, S. 149 (166 f.).

844 So i.E. *Jarass*, DVBl. 1976, 732 (737); *Wahl/Schütz*, in: Schoch/Schneider/Bier, VwGO, 25. EL 2013, § 42 Rdnr. 106; *Schmid*, Klagebefugnis und subjektive Rechte von Gemeinden, 1991, S. 100, der dieses Recht auch auf Einhaltung der die Gemeinde betreffenden Verfahrensvorschriften erstreckt.

das Gesetz zur Erfüllung in eigener Verantwortung zugewiesen werden (vgl. § 2 Abs. 1 und 2 SächsGemO; deutlicher § 3 Abs. 1 und 4 S. 1, 2 GemOBbg, mit Aufzählung der Selbstverwaltungsaufgaben in Abs. 2). Selbstverwaltungsangelegenheiten unterliegen einer bloßen Kommunal- bzw. Rechtsaufsicht.[845] Vom übertragenen Wirkungskreis spricht man, wenn der Staat die Erfüllung seiner staatlichen Aufgaben auf die Körperschaft überträgt oder sie hiermit beauftragt. Die Körperschaft untersteht insoweit einer Fachaufsicht.[846]

Bei Maßnahmen der Kommunal- oder Rechtsaufsicht gegenüber Gemeinden im Bereich des eigenen Wirkungskreises, die nach überwiegender Auffassung Verwaltungsakte darstellen,[847] wird die Klagebefugnis vielfach unmittelbar auf Art. 28 Abs. 2 GG gestützt.[848] Wie bereits oben ausgeführt, bedarf es hierzu nicht eines Rückgriffs auf das Verfassungsrecht, da den einschlägigen landesrechtlichen Eingriffsnormen ein Schutznormcharakter beizumessen ist, die damit eine mögliche Klagebefugnis in Bezug auf rechtswidrige Eingriffe beinhalten.[849]

Umstritten ist dagegen, ob Maßnahmen der Fachaufsicht im übertragenen Wirkungskreis die Gemeinde in ihren Rechten aus § 42 Abs. 2 VwGO verletzen können.[850] Diese Frage stellt sich unabhängig davon, ob man diesen Maßnahmen einen Verwaltungsaktcharakter beimisst und die Anfechtungsklage als statthafte Klageart ansieht oder ob man sie dagegen wie innerbehördliche Rechtsakte behandelt und die Leistungsklage für statthaft hält, da auch für sie

---

845 *Rennert*, JuS 2008, 119 (120); *Schoch*, JURA 2006, 188 (188 f.).

846 *Schmidt-Jortzig*, DÖV 1993, 973 (976 f.); *Schoch*, JURA 2006, 358 (358 f.).

847 Vgl. *Henneke*, in Knack/Henneke, VwVfG, 2010, § 35 Rdnr. 52, zu aufsichtsbehördlichen Genehmigungsentscheidungen über Satzungen vgl. Rdnr. 31; *Happ*, in: Eyermann/Fröhler, VwGO, 13. Aufl. 2010, § 42 Rdnr. 117.

848 *Hufen*, Verwaltungsprozessrecht, 9. Aufl. 2013, § 14 Rdnr. 100; BVerwGE 19, 121 (122 ff.); wohl auch *v. Nicolai*, in: Redeker/v. Oertzen, VwGO, 15. Aufl. 2010, § 42 Rdnr. 76 u. 80.

849 So *Wahl/Schütz*, in: Schoch/Schneider/Bier, VwGO, 25. EL 2013, § 42 Rdnr. 106; *Schmid*, Klagebefugnis und subjektive Rechte von Gemeinden, 1991, S.110; zum Rechtsschutz der Stiftung und ihrer Organe gegenüber Handlungen der Stiftungsaufsicht vgl. *Jakob*, Schutz der Stiftung, 2006, S. 252 ff.

850 Vgl. *Hufen*, Verwaltungsprozessrecht, 9. Aufl. 2013, § 14 Rdnr. 101; dagegen *Hüttenbrink*, in: Kuhla/ Hüttenbrink, 3. Aufl. 2002, D Rdnr. 72; vgl. auch BVerwGE 19, 121 (123), das Maßnahmen der Fachaufsicht in der Regel keine Außenwirkung zuspricht und demnach die Anfechtungsklage für unzulässig erachtet.

die Klagebefugnis gegeben sein muss.[851] In beiden Annahmefällen bleibt zu prüfen, ob und welche Regelungen den Gemeinden wehrfähige Rechtspositionen gegenüber den fachaufsichtlichen Maßnahmen zuweisen.

Als Schutzgesetze werden beispielsweise solche Normen angesehen, die der Fachaufsicht verwehren, sich der Aufsichtsmittel zu bedienen, welche allein der Rechtsaufsicht zustehen.[852] Hierzu zählen auch die Regelungen, die die fachaufsichtlichen Maßnahmen in sachlicher und fachlicher Hinsicht beschränken. Überzieht die Fachaufsichtsbehörde insoweit ihr Weisungsrecht, kann die Gemeinde die Verletzung ihrer Rechte geltend machen.[853]

Dies gilt auch für Streitigkeiten, in denen die Gemeinde das fehlende Weisungsrecht der Fachaufsicht rügt oder in denen fachaufsichtliche Maßnahmen gegenüber Entscheidungen der Gemeinde ausgeübt werden, die die Selbstverwaltungsgarantie betreffen könnten und insofern Außenrechtswirkung erzeugen.[854]

Soweit Art. 28 Abs. 2 S. 1 GG den Gemeinden das Recht einräumt, alle Angelegenheiten der örtlichen Gemeinschaft im Rahmen der Gesetze in eigener Verantwortung zu regeln, ist fraglich, ob dies auch die Befugnis umfasst, zum Zwecke der Daseinsvorsorge Beeinträchtigungen des Wohls der Allgemeinheit oder Eigentums- und Gesundheitsinteressen ihrer Bürger als eigene Rechte (etwa im Sinne einer kommunalen Verbandsklage) gerichtlich geltend machen zu können. Während einige Autoren und ein Teil der früheren Rechtsprechung eine entsprechende Klagebefugnis aus dem Grundsatz der Allzuständigkeit entnehmen,[855] wird sie von der herrschenden Meinung und der heutigen Rechtspre-

---

851 Vgl. *Wahl/Schütz*, in: Schoch/Schneider/Bier, VwGO, 25. EL 2013, § 42 Rdnr. 106; *Schmid*, Klagebefugnis und subjektive Rechte von Gemeinden, 1991, S. 132.

852 *Erichsen*, DVBl. 1985, 943 (946).

853 *Hufen*, Verwaltungsprozessrecht, 9. Aufl. 2013, § 14 Rdnr. 101.

854 Vgl. BVerwGE 52, 151 (153 f.); E 95, 333 (335 ff.), wonach einer Gemeinde gegenüber verkehrsregelnden Entscheidungen der übergeordneten Straßenverkehrsbehörde zumindest ein Recht auf Berücksichtigung von Planungs- und Entwicklungsbelangen der Gemeinde nach § 45 Abs. 1 b Nr. 5 StVO zusteht. Vgl. BVerwG, DVBl. 1995, 744, in Bezug auf geschwindigkeitsbeschränkte Zonen nach § 45 Abs. 1 b Satz 1 Nr. 3 StVO; vgl. ferner *Steiner*, DVBl. 1994, 351 (353).

855 Vgl. *Blümel*, VVDStRL 36 (1978), 171 (264 ff.); *Pfaff*, VerwArch. 70 (1979), S. 1 (23 ff.); *Sailer*, BayVBl. 1978, 33 (36); wohl auch *Steinberg*, DVBl. 1982, 13 (19) in Bezug

chung abgelehnt, sofern die Gemeinde nicht gleichzeitig in einer ihrer geschützten kommunalen Angelegenheiten verletzt wird.[856] Der gemeindlichen Selbstverwaltungsgarantie lässt sich keine eigenverantwortliche Befugnis bzw. Verpflichtung einer Gemeinde zur Verwaltung der Interessen ihrer Bürger entnehmen. Eine Klage, mit der Rechte Dritter gesichert werden sollen, stellt eine Prozessstandschaft dar, die entsprechend der sich am Individualrechtsschutz orientierenden Verwaltungsgerichtsordnung ohne entsprechende gesetzliche Regelung ausgeschlossen ist. Gegen eine solche Legitimation spricht auch, dass damit das verwaltungsorganisationsrechtliche Kompetenzsystem auf den Kopf gestellt würde. Die Gemeinden erhielten damit ein Kontrollrecht über ihre Aufsichtsinstanz, das die Durchsetzbarkeit aufsichtsrechtlicher Maßnahmen bedenklich in Frage stellen könnte.[857]

c) Sonstige Selbstverwaltungsträger

Aber auch sonstige Selbstverwaltungsträger, wie z.B. Innungen, Handwerks- und Berufskammern sowie Versicherungsträger, können durch staatliche Weisungen oder andere staatliche Maßnahmen in ihrem – einfachgesetzlichen – Selbstverwaltungsrecht beeinträchtigt werden.[858] Ähnliches gilt ferner für Stiftungen und ihre Organe, die durch Maßnahmen der Stiftungsaufsicht in ihren Rechten verletzt werden können.[859] Auch hier ergibt sich die Klagebefugnis

---

auf Gesundheits- und Lebensinteressen der Bürger; VG Freiburg, DVBl. 1975, 343 (344); dass., DVBl. 1976, 807 (808 f.); OVG Lüneburg DÖV 1981, 461 ff. (Dass hier Gemeinden eine Beschwerdebefugnis zugesprochen wurde, wird erst in der anschließenden Anmerkung von Jacob, S. 464, deutlich.).

856 *Jacob*, DÖV 1981, 463 (464 f.); *Wahl/Schütz*, in: Schoch/Schneider/Bier, VwGO, 25. EL 2013, § 42 Abs. 2 Rdnr. 269; *Bickel*, in: Festgabe für G. Ch. v. Unruh, 1983, S. 1035 (1048 ff.); ausführlich hierzu *Schmid*, Klagebefugnis und subjektive Rechte von Gemeinden, 1991, S. 58 ff.; *Jarass*, DVBl. 1976, 732 (739); zur Rechtsprechung: vgl. *BVerwG*, Beschluss vom 18.03.2008 – 9 VR 5/07 –, Tz. 12 Juris (zu Belangen des Natur- und Umweltschutzes); BVerwG, NJW 1981, 2075 (eine Interessenvertretung der Bürger verneinend); VGH München, DÖV 1986, 208 f.; OVG Saarlouis, DÖV 1987, 496.

857 *Bickel*, in: Festgabe für G. Ch. v. Unruh, 1983, S. 1035 (1049); *Schmid*, Klagebefugnis und subjektive Rechte von Gemeinden, 1991, S. 62 f.; *Jarass*, a.a.O.

858 *Lorenz*, Verwaltungsprozessrecht, 2000, § 18 Rdnr. 82.

859 *Jakob*, Schutz der Stiftung, 2006, S. 252 ff.

nicht etwa bereits aus ihrer Adressatenstellung, sondern nur aus dem einfachen Recht, soweit es ihnen schützenswerte Rechtspositionen zuweist.

2. Hoheitsträger im Verpflichtungsfall

Auch im Falle einer Verpflichtungssituation muss der Kläger geltend machen können, ein subjektiv-öffentliches Recht in Form eines Anspruchs auf den begehrten Verwaltungsakt, sei es eine Handlung oder Unterlassung, zu haben. Allein der Vortrag, dass ein beantragter Verwaltungsakt abgelehnt worden ist, wie etwa entsprechend zum Adressatenfall, reicht für die Klagebefugnis hingegen nicht aus, da die Klage dann auch bei offensichtlich fehlendem Anspruch zulässig wäre.[860]

In Abgrenzung zum Adressatenfall können die subjektiven öffentlichen Rechte (Ansprüche) im Verpflichtungsfall sich nicht unmittelbar aus Grundrechten,[861] sondern lediglich aus dem einfachen Gesetz, ggf. unter Berücksichtigung der norminternen Wirkung der Grundrechte, ergeben, da nur das einfache Recht die jeweiligen Anspruchsvoraussetzungen hinreichend inhaltlich konkretisieren kann.[862]

Dementsprechend kann auch für Hoheitsträger mangels Grundrechtsfähigkeit nur das einfache Recht zur Bestimmung eines Anspruchs maßgeblich sein. Voraussetzung hierfür ist zunächst, dass die begehrte hoheitliche Entscheidung auch gegenüber dem öffentlich-rechtlichen Antragsteller einen Verwaltungsakt darstellt.[863] Ferner sind die Grundsätze der materiellen Polizeipflicht zugrunde zu legen, d.h., dass den Anspruch vermittelnde Fachrecht muss auf den Hoheitsträger anwendbar sein. Dies ist grundsätzlich zu bejahen, sofern das Fachrecht keine abweichenden Regelungen enthält.[864]

---

860 *Hufen*, Verwaltungsprozessrecht, 9. Aufl. 2013, § 15 Rdnr. 17.

861 *Wahl/Schütz*, in: Schoch/Schneider/Bier, VwGO, 25. EL 2013, § 42 Abs. 2 Rdnr. 63.

862 *Gurlit*, Die Verwaltung 28 (1995), S. 449 (453 f.); *Wahl/Schütz*, a.a.O., § 42 Abs. 2 Rdnr. 53 f.; *Wahl*, in: Schoch/Schneider/Bier, VwGO, 25. EL 2013, Vorbemerkung, § 42 Abs. 2 Rdnr. 50.

863 *Hüttenbrink*, in: Kuhla/Hüttenbrink, Verwaltungsprozess, 3. Aufl. 2002, D Rdnr. 174.

864 Siehe oben D.III.1.a), S. 145 ff.

So hat z.B. auch eine juristische Person öffentlichen Rechts als Bauherrin die Erteilung einer Baugenehmigung zu beantragen, wenn der Genehmigung aufgrund ihrer Außenwirkung Verwaltungsaktqualität beizumessen ist,[865] und in dem einschlägigen Fachrecht keine Spezialregelungen enthalten sind, die für den öffentlich-rechtlichen Bauherrn eine Genehmigungsfreistellung oder andere Privilegien vorsehen (vgl. § 76 BauOBln). Auch als Veranstalterin eines Wochenmarktes muss sie wie ein Privater für das Betreiben des Marktes zuvor eine Marktfestsetzung nach § 69 GewO beantragen.[866]

Ähnliches gilt für die Hoheitsträger, die immissionsschutzrechtliche genehmigungsbedürftige Anlagen i.S.d. § 4 Abs. 1 BImSchG i.V.m. § 1 und Anhang der 4. BImSchV errichten und betreiben wollen. Das Gesetz unterscheidet hierbei nicht zwischen privatrechtlichem oder hoheitlichem Vorhaben, sondern knüpft bei der Frage der Genehmigungsbedürftigkeit lediglich an die Eigenschaften der zu errichtenden Anlage an. Soweit das Gesetz für Hoheitsträger keine besonderen Genehmigungsfreistellungen enthält (vgl. §§ 10 Abs. 11, 59, 60 BImSchG), ist es damit auch auf anlagenbetreibende Hoheitsträger anwendbar.[867]

3. Organstreit

Rechtsstreitigkeiten, die wie der Organstreit dem innerorganisatorischen Bereich juristischer Personen des öffentlichen Rechts entspringen, sind in der Verwaltungsgerichtsordnung nicht ausdrücklich geregelt, aber auch nicht ausgeschlossen. Der Verwaltungsprozess ist nach Maßgabe des Art. 19 Abs. 4 GG auf Rechtsbeziehungen zwischen selbständigen Rechtspersönlichkeiten im Außenrechtsverhältnis zugeschnitten.[868]

Obgleich der verwaltungsorganisationsrechtliche Binnenbereich anerkanntermaßen eine rechtliche Ordnung aufweist, regelt er dabei lediglich Aufgaben,

---

865 Vgl. OVG Münster, NVwZ 1992, 186; dies gilt auch gegenüber dem eigenen Rechtsträger: *Stelkens*, in: Stelkens/Bonk/Sachs, VwVfG, 8. Aufl. 2014, § 35 Rdnr. 190.

866 Vgl. VGH Kassel, NVwZ-RR 2003, 345 f.

867 Vgl. eingehend hierzu BVerwGE 117, 1 (2 f.); *Scheidler*, LKV, 300 (301).

868 *Hoppe*, Organstreitigkeiten vor den Verwaltungs- und Sozialgerichten, 1970, S. 33; *Rennert*, JuS 2008, 119 (123).

Kompetenzen, Verfahrensabläufe und Willensbildungen einzelner Organe, Behörden oder sonstiger Verwaltungsstellen innerhalb einer juristischen Person öffentlichen Rechts, ohne ihnen eine eigene Rechtsstellung zu vermitteln. Diese nehmen die ihnen zugewiesenen Aufgaben nicht als natürliche Personen, sondern nur „transitorisch" für ihren Verwaltungsträger wahr.[869] Gleichwohl können diese Kompetenzen auch so ausgestaltet sein, dass sie den jeweiligen Organen oder Organteilen – apersonale – wehrfähige Rechte im Sinne des § 42 Abs. 2 VwGO zuweisen, deren Verletzung sie verwaltungsgerichtlich geltend machen können.[870]

Der Organstreit stellt kein eigenständiges prozessrechtliches Institut und keine Klageart sui generis dar.[871] Er bezeichnet Streitigkeiten zwischen verschiedenen Organen einer öffentlich-rechtlichen juristischen Person (sog. Interorganstreit) sowie Streitigkeiten zwischen einem Organ und seinen Organteilen (sog. Intraorganstreit),[872] die unter den Voraussetzungen der von der Verwaltungsgerichtsordnung vorgesehenen Klagearten geltend gemacht werden können

869 Vgl. *Krebs*, JURA 1981, 569 (569 f.); *Wahl/Schütz*, in: Schoch/Schneider/Bier, VwGO, 25. EL 2013, § 42 Abs. 2 Rdnr. 91 f.

870 Vgl. OVG Berlin, LKV 2000, 453; OVG Bautzen, LKV 1997, 229 f.; *Wahl/Schütz*, in: Schoch/Schneider/Bier, VwGO, 25. EL 2013, § 42 Abs. 2 Rdnr. 92 f.; *Schmitt Glaeser/Horn*, Verwaltungsprozeßrecht, 15. Aufl. 2000, Rdnr. 169; *Krebs*, JURA 1981, 569 (575 ff.), der von „subjektiven Organrechten" spricht; *Röhl*, in: Schoch, Besonderes Verwaltungsrecht, 15. Aufl. 2012, 1. Kap. Rdnr. 114, „subjektive Rechte im weiteren Sinne"; *Fehrmann*, NWVBl. 1989, 303 (306); *Schoch*, JURA 2008, 826 (827 f.), der die Bezeichnung der Rechte als „Kompetenzen" bevorzugt; *Bethge*, in: Handbuch der kommunalen Wissenschaft und Praxis, Bd. 1, 2007, S. 817 (825 Rdnr. 20), der diese Rechte als subjektive öffentliche Rechte bezeichnet; ebenso *Schenke*, Verwaltungsprozessrecht, 12. Aufl. 2009, Rdnr. 391; ebenso *Roth*, Verwaltungsrechtliche Organstreitigkeiten, 2001, S. 461 ff., 485 ff.

871 *Schmitt Glaeser/Horn*, a.a.O.; *Wahl/Schütz*, a.a.O., § 42 Rdnr. 91 (Fn. 297); a.A. die frühere Rspr. OVG Münster, OVGE 17, 261 (265); vgl. OVG Lüneburg, DÖV 1961, 548.

872 Vgl. *Hoppe*, Organstreitigkeiten vor den Verwaltungs- und Sozialgerichten, 1970, S. 120; *Krebs*, JURA 1981, 569 (570); ausführlich mit weiteren Differenzierungen *Roth*, Verwaltungsrechtliche Organstreitigkeiten, 2001, S. 52 ff.

und dementsprechend auch die Zulässigkeitsvoraussetzung der Klagebefugnis erfüllen müssen.[873]

Organschaftliche Rechte bzw. Innenrechtspositionen werden nur im Rahmen ihrer Verletzung durch andere Organe oder Organteile derselben juristischen Person geschützt.[874] Ob organschaftliche Rechte wehrfähig im Sinne des § 42 Abs. 2 VwGO sind, richtet sich danach, inwieweit das Binnenrecht einzelnen Organen oder Organteilen spezielle Rechtspositionen zur eigenständigen Wahrnehmung zuweist. Maßgeblich ist hierbei, dass durch die Rechtsordnung eine Art Interessenkonflikt im Balancesystem zwischen den jeweiligen Organen bzw. Organteilen oder zum Verwaltungsträger hergestellt wird, der die Beteiligten als Kontrastorgane erscheinen lässt.[875] Dabei wird eine „Versubjektivierung" der Kompetenzen angenommen, die die jeweiligen Organe bzw. Organteile als Zurechnungsendsubjekte[876] betreffen. Dagegen können solche Normen, die lediglich dem Vollzug des Organisationswillens und einem ordnungsgemäßen Verfahrensablauf dienen, keine wehrfähigen Rechte begründen.[877]

Der größte Anteil der Organstreitverfahren entfällt auf den sog. Kommunalverfassungsstreit. Daneben betreffen sie auch andere Selbstverwaltungsträger, wie beispielsweise Hochschulen,[878] Rundfunkanstalten[879] und Kammern[880]. Für

---

873 *Schmitt Glaeser/Horn*, Verwaltungsprozeßrecht, 15. Aufl. 2000, Rdnr. 169; *Ehlers*, NVwZ 1990, 105 (106).

874 *Kopp/Schenke*, VwGO, 19. Aufl. 2013, § 42 Rdnr. 80.

875 Vgl. OVG Berlin, LKV 2000, 453; *Schoch*, JuS 1987, 783 (786); *ders.*, JURA 2008, 826 (828); *Kisker*, Insichprozeß und Einheit der Verwaltung, 1968, S. 38 f.; vgl. ausführliche Darstellung bei *Erichsen*, in: Festschrift für C. F. Menger, 1985, 211 (225 ff., 228).

876 Vgl. *Bethge*, in: Handbuch der kommunalen Wissenschaft und Praxis, Bd. 1, 3. Aufl. 2007, S. 817 (834, Rdnr. 55).

877 OVG Bautzen, LKV 1997, 229 f.; *Erichsen*, in: Festschrift für C. F. Menger, 1985, 211 (228); *Schoch*, JURA 2008, 826 (828).

878 BVerwG, NVwZ 1985, 112 (113).

879 OVG Bautzen, SächsVBl. 1997, 268; OVG Münster, NWVBl. 1995, 223.

880 Vgl. *VG Frankfurt*, Urteil vom 15.11.2007 – 5 E 777/07 –, Tz. 12 ff. Juris (zur vorzeitigen Abwahl eines Präsidiumsmitglieds einer Industrie- und Handelskammer).

sie gelten entsprechend die für den Kommunalverfassungsstreit entwickelten Grundsätze.[881]

Beim Kommunalverfassungsstreit streiten entweder verschiedene kommunale Organe bzw. ein Organteil (z.B. Gemeinderatsmitglied) mit einem anderen Organ (Bürgermeister) derselben Körperschaft oder einzelne Organteile bzw. ein Organteil und ein Organ innerhalb eines Kollegialorgans, z.B. des Gemeinderates, über Einzel- oder Gruppenrechte aus dem jeweiligen Binnenbereich miteinander.[882]

Wie der allgemeine Organstreit so ist auch der Kommunalverfassungsstreit keine eigenständige Klageart. Vielmehr gelten die von der Verwaltungsgerichtsordnung zur Verfügung gestellten Klagearten. Nach überwiegender Auffassung sind Anfechtungs- und Verpflichtungsklagen wegen der fehlenden Verwaltungsaktqualität innenrechtsbezogener Rechtsakte ausgeschlossen.[883] Stattdessen werden durch das Bundesverwaltungsgericht und die herrschende Lehre – je nach Begehren des Antragstellers – Leistungs- und Feststellungsklagen als geeignete Klagearten angesehen.[884] Während die allgemeine Leistungsklage auf ein Tun, Dulden und Unterlassen bestimmter Verhaltenspflichten (z.B. die Erstattung von Kosten,[885] die Besetzung kommunaler Ausschüsse durch eine Fraktion[886] oder die Aufnahme eines Antrags auf die Tagesordnung der Gemeinde-

---

881 *Schoch*, JURA 2008, 826 (829).

882 *Gern*, VBlBW 1989, 449 (450); *Schoch*, a.a.O.

883 *Bethge*, in: Handbuch der kommunalen Wissenschaft und Praxis, Bd. 1, 3. Aufl. 2007, S. 817 (831, Rdnr. 42); *Lorenz*, Verwaltungsprozessrecht, 2000, § 25 Rdnr. 11; *Röhl*, in: Schoch, Besonderes Verwaltungsrecht, 15. Aufl. 2012, 1. Kap. Rdnr. 115; *Schoch*, JURA 2008, 826 (833); *Rennert*, JuS 2008, 119 (123 f.), der die Auferlegung von Sitzungsgeldern und Ordnungsgeldern sowie die Aberkennung des Mandats als Außenrechtsstreitigkeit qualifiziert und daher keinen Organstreit annimmt; a.A. *Schenke*, Verwaltungsprozessrecht, 12. Aufl. 2009, Rdnr. 228, der eine Anfechtungsklage im Rahmen eines Organstreits, hier bei Verweis eines Gemeinderatmitglieds aus dem Beratungsraum, für zulässig hält; ebenso VGH München, BayVBl. 1979, 685 (686), zur Verhängung eines Ordnungsgeldes.

884 BVerwG, Buchholz 310 § 40 VwGO Nr. 179; *Rennert*, JuS 2008, 119 (124); vgl. *Krebs*, JURA 1981, 569 (580); *Gern*, VBlBW 1989, 449 (450); *Roth*, Verwaltungsrechtliche Organstreitigkeiten, 2001, S. 946 f.

885 Vgl. *VG Berlin*, Urteil vom 25.06.2009 – 12 A 244.08 –, Juris; *OVG Münster*, Beschluss vom 22.01.2010 – 15 B 1797/09 –, Tz. 11 Juris.

886 *VG Bayreuth*, Urteil vom 14.04.2005 – B 2 K 04.1012 –, Tz. 21 Juris.

oder Stadtratssitzung[887]) gerichtet ist, geht es bei der Feststellungsklage um die Klärung bestimmter Rechte und Pflichten, aber auch um die Rechtmäßigkeit von Beschlüssen[888] organschaftlicher Gremien.[889] Der Begriff des Rechtsverhältnisses im Sinne des § 43 Abs. 1 VwGO ist nicht auf Außenrechtsverhältnisse beschränkt, sondern umfasst ebenso Binnenrechtsbeziehungen.[890] Bei Eilbedürftigkeit der Angelegenheit besteht anerkanntermaßen auch die Möglichkeit, einstweiligen Rechtsschutz nach § 123 VwGO zu beantragen.[891] Zum Teil wird vertreten, dass im Falle erledigter Rechtsakte, z.B. bei Ausschluss eines Mandatsträgers aus der Volksvertretung, eine Fortsetzungsfeststellungsklage gemäß § 113 Abs. 1 S. 4 VwGO analog heranzuziehen sei.[892] Für diese Klagearten muss nach überwiegender Ansicht die Klagebefugnis i.S.d. § 42 Abs. 2 VwGO analog gegeben sein.[893]

Soweit Gegenstand von Organstreitigkeiten die Überprüfung kommunaler Geschäftsordnungen ist, wird nach der Rechtsprechung des Bundesverwaltungsgerichts und der überwiegenden Auffassung im Schrifttum die Normenkontrolle nach § 47 Abs. 1 Nr. 2 VwGO für zulässig erachtet. Trotz der Innenrechtsqualität von Geschäftsordnungen sollen diese Rechtssätze im materiellen Sinne darstellen, wenn sie bestimmte Aufgaben und Kompetenzen ihrer Mitglieder abstrakt-generell regeln.[894] Insoweit kommt auch ein vorläufiger Rechtsschutz nach

---

887 Vgl. *VG Leipzig*, Beschluss vom 20.03.2003 – 6 K 348/03 –, Tz. 9 und 15 Juris (einstweiliger Rechtsschutz); VGH München, BayVBl. 1987, 239 (240), das für kommunalverfassungsrechtliche Streitigkeiten grds. auf die Leistungsklage abstellt und nach einem erledigenden Ereignis auf die Feststellungsklage umstellt.

888 Vgl. *VG Potsdam*, Urteil vom 11.04.2007 – 2 K 2139/02 –, Tz. 22 Juris; *VG Gießen*, Urteil vom 21.09.2007 – 8 E 1888/06 –, Tz. 27 ff. Juris.

889 Vgl. *Schoch*, JURA 2008, 826 (834) m.w.B.; vgl. *Bethge*, in: Handbuch der kommunalen Wissenschaft und Praxis, Bd. 1, 3. Aufl. 2007, S. 817 (832 Rdnr. 45 f.); *Lorenz*, Verwaltungsprozessrecht, 2000, § 25 Rdnr. 14 ff.

890 *Pietzcker*, in: Schoch/Schneider/Bier, VwGO, 25. EL 2013, § 43 Rdnr. 26 m.w.N.

891 Vgl. OVG Bautzen, LKV 2009, 466 (466 f); *VG Leipzig*, Beschluss vom 20.03.2003 – 6 K 348/03 –, Juris; *Lorenz*, Verwaltungsprozessrecht, 2000, § 25 Rdnr. 25; *Gern*, VBlBW 1989, 449 (452); *Schoch*, , JURA 2008, 826 (835).

892 *Ehlers*, NVwZ 1990, 105 (108 f.); *Meister*, JA 2004, 414 (415); a.A. *Schoch*, JURA 2008, 826 (834 m.w.N. zu Fn. 139); *Rennert*, JuS 2008, 119 (124).

893 Siehe oben C.II.2., S. 116 ff.; vgl. *Gern*, VBlBW 1989, 449 (450).

894 BVerwG, NVwZ 1988, 1119 (1120); vgl. auch *VGH Kassel*, Urteil vom 03.05.2007 – 8 N 2474/06 –, Tz. 13 f. Juris; ders., NVwZ 2007, 107 (108); VGH Mannheim, NVwZ-RR 2003, 56 (57); vgl. *Schoch*, JURA 2008, 826 (835); *Hufen*, Verwaltungsprozess-

§ 47 Abs. 6 VwGO in Betracht.[895] Obgleich die (prinzipale) Normenkontrolle in ihrem Prüfprogramm und ihrer Entscheidungswirkung ein objektives Rechtsbeanstandungsverfahren darstellt (§ 47 Abs. 5 S. 2 VwGO),[896] ist sie im Hinblick auf ihre Zulässigkeitsvoraussetzungen nicht frei von individualrechtsschützenden Auswirkungen. Für deren Zulässigkeit bedarf es nach § 47 Abs. 2 S. 1 VwGO einer der Klagebefugnis angenäherten Antragsbefugnis.[897] Hierzu muss das betroffene Organ oder der Organteil hinreichend substantiiert geltend machen, durch die Regelung in seinen organschaftlichen Rechten verletzt zu werden.[898] Auf das Behördenantragsrecht nach § 47 Abs. 2 S. 1 HS. 2 VwGO können sie sich grundsätzlich nicht berufen, es sei denn, das betroffene Organ bzw. der Organteil soll die Vorschrift als Behörde anwenden.[899]

Die teilweise Annahme, dass über die oben angeführten Klageinstitute hinaus auf eine allgemeine Gestaltungsklage im Wege richterlicher Rechtsfortbildung zurückzugreifen sei,[900] begegnet im Übrigen großen Bedenken. Anders als etwa Verwaltungsakte seien die dem Organstreit zugrunde liegenden Rechtsakte im Falle ihrer Rechtswidrigkeit unwirksam, so dass es eines Kassationsausspruchs nicht bedarf. Die durch die Verwaltungsgerichtsordnung bereitgestellten Klagearten, wie Leistungs-, Feststellungsklage und Normenkontrollverfahren nebst vorläufiger Rechtsschutzmöglichkeit, seien ausreichend.[901] Letztlich werde von einem Funktionssubjekt öffentlicher Verwaltung wegen der Bindung an

---

recht, 9. Aufl. 2013, § 21 Rdnr. 13; *Roth*, Verwaltungsrechtliche Organstreitigkeiten, 2001, S. 963 ff., der in der Normenkontrolle keine Organstreitigkeit sieht, sie aber neben dem Organstreit für gleichrangig zulässig hält und für deren Antragsbefugnis § 47 Abs. 2 S. 1 HS. 1 VwGO analog anwendet.

895 VGH Kassel, NVwZ 2007, 107 (108); *Meister*, JA 2004, 414 (415).

896 *Gerhardt/Bier*, in: Schoch/Schneider/Bier, VwGO, 25. EL 2013, § 47 Rdnr. 8.

897 Vgl. *Gerhardt/Bier*, a.a.O., § 47 Rdnr. 39 ff.

898 Vgl. VGH Mannheim, NVwZ-RR 2003, 56 (57).

899 *Roth*, Verwaltungsrechtliche Organstreitigkeiten, 2001, S. 964 f.

900 Vgl. *Stumpf*, BayVBl. 2000, 103 (105 ff.); *Hufen*, Verwaltungsprozessrecht, 9. Aufl. 2013 § 21 Rdnr. 16.

901 *Schoch*, JURA 2008, 826 (834 f.); *Gern*, VBlBW 1989, 449 (450); *Würtenberger*, Verwaltungsprozessrecht, 3. Aufl. 2008, Rdnr. 679; ausführlich *Roth*, Verwaltungsrechtliche Organstreitigkeiten, 2001, S. 949 ff; a.A. *Hufen*, a.a.O.; *Erichsen*, in: Festschrift für C. F. Menger, 1985, 211 (231 f.); kritisch *Bethge*, in: Handbuch der kommunalen Wissenschaft und Praxis, Bd. 1, 3. Aufl. 2007, S. 817 (832, Rdnr. 44).

Recht und Ordnung erwartet, dass es sich einem rechtskräftigen Richterspruch entsprechend verhalten wird.[902]

4. Insichprozess

Die Verwaltungsgerichtsordnung enthält auch zum sog. Insichprozess, in dem sich Behörden eines Rechtsträgers oder eine Behörde und ihr Rechtsträger gegenüberstehen, keinerlei Aussagen über dessen Zulässigkeit oder Ausschluss. Insofern ist jeder Streitfall nach Maßgabe der prozessrechtlichen Voraussetzungen einer Einzelfallprüfung zu unterziehen.[903] Der Insichprozess unterscheidet sich vom Organstreit darin, dass die am Organstreit beteiligten Organe oder Organteile – als durch das Innenrecht ausgestattete selbständige Rechtsträger – über binnenrechtlich zugewiesene gegenläufige Wahrnehmungsinteressen streiten, während es bei den am Insichprozess Beteiligten um außenrechtlich geregelte Berechtigungen innerhalb desselben Rechtsträgers geht. Das Innenrecht bestimmt insoweit lediglich über die Wehrfähigkeit dieser Berechtigung.[904]

Oftmals scheitern die Streitfälle des Insichprozesses an der erforderlichen Klagebefugnis,[905] der Beteiligtenfähigkeit oder dem Rechtsschutzbedürfnis des Klägers,[906] es sei denn, der Gesetzgeber hat deren Zulässigkeit spezialgesetzlich geregelt, wie z.B. in § 1 Abs. 1 S. 4 VZOG, der (auch) dem Bund ein Klagerecht gegen den Vermögenszuordnungsbescheid des Bundes einräumt.[907]

Dem Kläger kann im Fall des Insichprozesses nur dann eine Klagebefugnis zustehen, wenn er die Verletzung eigener Rechte geltend machen kann.[908] An

---

902 *Ehlers*, NVwZ 1990, 105 (106); *Meister*, JA 2004, 414 (415).

903 BVerwG, NJW 1992, 927; *Lorenz*, Verwaltungsprozessrecht, 2000, § 25 Rdnr. 32 ff.; *Wahl/Schütz*, in: Schoch/Schneider/Bier, VwGO, 25. EL 2013, § 42 Abs. 2, Rdnr. 102; vgl. auch *Schoch*, JURA 2008, 826 (827), der den Insichprozess für grundsätzlich unzulässig hält.

904 *Lorenz*, a.a.O., § 25 Rdnr. 32.

905 So *Hüttenbrink*, in: Kuhla/Hüttenbrink, Verwaltungsprozess, 3. Aufl. 2002, D Rdnr. 78.

906 *Schoch*, JURA 2008, 826 (827).

907 Vgl. hierzu auch BVerwG, NJW 1995, 674.

908 Vgl. OVG Bautzen, NJW 1999, 2832 (2833 f.), zu den wehrfähigen (Auskunfts-)Rechten des Sächsischen Datenschutzbeauftragten gegenüber dem Sächsischen Staatsministerium für Wissenschaft und Kunst.

dieser fehlt es, wenn die jeweiligen Berechtigungen oder Kompetenzen, deren Verletzung der Kläger rügt, rein objektivrechtlichen Charakter tragen und keine „Versubjektivierung“ zugunsten der wahrnehmenden Stelle enthalten,[909] wie etwa in den Fällen, in denen die Ausgangsbehörde gegen den Widerspruchsbescheid ihres Rechts- bzw. Widerspruchsausschusses klagt.[910]

Soweit die Klagebefugnis im Einzelfall gegeben ist, die Streitbeteiligten jedoch einer gemeinsamen übergeordneten Instanz unterstehen, fehlt es regelmäßig am Rechtsschutzbedürfnis des Klägers an der verwaltungsgerichtlichen Klage, da die gemeinsame Spitze den Streit intern beilegen könnte.[911]

Insichprozesse treten typischerweise auf bei Streitigkeiten zwischen unterschiedlichen Fachbehörden eines Rechtsträgers,[912] aber auch bei Streitigkeiten zwischen Fiskalverwaltung und Hoheitsverwaltung eines Rechtsträgers,[913] insbesondere in Streitigkeiten nach dem Vermögensgesetz,[914] in Bezug auf die Erteilung einer Baugenehmigung an den Träger der zuständigen Behörde,[915] aber auch im finanzrechtlichen Verfahren für die Anfechtungsbefugnis von Einheits-

---

909 *Schoch*, JURA 2008, 826 (827); vgl. *Röhl*, in: Schoch, Besonderes Verwaltungsrecht, 15. Aufl. 2012, 1. Kap. Rdnr. 114; so auch OVG Bautzen, NVwZ-RR 2000, 728, zur Klagebefugnis der Frauenbeauftragten nach dem Sächsischen Frauenförderungsgesetz.

910 BVerwGE 45, 207 (210 ff.); OVG Saarlouis, NVwZ 1990, 174 (175 f.), das im Streit zwischen Stadt und ihrem Stadtrechtsausschuss keinen Organstreit angenommen hat, da Streitgegenstand ein Verwaltungsakt sei, der aufgrund seiner Außenwirkung nicht dem Binnenrecht zuzuordnen sei; vgl. auch *Herbert*, DÖV 1994, 108 (111); anders dagegen BVerwG, NVwZ-RR 2001, 326, wenn eine Gemeinde, die gleichzeitig auch im übertragenden Wirkungskreis Ausgangsbehörde war, durch den Widerspruchsbescheid erstmalig in ihrer Finanzhoheit (Art. 28 Abs. 2 GG) betroffen wird.

911 Siehe oben C.II.3., S. 128 ff.; vgl. BVerwG, NJW 1992, 927; *Lorenz*, Verwaltungsprozessrecht, 2000, § 25 Rdnr. 34; vgl. auch *Wahl/Schütz*, in: Schoch/Schneider/Bier, VwGO, 25. EL 2013, § 42 Abs. 2 Rdnr. 102 sowie *Herbert*, DÖV 1994, 108 (111), die stattdessen das Entfallen der Klagebefugnis annehmen.

912 Vgl. BVerwG, NJW 1992, 927.

913 Vgl. *Lorenz*, Verwaltungsprozessrecht, 2000, § 25 Rdnr. 33; *Wahl/Schütz*, in: Schoch/Schneider/Bier, VwGO, 25. EL 2013, § 42 Abs. 2 Rdnr. 102; *Kisker*, Insichprozeß und Einheit der Verwaltung, 1968, S. 47 ff.; *Becker-Birck*, Der Insichprozess in der Verwaltungsgerichtsbarkeit, 1966, S. 77 f., 122 ff., 187.

914 BVerwGE 101, 47 (50 f.) zum fehlenden Rechtsschutzbedürfnis einer Gemeinde gegen den Restitutionsbescheid ihres AROV; *Fritsche*, OV spezial 1996, 190 f.

915 OVG Münster, NVwZ 1992, 186.

wertfeststellungsbescheiden, die gegenüber der Körperschaft als Grundstückseigentümerin und Steuerpflichtige i.S.v. § 33 AO ergangen sind.[916]

Liegt keine den Streit beilegende übergeordnete Instanz vor, sollen klagefähige Rechte von Fiskalorganen nach *Kisker* immer dann in Betracht zu ziehen sein, wenn die Rechtsordnung ihnen die Rolle eines „Quasi-Bürgers“ zuweist, d.h. sie der Hoheitsverwaltung ähnlich gegenüber stehen lässt wie ein Bürger. Allein die Polizeipflichtigkeit von Hoheitsträgern ist insofern aber kein hinreichendes Indiz für diese Annahme.[917]

Vielmehr muss sich die Annäherung an die Stellung des Bürgers aus dem anzuwendenden materiellen Recht ergeben.[918]

5. Leistungsklage der Verwaltung

Grundsätzlich besteht für den Staat die Möglichkeit, seine Ansprüche gegen den Bürger im Wege des Verwaltungsaktes geltend zu machen, so dass er auf eine gerichtliche Geltendmachung nicht angewiesen ist. Fehlt dem Staat dagegen die Befugnis, die Durchsetzung seiner Ansprüche im Wege eines Leistungsbescheids einseitig zu regeln, ist für ihn die allgemeine Leistungsklage in Betracht zu ziehen. Darüber hinaus wird dem Staat gewissermaßen ein Wahlrecht zwischen beiden Formen der Geltendmachung eingeräumt.[919] Die allgemeine Leistungsklage der Verwaltung dient ebenso wie ein Leistungsbescheid der Konkretisierung und Durchsetzung öffentlich-rechtlicher Leistungsansprüche.[920] Sie

---

916 BFH, BFH/NV 2005, 710; ders., NVwZ 1986, 512, der in beiden Entscheidungen aber die Auffassung vertritt, dass eine gemeinsame weisungsbefugte Spitze das Rechtsschutzbedürfnis nicht entfallen lasse.

917 *Kisker*, Insichprozeß und Einheit der Verwaltung, 1968, S. 47 ff.

918 *Schmitt Glaeser/Horn*, Verwaltungsprozeßrecht, 15. Aufl. 2000, Rdnr. 169a; *Wahl/Schütz*, in: Schoch/Schneider/Bier, VwGO, 25. EL 2013, § 42 Abs. 2 Rdnr. 102; ähnlich auch *Ehlers*, Der gerichtliche Rechtsschutz der Gemeinde, 1986, S. 36.

919 Vgl. BVerwGE 25, 280 (287); BVerfGE 28, 153 (154); BVerfGE 29, 310 (312); VGH Kassel, NVwZ 1995, 1227 (1228); noch weitergehender BSG, SGb 1988, 415, das die Leistungsklage für zulässig hält, obwohl bereits ein Verwaltungsverfahren eingeleitet worden war.

920 *Schmitt Glaeser/Horn*, Verwaltungsprozeßrecht, 15. Aufl. 2000, Rdnr. 394; *Schenke*, Verwaltungsprozessrecht, 12. Aufl. 2009, Rdnr. 351 ff. und 592; a.A. *Kopp*, VwGO, 9.

betrifft insbesondere Fälle, in denen es um Zahlungsansprüche des Staates gegen den Bürger (sog. Bürgerverurteilungsklage),[921] um Ansprüche des Staates aus öffentlich-rechtlichem Vertrag,[922] um die Erstattung von Schadensersatzleistungen (Regress) des Staates gegen das den Schaden verursachende Organ[923] sowie um Ansprüche zwischen gleichgeordneten Verwaltungsträgern[924] geht.[925]

Soweit dem Staat wehrfähige (subjektive) öffentliche Rechte gegenüber dem Bürger zugestanden werden,[926] muss der Staat auch klagebefugt im Sinne des § 42 Abs. 2 VwGO analog sein.[927] Anderenfalls wäre in diesem speziellen Fall von einer Prüfung der Klagebefugnis Abstand zu nehmen, da § 42 Abs. 2 VwGO nur solche öffentlichen Rechte vor Augen hat, die gegenüber dem Staat geltend zu machen sind.[928]

Vermag der Staat den Zahlungsanspruch auf einfacherem Wege gegenüber dem Schuldner durch Leistungsbescheid selbst titulieren, fehlt ihm grundsätzlich das Rechtsschutzbedürfnis. Eine Ausnahme von diesem Grundsatz gilt dann, wenn er mit einer gerichtlichen Auseinandersetzung über die Forderung rechnen musste.[929]

Aufl. 1992, Vorbemerkung, § 40 Rdnr. 32a, der einen Vorrang des Verwaltungsverfahrens im Über- und Unterordnungsverhältnis sieht; differenzierend *Hufen*, Verwaltungsprozessrecht, 9. Aufl. 2013, § 17 Rdnr. 11.

921 Vgl. *VG Würzburg*, Urteil vom 23.03.2009 – W 2 K 09.44 –, Juris.

922 *Würtenberger*, Verwaltungsprozessrecht, 3, Aufl. 2008, Rdnr. 387.

923 BVerwGE 24, 225 (226 ff.); E 25, 280 (285 f.).

924 Vgl. *OVG Koblenz*, Urteil vom 17.12.2004 – 12 A 11539/04 –, Juris, zur Kostenerstattung zwischen Trägern der Sozialhilfe.

925 *Pietzcker*, in: Schoch/Schneider/Bier, VwGO, 25. EL 2013, § 42 Abs. 1, Rdnr. 171; ausführlich mit sozialrechtlichem Bezug: *Christonakis*, SGb 2002, 309 (310 f.).

926 So *Bauer*, DVBl. 1986, 208 (217 f.).

927 *Würtenberger*, Verwaltungsprozessrecht, 3. Aufl. 2008, Rdnr. 388 (Fn. 258).

928 *Schmitt Glaeser/Horn*, Verwaltungsprozeßrecht, 15. Aufl. 2000, Rdnr. 395; *Würtenberger*, a.a.O., Rdnr. 388; vgl. *Pietzner/Ronellenfitsch*, Assessorexamen, 12. Aufl. 2010, § 14 Rdnr. 3.

929 Siehe oben C.II.3., S. 128 f.

IV. Rechte von Hoheitsträgern im mehrpoligen Verhältnis des Bau- und Fachplanungsrechts

Die Vielgestaltigkeit des Staates, seine unterschiedlichen Funktionen und Aufgaben sowie die „Versubjektivierung" bestimmter Kompetenzen und Mitwirkungsrechte führen dazu, dass nicht nur im zweipoligen Verhältnis Konflikte entstehen können, sondern auch andere Rechtsverhältnisse hiervon betroffen werden können.[930]

Dem öffentlichen Recht obliegt daher nicht nur in Bezug auf die grundrechtlich geschützten Interessen der Bürger eine Konfliktbewältigungsfunktion, sondern auch in Bezug auf die unterschiedlichen – wehrfähigen – öffentlichen und privaten Belange der jeweiligen Verwaltungsträger untereinander sowie zum Bürger.[931]

Wird der Kläger durch die behördliche Maßnahme nur mittelbar betroffen, ist zur Begründung der Klagebefugnis – ähnlich wie im zweipoligen Verhältnis – vorrangig das einfachgesetzliche Recht vor dem Verfassungsrecht heranzuziehen und im Falle einer nicht eindeutigen Regelung zunächst grundrechtskonform auszulegen.[932] Denn erst durch Erlass einfachgesetzlicher Regelungen sowie ihrer verfassungskonformen Auslegung wird der normative Gehalt der Grundrechte handhabbar.[933]

Adressatenfall und Drittbetroffenheit unterscheiden sich jedoch im Schutzumfang der maßgeblich anzuwendenden Normen. Anders als im Adressatenfall greift für die dem Eingriff zugrunde liegenden Normen im Falle der Drittbetroffenheit keine Vermutung für ihren Schutznormcharakter. Insoweit bedarf es für die Feststellung der Klagebefugnis gesonderter Prüfungen.[934]

---

930 Vgl. *Bickel*, in: Festgabe für G. Ch. v. Unruh, 1983, S. 1035 (1040 ff.); vgl. *Schmitt Glaeser/Horn*, Verwaltungsprozeßrecht, 15. Aufl. 2000, Rdnr. 162.

931 Vgl. hierzu *Wahl*, in: Schoch/Schneider/Bier, VwGO, 25. EL 2013, Vorbemerkung, § 42 Abs. 2 Rdnr. 61 ff.

932 *Schmitt Glaeser/Horn*, Verwaltungsprozessrecht, 15. Aufl. 2000, Rdnr. 162 f.

933 *Ramsauer*, AöR 111 (1986), S. 501 (513 f.).

934 *Wahl/Schütz*, in: Schoch/Schneider/Bier, VwGO, 25. EL 2013, § 42 Abs. 2 Rdnr. 49; *Schmitt Glaeser/Horn*, Verwaltungsprozessrecht, 15. Aufl. 2000, Rdnr. 168.

Als Dritter kann der Kläger nur dann in seinen Rechten verletzt sein, wenn er – neben dem Adressaten der Maßnahme – in einer Rechtsbeziehung zur Verwaltung steht, die sich aus dem der behördlichen Maßnahme zugrunde liegenden Gesetz ergeben muss. Das Gesetz hat dann drittschützenden Charakter, wenn es nach entsprechender Auslegung auch auf die Rücksichtnahme von Interessen eines individualisierbaren Personenkreises gerichtet ist.[935]

Drittschützende Normen verfolgen also nicht nur öffentliche Interessen, sondern sind zumindest auch dem Schutz eines bestimmten Personenkreises zu dienen bestimmt. Dies kann sich zunächst aus dem Wortlaut des Gesetzes, wie z.B. die Nachbarschaft in § 4 Abs. 1 Nr. 1 BImSchG, § 31 Abs. 2 BauGB, § 15 Abs. 1 S. 2 BauNVO, anderenfalls aus dem Sinn und Zweck der Regelung oder dem Gesetzeszusammenhang ergeben.[936]

Ein direkter Rückgriff auf Grundrechte oder ähnliche Verfassungsrechte, wie Art. 28 Abs. 2 GG, ist bei fehlender einfachgesetzlicher Regelung nur ausnahmsweise bei eindeutigen Rechtsbeeinträchtigungen und nur insoweit zulässig, als das einschlägige Grundrecht bzw. Verfassungsrecht das betroffene Recht für schutzwürdig und wehrfähig erachtet.[937]

Hat der Gesetzgeber in verfassungsrechtlich nicht zu beanstandender Weise von einer Berücksichtigung subjektiver Rechte Dritter abgesehen, verbietet sich ein Rückgriff auf Grundrechte oder ähnliche Verfassungsrechte.[938] Denn auch eine Nichtregelung kann grundrechtseinschränkende und -konkretisierende Wirkung haben.[939]

---

935 BVerwGE 81, 329 (334); E 95, 333 (337 f.).

936 Vgl. *Lorenz*, Verwaltungsprozessrecht, 2002, § 18 Rdnr. 42 ff.

937 *Schmitt Glaeser/Horn*, Verwaltungsprozeßrecht, 15. Aufl. 2000, Rdnr. 163 ff.

938 *Ramsauer*, AöR 111 (1986), S. 501 (515); vgl. *Schmitt Glaeser/Horn*, a.a.O.

939 *Ramsauer*, a.a.O.

1. Nachbarschutz für hoheitliche Grundstücke

Die häufigsten Drittschutzkonstellationen treten im Zusammenhang mit dem im Bau- und Umweltrecht geltenden Nachbarbegriff auf.[940] Der Nachbarschutz ist verfassungsrechtlich aus Art. 14 GG (zum Baurecht) und Art. 2 Abs. 2 GG (zum Immissionsschutzrecht) entwickelt worden und gebietet für grundrechtsfähige Nachbarn einen Mindeststandard subjektiv-rechtlichen Schutzes, der überwiegend durch ausdrückliche einfachgesetzliche Normierung oder im Wege verfassungskonformer Auslegung umgesetzt worden ist.[941]

Auch das zum Schutz des Nachbarn ursprünglich aus Art. 14 Abs. 1 GG und dem Verhältnismäßigkeitsgrundsatz entwickelte bauplanungsrechtliche Rücksichtnahmegebot wird von der Rechtsprechung aufgrund des Vorrangs des einfachen Rechts nicht mehr unmittelbar aus Art. 14 Abs. 1 GG abgeleitet. Nach der neueren Rechtsprechung werden das Rücksichtnahmegebot und der weitergehende Nachbarschutz bis auf wenige Ausnahmen[942] nur noch durch einfachgesetzliche Regelungen und ihrer grundrechtskonformen Auslegung gewährt.[943]

Für Hoheitsträger, die nicht grundrechtsfähig sind, gleichwohl aber privatrechtlich ausgestaltetes Eigentum innehaben können, stellt sich die Frage, ob sie ebenfalls in den Genuss des Nachbarschutzes gelangen und entsprechend den Privatpersonen gleichgestellt werden können:[944]

---

940 Vgl. zum unterschiedlichen Schutzumfang der beiden Nachbarbegriffe: *Wahl/Schütz*, in: Schoch/Schneider/Bier, VwGO, 25. EL 2013, § 42 Abs. 2 Rdnr. 143 ff. (Baurecht) und 162 (Umweltrecht).

941 *Wahl/Schütz*, a.a.O., 131 ff.; *Dürr*, KommJur 2005, 201 (202 f.).

942 Duldung eines Notwegerechts oder der Verlegung von Ver- und Entsorgungsleitungen auf dem benachbarten Grundstück aufgrund rechtswidriger Baugenehmigung: BVerwGE 50, 282 (286 f.); dass., NJW-RR 1999, 165 (165 f.).

943 Vgl. BVerwGE 89, 69 (77 ff.); E 101, 364 (371 ff.); *Dürr*, KommJur 2005, 201 (202 f.); *Lorenz*, Verwaltungsprozessrecht, 2002, § 18 Rdnr. 50; zum Rücksichtnahmegebot aus § 34 Abs. 1 BauGB vgl. *Söfker*, in: Ernst/Zinkahn/Bielenberg/Krautzberger, BauGB, 110. EL 2013, § 34 BauGB Rdnr. 141 ff.

944 Uneingeschränkt bejahend: *Jarass*, DVBl. 1976, 732 (737); a.A. *Ziekow*, NVwZ 1989, 231 (232); differenzierend nach Schutzzweck der Norm und Art und Weise der Grundstücksnutzung durch Gemeinden: *Schmid*, Klagebefugnis und subjektive Rechte von Gemeinden, 1991, S. 168 ff.

Soweit eine juristische Person öffentlichen Rechts Eigentümerin von Grundstücken ist, kann sie auch Nachbar im Sinne der jeweiligen Regelung sein. Ob ihr die Nachbareigenschaft ein wehrfähiges Recht gleich einem Privaten einräumt, richtet sich danach, ob die anzuwendenden Regelungen auch zu ihrem Schutz zu dienen bestimmt sind.[945]

Unproblematisch wird dies bei Normen angenommen, die ausdrücklich dem Nachbarn oder einem ähnlich individualisierbaren Personenkreis Schutz gewähren (z.B. §§ 3 Abs. 1 und 5 Abs. 1 Nr. 1 BImSchG; § 9 Abs. 2 LuftVG; § 8 Abs. 3 S. 2 Nr. 3 AbfG, gültig bis 31.10.1986) und zwar unabhängig davon, ob das Grundstück im Eigentum eines Privaten oder einer juristischen Person öffentlichen Rechts steht.[946] Eine Gleichstellung von Hoheitsträger und Privatem begründet sich allein aus dem Schutzzweck der – grundstücksbezogenen –[947] Normen, in dem diese lediglich auf die Eigenschaft des Nachbarn oder eines ähnlich individualisierbaren Personenkreises abstellen.[948] Dementsprechend sollen Hoheitsträger sich ferner auf das in den jeweiligen Landesgesetzen geregelte bauordnungsrechtliche Abstandsflächenrecht als eine den Nachbarn schützende Norm berufen können.[949] Dem stehen auch die den Privaten vorbehaltenen Grundrechte, wie Art. 14 GG oder Art. 2 Abs. 2 GG, nicht entgegen. Wegen der gesetzgeberischen Konkretisierung des Nachbarschutzes bedarf es insoweit keines Rückgriffs auf die Grundrechte.[950] Klagebefugt kann daher der Hoheitsträ-

---

945 Vgl. zu Gemeinden: OVG Münster, BRS 46 Nr. 170, 392; a.A. *Postier*, LKV 1992, 33 (34), der die Klagebefugnis bei gravierenden Beeinträchtigungen unmittelbar aus Art. 28 Abs. 2 GG entnimmt.

946 BVerwG, NVwZ 1992, 885 (886); *dass.*, Beschluss vom 24.07.2008 – 7 B 19/08 –, Tz. 12 Juris; OVG Lüneburg, NVwZ 1987, 341; dass., DVBl. 1984, 895 (896); BVerwGE 69, 256 (261); VGH Kassel, NVwZ 1987, 987 (989) zu § 8 Abs. 3 S. 2 Nr. 3 AbfG; für Gemeinden: *Schmid*, Klagebefugnis und subjektive Rechte von Gemeinden, 1991, S. 168; a.A. *Ziekow*, NVwZ 1989, 231 (232).

947 Vgl. BVerwG, NJW 1989, 2766; *Postier*, LKV 1992, 33 (34).

948 OVG Lüneburg, NVwZ 1987, 341; *Hahn*, JuS 1987, 536 (537); vgl. auch BVerfGE 98, 17 (47), zum Inhaber des Besitzrechts nach Art. 233 § 2 a Abs. 1 S. 1 lit. a EGBGB 1992.

949 *Schmid*, Klagebefugnis und subjektive Rechte von Gemeinden, 1991, S. 168; *Bambey*, DVBl 1983, 936 (938); *Jarass*, DVBl. 1976, 732 (737).

950 *Bambey*, a.a.O., 936 (939).

ger sein, welcher die Nachbareigenschaft erfüllt und eine Eigentumsverletzung substantiiert geltend machen kann.[951]

Fraglich ist aber, ob eine Gleichstellung auch dort geboten ist, wo sich der Schutz des Dritten nicht explizit aus der Norm, sondern nur über das Gebot der Rücksichtnahme bzw. über eine verfassungskonforme Auslegung, z.B. nach Maßgabe des Art. 14 Abs. 1 GG oder Art. 2 Abs. 2 GG ergibt. Die hierzu im Schrifttum zum Teil vorzufindende Behauptung, dass auch eine juristische Person öffentlichen Rechts sich stets auf die einen Privaten als Dritten schützende Norm berufen kann, wenn sie sich in einer vergleichbaren Lage befinde,[952] überzeugt insofern nicht. Sie lässt in ihrer Pauschalisierung die wesentlichen Unterschiede zwischen Hoheitsträger und Privatem in Bezug auf ihre Grundrechtsfähigkeit außer Betracht. Soweit der Drittschutz zugunsten eines Privaten nur aus einer an Art. 14 GG oder Art. 2 Abs. 2 GG orientierten Auslegung geboten ist, ist er konsequenterweise einem Hoheitsträger aus dem gleichen Grunde zu verwehren wie im Falle einer unmittelbaren Grundrechtswirkung.[953] Es fehlt an einem vergleichbaren Schutzzweck des Grundrechts und seiner Wehrfähigkeit.[954] Insoweit kann der Eigentumsschutz von Hoheitsträgern grundsätzlich nur durch entsprechende Regelungen in einfachgesetzlichen Normen des öffentlichen Rechts gewährleistet sein.[955] Allein die Tatsache, dass auch Hoheitsträger privatrechtliches Eigentum im Sinne des § 903 BGB haben können, vermittelt ihnen noch kein öffentliches Abwehrrecht.[956] Es kann nur durch „Transformation" in das öffentliche Recht verwaltungsprozessuale Berücksichtigung finden.[957]

---

951 *BVerwG*, Beschluss vom 24.07.2008 – 7 B 19/08 –, Tz. 12 Juris.

952 *Jarass*, DVBl. 1976, 732 (737); vgl. auch *Hufen*, Verwaltungsprozessrecht, 9. Aufl. 2013, § 14 Rdnr. 97, der einen Eigentumsschutz für Selbstverwaltungskörperschaften aus Art. 14 GG anerkennt; vgl. zum Begriff des „Quasibürgers": *Kisker*, Insichprozeß und Einheit der Verwaltung, 1968, S. 47.

953 OVG Lüneburg, DVBl. 1984, 895.

954 Vgl. oben C. I. 1. a) bb).

955 OVG Lüneburg, DVBl. 1984, 895.

956 Vgl. *Postier*, LKV 1992, 33 (37) in Bezug auf Gemeinden.

957 OVG Lüneburg, DVBl. 1984, 895 (896).

Eine Besonderheit kann sich für Gemeinden ergeben, soweit deren nachbarlicher Schutz gemäß Art. 28 Abs. 2 GG geboten ist.[958] Drittschützende Positionen vermögen die jeweiligen Hoheitsbefugnisse der Selbstverwaltungsgarantie, z.B. die gemeindliche Planungs- oder Finanzhoheit, entweder über eine entsprechende Auslegung einfachgesetzlicher Regelungen oder in unmittelbarer Anwendung des Art. 28 Abs. 2 GG zu vermitteln.[959] Eine unmittelbare Anwendung der Selbstverwaltungsgarantie ist jedoch aufgrund des Vorrangs einfachgesetzlicher Regelung nur nachrangig zulässig.[960]

Den Gemeinden wird das Selbstverwaltungsrecht im „Rahmen der Gesetze" gewährleistet, was nicht nur einen Gesetzgebungsauftrag an den Gesetzgeber, sondern auch eine Beschränkung exekutivischen Handelns in Form eines Gesetzesvorbehalts beinhaltet. Hiernach sind Eingriffe in die Selbstverwaltungsgarantie ohne gesetzliche Grundlage unzulässig.[961] Ob die Selbstverwaltungsgarantie den Gemeinden darüber hinaus auch gegen „gesetzeswidrige" Beeinträchtigungen eine wehrfähige Rechtsposition vermittelt, ist durch Auslegung der anzuwendenden Normen zu bestimmen. Voraussetzung hierfür ist zunächst, dass die einschlägige einfachgesetzliche Norm zumindest auch dem Schutz der gemeindlichen Interessen zu dienen bestimmt ist.[962] Dabei wird der Schutzzweck eigentumsbezogener Rechte für ausreichend erachtet.[963] Ferner muss das betroffene Eigentum der Erfüllung gemeindlicher Aufgaben dienen.[964] Aufgrund der Unterschiedlichkeit der Funktion grundrechtlich geschützten Eigentums eines Privaten nach Art. 14 Abs. 1 GG und dem kompetenzrechtlich geprägten Eigentum einer Gemeinde nach Art. 28 Abs. 2 GG hat Letztere es jedoch hinzunehmen,

---

958 Vgl. BVerwG, NVwZ 1989, 247 (249); vgl. ferner *Hüttenbrink*, in: Kuhla/Hüttenbrink, Verwaltungsprozess, 3. Aufl. 2002, D Rdnr. 71 (Fn. 341); *Bambey*, DVBl. 1983, 936 (938).

959 Vgl. auch VGH Mannheim, NVwZ 1990, 484 (486), der § 13 Abs. 1 S. 2 Nr. 4c AbfG im Lichte des Art. 28 Abs. 2 GG auslegt, im Ergebnis eine drittschützende Wirkung verneint.

960 *Bickel*, in: Festgabe für G. Ch. v. Unruh, 1983, S. 1035 (1045); vgl. *Schmid*, Klagebefugnis und subjektive Rechte von Gemeinden, 1991, S. 169.

961 Siehe oben D.III.1.b), S. 148 ff.

962 *Postier*, LKV 1992, 33 (37).

963 *Schmid*, Klagebefugnis und subjektive Rechte von Gemeinden, 1991, S.168 f.

964 BVerwG, KommJur 2008, 429 (431).

wenn der Schutz gemeindlichen Eigentums hinter dem des Privaten zurücksteht.[965]

Ähnliches gilt auch für das in einzelnen Normen enthaltene Rücksichtnahmegebot, wie z.B. § 15 Abs. 1 BauNVO,[966] als Bestandteil des Einfügens im Sinne des § 34 Abs. 1 BauGB[967] oder in Bezug auf die gemäß § 35 BauGB geschützten Vorhaben[968]. Wird die Rücksichtnahme auf Belange einer Gemeinde speziell gesetzlich angeordnet, wie etwa bei der Errichtung zentraler Versorgungsbereiche gemäß § 34 Abs. 3 BauGB, liegt ein entsprechendes Abwehrrecht auf der Hand.[969] Darüber hinaus kann es nur dann einer betroffenen Gemeinde als private Eigentümerin eines Nachbargrundstücks Drittschutz vermitteln, wenn es auch ihrem Schutz zu dienen bestimmt ist. Dies lässt sich nur durch Auslegung der einfachgesetzlichen Normen nach Maßgabe des Art. 28 Abs. 2 GG bestimmen.[970] So liegt nach Auffassung des Oberverwaltungsgerichts Münster eine rechtswidrige Beeinträchtigung der Gemeinde nur vor, wenn das Vorhaben gegen § 34 BauGB verstößt und die Planungsbelange der Gemeinde derart beeinträchtigt sind, dass sie auch bei entsprechender Festsetzung im Rahmen eines Bebauungsplanes nach § 2 Abs. 1 BauGB verletzt würden.[971]

Will sich die Gemeinde dagegen unmittelbar auf ihr Selbstverwaltungsrecht aus Art. 28 Abs. 2 GG berufen, muss die Beeinträchtigung eine bestimmte Erheblichkeitsschwelle überschreiten. Eine bloße Betroffenheit oder geringfügige Beeinträchtigungen reichen hierfür nicht. So wird beispielsweise die kommunale Planungshoheit nach der Rechtsprechung des Bundesverwaltungsgerichts verletzt, wenn das Vorhaben hinreichend bestimmte Planungen der Gemeinde dauerhaft beeinträchtigt, wesentliche Teile des Gemeindegebiets einer durchsetzba-

---

965 *Schmid*, Klagebefugnis und subjektive Rechte von Gemeinden, 1991, S.169.

966 *Söfker*, in: Ernst/Zinkahn/Bielenberg/Krautzberger, BauGB, 110. EL 2013, § 15 BauNVO Rdnr. 36 ff.

967 *Krautzberger*, in: Battis/Krautzberger/Löhr, BauGB, 12. Aufl. 2014, § 34 Rdnr. 32.

968 *Söfker*, in: Ernst/Zinkahn/Bielenberg/Krautzberger, BauGB, 110. EL 2013, § 35 BauGB Rdnr. 185 ff.

969 *Söfker*, a.a.O., § 34 BauGB Rdnr. 86g.

970 *Schmid*, Klagebefugnis und subjektive Rechte von Gemeinden, 1991, S.169, der nur insoweit das Rücksichtnahmegebot nach Maßgabe des Art. 28 Abs. 2 GG auf gemeindliche Grundstücke erstreckt, als sie öffentlichen und nicht rein fiskalischen Zwecken dienen.

971 BRS 46, Nr. 170.

ren Planung der Gemeinde entzieht[972] oder gemeindliche Einrichtungen durch das Vorhaben erheblich gestört werden.[973] Teilweise wird vertreten, dass die Beeinträchtigung der Planungshoheit so erheblich sein muss, dass sie auch bei einem Privaten den Schutz von Art. 14 Abs. 1 GG auslösen würde.[974]

Dabei ist jedoch zu beachten, dass die Schutzbereiche von Art. 14 Abs. 1 GG und Art. 28 Abs. 2 GG unterschiedlich stark ausgeprägt sind, zumal Art. 14 Abs. 1 GG bereits den Schutz einzelner Vermögenspositionen umfassen kann, der den Gemeinden andererseits versagt bleibt.[975]

Auch für die Verletzung der Finanzhoheit, die den Kommunen einen gesetzlich geordneten autonomen Finanzhaushalt im Sinne einer Ausgaben- und Einnahmenwirtschaft[976] sowie eine aufgabenadäquate Finanzausstattung[977] gewährleistet, bedarf es einer erheblichen Beeinträchtigung. Allein der Entzug einzelner Vermögensgegenstände oder Einnahmen bzw. die Auferlegung einzelner kostenverursachender Aufgaben führt nicht zu einer hinreichenden Verletzung der Finanzhoheit, wenn hiervon die grundsätzliche wirtschaftliche Nutzbarkeit des Gemeindefinanzwesen nicht beeinträchtigt wird.[978] So kann die Finanzhoheit einer Gemeinde erst dann verletzt werden, wenn durch die Maßnahme der finanzielle Handlungsspielraum der Gemeinde erheblich einschränkt wird.[979]

Eine wehrfähige Rechtsverletzung unterhalb dieser Erheblichkeitsschwelle ist nur anzunehmen, wenn einfachgesetzliche, inhaltlich konkrete Regelungen vorhanden sind, die zumindest auch dem Schutz der Gemeindeinteressen dienen.[980]

---

972 BVerwGE 84, 209 (214 f); E 90, 96 (100); BVerwG, NVwZ 2003, 207; dass., KommJur 2008, 429.

973 BVerwGE 81, 95 (106 f.).

974 *Postier*, LKV 1992, 33 (37).

975 Vgl. BVerfG, NVwZ 1999, 520 (521).

976 Vgl. BVerfGE 26, 228 (244); E 71, 25 (36 f.); E 83, 363 (385 f.).

977 BVerwGE 106, 280 (286 f.); BbgVerfG, NVwZ-RR 2000, 129 (130); vgl. hierzu *Dombert*, LKV 2009, 343 (344 f.).

978 BVerfG, NVwZ 1999, 520 (521).

979 BVerwG, KommJur 2008, 429 (430).

980 Vgl. *Postier*, LKV 1992, 33 (37).

2. Öffentliche kommunale Belange in bauplanungsrechtlichen Verfahren und bei Einzelbauvorhaben

Die im Rahmen der Selbstverwaltungsgarantie gewährleistete Planungshoheit findet ihre Ausformung als zu berücksichtigender öffentlicher Belang in unterschiedlichen planungsrechtlichen Regelungen, wie z.B. in den §§ 1 Abs. 3, 2 Abs. 1 und 2, 36 und 38 BauGB.

Gemäß §§ 1 und 2 BauGB steht es im pflichtgemäßen Ermessen der Gemeinden, nach ihren städtebaulichen Vorstellungen eine Bauleitplanung aufzustellen. Sofern städtebauliche Gründe es erfordern, kann sich dieses Ermessen auch in eine Pflicht wandeln, so etwa wenn Bauvorhaben im unbeplanten Innenbereich nach § 34 BauGB derartige Konflikte auslösen können, die eine förmliche planungsverfahrensrechtliche Koordinierung der betroffenen Belange notwendig machen.[981]

a) Kommunale Belange in der Bauleitplanung

Obgleich das Recht zur Aufstellung kommunaler Bauleitplanungen an den Gemeindegrenzen endet, können Nachbargemeinden von den Auswirkungen des Planvorhabens in ihrem privatrechtlich ausgestalteten Eigentum, insbesondere aber in ihren nach Art. 28 Abs. 2 GG geschützten Selbstverwaltungsbelangen beeinträchtigt werden.[982]

Dem verfassungsrechtlich gebotenen Schutz der kommunalen Planungshoheit wird durch ein in § 2 Abs. 2 BauGB ausgeformtes interkommunales Rücksichtnahmegebot Rechnung getragen, das eine formelle Beteiligung sowie eine materielle Abstimmung mit den Bauleitplanungen der Nachbargemeinden vorschreibt.[983] Es räumt ihnen ein wehrfähiges Recht im Sinne der prozessual erforderlichen Klagebefugnis ein, wenn sie nicht beteiligt oder ihre Belange nicht bzw. nicht hinreichend im Rahmen der nach § 1 Abs. 7 BauGB vorzunehmenden Abwägung berücksichtigt worden sind. Die Gemeinden müssen hierzu sub-

---

981 BVerwGE 119, 25 (30 ff.).

982 Vgl. BVerwG, NVwZ 1995, 694 wonach für den Nachbarbegriff nicht das Angrenzen sondern die Betroffenheit durch die Planauswirkungen maßgeblich ist.

983 BVerwGE 84, 209 (214 f).

stantiiert geltend machen können, in ihren eigenen Rechten aus § 2 Abs. 2 BauGB verletzt zu sein.[984]

Einer – qualifizierten –[985] Abstimmung nach § 2 Abs. 2 BauGB bedarf es immer dann, wenn die Bebauungsplanung „unmittelbare Auswirkungen gewichtiger Art" auf die Nachbargemeinde hat.[986] Anders als im Fachplanungsrecht[987] müssen die Nachbargemeinden hierzu nicht bereits konkret bestimmte planerische Vorstellungen haben. Sie stehen der planenden Gemeinde gleichrangig gegenüber.[988]

Die Reaktionsmöglichkeiten der betroffenen Gemeinden sind vielfältig: Werden ihre kommunalen Belange nicht oder nur ungenügend im Abwägungsvorgang der Bebauungsplanung berücksichtigt, steht ihnen präventiv die Möglichkeit offen, gegen einen noch nicht rechtskräftigen Bebauungsplan vorbeugenden Rechtsschutz im Wege der Feststellungs-[989] oder Unterlassungsklage geltend zu machen,[990] um eine Verfestigung der baurechtlichen Planungssituation zu verhindern. Auch wenn diese Klagearten keinen Verwaltungsakt zum Gegenstand haben, muss die Gemeinde zur Vermeidung von Popularklagen gemäß § 42 Abs. 2 VwGO analog prozessual geltend machen können, in ihren eigenen

---

984 OVG Weimar, LKV 1999, 194 (195); *Bickel*, in: Festgabe für G. Ch. v. Unruh, 1983, S. 1035 (1041 f.).

985 Das Bundesverwaltungsgericht unterscheidet zwischen einem einfachen Abstimmungsbedarf bei mehr als geringfügigen Beeinträchtigungen von gemeindlichen Belangen, die nur dem einfachen Abwägungsgebot nach § 1 Abs. 7 BauGB unterliegen, und einem qualifizierten Abstimmungsbedarf nach § 2 Abs. 2 BauGB bei unmittelbaren Auswirkungen gewichtiger Art, NVwZ 2003, 86 (87); vgl. aber auch BVerwGE 119, 25 (34), das sich in dieser Entscheidung zur Differenzierung missverständlich äußert, ob auch die „mehr als geringfügigen Beeinträchtigungen" unter § 2 Abs. 2 S. 1 BauGB fallen; vgl. hierzu im Einzelnen *Hug*, Gemeindenachbarklagen im öffentlichen Baurecht, 2008, S. 52 ff. und 71 f., der die Anwendung der Geringfügigkeitsgrenze auf § 2 Abs. 2 BauGB befürwortet.

986 BVerwGE 40, 323 (330 f.); E 84, 209 (217); E 117, 25 (31 ff.); E 119, 25 (34 f.); dass., ZfBR 2010, 269 (271), Tz. 11 Juris; OVG Lüneburg, NVwZ-RR 2006, 246 (247).

987 Siehe unter D.IV.3.a)bb), S. 181.

988 BVerwGE 84, 209 (214 f).

989 BVerwGE 40, 323 (325 ff.); a.A. *Hug*, Gemeindenachbarklagen im öffentlichen Baurecht, 2008, S.206 ff., der deren Statthaftigkeit und das Rechtsschutzbedürfnis verneint.

990 *Wagner*, ZfBR 2000, 21 (23); a.A. *Hug*, a.a.O., S. 191 ff., der insoweit Klagebefugnis und Rechtsschutzbedürfnis verneint.

Rechten aus § 2 Abs. 2 BauGB als Ausformung ihrer kommunalen Planungshoheit verletzt zu sein.[991]

Ferner können die betroffenen Gemeinden repressiv im Wege des Normenkontrollverfahrens gerichtlichen Rechtsschutz beanspruchen.[992] Sie sind nach § 47 Abs. 2 S. 1 VwGO antragsbefugt, wenn sie geltend machen können, durch eine Rechtsvorschrift oder deren Anwendung in ihren Rechten verletzt zu sein oder in absehbarer Zeit verletzt zu werden. Bei Verstoß gegen das Abwägungsgebot genügt für die Annahme der Antragsbefugnis der substantiierte Vortrag, dass die Belange der Antragstellerin nicht oder nicht hinreichend berücksichtigt worden sind.[993] Dabei können sich die Gemeinden u.a. auf die ihnen durch Ziele der Raumordnung ausgewiesenen Funktionen, aber auch auf das von ihr nach § 8 Abs. 2 S. 1 BauGB zu beachtende Entwicklungsgebot aus den Festsetzungen eines Flächennutzungsplans[994] sowie auf drohende Nachteile für ihre zentralen Versorgungsbereiche nach den Kriterien des § 11 Abs. 3 BauNVO berufen, wenn die Beeinträchtigungen für sie insoweit spürbar und nicht nur geringfügig sind.[995] Liegt ein Verstoß gegen die Rechte der Gemeinden aus § 2 Abs. 2 BauGB vor, hat das Oberverwaltungsgericht nach § 47 Abs. 5 S. 3 VwGO den Bebauungsplan für unwirksam zu erklären. Die Grundsätze der Planerhaltung nach den §§ 214 f. BauGB sind in diesem Falle nicht einschlägig.[996]

§ 2 Abs. 2 BauGB vermittelt der Nachbargemeinde darüber hinaus eine mögliche Klagebefugnis zur Anfechtung einer auf Grundlage eines Bebauungsplans erteilten Baugenehmigung, sofern die Gemeinde geltend machen kann, dass sie bei der Aufstellung des Bebauungsplan nicht beteiligt worden ist oder ihre abwägungserheblichen Belange nicht hinreichend berücksichtigt worden sind. Ein solcher Beteiligungsverstoß könnte die Unwirksamkeit des Bebauungsplans und damit die Rechtswidrigkeit der hierauf erteilten Baugenehmigung

---

991 *Wahl/Schütz*, in: Schoch/Schneider/Bier, VwGO, 25. EL 2013, § 42 Abs. 2 Rdnr. 113; *Bickel*, in: Festgabe für G. Ch. v. Unruh, 1983, S. 1035 (1042).

992 Vgl. *Stüer*, Bau- und Fachplanungsrecht, 4. Aufl. 2009, F Rdnr. 4594 f.

993 Vgl. *OVG Koblenz*, Urteil vom 24.03.2010 - 8 C 11202/09 - Tz. 21 ff. Juris; BVerwGE 107, 215 (217).

994 Vgl. *OVG Koblenz*, Urteil vom 24.03.2010 - 8 C 11202/09 - Tz. 36 ff. Juris.

995 VGH Mannheim, NVwZ-RR 2008, 369 (370 f.); vgl. zum Streitstand der maßgeblichen Beeinträchtigung *Uechtritz*, DVBl. 2006, 799 (806); *ders.*, NVwZ 2004, 1025 ff.; *Stüer*, Bau- und Fachplanungsrecht, 4. Aufl. 2009, F Rdnr. 4595.

996 *Hug*, Gemeindenachbarklagen im öffentlichen Baurecht, 2008, S. 185.

zur Folge haben.[997] Dazu müsste die unzureichende Berücksichtigung der nachbargemeindlichen Belange für die Zulassungsentscheidung von Einfluss und der Abwägungsfehler so erheblich gewesen sein, dass sie zur Unwirksamkeit des Bebauungsplanes führen.[998]

In § 4 BauGB ist eine weitere zum Teil wehrfähige Verfahrensbeteiligung für öffentliche Rechtsträger – gemeint sind hier neben den zuvor genannten (Nachbar-)Gemeinden auch andere Verwaltungsstellen der mittelbaren und unmittelbaren Staatsverwaltung – vorgesehen. Werden die von der Bebauungsplanung in ihren Aufgabenbereichen betroffenen Behörden i.S.d. § 1 Abs. 4 VwVfG und sonstige Träger öffentlicher Belange[999] nicht nach § 4 Abs. 2 BauGB beteiligt, kann dieser Verfahrensverstoß zur Antragsbefugnis der Betroffenen im Normenkontrollverfahren führen. Es handelt sich hierbei jedoch nicht um einen absoluten Verfahrensfehler, der dem Betroffenen einen Aufhebungsanspruch verschafft. Der Mangel begründet keine Nichtigkeit des Plans, wenn die Fehler im Auslegungsverfahren nachträglich beseitigt, die betroffenen Belange bereits bei der Abwägung berücksichtigt wurden oder nach § 214 Abs. 1 Nr. 2 BauGB (z.B. wegen verfristeter Rüge) unbeachtlich geworden sind. Fehler bei der Durchführung der frühzeitigen Behördenbeteiligung sind sogar von vornherein unbeachtlich.[1000]

b) Kommunale Belange außerhalb der Bauleitplanung

Das Bedürfnis nach planerischer Abstimmung mit den Nachbargemeinden im Sinne des § 2 Abs. 2 BauGB kann diesen unter bestimmten Voraussetzungen auch außerhalb einer Bebauungsplanung eine Anfechtungsbefugnis gegen Einzelbauvorhaben vermitteln, wenn hierdurch Spannungen auslöst werden, die nicht mehr über die Regelungen der §§ 34, 35 BauGB, sondern nur im Rahmen einer förmlichen Planung zu bewältigen wären.[1001] Diesem Umstand trägt das

---

997 *OVG Weimar*, Beschluss vom 20.12.2004 – 1 EO 1077/04 –, Tz. 31 f. Juris; BVerwGE 84, 209 (216 f.); *Bickel*, in: Festgabe für G. Ch. v. Unruh, 1983, S. 1035 (1042 f.).

998 BVerwG, NVwZ 1994, 285 (288); *OVG Weimar*, Beschluss vom 20.12.2004 – 1 EO 1077/04 –, Tz. 44 ff. Juris.

999 Im Einzelnen *Krautzberger*, in: Ernst/Zinkahn/Bielenberg/Krautzberger, BauGB, 110. EL 2013, § 4 BauGB Rdnr. 15 ff.

1000 Vgl. mit weiteren Einzelheiten *Krautzberger*, a.a.O., § 4 BauGB Rdnr. 56.

1001 *OVG Magdeburg*, Beschluss vom 12.01.2010 – 2 L 54/09 –, Tz. 15 Juris.

Bundesverwaltungsgericht Rechnung, indem es das Bedürfnis nach einer förmlichen Planung als einen – ungeschriebenen – öffentlichen Belang im Sinne des § 35 Abs. 3 BauGB anerkennt. Dem liegt die Feststellung zugrunde, dass solche Vorhaben, die im Rahmen einer Bebauungsplanung nur nach Abstimmung der nachbargemeindlichen Belange gemäß § 2 Abs. 2 BauGB festgesetzt werden können, nicht über das Prüfprogramm des § 35 BauGB angemessen koordinierbar sind. Solche Vorhaben bedürfen vielmehr eines planerischen Ausgleichs über eine Abwägungsentscheidung nach § 1 Abs. 6 BauGB, die weder der Genehmigungsbehörde nach § 35 BauGB noch der betroffenen Gemeinde nach § 36 BauGB zusteht. Insoweit dürfe das Abstimmungsgebot nach § 2 Abs. 2 BauGB nicht über eine unterlassene, gleichwohl erforderliche Bauleitplanung umgangen werden.[1002]

Ob ein Bauvorhaben im Einzelfall ein Planungsbedürfnis begründet, richtet sich danach, ob und wie es sich in seine Umgebung einfügt und welche Auswirkungen es hat. Zu dessen Bestimmung zieht das Bundesverwaltungsgericht unterschiedliche Kriterien heran. Hierzu zählen zunächst die in § 35 Abs. 3 BauGB aufgezählten öffentlichen Belange, insbesondere der Belang der Raumbedeutsamkeit. Für die Annahme eines Planungsbedürfnisses sprechen zudem solche Auswirkungen des Bauvorhabens, die im Rahmen einer Bauleitplanung einen qualifizierten Abstimmungsbedarf nach § 2 Abs. 2 BauGB auslösen würden. Handelt es sich darüber hinaus um großflächige Vorhaben im Sinne des § 11 Abs. 3 BauNVO, soll bereits die besondere Einordnung und Behandlung dieser Vorhaben im System der Baunutzungsverordnung ein Indiz für ein Planungserfordernis sein. Solche Vorhaben sind wegen ihrer bodenrechtlich relevanten Auswirkungen außerhalb von Kerngebieten nur in anlagenspezifisch festgesetzten Sondergebieten, nicht dagegen in anderen Baugebieten oder gar im Außenbereich zulässig.[1003] Aber auch Einzelhandelsbetriebe, die nicht den Begriff der Großflächigkeit im Sinne des § 11 Abs. 3 BauNVO erfüllen, können im Einzelfall eine förmliche Planung erfordern.[1004]

Die planungsrechtlichen Belange einer von einem Bauvorhaben betroffenen Gemeinde bzw. Nachbargemeinde finden im unbeplanten Innenbereich dagegen

---

1002 BVerwGE 117, 25 (31 ff.) zur Genehmigung eines Factory Outlet Centers im Außenbereich.

1003 BVerwG, ZfBR 2010, 269 ff., Tz. 6 Juris; BVerwGE 117, 25 (31 ff.).

1004 *OVG Magdeburg*, Beschluss vom 12.01.2010 - 2 L 54/09 -, Tz. 16 f. Juris.

nur im Rahmen des durch Gesetz vom 24.06.2004[1005] neu eingefügten § 34 Abs. 3 BauGB als Konkretisierung der kommunalen Planungshoheit eine Stütze. Durch diese Regelung wird den Gemeinden und Nachbargemeinden ein wehrfähiges Recht eingeräumt, wenn von einem Einzelvorhaben im unbeplanten Innenbereich schädliche Auswirkungen auf zentrale Versorgungsbereiche der betroffenen Gemeinde oder Nachbargemeinde zu erwarten sind.[1006]

Eine darüber hinausgehende Berücksichtigung planungshoheitlicher Interessen einer Gemeinde wird über § 34 BauGB nicht (mehr) gewährleistet.[1007] Die in der vom 01.07.1987 bis zum 31.12.1997 geltenden Fassung des § 34 Abs. 1 BauGB aufgeführten „sonstigen öffentlichen Belange"[1008] sind ersatzlos gestrichen worden.

Die kommunale Planungshoheit wird ferner über ihre Konkretisierung in § 36 BauGB geschützt, die den Gemeinden eine Mitwirkungsbefugnis an den Bauvorhaben sichert, die wiederum sich nach den §§ 31, 33 bis 35 BauGB beurteilt.[1009] Das Recht der Gemeinden nach § 36 BauGB ist als absolutes Verfahrensrecht ausgestaltet. Es räumt der Gemeinde eine Anfechtungsbefugnis gegen eine Baugenehmigung ein, die ohne ihre erforderliche Beteiligung oder entgegen ihrem ablehnenden Einvernehmen erteilt wurde, vorausgesetzt es besteht zwischen Gemeinde und zuständiger Genehmigungsbehörde keine Identität. Bereits die Verletzung der Rechte aus § 36 BauGB führt zur Anfechtbarkeit der in Widerspruch hierzu erteilten Genehmigung.[1010] Es kann der Gemeinde ferner einen Anspruch auf fehlerfreie Ermessensentscheidung über ein bauaufsichtliches Ein-

---

1005 BGBl. I S. 1359.

1006 *Söfker*, in: Ernst/Zinkahn/Bielenberg/Krautzberger, BauGB, 110. EL 2013, § 34 BauGB Rdnr. 86g.

1007 Vgl. BVerwGE 119, 25 (32); vgl. auch *OVG Saarlouis*, Urteil vom 14.04.1992 - 2 R 66/89 - , Tz. 33 f. Juris; ferner VGH Kassel, NVwZ-RR 2006, 230 (231).

1008 Vgl. hierzu OVG Münster, BRS 46 Nr. 170, das einer Nachbargemeinde ein Abwehrrecht gegenüber einem nach § 34 Abs. 1 BauGB genehmigten Einzelbauvorhaben einräumt, wenn das Vorhaben gegen § 34 BauGB verstößt und die Planungsbelange der Gemeinde derart beeinträchtigt sind, dass sie auch bei entsprechender Festsetzung im Rahmen eines Bebauungsplanes nach § 2 Abs. 1 BauGB verletzt würden. Vgl. hierzu auch OVG Münster, BRS 35 Nr. 32.

1009 *Wahl/Schütz*, in: Schoch/Schneider/Bier, VwGO, 25. EL 2013, § 42 Abs. 2 Rdnr. 113.

1010 BVerwG, NVwZ 2000, 1048 f.; dass., NVwZ 2008, 1347 (1348); *Söfker*, in: Ernst/Zinkahn/Bielenberg/Krautzberger, BauGB, 110. EL 2013, § 36 BauGB Rdnr. 47.

schreiten gegen das genehmigte Vorhaben von Seiten der zuständigen Behörde gewähren.[1011]

In Anlehnung hieran leitet das Bundesverwaltungsgericht ferner aus der Planungshoheit einen Anspruch der Gemeinde auf behördliches Einschreiten gegen illegal errichtete Anlagen im Außenbereich ab. Es mache für die Gemeinde keinen Unterschied, ob sich über ihr versagtes Einvernehmen hinweggesetzt oder ihrem Antrag auf ordnungsbehördliches Einschreiten nicht stattgegeben wird. Die Interessenlage sei für die Gemeinde dieselbe.[1012]

3. Öffentliche Belange in fachplanungsrechtlichen Verfahren

Vorhaben der Fachplanung haben vielfach überregionale Bedeutung und betreffen wegen ihres raumbeanspruchenden Charakters nicht nur Belange Privater sondern auch öffentliche und private Belange von Hoheitsträgern (z.B. Gemeinden und Bundesländer), die ggf. durch eine rechtsstaatlich oder spezialgesetzlich gebotene Abwägung miteinander abgestimmt oder zu bewältigen sind.[1013] Die Besonderheit von Planfeststellungsverfahren liegt zunächst in ihrer Ausgestaltung als förmliches Verwaltungsverfahren im Sinne der §§ 72 ff. VwVfG. Die Planfeststellung wird im Gegensatz zum Bebauungsplan gemäß § 10 Abs. 1 BauGB nicht als Satzung oder Rechtsverordnung[1014] beschlossen, sondern als Verwaltungsakt erlassen, gegen den – je nach Begehren – Anfechtungs- und Verpflichtungsklage zulässig sind.[1015]

1011 BVerwG, NVwZ 1992, 878 (879); dass., NVwZ 2000, 1048; dass., NVwZ 2008, 1347 (1348).

1012 BVerwG, NVwZ 2000, 1048 (1049).

1013 *Wahl/Schütz*, in: Schoch/Schneider/Bier, VwGO, 25. EL 2013, § 42 Abs. 2 Rdnr. 250.

1014 Vgl. *Stock*, in: Ernst/Zinkahn/Bielenberg/Krautzberger, BauGB, 110. EL 2013, § 10 BauGB Rdnr. 28 ff., 41; vgl. § 6 Abs. 5 AGBauGB BE: Bebauungsplan als Rechtsverordnung.

1015 *Kirchberg/Boll/Schütz*, NVwZ 2002, 550.

a) Gemeinden

Die Beteiligung von Gemeinden an solchen Planfeststellungs- bzw. Plangenehmigungsverfahren ist vielseitig (z.B. nach dem Bundeseisenbahngesetz, Bundesfernstraßengesetz, Luftverkehrsgesetz, Kreislaufwirtschafts- und Abfallgesetz, Personenbeförderungsgesetz, Bundesberggesetz, Wasserhaushaltsgesetz, Atomgesetz). Einerseits dienen die Gemeinden im Zusammenhang mit der fach- und verfahrensgesetzlich vorgesehenen Anhörung als „verlängerter Arm“ der planaufstellenden Behörde, indem sie die Pläne ortsüblich bekanntmachen, für eine Bürgerbeteiligung auslegen sowie etwaige Einwendungen entgegennehmen, vgl. § 18a AEG und § 73 Abs. 3 VwVfG. Anderseits können sie aber durch die Feststellungen des Planfeststellungsbeschluss in ihren privaten und öffentlichen Belangen beeinträchtigt werden. Konflikte können zudem dort entstehen, wo Fachplanung und kommunale Bauleitplanung aufeinandertreffen.[1016]

Auch im fachplanungsrechtlichen Prozess gelten die allgemeinen verwaltungsprozessualen Zulässigkeitsvoraussetzungen. So ist die Klagebefugnis der Gemeinde nur begründet, wenn sie gemäß § 42 Abs. 2 VwGO geltend machen kann, in ihren Rechten verletzt zu sein. Dabei stellt das Bundesverwaltungsgericht im Fachplanungsrecht nur geringe Anforderungen an die Geltendmachung der gemeindlichen Klagebefugnis.[1017] Eine mögliche Ursache hierfür kann darin bestehen, dass die Gemeinde bereits im Verwaltungsverfahren ihre Einwendungen rechtzeitig innerhalb der Einwendungsfrist und umfassend im Rahmen ihrer Beteiligung im Planfeststellungsverfahren erhebt, da sie anderenfalls insoweit für das laufende Verwaltungs- sowie ein anschließendes verwaltungsgerichtliches Verfahren präkludiert wäre, vgl. § 73 Abs. 4 S. 3 VwVfG, § 17a Nr. 7 S. 1 FStrG.[1018] Eine Nichtbeachtung der materiellen Präklusionsvorschriften (wie z.B. in § 7 Abs. 4 S. 3 AtG i.V.m. § 7 Abs. 1 S. 2 AtVfV, § 17 Nr. 1 WaStrG, § 10 Abs. 4 LuftVG; § 17a Nr. 7 FStrG) lässt die Klagebefugnis entfallen und führt damit zur Unzulässigkeit der Klage.[1019]

1016 Vgl. *Bickel*, in: Festgabe für G. Ch. v. Unruh, 1983, S. 1035 (1044).

1017 BVerwG, NVwZ 1999, 67; vgl. hierzu *Kirchberg/Boll/Schütz*, NVwZ 2002, 550.

1018 So auch *OVG Koblenz*, Urteil vom 20.01.2010 – 8 C 10357/09 –, Tz. 36 Juris; BVerwG, NVwZ 2005, 813 (815).

1019 *Hüttenbrink*, in: Kuhla/Hüttenbrink, Verwaltungsprozess, 3. Aufl. 2002, D Rdnr. 80; *Wahl/Schütz*, in: Schoch/Schneider/Bier, VwGO, 25. EL 2013, § 42 Abs. 2 Rdnr. 107.

Die Klagebefugnis der Gemeinden gegen Planfeststellungen kann sich aus Mitwirkungs- und Abwehrrechten ergeben, die entweder aus einer Konkretisierung ihrer in Art. 28 Abs. 2 GG verbürgten Selbstverwaltungsrechte oder aus ihrer Stellung als Grundstückseigentümerin herrühren, wobei hier zwischen einer Nutzung zu öffentlichen und zu privaten Zwecken zu differenzieren ist.[1020]

aa) Formelle Verfahrens- und Mitwirkungsrechte

Verfahrensrechte haben nur dann drittschützenden Charakter, wenn sie dem Betroffenen eine eigene, selbständig durchsetzbare verfahrensrechtliche Rechtsposition einräumen.[1021]

Der Gesetzgeber hat das Recht von Gemeinden auf verfahrensrechtliche Mitwirkung an der Planung in Konkretisierung ihrer Selbstverwaltungsrechte u.a. in den §§ 36 und 38 BauGB sowie in den jeweiligen Fachgesetzen normiert. Während § 38 BauGB – unter Ausschluss der §§ 29-37 BauGB – auf Fachplanungen mit „überörtlicher Bedeutung“[1022] oder auf Grund des Bundesimmissionsschutzgesetzes für die Errichtung und den Betrieb öffentlich zugänglicher Abfallbeseitigungsanlagen vorrangig gegenüber einer etwaigen kommunalen Bauleitplanung Anwendung findet,[1023] gilt das Einvernehmenserfordernis der Gemeinde nach § 36 BauGB für Fachplanungen von nur örtlicher Bedeutung.

Nicht jeder Verfahrensfehler führt gleichzeitig zur Aufhebung des Planfeststellungsbeschlusses oder der Plangenehmigung. Dies gilt nur, wenn der Verfahrensfehler erheblich ist, das heißt gemäß § 75 Abs. 1a S. 1 VwVfG offensichtlich und auf das Abwägungsergebnis von Einfluss gewesen ist sowie gemäß § 75 Abs. 1a S. 2 VwVfG nicht durch Planergänzung oder ein ergänzendes Verfahren behoben werden kann (vgl. auch § 17e Abs. 6 S. 1 FStrG).[1024]

Der Verstoß gegen die Beteiligungsrechte nach §§ 36 und 38 S. 1 HS. 1 BauGB hat unterschiedliche Rechtsfolgen: Eine Planfeststellung, die ohne das

---

1020 *Stüer*, Bau- und Fachplanungsrecht, 4. Aufl. 2009, A Rdnr. 150 ff.; *Kirchberg/Boll/Schütz*, NVwZ 2002, 550 (550 f.).

1021 BVerwG, NJW 1992, 256 (257); vgl. *Wahl/Schütz*, in: Schoch/Schneider/Bier, VwGO, 25. EL 2013, § 42 Abs. 2 Rdnr. 276.

1022 Zum Begriff vgl. BVerwGE 79, 318 (320 f.).

1023 *Reidt*, in: Battis/Krautzberger/Löhr, BauGB, 12. Aufl. 2014, § 38 Rdnr. 22, 29.

1024 Vgl. *Stüer*, Bau- und Fachplanungsrecht, 4. Aufl. 2009, E Rdnr. 4332 ff.; *OVG Koblenz*, Urteil vom 20.01.2010 - 8 C 10357/09 -, Tz. 29 Juris.

Einvernehmen der Gemeinde i.S.d. § 36 Abs. 1 BauGB erfolgt, ist auf deren Klage hin allein wegen dieses Verfahrensfehlers aufzuheben.[1025] Wird das Beteiligungsrecht der Gemeinde aus § 38 S. 1 HS. 1 BauGB verletzt, hat diese dagegen lediglich einen Anspruch auf Feststellung der Rechtswidrigkeit der Planfeststellung bzw. auf ein ergänzendes Verfahren[1026] entsprechend dem im Fachplanungsrecht geltenden Grundsatz des Vorrangs der Ergänzung vor Aufhebung.[1027]

Eine besondere Verfahrensrüge ergibt sich ferner aus dem Umweltrecht. In Umsetzung der europarechtlichen Öffentlichkeitsbeteiligungsrichtlinie 2003/35/EG ist den Gemeinden nach § 4 Abs. 1 und 3 UmwRG eine spezielle – nicht auf Art. 28 Abs. 2 GG zurückzuführende – Klagebefugnis eingeräumt worden, die einen absoluten Verfahrensfehler zum Gegenstand hat und insofern zur Aufhebung der Entscheidung führt. Danach können die gemäß § 61 Nr. 1 und 2 VwGO beteiligungsfähigen Personen – und damit auch Gemeinden – Genehmigungen von Vorhaben, die einer Umweltverträglichkeitsprüfung bzw. -vorprüfung zu unterziehen sind, anfechten. Voraussetzung ist, dass die erforderliche Prüfung oder Vorprüfung nicht stattgefunden hat oder nachgeholt worden und der Fehler nicht nach §§ 45 Abs. 2, 46 VwVfG heilbar ist.[1028] Dies gilt jedoch nur für solche Genehmigungen, bei denen die erforderlichen Prüfungen gänzlich unterblieben und nicht nur fehlerhaft durchgeführt worden sind.[1029]

bb) Materielle Abwehrrechte

In materieller Hinsicht steht im Mittelpunkt des Fachplanungsrechts das aus dem Abwägungsgebot entwickelte Recht auf gerechte Abwägung, dem ein drittschützender Charakter beigemessen wird.[1030] Die Pflicht zur Berücksichtigung kommunaler Interessen ergibt sich beispielsweise aus § 38 S. 1 HS. 2 BauGB,

---

1025 VGH München, BauR 1999, 162 (163 f.).

1026 Vgl. BVerwGE 100, 370 (372 f.); E 130, 83 (109); dass., NVwZ 2002, 1235 (1236 f.); *Kirchberg/Boll/Schütz*, NVwZ 2002, 550 (555).

1027 *Stüer*, Bau- und Fachplanungsrecht, 4. Aufl. 2009, E Rdnr. 4349.

1028 *Ogorek*, NVwZ 2010, 401 (402 f.); *Ziekow*, NVwZ 2007, 259 (264); *v. Schwanenflug*, NVwZ 2007, 1351 (1354).

1029 *Ziekow*, a.a.O., 259 (264 f.).

1030 Vgl. BVerwG, NVwZ 1993, 477 (478); *Ogorek*, NVwZ 2010, 401; krit. gegenüber der Einordnung in den klassischer Drittschutz und insoweit differenzierend: *Wahl/Schütz*, in: Schoch/Schneider/Bier, VwGO, 25. EL 2013, § 42 Abs. 2 Rdnr. 250.

wonach städtebauliche Belange und damit auch Belange der Gemeinde in den Abwägungsvorgang einzubeziehen sind. Ein abwägungserhebliches Recht der Gemeinde kann sich insbesondere aus ihrer Planungshoheit ergeben, deren Verletzung dann anzunehmen ist, wenn eine hinreichend bestimmte Planung[1031] nachhaltig gestört wird oder wenn ein Vorhaben der Fachplanung wesentliche Teile des Gemeindegebiets einer durchsetzbaren Planung der Gemeinde entzieht. Eine nachhaltige Störung kann anerkanntermaßen auch durch einen erheblichen vorhabenbedingten Lärmzuwachs verursacht werden, wenn er sich auf wesentliche Teile des Bebauungsplangebiets auswirkt.[1032] Ist nach diesen Kriterien ein Eingriff in die Planungshoheit zu bejahen, führt dies allein noch nicht zur Rechtswidrigkeit des Planfeststellungsbeschlusses. So kann sich der Belang der kommunalen Planungshoheit in der Abwägung mit anderen für das Vorhaben sprechender Belange als nachrangig herausstellen.

Die Anfechtungsklage kann erst dann Erfolg haben, wenn die Abwägung offensichtliche und kausale Mängel aufweist, die nicht durch ergänzende Ausgleichsmaßnahmen (wie z.B. Schallschutzmaßnahmen o.ä.) behoben werden können oder wenn die Ausgleichsmaßnahme selbst abwägungserheblich ist, weil sie neue Belange berührt.[1033] Anderenfalls kann nur im Wege der Verpflichtungsklage ein Anspruch auf Planergänzung bzw. die Feststellung auf Rechtswidrigkeit des angefochtenen Planfeststellungsbeschlusses und dessen Nichtvollziehbarkeit geltend gemacht werden.[1034]

Ob die Gemeinde bei einem Eingriff in ihre Planungshoheit eine umfassende Abwägungskontrolle geltend machen kann – wie dies einem privaten Enteignungsbetroffenen nach Art. 14 Abs. 3 GG zugestanden wird –[1035] war in der

---

1031 Angenommen ab Planungsstadium der Öffentlichkeitsbeteiligung bzw. Anhörung, i.E. strittig: vgl. *Kirchberg/Boll/Schütz*, NVwZ 2002, 550 (553); *Stüer*, Bau- und Fachplanungsrecht, 4. Aufl. 2009, E Rdnr. 4297.

1032 *Runkel*, in: Ernst/Zinkahn/Bielenberg/Krautzberger, BauGB, 110. EL 2013, § 38 BauGB Rdnr. 111 ff.; BVerwG, NVwZ 2006, 1290.

1033 BVerwG, NVwZ 1990, 260 (261); dass., NVwZ-RR 1998, 289 (290).

1034 Vgl. *Wahl/Schütz*, in: Schoch/Schneider/Bier, VwGO, 25. EL 2013, § 42 Abs. 2 Rdnr. 278 ff.; BVerwGE 100, 370 (1. Leitsatz).

1035 Vgl. BVerwGE 67, 74 (75 ff.); einschränkend jedoch in Bezug auf naturschutzrechtliche Ausgleichs- oder Ersatzmaßnahmen: BVerwGE 125, 116 (300 ff.), wonach nur der Enteignungsbetroffene die Überprüfung der Ausgleichs- oder Ersatzmaßnahme verlan-

Rechtsprechung und ist in der Literatur noch immer umstritten.[1036] Die diese Frage bejahende Auffassung rechtfertigt die Annahme eines umfassenden Kontrollmaßstabs überwiegend damit, dass unabhängig von der mangelnden Grundrechtsfähigkeit der Gemeinden die Selbstverwaltungshoheit ähnlich wie das Eigentum Privater eine absolut geschützte verfassungsrechtliche Position sei.[1037]

Das Bundesverwaltungsgericht dagegen hat diese Frage in seiner neueren Rechtsprechung abgelehnt.[1038] Das Selbstverwaltungsrecht der Gemeinde nach Art. 28 Abs. 2 GG sei gerade nicht mit Art. 14 Abs. 3 GG vergleichbar. Ein enteignungsbetroffener Privater könne nur deshalb eine umfassende Kontrolle des Abwägungsvorgangs unter Berücksichtigung fremder – auch öffentlicher – Belange fordern, da seine Enteignung gemäß Art. 14 Abs. 3 GG nur zum Wohl der Allgemeinheit möglich sei und damit eine objektiv rechtswidrige Enteignung ausschließe. Gemeinden können sich auf Art. 14 Abs. 3 GG dagegen nicht berufen. Art. 28 Abs. 2 GG beinhalte insofern keine vergleichbare Regelung, die eine objektiv-rechtliche Überprüfung zugunsten von Gemeinden gebiete. Belange der Allgemeinheit, die nicht dem gemeindlichen Selbstverwaltungsrecht unterliegen, könne die Gemeinde daher nicht geltend machen.[1039]

---

gen kann, wenn zwischen den gerügten Rechtsmängeln und dem Zugriff auf sein Grundeigentum überhaupt ein Kausalzusammenhang besteht.

1036 Bejahend: VGH Kassel, NVwZ 1989, 484 (486); *Kirchberg/Boll/Schütz*, NVwZ 2002, 550 (554 f.); *Wahl*, NVwZ 1990, 925 (927); *Wahl/Schütz*, in: Schoch/Schneider/Bier, VwGO, 25. EL 2013, § 42 Abs. 2 Rdnr. 273 m.w.N.; *Runkel*, in: Ernst/Zinkahn/Bielenberg/Krautzberger, BauGB, 110. EL 2013; § 38 BauGB Rdnr. 114, die jedoch allesamt die entgegenstehende Rechtsprechung des Bundesverwaltungsgerichts noch nicht berücksichtigt haben. Zu Belangen des Umweltrechtes nach dem URG und der Öffentlichkeitsbeteiligungsrichtlinie der EG vgl. *v. Schwanenflug*, NVwZ 2007, 1351 (1354 f.); *dies./Strohmayr*, NVwZ 2006, 395 (398 ff.).
Verneinend: VGH München, BayVBl 1995, 50 (51); ders., BayVBl. 2006, 403; OVG Saarlouis, DÖV 1987, 496 (497); *Dürr*, in: Knack/Henneke, VwVfG, 9. Aufl. 2010, § 74 Rdnr. 71, 143; *Ogorek*, NVwZ 2010, 401 (403), auch in Bezug auf Art. 10a I der UVP-Richtlinie; *Stüer*, Bau- und Fachplanungsrecht, 4. Aufl. 2009, E Rdnr. 4300.

1037 Vgl. *Kirchberg/Boll/Schütz*, NVwZ 2002, 550 (554 f.).

1038 BVerwG, NVwZ 2001, 1160 (1161); dass., NVwZ 2003, 207 (209); offengelassen in Bezug auf naturschutzrechtliche Belange: dass., NVwZ 2006, 1055 ff., Tz. 495 Juris.

1039 BVerwG, NVwZ 2001, 1160 (1161); dass., NVwZ 2003, 207 (209); VGH München, BayVBl. 2006, 403; vgl. *Ogorek*, NVwZ 2010, 401 (403 ff.).

Dass der sich aus Art. 28 Abs. 2 GG ergebende Schutz des kommunalen Eigentums nicht dem Eigentumsschutz Privater nach Art. 14 GG entspricht, zeigen ferner die Inanspruchnahmegrundsätze des Planungsrechts.[1040] Diese berücksichtigen den in der Eigentumsgarantie enthaltenen Grundsatz des geringstmöglichen Eingriffs als Bestandteil des Verhältnismäßigkeitsprinzips. Hiernach hat der Vorhabenträger vorrangig hoheitliches Grundeigentum vor dem eines Privaten in Anspruch zu nehmen, wenn gleich geeignete Grundstücke der öffentlichen Hand vorhanden sind.[1041]

Fraglich ist jedoch, ob Gemeinden zumindest die ungeschriebene fachplanungsspezifische Voraussetzung der Planrechtfertigung zur Überprüfung stellen können.

Ursprünglich ist auch dieser Einwand nur dem durch den Planfeststellungsbeschluss enteignungsbetroffenen Privaten vorbehalten worden.[1042] Das aus dem Verhältnismäßigkeitsprinzip staatlichen Handelns entwickelte Merkmal der Planrechtfertigung[1043] ist in diesem Falle an zwei Voraussetzungen geknüpft:

Die erste Voraussetzung entspringt direkt aus dem Verhältnismäßigkeitsprinzip und ist dann gegeben, wenn das Vorhaben nach Maßgabe und Zielsetzung des speziellen Gesetzes erforderlich (sog. Zielkonformität) und – im Hinblick auf seine Finanzierbarkeit – objektiv realisierbar ist.[1044] Hierzu muss das Vorhaben nicht unumgänglich, sondern nur vernünftigerweise geboten sein.[1045]

Die zweite Voraussetzung gilt aufgrund der enteignenden Vorwirkung des Planfeststellungsbeschlusses nur im Falle enteignungsbetroffener Privater. Unter Berücksichtigung des Art. 14 Abs. 3 GG, wonach eine Enteignung nur zum Wohle der Allgemeinheit zulässig ist, müssen die dem Planungsvorhaben zugrunde liegenden öffentlichen Interessen eine Enteignung nach Maßgabe der Regelung rechtfertigen. Dies kann nur im Wege einer konkreten Abwägung er-

---

1040 Vgl. BVerwGE 66, 133 (137); BVerwG, NVwZ 2002, 1506 (1507).

1041 BVerwG, NVwZ 2006, 1055 (1059, Tz. 228); dass., NVwZ 2002, 1506 (1507).

1042 Vgl. *BVerwG*, Beschluss vom 01.07.2003 - 4 A 1/03 -, Tz. 6 ff. Juris; OVG Lüneburg, NuR 2009, 188 ff., Tz. 51 Juris.

1043 Vgl. BVerwG, NVwZ 2006, 1055 (1057, Tz. 190); *Steinberg*, NVwZ 1986, 812.

1044 Vgl. BVerwG, NVwZ 2010, 380 (Tz. 4).

1045 BVerwGE 107, 142 (145).

mittelt werden. Erst wenn im Abwägungsergebnis feststeht, dass „besonders schwerwiegende und dringende öffentliche Interessen“ an der Enteignung bestehen, ist der Zugriff auf das Eigentum Privater möglich.[1046] Wird der Private dagegen nur mittelbar in seinem Eigentumsgrundrecht gemäß Art. 14 Abs. 1 GG betroffen, kann er sich nicht auf das Gemeinwohlerfordernis des Art. 14 Abs. 3 GG, sondern nur auf den Einwand der fehlenden Erforderlichkeit berufen.[1047]

Soweit der Grundsatz der Planrechtfertigung aus dem Verhältnismäßigkeitsprinzip hergeleitet wird, spricht vieles dafür, auch den Gemeinden diesen Einwand – allerdings beschränkt auf das Merkmal der fehlenden Zielkonformität und Realisierbarkeit des Vorhabens – zu ermöglichen, wenn die Gemeinde geltend machen kann, durch den Planfeststellungsbeschluss in ihrer Planungshoheit und damit in ihrer Selbstverwaltungsgarantie verletzt zu werden.[1048] Zwar kann die Selbstverwaltungsgarantie durch gesetzliche Ausgestaltung eingeschränkt werden. Aber auch derartige Eingriffe müssen ihrerseits verhältnismäßig sein.[1049] Daran fehlt es nach der Rechtsprechung des Bundesverwaltungsgerichts, wenn ein Planvorhaben nach den Maßgaben bzw. Zielsetzungen des speziellen Fachgesetzes nicht erforderlich oder aus anderen rechtlichen oder tatsächlichen Gründen nicht realisierbar wäre. Solche Eingriffe in die Planungshoheit von Gemeinden wären unverhältnismäßig, so dass diese sich insoweit zu Wehr setzen könnten. Eine darüber hinausgehende Prüfung entsprechend dem Gemeinwohlerfordernis des Art. 14 Abs. 3 GG können die Gemeinde aufgrund mangelnder Grundrechtsfähigkeit dagegen nicht verlangen.[1050]

Den Belangen der Finanzhoheit und des Selbstgestaltungsrechts wird im Fachplanungsrecht dagegen weniger Bedeutung beigemessen, da diese Rechte nur in ihrem verfassungsmäßigen Kernbereich geschützt sind.[1051]

1046 BVerwGE 125, 116 (177 f.).

1047 BVerwGE 127, 95 (99, 102 ff.).

1048 So BVerwG, NVwZ 2006, 1055 (1057, Tz. 194).

1049 BVerfGE 76, 107 (118 ff.), zur Einschränkung kommunaler Planungshoheit durch Raumordnungsprogramm; E 125, 141 (167), zur Gewährleistung des kommunalen Hebesatzrechts.

1050 BVerwG, NVwZ 2006, 1055 (1057, Tz. 193 f.).

1051 *Kirchberg/Boll/Schütz*, NVwZ 2002, 550 (555 f.).

Berücksichtigungsfähige Belange des Selbstverwaltungsrechts können sich jedoch für die Gemeinde als Trägerin kommunaler örtlicher Einrichtungen, wie Kindertagesstätten, Schulen und Krankenhäuser ergeben. Der Gemeinde wird in solchen Fällen die Berufung auf die nach Art. 28 Abs. 2 GG geschützte Funktionsfähigkeit der Einrichtungen in Bezug auf mögliche Benutzungsgefahren für Personal und Besucher zugestanden.[1052]

b) Länder

Fraglich ist, ob und inwieweit auch den Ländern eine Klagebefugnis gegen Planfeststellungsbeschlüsse oder Plangenehmigungen zusteht, die sie in ihren Belangen oder Interessen berühren.

Mangels Grundrechtsfähigkeit der Bundesländer ist eine Klagebefugnis grundsätzlich nur denkbar, wenn das betroffene Land geltend machen kann, in seinem einfachgesetzlich geregelten Recht verletzt zu sein. Über andere wehrfähige Rechtspositionen aus dem Verfassungsrechtskreis, wie sie Art. 28 Abs. 2 GG den Gemeinden einräumt, verfügen die Länder nicht. Lediglich der Grundsatz bundesfreundlichen Verhaltens,[1053] der materiell ein gegenseitiges Rücksichtnahmegebot gerichtet auf Information, Mitwirkung, Beteiligung und Zusammenarbeit beinhaltet,[1054] kann – über seine einfachrechtliche Ausformung – eine wehrfähige Rechtsstellung vermitteln.[1055]

1052 BVerwG, NVwZ 2005, 813 (815); dass., NVwZ 2006, 1055 ff., Tz. 352 ff.; vgl. hierzu *v. Schwanenflug*, NVwZ 2007, 1351 (1353); *Kirchberg/Boll/Schütz*, NVwZ 2002, 550 (551 f.).

1053 Vgl. zum verfassungsrechtlichen Verhältnis zwischen Bund und Land im sog. Bund-Länder-Streit über die Verletzung von Kompetenzrechten: BVerfGE 81, 310 (337 f.), wonach neben dem Grundsatz der Bundestreue keine weiteren Verfassungsgrundsätze zum Schutz der Länder zur Verfügung stehen, insbesondere nicht die gegenüber dem Einzelnen geltenden Grundsätze des Rechtsstaatsprinzips, wie etwa der Verhältnismäßigkeitsgrundsatz.

1054 *Pieroth*, in: Jarass/Pieroth, GG, 10. Aufl. 2009, Art. 20 Rdnr. 21; BVerfGE 73, 118 (197); BVerwGE 82, 266 (268 ff).

1055 BVerwGE 116, 175 (177).

Ob das jeweilige einfachgesetzliche Recht dem Land eine wehrfähige Rechtsposition im Sinne des § 42 Abs. 2 VwGO einräumt, richtet sich danach, ob es auch seinem Schutz zu dienen bestimmt ist.[1056]

Streitverursachende Berührungspunkte sind bisher insbesondere im Zusammenhang mit der überregionalen Planung von Verkehrswegen durch den Bund aufgetreten. Die betroffenen Länder haben hierbei die Verletzung von Belangen des Denkmalschutzrechts, des Naturschutzrechts, der Landeskultur i.S. einer geordneten land- und forstwirtschaftlichen Bewirtschaftung der angrenzenden Flächen und der Wasserwirtschaft gerügt. Für die Frage der Klagebefugnis ist insoweit maßgeblich, ob das von der Planfeststellung zu berücksichtigende Recht den Belangen der Länder einen wehrfähigen Schutz gegenüber dem Bund vermittelt.[1057] So ist z.B. in § 14 Abs. 3 WaStrG geregelt, dass für eine wasserstraßenrechtliche Planfeststellung das Einvernehmen der zuständigen Landesbehörde notwendig ist, wenn das Vorhaben Belange der Landeskultur oder der Wasserwirtschaft berührt. Wird das Einvernehmen nicht hergestellt, führt dies bereits zur Rechtswidrigkeit des Planfeststellungsbeschlusses. Insoweit hat das Bundesverwaltungsgericht die Klagebefugnis für einen hierauf gerichteten Feststellungsantrag bejaht.[1058]

Dagegen mangelt es den Ländern an der Klagebefugnis, wenn die Berücksichtigung der Belange durch den Gesetzgeber nur als verfahrensrechtliches Mitwirkungsrecht ausgestaltet ist, wie etwa in § 9 BNatSchG (in der bis zum 03.04.2002 geltenden Fassung). So kann das Land nach der Rechtsprechung des Bundesverwaltungsgerichts bei fachplanerischen Eingriffen des Bundes in Natur und Landschaft im Anfechtungsverfahren gegen den Planfeststellungsbeschluss nicht die mangelnde Beachtung materiellen Naturschutzrechts als eigenen Belang nach § 9 BNatSchG a.F. rügen, da hierin abschließend lediglich die Beteiligungsform des „Benehmens" geregelt worden sei, ohne ein selbständig durchsetzbares Recht zu vermitteln. Dem Land verbleibe darüber hinausgehend nach

---

1056 Vgl. BVerwGE 92, 258 (261); vgl. pauschal bejahend: *Hufen*, Verwaltungsprozessrecht, 9. Aufl. 2013, § 14 Rdnr. 94 a.E.

1057 Vgl. *Laubinger*, VerwArch 85 (1994), S. 291 ff.; BVerwGE 92, 258 (259 ff.); E 116, 175 (177 ff.).

1058 BVerwGE 116, 175 (176 f.). Folge dessen ist, wie bei Verstoß gegen § 36 BauGB, grds. die Aufhebung des Verwaltungsaktes. Wegen § 19 Abs. 4 S. 2 WaStrG gilt hier jedoch vorrangig der Grundsatz der Planerhaltung.

dem Natur- und Landschaftsschutzrecht keine eigene Verwaltungszuständigkeit, so dass es sich nicht auf seine Vollzugshoheit berufen kann.[1059]

Ähnlich verhält es sich auch mit den Belangen des Denkmalschutzrechts in Form der Kulturhoheit. Zwar ist das Denkmalrecht grundsätzlich ein in der Planfeststellung zu berücksichtigender Belang. Aber auch hier fehlt dem Land in einem Anfechtungsverfahren gegen einen Planfeststellungsbeschluss des Bundes die Klagebefugnis, wenn es die fehlerhafte Abwägung denkmalschutzrechtlicher Belange rügt und ihm nach dem Fachgesetz keine eigene Verwaltungs- und Vollzugskompetenz verbleibt.[1060]

4. Private Belange von Hoheitsträgern in planungs- und planfeststellungsrechtlichen Verfahren

Durch die Einbeziehung von Grundstücken in bauplanungs- oder planfeststellungsrechtliche Verfahren werden vielfach private Eigentumspositionen beeinträchtigt, die einer besonderen Berücksichtigung bedürfen. Diesem Umstand wird durch das auf dem Rechtsstaatsprinzip und dem zugehörigen Verhältnismäßigkeitsgrundsatz beruhende Abwägungsgebot Rechnung getragen. Es beinhaltet zwar keinen Schutz vor jeglicher Inanspruchnahme oder Betroffenheit. Es vermittelt dem Betroffenen aber zumindest einen Anspruch auf eine gerechte Abwägung seiner Belange innerhalb einer den Zielen und Maßgaben des jeweiligen Fachgesetzes entsprechenden und damit gerechtfertigten Planung.[1061]

Das in den jeweiligen Fachgesetzen des Bauplanungs- und Planfeststellungsrechts geregelte Abwägungsgebot zwischen öffentlichen und privaten Be-

---

1059 BVerwGE 82, 17 (20 ff); E 92, 258 (259 ff.) beide zum Planfeststellungsverfahren nach dem Bundesbahngesetz; E 116, 175 (177 ff.); vgl. *Wahl/Schütz*, in: Schoch/Schneider/Bier, VwGO, 25. EL 2013, § 42 Abs. 2 Rdnr. 277; a.A. *Laubinger*, VerwArch 85 (1994), S. 291 (304 ff.).

1060 So BVerwG, NVwZ-RR 1992, 457 (458), zu § 36 Abs. 1 S. 3 BBahnG a.F.; vgl. auch dass., NVwZ 2009, 588 (591, Tz. 37 f.), zur Freistellung des Bundes vom Genehmigungserfordernis der Landesdenkmalbehörde nach §§ 7 Abs. 4, 48 WaStrG, da es dem Land an der Vollzugskompetenz fehlt.

1061 BVerwGE 59, 253 (257 ff.); E 61, 295 (301 ff.); *Wahl/Schütz*, in: Schoch/Schneider/Bier, VwGO, 25. EL 2013, § 42 Abs. 2 Rdnr. 252.

langen (vgl. § 1 Abs. 7 BauGB, § 17 S. 2 FStrG) ist Ausdruck dieser verfassungsrechtlichen Vorgabe.[1062]

Soweit durch Planfeststellung oder Bebauungsplan das Eigentum Privater im Sinne des Art. 14 GG betroffen wird, ist durch die planerische Abwägung zwischen den für und gegen die Planung sprechenden öffentlichen und privaten Belangen ein gerechter Ausgleich zu schaffen. Gemessen an Art. 14 Abs. 1 und 3 GG ist die Überwindung der betroffenen Eigentumspositionen umso schwerer, je intensiver der Eingriff und je bedeutsamer das private Interesse gegenüber den die Planung stützenden Belangen ist. Dies hat auch Auswirkung auf den Umfang der Klagebefugnis:

Wird das Privateigentum in einer Art. 14 Abs. 1 GG entsprechenden Weise betroffen, steht dem Einzelnen lediglich ein subjektives öffentliches Recht auf gerechte Abwägung seiner Belange zu. Eine darüber hinausgehenden Inanspruchnahme, indem der Plan eine enteignungsrechtliche (Vor-)Wirkung entfaltet, darf gemäß Art. 14 Abs. 3 GG nur zum Wohle der Allgemeinheit erfolgen. Eine solche Inanspruchnahme führt für den Betroffenen zu einer Erweiterung seiner Klagebefugnis. Er darf daher aufgrund der Gemeinwohlklausel auch eine fehlerhafte Berücksichtigung fremder Belange rügen.[1063]

Betrifft die Planung dagegen das kommunalen Aufgaben dienende Eigentum von Gemeinden, erfährt dieses durch Art. 28 Abs. 2 GG verfassungsrechtlichen Schutz, so dass Gemeinden zumindest die Verletzung ihrer öffentlichen Belange rügen können. Darauf, dass Gemeinden und andere Hoheitsträger sich grundsätzlich nicht auf Art. 14 GG und damit auch nicht auf die in seinem Abs. 3 geregelte Gemeinwohlklausel berufen sowie eine umfassende Abwägungskontrolle geltend machen können, ist bereits hingewiesen worden.[1064]

Da die öffentliche Hand gleichwohl privates Eigentum inne haben kann, welches keiner öffentlichen bzw. im Falle von Gemeinden keiner kommunalen Zwecken dienenden Nutzung zugeführt wird, ist fraglich, ob und inwieweit die-

---

1062 Vgl. zu § 1 Abs. 7 BauGB: *Söfker*, in: Ernst/Zinkahn/Bielenberg/Krautzberger, BauGB, 110. EL 2013, § 1 BauGB Rdnr. 179.

1063 BVerwGE 67, 74 (75 ff.).

1064 Siehe oben zu D.IV.3.a)bb), S. 182 ff.

ses schutzwürdig und dem betroffenen Hoheitsträger ein wehrfähiges Recht auf gerechte Abwägung seiner privaten Belange vermittelt.

Dient das Eigentum der Gemeinden keinem kommunalen Zweck, gelangt es auch nicht in den Genuss der verfassungsrechtlichen Absicherung nach Art. 28 Abs. 2 GG.[1065] Insoweit ist das Eigentum von Gemeinden ebenso wie das Eigentum anderer nicht grundrechtsfähiger Hoheitsträger gegen Einwirkungen Dritter lediglich einfachgesetzlich über §§ 903 ff. BGB geschützt.[1066] Diese Regelungen allein vermögen aber aufgrund ihrer rein zivilrechtlichen Natur keine verwaltungsgerichtliche Klagebefugnis zu vermitteln, da es zur verwaltungsgerichtlichen Geltendmachung eines wehrfähigen *öffentlichen* Rechts bedarf.[1067] Das zivilgesetzliche Eigentumsrecht von Hoheitsträgern kann daher nur über eine einfachgesetzliche „Transformation" ins öffentliche Recht im Rahmen der Klagebefugnis Berücksichtigung finden.[1068]

Nach herrschender Auffassung in Literatur und Rechtsprechung wird diese öffentlich-rechtliche Absicherung u.a. über die in der Abwägung zu berücksichtigenden „privaten Belange"[1069], die überwiegend in den jeweiligen Fachgesetzen normiert sind (vgl. § 1 Abs. 7 BauGB, § 17 S. 2 FStrG, § 18 S. 2 AEG), oder im Falle einer Ausgleichsanspruchsberechtigung über die Subsumierung unter die in § 74 Abs. 2 S. 2 VwVfG geregelten "Rechte anderer"[1070] vorgenommen.[1071]

Auch wenn diese Differenzierung in der Rechtsprechung nicht immer dogmatisch genau herausgestellt worden ist,[1072] ergibt sich die Anknüpfung an öffentlich-rechtliche Normen und Grundsätze zumindest mittelbar aus den jeweiligen Urteilsbegründungen:

1065 BVerwG, NVwZ 2006, 1055 (1059, Tz. 228); BVerwGE 97, 143 (151 f.).

1066 BVerwGE 90, 96 (101); E 87, 332 (391 f.).

1067 Siehe oben zu C.II.2.b)bb), S. 125 ff.

1068 So OVG Lüneburg, DVBl. 1984, 895 (896); *Postier*, LKV 1992, 33 (37); *Leschka*, SächsVBl. 2003, 181 (183 f.).

1069 BVerwGE 90, 96 (101).

1070 BVerwGE 87, 332 (392).

1071 *Postier*, LKV 1992, 33 (37); wohl auch *Ehlers*, VerwArch 84 (1993), S. 139 (145, Fn. 25); *Leschka*, SächsVBl. 2003, 181 (183); BVerwGE 90, 96 (101 f.); OVG Lüneburg, DVBl. 1984, 895 (896).

1072 *Leschka*, SächsVBl. 2003, 181 (183).

a) Rechtsprechung des Bundesverwaltungsgerichts

So hat das Bundesverwaltungsgericht in seinem Urteil vom 27.03.1992 – 7 C 18/91 –[1073] zunächst klargestellt, dass durch hoheitliche Planung betroffenes fremdes Grundeigentum stets als privater Belang in den Abwägungsvorgang einzubeziehen sei. Es führt hierzu weiter aus:

> „Das Gebot der gerechten Abwägung der planbetroffenen Belange erfaßt grundsätzlich alle Rechtspositionen und sonstigen rechtlich geschützten Interessen, unabhängig davon, ob diese Belange auch verfassungsrechtlich abgesichert sind. Das ist auch bei dem lediglich einfachrechtlich geschützten Eigentum einer Gemeinde nicht anders; diese ist Inhaberin aller Rechte, die sich für einen Eigentümer aus §§ 903 ff. BGB ergeben."[1074]

Auch in seinem Urteil vom 29.01.1991 – 4 C 51/89 –[1075] war eine öffentlich-rechtliche Norm Anknüpfungspunkt für den Ausgleichsanspruch und damit für die Klagebefugnis:

> „Entscheidend ist, daß Art. 74 Abs. 2 Satz 3 BayVwVfG für die Rechtsträgerschaft des von ihm eingeräumten Ausgleichsanspruchs keine Unterscheidung trifft. „Rechte anderer" im Sinne dieser Vorschrift umfassen auch das Eigentum einer Gemeinde an Grundstücken; sie ist Inhaberin aller Rechte, die sich für einen Eigentümer aus §§ 903 ff. BGB ergeben."[1076]

Ähnliches gilt nach der Rechtsprechung des Bundesverwaltungsgerichts auch im luftverkehrsrechtlichen Planfeststellungsverfahren. In seinem Urteil vom 30.05.1984 – 4 C 58/81 – hat es unter Verweis auf seine bisherige Rechtsprechung einer kommunalen Grundstückseigentümerin grundsätzlich einen Schutzanspruch vor unzumutbaren Lärmeinwirkungen zugesprochen und damit einem Privaten gleichgestellt. Rechtsgrundlage hierfür ist nicht § 903 BGB, sondern § 9 Abs. 2 LuftVG, der zum Schutze des öffentlichen Wohls sowie benachbarter Grundstücke gegen Gefahren oder Nachteile die Errichtung und Unterhaltung von Anlagen im Planfeststellungsbeschluss gegenüber dem Unternehmer vorsieht. Soweit Gemeinden in ihren kommunalen Selbstverwaltungsbelangen verletzt werden, können diese sich auf das „öffentliche Wohl" berufen. Wird das

---

1073 BVerwGE 90, 96 ff.
1074 BVerwGE 90, 96 (101); vgl. auch E 97, 143 (151 f.).
1075 BVerwGE 87, 332 ff.
1076 BVerwGE 87, 332 (392).

Grundstück dagegen zu anderen Zwecken genutzt, kann die Gemeinde wie ein Privater als „benachbarter Grundstückseigentümer" die Vornahme von Schutzmaßnahmen verlangen.[1077]

Insoweit kommt dem kommunalen Eigentum auch hier die Transformation in der eigentumsschützenden Regelung des § 9 Abs. 2 LuftVG zugute, ohne dass es einer Absicherung über Art. 14 Abs. 1 GG bedarf.

Gleichwohl führt die fehlende verfassungsrechtliche Absicherung nach der Rechtsprechung des Bundesverwaltungsgerichts dazu, dass planbetroffenes privates Eigentum eines Hoheitsträgers leichter im Rahmen der Abwägung überwunden werden kann als das über Art. 14 GG aufgewertete Eigentum eines Privaten.[1078] So hat der Planungsträger entsprechend dem Verhältnismäßigkeitsgrundsatz anstelle von Grundstücken Privater vorrangig Grundstücke von Hoheitsträgern in Anspruch zu nehmen, wenn diese für die Planung gleich geeignet sind.[1079]

b) Rechtsprechung der Oberverwaltungsgerichte

Deutlicher fällt dagegen das Urteil des Oberverwaltungsgerichts Lüneburg vom 16.05.1984 – 7 OVG A 15/84 – aus. Hierin hat das Oberverwaltungsgericht zunächst auf die Notwendigkeit einer öffentlich-rechtlichen Absicherung des privaten Eigentumsrechts zu seiner verwaltungsgerichtlichen Geltendmachung hingewiesen und anschließend die entsprechende „Transformationsnorm", hier § 8 Abs. 3 S. 2 Nr. 3 AbfG, ermittelt. Unter die durch die abfallrechtliche Planfeststellung betroffenen „Rechte eines anderen" im Sinne dieser Norm subsumiert es auch das private Eigentumsrecht der klagenden Gemeinde.[1080]

Mit einer ähnlichen Begründung hat es im Beschluss vom 21.10.1986 – 7 D 2/86 – die Klagebefugnis einer Gemeinde gegen immissionsschutzrechtliche Genehmigungen für ein Kohlekraftwerk über eine Subsumtion unter § 5 Abs. 1

1077 BVerwGE 69, 256 (261).
1078 Vgl. *Stüer*, Bau- und Fachplanungsrecht, 4. Aufl. 2009, E Rdnr. 4295.
1079 BVerwG, NVwZ 2006, 1055 (1059, Tz. 228); dass., NVwZ 2002, 1506 (1507).
1080 OVG Lüneburg, DVBl. 1984, 895 (896).

Nr. 1 BImSchG herausgestellt, da sie als Eigentümerin von in der Nachbarschaft der Anlage befindlichen Grundstücken betroffen war.[1081]

Zur Klage einer Gemeinde gegen die Genehmigung einer Müllverbrennungsanlage hat der Verwaltungsgerichtshof Kassel in seinem Urteil vom 07.05.2009 – 6 C 1142/07 – die Klagebefugnis mit der Begründung bejaht, die Gemeinde sei Eigentümerin von in der Nachbarschaft der Anlage gelegen Grundstücken, und könne daher grundsätzlich von den Umwelteinwirkungen betroffen werden.[1082] Dass der Verwaltungsgerichtshof zur Begründung der Klagebefugnis die Geltendmachung eines eigenen *öffentlichen* Rechts für erforderlich hält, ergibt sich aus seiner Bezugnahme auf die oben zitierten Entscheidungen des Oberverwaltungsgerichts Lüneburg. Das Eigentum der Gemeinde ist in diesem Fall über § 5 Abs. 1 S. 1 Nr. 1 BImSchG im Rahmen der hier bezeichneten „Allgemeinheit und Nachbarschaft" einfachgesetzlich geschützt, was der Verwaltungsgerichtshof später in seiner Begründetheitsprüfung auch berücksichtigt.[1083]

Überwiegend findet sich in der Rechtsprechung der Oberverwaltungsgerichte nur eine Wiedergabe der zuvor zitierten Entscheidungen des Bundesverwaltungsgerichts.[1084] Soweit andere Oberverwaltungsgerichte die Klagebefugnis pauschal auf das einfachgesetzliche Eigentum des Hoheitsträgers stützen, ist dies zwar unrichtig, jedoch im Ergebnis dann unbeachtlich; wenn sich aus den Urteilsgründen ergibt, dass die maßgeblich drittschützende Norm öffentlichrechtlicher Natur ist und auch den Schutz des privaten Eigentums umfasst.[1085]

1081 OVG Lüneburg, NVwZ 1987, 341; ähnlich auch OVG Koblenz, NVwZ 1987, 71 (zu I.2), das für die Klagebefugnis u.a. die betroffenen Sachgüter der Gemeinde in den Schutzbereich der §§ 1 Abs. 2, 7 Abs. 2 Nr. 3 AtomG einbezieht.

1082 VGH Kassel, NJOZ 2009, 3485 (3496).

1083 VGH Kassel, a.a.O., (3498 f.).

1084 *VGH Mannheim*, Urteil vom 22.04.2999 – 8 S 1284/98 –, Tz. 21 Juris; *VGH München*, Beschluss vom 21.04.1995 – 20 AS 94.40089, 20 AS 94.40096 –, Tz. 26 ff. Juris; vgl. *VGH Kassel*, Beschluss vom 15.01.2009 – 11 B 254/08.T –, Tz. 479 f. Juris.

1085 VGH Kassel, NVwZ-RR 1990, 128 (129 ff.), maßgeblich war hier § 7 Abs. 2 Nr. 3 AtomG; OVG Bautzen, SächsVBl. 2000, 86 (89 f.).

V. Rechte von Hoheitsträgern im multipolaren Verhältnis des Vermögens- und Vermögenszuordnungsrechts

Zivilrechtliches Eigentum von Hoheitsträgern kann darüber hinaus auch durch andere eigentumsregelnde Rechtsgebiete betroffen werden, wie insbesondere durch das in den neuen Bundesländern geltende Vermögens- und Vermögenszuordnungsrecht mit seinen Regelungen über Rückübertragung und Zuweisung von Vermögenspositionen.

1. Vermögenszuordnungsrecht

Nachdem die in der ehemaligen DDR geltende Eigentumsform „Volkseigentum“ durch die Wiedervereinigung weggefallen ist, musste das damalige Verwaltungs- und Finanzvermögen auf die nach bundesdeutschem Recht „neuen“ Rechtsträger verteilt werden, um sie u.a. mit dem Vermögen auszustatten, welches sie zur Erfüllung ihrer Aufgaben benötigen. Erhebliches Streitpotential bot in diesem Zusammenhang die Neustrukturierung der Energiewirtschaft.[1086]

Von der Verteilung des ehemaligen Vermögens wurden im Allgemeinen der Bund, die Länder, die Gemeinden und Gemeindeverbände, die Treuhandanstalt sowie sonstige Träger öffentlicher Verwaltung begünstigt.[1087]

Dabei regelt das Vermögenszuordnungsgesetz u.a. die Feststellung, welcher öffentliche Rechtsträger in welchem Umfang gemäß Art. 21 und 22 EVertr,

---

1086 Nachdem durch den Einigungsvertrag § 4 Abs. 2 DDR-KommVermG um einen Satz 2 ergänzt wurde, der die Beteiligung der Kommunen an den Energieversorgungsunternehmen auf 49 % beschränkte, haben zahlreiche Gemeinden wegen Verstoßes gegen die Selbstverwaltungsgarantie Kommunalverfassungsbeschwerden beim Bundesverfassungsgericht (2 BvR 1043/91, 1183/91 und 1457/91) erhoben , die in dem sog. „Stromvergleich“ endeten.

1087 *Leitschuh/Lange*, in: Rädler/Raupach/Bezzenberger, Bd. 3, 33. EL 10/2004, § 8 VZOG Rdnr. 1; *Schmidt/Leitschuh*, in: Rechtshandbuch Vermögen und Investitionen in der ehemaligen DDR, Bd. 2, 52. EL 08/2008, Art. 21 EVtr Rdnr. 1; VG Chemnitz, Brandt/Kittke, RGV, B VIII 5, S. 12 f.; ausführlich zur Vermögensausstattung der nach dem Einigungsvertrag und seinen Spezialvorschriften begünstigten Rechtsträger: *Lange*, DtZ 1991, 329 ff.

nach dem Vermögenszuordnungsgesetz, nach den Vorschriften des Treuhandgesetzes und seiner Durchführungsverordnungen, dem Kommunalvermögensgesetz sowie kraft anderer Gesetze Vermögensgegenstände erhält bzw. erhalten hat, die vormals in Volkseigentum standen (§ 1 VZOG).[1088] Hierbei ist zwischen rein deklaratorischen und konstitutiven Zuordnungsbescheiden zu unterscheiden.[1089]

Der Zuordnungsbescheid hat lediglich deklaratorischen Charakter, wenn der Eigentumsübergang bundeseigener Vermögenswerte bereits nach den Regelungen der Art. 21 und 22 EVertr zum 03.10.1990 erfolgte. Dagegen hat der Zuordnungsbescheid konstitutiven, also eigentumsbegründenden Charakter, wenn hierdurch nicht bundeseigenes Vermögen gemäß Art. 21 Abs. 3 HS. 1 oder Art. 22 Abs. 1 S. 7 i.V.m. Art. 21 Abs. 3 HS. 1 EVertr rückübertragen wird.[1090]

Bei den Zuordnungsbescheiden handelt es sich um klassische Verwaltungsakte[1091] mit Drittwirkung, da sie den Eigentumsübergang zugunsten eines Rechtsträgers – deklaratorisch oder konstitutiv – feststellen und gleichzeitig einen anderen hiervon ausschließen,[1092] ohne hierbei gemäß § 7 Abs. 1 S. 1 VZOG die Restitutionsansprüche Dritter nach dem Vermögensgesetz zu berühren.[1093]

Während § 6 Abs. 1 S. 1 VZOG eine aufdrängende Rechtswegzuweisung zu den Verwaltungsgerichten enthält, regelt § 1 Abs. 1 S. 3 VZOG die grundsätzliche Passivlegitimation des Bundes.

Gemäß § 1 Abs. 1 S. 4 VZOG ist der Bund zur Klage gegen den Bescheid befugt. Aus dem Zusatz „auch“ ist zu entnehmen, dass daneben die anderen

---

1088 *Schmidt-Räntsch/Hiestad*, in: Rechtshandbuch Vermögen und Investitionen in der ehemaligen DDR, Bd. 3; 52. EL 08/2008, § 1 VZOG Rdnr. 2; dazu ausführlich *Lange*, DtZ 1996, 329 ff.

1089 *Schmidt-Räntsch/Hiestad*, a.a.O., § 1 VZOG Rdnr. 28 ff.

1090 VG Potsdam, VIZ 1995, 250; zur Differenzierung zwischen Zuordnung und Restitution vgl. BVerwG, ZOV 2007, 164 f., Tz. 6 Juris.

1091 *Schmidt/Leitschuh*, in: Rädler/Raupach/Bezzenberger, Bd. 3, 33. EL 10/2004, § 1 VZOG Rdnr. 36.

1092 *Spoerr/Klepper*, VIZ 2000, 638 (639).

1093 *Leitschuh/Lange*, in: Rädler/Raupach/Bezzenberger, Bd. 3, 33. EL 10/2004, § 8 VZOG Rdnr. 22.

Rechtsträger gleichfalls zur Klage befugt sein sollen. Verstöße gegen Zuständigkeitsregelungen sind hiervon jedoch gemäß § 1 Abs. 7 VZOG ausgenommen.

Klagebefugt kann daher der Rechtsträger sein, der geltend machen kann, durch den Zuordnungsbescheid in seinen Rechten verletzt zu sein, da das Eigentum nicht ihm zugeordnet worden ist, sondern einem anderen.[1094] Dies gilt nach der Rechtsprechung des Bundesverwaltungsgerichts ferner für den Fall, dass das Eigentum dem Kläger zu Unrecht zugewiesen worden ist, wenn es ihn aufgrund der Beschaffenheit des Vermögensgegenstandes besonderen ordnungspolizeilichen Belastungen unterwirft.[1095] Hierunter fallen auch Ansprüche gegen die Zuordnungsbehörde gemäß § 1 Abs. 4 VZOG i.V.m. § 4 Abs. 2 DDR-KommVermG auf Übertragung von Gesellschaftsanteilen der Treuhandanstalt an den durch Umwandlung der ehemaligen Energiekombinate der DDR entstandenen Kapitalgesellschaften.[1096]

Maßgeblich für die Klagebefugnis nach dem Vermögenszuordnungsgesetz ist stets die jeweilige materielle Zuordnungsregelung (z.B. Art. 21, 22 EVertr oder § 4 Abs. 2 DDR-KommVermG), die dem Betroffenen das Eigentum zuweist und ihn insoweit begünstigt.[1097]

2. Vermögensrecht

Problematischer ist dagegen die Feststellung der Klagebefugnis von Hoheitsträgern nach dem Vermögensgesetz. Gegenstand des Vermögensgesetzes ist die Wiedergutmachung aufgrund staatlichen Unrechts erfolgter Vermögensverluste auf dem Gebiet der ehemaligen DDR, die einzelnen Personen oder Personenvereinigungen in der Zeit zwischen dem 30.01.1933 bis zum 02.10.1990 widerfah-

1094 Vgl. BVerwG, NJW 1995, 674.

1095 BVerwGE 111, 349 ff., zur Zuweisung einer stillgelegten Mülldeponie von Amts wegen.

1096 Vgl. BVerwGE 122, 157 ff.

1097 *Schmidt/Leitschuh*, in: Rädler/Raupach/Bezzenberger, Bd. 3, 33. EL 10/2004, § 1 VZOG Rdnr. 3 ff.

ren sind. Ausgenommen sind besatzungshoheitliche oder besatzungsrechtliche Vermögensentziehungen im Sinne § 1 Abs. 8 lit. a VermG.[1098]

Die Wiedergutmachung hat nach den Regelungen des Vermögensgesetzes gegenüber dem Berechtigten i.S.d. § 2 Abs. 1 VermG zu erfolgen. Hierbei handelt es sich um natürliche Personen und Personenvereinigungen, deren Vermögenswerte von Maßnahmen gemäß § 1 VermG betroffen sind, sowie deren Rechtsnachfolger. Vermögensrechtliche Ansprüche von Körperschaften öffentlichen Rechts, werden vom Vermögensgesetz nicht mit umfasst (vgl. § 1 Abs. 8 lit. d VermG), da deren vermögensrechtliche Ansprüche bereits durch speziellere Regelungen z.B. nach dem Kommunalvermögensgesetz normiert sind.[1099]

Dennoch können (privatrechtliche) Eigentumspositionen von Hoheitsträgern, insbesondere an Grundstücken, mittelbar beeinträchtigt werden, wenn diese bei Antragstellung des Berechtigten im Eigentum des Hoheitsträgers stehen bzw. diesem restitutionsbefangene Grundstücke z.B. nach den Regelungen des Einigungsvertrages oder des Vermögenszuordnungsgesetzes zugewiesen werden. Der Hoheitsträger ist in Bezug auf den Vermögenswert „Verfügungsberechtigter" im Sinne des § 2 Abs. 3 VermG.

Fraglich ist, ob und inwieweit das Vermögensgesetz oder andere Regelungen Hoheitsträgern wehrfähige Rechtspositionen einräumen, die sie zur verwaltungsgerichtlichen Verteidigung der ihnen zugewiesenen Vermögenswerte berechtigen. Hierzu soll zunächst die Rechtsprechung der Verwaltungsgerichte **(a)** und des Bundesverwaltungsgerichts **(b)** dargestellt und anschließend die vermögensrechtlichen Normen **(c)** sowie weitere einfachgesetzliche Normen **(d)** unter Einbeziehung möglicher verfassungsrechtlicher Besonderheiten zugunsten von Gemeinden **(e)** auf ihren Schutznormcharakter untersucht und abschließend hierzu Stellung genommen werden **(f)**.

1098 *Wasmuth*, in: Rechtshandbuch Vermögen und Investitionen in der ehemaligen DDR, Bd. 2, 52. EL 08/2008, Einf VermG Rdnr. 1.

1099 *Wasmuth*, a.a.O., § 1 VermG Rdnr. 408 ff.

a) Rechtsprechung der Verwaltungsgerichte

Vor der ersten maßgeblichen Entscheidung des Bundesverwaltungsgerichts vom 28.03.1996 hatten sich, soweit veröffentlicht, insbesondere das Verwaltungsgericht Chemnitz in seinen Urteilen vom 15.03.1995 – C 4 K 3988/93 –[1100], vom 12.04.1995 – C 4 K 2271/94 –[1101] und vom 29.11.1995 – C 4 K 1275/92 –[1102], das Verwaltungsgericht Gera mit Urteil vom 13.02.1996 – 3 K 269/92 –[1103] sowie das Verwaltungsgericht Schwerin mit Urteil vom 03.08.1995 – 3 A 295/93 –[1104] mit der Klagebefugnis eines (kommunalen) Hoheitsträgers als Verfügungsberechtigter nach dem Vermögensgesetz im Anfechtungsstreit gegen einen den Berechtigten begünstigenden Restitutionsbescheid eingehend befasst.[1105]

Die Verwaltungsgerichte Chemnitz und Gera hatten sich dabei im Gegensatz zum Verwaltungsgericht Schwerin gegen eine Klagebefugnis der Gemeinden ausgesprochen:

Das Verwaltungsgericht Chemnitz hatte in seinen Urteilen zunächst festgestellt, dass das Vermögensgesetz selbst keine die Klagebefugnis eines kommunalen Verfügungsberechtigten regelnden Vorschriften beinhalte. Während § 2 Abs. 3 VermG lediglich eine Begriffsbestimmung zum Verfügungsberechtigten enthalte, würden § 31 Abs. 2 S. 1 und Abs. 5 S. 1 VermG reine Verfahrensrechte der jeweiligen Beteiligten regeln. Sie enthalten nur insoweit drittschützende Wirkung als sie zur Durchsetzung materieller Rechtspositionen dienen, wie sie für Private über Art. 14 GG vermittelt werden.

1100 VG Chemnitz, Brandt/Kittke, RGV, B VIII 3, S. 8 ff.

1101 VG Chemnitz, VIZ 1996, 159 ff.

1102 VG Chemnitz, Brandt/Kittke, RGV, B VIII 5, S. 11 ff.; es existieren weitere ähnliche Entscheidungen der 6. und 2. Kammer des Verwaltungsgerichts Chemnitz, die nicht oder nur mit Leitsatz veröffentlicht worden sind, vgl. *VG Chemnitz*, Urteil vom 12.10.1995 – C 2 K 578/92 –, Juris (Leitsatz).

1103 VG Gera, ZOV 1996, 457 f.

1104 VG Schwerin, VIZ 1996, 161 ff.

1105 Auf die Darstellung späterer verwaltungsgerichtlicher Entscheidungen wird an dieser Stelle verzichtet, da diese der Auffassung des Bundesverwaltungsgerichts folgen; vgl. zur Klagebefugnis einer städtischen Wohnungsbaugesellschaft: VG Potsdam, VIZ 1997, 484; zur Klagebefugnis des Bundes: *VG Frankfurt (Oder)*, Urteil vom 08.03.2005 – 3 K 1057/97 –, Tz. 69 ff. Juris.

Etwas anderes ergebe sich auch nicht aus der Zuordnung des Eigentums an die klagenden Gemeinden gemäß Art. 21 und 22 EVertr, das nach Auffassung des Verwaltungsgerichts nur vorläufigen Charakter habe.[1106] Auch der Restitutionsausschlussgrund geänderter Nutzung oder Zweckbestimmung gemäß § 5 Abs. 1 lit. a VermG vermittele keine drittschützende Wirkung zugunsten von Gemeinden.[1107] Dasselbe gelte für den Restitutionsausschlussgrund des redlichen Erwerbs gemäß § 4 Abs. 2 und 3 VermG, der nach der Entscheidung des Bundesverwaltungsgerichts vom 13.10.1994 – 7 C 38/93 –[1108] ebenfalls auf Gemeinden nicht anwendbar sei.[1109]

Während sich die Notwendigkeit des Drittschutzes für private Verfügungsberechtigte bereits aus Art. 14 Abs. 1 GG ergebe, könnten Gemeinden dagegen sich hierauf nicht berufen. Das Eigentum von Gemeinden sei verfassungsrechtlich nur im Rahmen der Selbstverwaltungsgarantie nach Art. 28 Abs. 2 GG geschützt, die in den jeweiligen Fällen nicht berührt worden sei.[1110]

Ähnlich begründete auch das Verwaltungsgericht Gera sein Urteil vom 13.02.1996 – 3 K 269/92. Weder das Verfassungsrecht noch das einfache öffentliche Recht vermittele der klagenden Gemeinde eine Anfechtungsbefugnis gegen die Restitutionsentscheidung. Die Gemeinde könne sich mangels Grundrechtsfähigkeit nicht auf Art. 14 GG berufen. Die Klagebefugnis könne auch nicht aus Art. 28 Abs. 2 GG bzw. die entsprechenden landesverfassungsrechtlichen Regelungen hergeleitet werden. Ferner ergebe sie sich nicht aus der Eigentumszuordnung gemäß Art. 22 Abs. 4 EVertr. Darüber hinaus ergäben sich auch aus dem einfachgesetzlichen Recht keine wehrfähigen Rechtspositionen, weder direkt aus dem Vermögensgesetz noch über einen öffentlich-rechtlich normierten Schutz privaten Eigentums, wie etwa im Fachplanungsrecht. Soweit im Fachplanungsrecht den Gemeinden die Möglichkeit eingeräumt wird, sich gegen Beeinträchtigungen kommunalen Eigentums verwaltungsgerichtlich zur Wehr

---

1106 VG Chemnitz, VIZ 1996, 159 f.; dass., Brandt/Kittke, RGV, B VIII 5, S. 12 f.

1107 VG Chemnitz, Brandt/Kittke, RGV, B VIII 3, S. 9; darauf, ob die in §§ 4 und 5 VermG geregelten Restitutionsausschlussgründe für die betroffenen Gemeinden grundsätzlich Drittschutz vermitteln können, kam es in den Streitsachen 4 K 2271/94 und 4 K 1275/92 nicht an.

1108 BVerwGE 97, 24 (26 ff.).

1109 VG Chemnitz, Brandt/Kittke, RGV, B VIII 5, S. 14 f.

1110 VG Chemnitz, VIZ 1996, 159 f.; dass., Brandt/Kittke, RGV, B VIII 5, S. 12 ff.

zu setzen, werde diese Berechtigung über entsprechende einfachgesetzliche öffentlich-rechtliche Normen vermittelt. Solche öffentlich-rechtlichen Normen seien im vorliegenden Fall jedoch nicht gegeben.[1111]

Das Verwaltungsgericht Schwerin hatte dagegen in seinem Urteil vom 03.08.1995 – 3 A 295/93 – die Klagebefugnis der verfügungsberechtigten Kommune gegen den Restitutionsbescheid bejaht. Zwar könne sich die Gemeinde auch als Fiskus nicht auf das verfassungsrechtliche Eigentumsrecht gemäß Art. 14 Abs. 1 GG berufen. Dies stehe aber der Klagebefugnis der Gemeinde nicht entgegen, da das ihr nach den Vorschriften der Art. 21 Abs. 1 und 2 EVertr zugewiesene Eigentum einfachgesetzlich, insbesondere nach den Vorschriften des Bürgerlichen Gesetzbuches, geschützt sei.[1112]

b) Rechtsprechung des Bundesverwaltungsgerichts

Bereits in seinem Urteil vom 29.02.1996 – 7 C 6/95 – hatte das Bundesverwaltungsgericht die Frage der Klagebefugnis eines verfügungsberechtigten Hoheitsträgers, hier der Treuhandanstalt, im Anfechtungsrechtsstreit gegen die Feststellung der Berechtigung eines Dritten zum Zwecke der Restitution eines in ihrem Eigentum stehenden Unternehmensteils zu klären.[1113] Nach seiner Auffassung

> „vermittelt die Verfügungsberechtigung im Sinne des § 2 Abs. 3 VermG dem Verfügungsberechtigten *ohne weiteres* das Recht, einen zu seinen Lasten ergangenen Restitutionsbescheid oder eine entsprechende Teilregelung (vgl. § 30 Abs. 1 Satz 2 VermG) mit der Anfechtungsklage anzugreifen.“ (Hervorhebung durch Verf.)

Dies folge daraus, dass der Vermögenswert dem Verfügungsberechtigten im Sinne des § 2 Abs. 3 VermG zivilrechtlich zugeordnet sei und damit auch wehrfähig sein müsse. Die Annahme werde auch durch die Güteregelung in § 31 Abs. 5 S. 1 VermG bestätigt, wonach die zuständige Behörde auf eine einvernehmliche Lösung zwischen Berechtigtem und Verfügungsberechtigten hinwirken solle.

1111 VG Gera, ZOV 1996, 457 f.
1112 VG Schwerin, VIZ 1996, 161 (162).
1113 BVerwG, VIZ 1996, 339 (340), Tz. 15 Juris.

Auf die sich hier aufdrängende Problematik, ob die Treuhandanstalt als bundesunmittelbare Anstalt öffentlichen Rechts aufgrund ihrer organisatorischen Staatszugehörigkeit überhaupt klagebefugt sein kann, ist das Bundesverwaltungsgericht in dieser Entscheidung nicht einmal ansatzweise eingegangen.

Auch nachdem die Verwaltungsgerichte Chemnitz und Gera die grundsätzliche Klagebefugnis von Hoheitsträgern nach dem Vermögensgesetz problematisierten und auch abschlägig entschieden hatten, hielt das Bundesverwaltungsgericht an seiner oben genannten Auffassung fest und erstreckte diese unter Erweiterung der eigentumsbezogenen Begründung der Klagebefugnis darüber hinaus auch auf andere Hoheitsträger:

In seiner Revisionsentscheidung vom 28.03.1996 – 7 C 35/95 – zum Urteil des Verwaltungsgerichts Chemnitz vom 12.04.1995 – 4 K 2271/94 – hat es entgegen dessen Auffassung die Klagebefugnis der Gemeinde grundsätzlich bejaht, letztlich die Revision jedoch am fehlenden Rechtsschutzbedürfnis wegen des vorliegenden Insichprozesses scheitern lassen.[1114]

Zur Klagebefugnis ist das Bundesverwaltungsgericht im Wesentlichen der Argumentation des Verwaltungsgerichts Schwerin gefolgt und hat die Klagebefugnis aus der Möglichkeit einer Verletzung der Gemeinde in ihrem durch Art. 22 Abs. 4 EVertr begründeten Eigentum durch eine etwaig rechtswidrige Berechtigtenfeststellung hergeleitet. Nach Auffassung des Bundesverwaltungsgerichts vermittle nicht nur Art. 14 GG dem verfügungsberechtigten Privaten materiell rechtlichen Schutz. Vielmehr sei auch das gemeindliche Eigentum – unabhängig von Art. 14 GG – in seiner einfachrechtlichen Ausgestaltung wie jedes andere Eigentum geschützt. Hierzu hatte es auf seine bisherige fachplanungsrechtliche Rechtsprechung[1115] verwiesen.[1116] Dass Gemeinden sich nicht auf Art. 14 GG berufen könnten, ändere nichts an der Möglichkeit, privates Eigentum innezuhaben.

Ferner hat es klargestellt, dass es sich entgegen der Auffassung des Verwaltungsgerichts Chemnitz bei dem gemäß Art. 22 Abs. 4 EVertr zugewiesenen Eigentum nicht um „vorläufiges Eigentum" mit rein fiskalischem Charakter han-

---

1114 BVerwGE 101, 47 ff.

1115 BVerwGE 69, 256 (261); E 87, 332 (391); E 90, 96 (101); E 97, 143 (151 f.).

1116 Siehe oben zu D.IV.4.a), S. 191 ff.

dele. Die Gemeinde sei insoweit Verfügungsberechtigte i.S.d. § 2 Abs. 3 VermG, woraus sich ebenfalls die Klagebefugnis ergeben könne.[1117]

Auch in seinen folgenden Entscheidungen hielt das Bundesverwaltungsgericht an dieser Rechtsauffassung fest und hob unter Verweis auf das Urteil in Sachen – 7 C 35/95 – und den jeweils nachfolgenden Entscheidungen die weiteren Urteile der Verwaltungsgerichte Chemnitz und Gera auf. Hierzu führte es aus:

> „Die abweichende Auffassung des Verwaltungsgerichts beruht auf der unzutreffenden Annahme, daß nur ein in den Schutzbereich des Art. 14 Abs. 1 GG fallendes Eigentumsrecht eine materiellrechtlich bedeutsame Rechtsposition vermittle. Der Umstand, daß gemeindliches Eigentum mangels „grundrechtstypischer Gefährdungslage" (vgl. BVerfGE 61, 82 <108>) nicht durch die grundrechtliche Eigentumsgewährleistung verbürgt ist, ändert nichts daran, daß die geltende Rechtsordnung den Gemeinden die Möglichkeit eröffnet, privates Eigentum innezuhaben; zugleich wird damit dieses Eigentum nach Maßgabe seiner Ausgestaltung durch den Gesetzgeber wehrfähig, auch wenn es gegenüber staatlichen Eingriffen keinen grundrechtlichen Schutz genießt. Demgemäß hat das Bundesverwaltungsgericht in ständiger Rechtsprechung anerkannt, daß gemeindliches Eigentum entsprechend seiner einfachrechtlich bestimmten Gestalt ebenso wie jedes andere private Eigentum geschützt ist (vgl. BVerwGE 97, 143 <151 f.> m.w.N.).
>
> Das nach den einigungsvertraglichen Regelungen einer Gemeinde zugeordnete Eigentum an ehemals volkseigenem Vermögen ist derart ausgestaltet, daß es im vermögensrechtlichen Rückübertragungsverfahren ihre Klagebefugnis zu begründen vermag."[1118]

Vorsorglich stützte das Bundesverwaltungsgericht die Klagebefugnis nunmehr auch direkt auf § 2 Abs. 3 VermG, was nach seiner Auffassung durch die Güteregelung in der Vorschrift des § 31 Abs. 5 S. 1 VermG bestätigt werde. Hieraus ergebe sich, dass der Verfügungsberechtigte nicht nur über den zivilrechtlichen Vermögenswert sondern auch über den vermögensrechtlichen Restitutions-

---

1117 BVerwG, VIZ 1996, 393 f.

1118 *BVerwG*, Urteil vom 20.08.1996 – 7 C 5/96 –, Tz. 9 f. Juris; *dass.*, Urteil vom 03.09.1996 – 7 C 38/96 –, Tz. 7 f. Juris; *dass.*, Urteil vom 04.10.1996 –7 C 37/96 –, Tz. 6 f. Juris; *dass.*, Urteil vom 29.10.1996 – 7 C 48/96 –, Tz. 7 f. Juris; *dass.*, Urteil vom 29.10.1996 – 7 C 29/96 –, Tz. 6 f. Juris; *dass.*, Urteil vom 09.12.1996 – 7 C 32/96 –, Tz. 10 f. Juris.

anspruch verfügen könne und dementsprechend auch zur Abwehr eines zugunsten des Restitutionsberechtigten ergangenen Bescheides berechtigt sein müsse.[1119]

Seine Rechtsauffassung zur Klagebefugnis aus einfachgesetzlichem (privaten) Eigentum hat das Bundesverwaltungsgericht nicht nur der Treuhandanstalt – später Bundesanstalt für vereinigungsbedingte Sonderaufgaben (BvS) –[1120] und den Gemeinden vorbehalten, sondern auch anderen verfügungsberechtigten Hoheitsträgern, wie dem Bund,[1121] eingeräumt.[1122]

Diese Rechtsprechung soll nachfolgend Gegenstand der Untersuchung sein.

c) Klagebefugnis der öffentlichen Hand aus Normen des Vermögensgesetzes

Nach wohl einhelliger Auffassung handelt es sich bei den von den zuständigen Ämtern zur Regelung offener Vermögensfragen zu erlassenden Bescheiden nach dem Vermögensgesetz regelmäßig um Verwaltungsakte mit Drittwirkung, soweit hierdurch Rechtspositionen Dritter berührt werden. Dies ist bei Restitutionsentscheidungen zugunsten des Berechtigten stets der Fall, da der Vermögenswert durch die Restitutionsentscheidung gleichzeitig dem Verfügungsberechtigten –mittelbar– entzogen wird.[1123] Ob der betroffene Verfügungsberechtigte sich gegen einen etwaig rechtswidrigen Restitutionsbescheid zur Wehr setzen kann, ist nachfolgend zu prüfen.

1119 *BVerwG*, Urteil vom 09.12.1996 – 7 C 32/96 –, Tz. 9 Juris; dass., VIZ 1997, 101 (102), Tz. 11 Juris; dass., VIZ 1997, 289, Tz. 10 f. Juris.

1120 BVerwG, VIZ 1996, 339 f.; dass., VIZ 1997, 101 f.; dass., VIZ 1997, 289.

1121 BVerwG, Beschluss vom 31.05.2006 – 8 B 100/05 –, Tz. 6 Juris; vgl. auch BVerwG, VIZ 1998, 142 f.; vgl. ferner Klagebefugnis des Bundes zur Verpflichtung auf Festsetzung eines Ablösebetrages: BVerwG, ZOV 2003, 121 ff.

1122 Vgl. zur Klagebefugnis einer zu 100% im Eigentum einer kreisfreien Stadt gehörenden Wohnungsbaugesellschaft: VG Potsdam, VIZ 1997, 484.

1123 Vgl. *Bodenstab/Sturm*, in: Rädler/Raupach/Bezzenberger, Bd. 2, 33. EL 10/2004; § 33 VermG Rdnr. 3; *Bodenstab*, ebenda, § 37 VermG Rdnr. 26; *Fritsche*, OV-Spezial 1996, 190 (191); *Meier*, in: Kimme, Offene Vermögensfragen, Bd. 2, 29. EL 06/2009, § 37 VermG Rdnr. 81 f.; *Redeker/Hirtschulz*, in: Fieberg/Reichenbach/Messerschmidt, Bd. 1, 27. EL 11/2009, § 37 VermG Rdnr. 44.

Wie bereits die zuvor zitierte Rechtsprechung der Verwaltungsgerichte erahnen lassen, ergibt sich die Herleitung der Klagebefugnis eines Verfügungsberechtigten gegen Restitutionsentscheidungen bzw. entsprechende Teilentscheidungen nicht so „ohne weiteres" aus dem Vermögensgesetz, wie das Bundesverwaltungsgericht zunächst unterstellte.[1124] Wäre die maßgebliche materielle Rechtsgrundlage eindeutig aus dem Vermögensgesetz zu entnehmen gewesen, hätte es der umständlichen und dogmatisch bedenklichen Begründungsansätze nicht bedurft. [1125]

Soweit es sich bei dem Kläger um einen verfügungsberechtigten Privaten handelt, ist sein Eigentum zumindest über Art. 14 Abs. 1 GG geschützt. Dieser vermag ihm auch im Falle fehlender einfachgesetzlicher Reglungen nach dem Vermögensgesetz aufgrund seines öffentlich-rechtlichen Rechtscharakters entweder über eine verfassungskonforme Auslegung des § 3 Abs. 1 S. 1 VermG oder in direkter Anwendung, Drittschutz gegen eine ihn beeinträchtigende rechtswidrige Restitutionsentscheidung zu vermitteln.[1126]

War der Begründungsaufwand der Gerichte für die Klagebefugnis privater Verfügungsberechtigter aufgrund Art. 14 Abs. 1 GG noch gering und damit auch das Problembewusstsein der Gerichte für einen etwaig unzureichenden Rechtsschutz noch nicht voll entwickelt,[1127] so offenbarte sich das gesetzgeberische Regelungsdefizit im Vermögensgesetz spätestens durch die zuvor genannten Entscheidungen über Klagen hoheitlicher Verfügungsberechtigter.[1128]

Auf Art. 14 Abs. 1 GG kann sich ein hoheitlicher Verfügungsberechtigter nicht berufen, da er im Gegensatz zum Privaten grundsätzlich von dessen Schutzumfang nicht erfasst wird.[1129]

1124 Vgl. BVerwG, VIZ 1996, 339 (340).

1125 Vgl. *Fritsche*, OV spezial 1996, 190 (193 f.), vgl. ferner Anmerkung zum Urteil des VG Chemnitz – C 4 K 1275/92 –: *Schmidt*, OV spezial 1996, 63.

1126 Vgl. VG Chemnitz, Brandt/Kittke, RGV, B VIII 3, S. 8; dass., VIZ 1996, 159; dass., Brandt/Kittke, RGV, B VIII 5, S. 12; VG Gera, ZOV 1996, 457 f.

1127 Im Gegensatz zu vielen: *Meier*, in: Kimme, Offene Vermögensfragen, Bd. 2, 29. EL 06/2009, § 37 VermG Rdnr. 81 ff., der dem Vermögensgesetz keine drittschützenden Normen entnehmen kann.

1128 Vgl. *Fritsche*, OV spezial 1996, 190 ff.

1129 Siehe oben C.I.1.a)bb), S. 70 ff.

Da die verfügungsberechtigte öffentliche Hand nicht Adressatin des Verwaltungsakts, sondern nur betroffene „Dritte" ist, bleibt aufgrund des Vorrangs einfachen Rechts daher zunächst zu prüfen, ob ihr die anzuwendenden Regelungen des Vermögensgesetzes wehrfähigen Drittschutz vermitteln. Dies ist nach den Grundsätzen der Schutznormlehre davon abhängig, dass diese Regelungen nicht nur ein Allgemeininteresse verfolgen, sondern zumindest auch dem Schutz ihrer Individualinteressen zu dienen bestimmt sind.[1130]

Das Auffinden drittschützender Normen im Vermögensrecht ist dabei insoweit problematisch, als die sich auf das Restitutionsverfahren beziehenden Reglungen des Vermögensgesetzes, wie § 3 Abs. 1 S. 1 VermG, primär auf das Verhältnis zwischen Restitutionsanmelder und zuständiger Behörde abstellen.[1131] Zweck des Vermögensgesetzes ist die Wiedergutmachung rechtsstaatswidriger Vermögensentziehungen. Dabei ist dem Berechtigten gemäß § 3 Abs. 1 VermG auf Antrag der Vermögensgegenstand zurück zu übertragen oder ihm nach seiner Wahl hierfür eine Entschädigung zu gewähren, soweit dies nicht nach diesem Gesetz ausgeschlossen ist. Nach der Gesetzesbegründung wird der Grundsatz der Restitution zum Schutze des redlichen Erwerber (nur) in den in § 4 und 5 VermG geregelten Restitutionsausschlussfällen durchbrochen. Eine darüber hinausgehende ausdrückliche Erwähnung schützenswerter Rechtspositionen des Verfügungsberechtigten im öffentlich-rechtlichen Restitutionsverfahren enthalten sowohl Gesetz als auch Gesetzesbegründung nicht.[1132]

Ferner ist bei der Bestimmung möglicher Schutznormen zu beachten, dass es sich hierbei um Normen öffentlich-rechtlichen Charakters handeln muss. Das Vermögensgesetz regelt nicht nur das öffentlich-rechtliche ausgestaltete Restitutionsverfahren zwischen Antragsteller als möglichen Berechtigtem und Behörde (vgl. §§ 3 Abs. 1, 30 VermG),[1133] sondern auch den damit einhergehenden zivil-

---

1130 *Meier*, in: Kimme, Offene Vermögensfragen, Bd. 2, 29. EL 06/2009, § 37 VermG Rdnr. 81; zur Schutznormtheorie siehe oben C.I.1.a)aa), S. 69 f. sowie C.II.2.b)aa), S. 121 ff.

1131 Vgl. *Redeker/Hirtschulz/Tank*, in: Fieberg/Reichenbach/Messerschmidt, VermG, 27. EL 11/2009, § 3 VermG Rdnr. 5a f.

1132 BTDrucks 11/7831.

1133 Vgl. BTDrucks 11/7831, S. 4 zu § 3.

rechtlich geprägten Interessenausgleich zwischen Berechtigtem und Verfügungsberechtigtem (vgl. §§ 3 Abs. 3-5, 7 Abs. 7 VermG).[1134]

Für letztere Streitigkeiten ist der ordentliche Rechtsweg gegeben.[1135]

Soweit das Bundesverwaltungsgericht sich zur Begründung der Klagebefugnis auf § 2 Abs. 3 VermG und hierzu ferner hilfsweise auf § 31 Abs. 5 S. 1 VermG stützt,[1136] muss sich also aus dem in diesen Normen enthaltenen Entscheidungsprogramm zumindest auch ein öffentlich-rechtlich bezweckter Schutz der verfügungsberechtigten öffentlichen Hand ergeben. Dies ist nachfolgend, durch Auslegung der Normen zu überprüfen. Maßgeblich können beispielsweise bestimmte individualisierbare Tatbestandsmerkmale sein, aus denen sich der Schutz eines sich von der Allgemeinheit abgrenzenden Personenkreises, hier des Verfügungsberechtigten bzw. des Eigentümers, entnehmen lässt. Indizien hierfür wären z.B. – wie etwa der Nachbarschutz im Bau- und Umweltrecht – Regelungen, die entweder über eine räumliche oder eine personelle Bestimmung den Schutz des Verfügungsberechtigten bzw. Eigentümers beinhalten (vgl. zum Nachbarschutz: § 31 Abs. 2 BauGB; § 15 Abs. 1 BauNVO).[1137]

Bereits Wortlaut sowie Sinn und Zweck des erst nachträglich eingefügten[1138] § 2 Abs. 3 VermG sprechen aber gegen seine drittschützende Wirkung.

1134 Die Antragstellung bewirkt gemäß § 3 Abs. 3 S. 1 VermG zivilrechtlich eine Beschränkung der Verfügungsbefugnis des Verfügungsberechtigten über den restitutionsbelasteten Vermögensgegenstand. Sie ist nicht als gesetzliches Verbot, sondern als schuldrechtliche Verpflichtung ausgestaltet, deren Nichtbeachtung Schadensersatzansprüche des Berechtigten gegenüber dem Verfügungsberechtigten auslösen können. Verfügungen, die gegen das Verfügungsverbot verstoßen, bleiben dem Dritten gegenüber grundsätzlich wirksam. Hierzu regelt § 3 Abs. 4 VermG, dass im Falle der Veräußerung des Vermögensgegenstandes der Restitutionsanspruch sich in einen Anspruch auf Herausgabe des Erlöses umwandelt (BTDrucks 11/7831, S. 5 zu § 3; zu den weiteren zivilrechtlichen Ansprüchen des Verfügungsberechtigten nach § 3 Abs. 3 VermG sowie § 7 Abs. 2 und 7 S. 4 VermG vgl. *Säcker/Busche*, in: Säcker, VermG, § 3 Rdnr. 200 ff.).

1135 Vgl. hierzu LG Berlin, VIZ 1993, 124 (124 f.); siehe oben C.II.1.c), S. 112 f.

1136 *BVerwG*, Urteil vom 09.12.1996 – 7 C 32/96 –, Tz. 9 Juris; dass., VIZ 1997, 101 (102), Tz. 11 Juris; dass., VIZ 1997, 289, Tz. 10 f. Juris.

1137 Vgl. BVerwG, NVwZ 1987, 409.

1138 Zu Art. 1 Gesetz zur Beseitigung von Hemmnissen bei der Privatisierung von Unternehmen und zur Förderung von Unternehmen vom 22.03.1991, BGBl. I S. 766.

§ 2 Abs. 3 VermG beinhaltet, wie die Überschrift „Begriffsbestimmung“ zu § 2 VermG bereits nahelegt, lediglich eine klarstellende Legaldefinition des Begriffes „Verfügungsberechtigter“, differenziert nach unterschiedlichen Rückgabeobjekten, ohne bereits hierin für diesen irgendwelche Rechte oder Pflichten zu statuieren oder gar eine Betroffenheit durch das Restitutionsverfahren festzustellen.[1139] An seine Feststellung werden erst über weitere vermögensrechtliche Regelungen zivilrechtliche Rechte und Pflichten (vgl. §§ 3 Abs. 3-5, 3b, 3c) aber auch öffentlich-rechtliche formelle Beteiligungsrechte (§§ 30 ff. VermG)[1140] geknüpft.[1141]

Mit dem Begriff des Verfügungsberechtigten sind in erster Linie die Eigentümer über die restitutionsbelasteten Vermögenswerte und Unternehmen gemeint. Darüber hinaus erstreckt sich der Begriff auf diejenigen, die – ohne selbst Eigentümer zu sein – kraft Rechtsgeschäft oder kraft Gesetz das Recht zur Übertragung, Änderung und Belastung des Vermögenswertes innehaben. Der ursprüngliche Gesetzesentwurf bezeichnete ihn noch als Rechtsinhaber.[1142] Eine Klarstellung war insoweit lediglich für die unterschiedlichen Verfügungsberechtigungsmöglichkeiten bei Kapitalgesellschaften, für den staatlichen Verwalter sowie die mittelbaren und unmittelbaren Anteilseignerformen der Treuhandanstalt erforderlich.[1143]

Eine drittschützende Wirkung lässt sich auch nicht aus der systematischen Stellung des § 2 Abs. 3 VermG im ersten Abschnitt des Vermögensgesetzes, der die Überschrift „Allgemeine Bestimmungen“ trägt, entnehmen.

Auch aus dem historischen Kontext der Norm ist eine etwaige subjektiv öffentlich-rechtliche Ausrichtung nicht feststellbar. Die Aufnahme der Definition

---

1139 *Säcker/Hummert*, in: Säcker, VermG, § 2 Rdnr. 57 f.; *Brettholle/Köhler-Apel*, in: Rädler/Raupach/Bezzenberger, Bd. 1, 33. EL 10/2004, § 2 VermG Rdnr. 54; VG Chemnitz, Brandt/Kittke, RGV, B VIII 3, S. 8; dass., VIZ 1996, 159; dass., Brandt/Kittke, RGV, B VIII 5, S. 12.

1140 Vgl. *Meier*, in: Kimme, Offene Vermögensfragen, 29. EL 06/2009, § 37 VermG Rdnr. 75 ff.

1141 *Brettholle/Köhler-Apel*, in: Rädler/Raupach/Bezzenberger, Bd. 1, 33. EL 10/2004, § 2 VermG Rdnr. 54.

1142 Auf Beschlussempfehlung des Rechtsausschusses des Deutschen Bundestages durch „Verfügungsberechtigten“ ersetzt worden, vgl. BTDrucks 12/255, S. 5.

1143 Vgl. *Säcker/Hummert*, in: Säcker, VermG, § 2 Rdnr. 59 ff.

in § 2 Abs. 3 VermG hatte allein zivilrechtliche Gründe. Im Vordergrund der Gesetzesänderung, in Zuge dessen die Norm eingefügt wurde, stand die Investitionsförderung und auch die Privatisierung von Unternehmen, die nach der alten Fassung nur schleppend erfolgte. Ursache hierfür waren u.a. die unklaren und den Verfügungsberechtigten beschränkenden Regelungen.[1144] Auch konnte die Treuhandanstalt ihre Aufträge nach der Beschlussempfehlung des Rechtsausschusses des Bundestages aufgrund der oftmals unklaren Eigentumsverhältnisse und der Rückgabe von Unternehmen und Grundstücken nicht schnell genug ausführen. Ferner wurde die Handlungsfähigkeit der Zuweisungsempfänger ehemals volkseigenen Vermögens durch die nur zögerliche Umsetzung der Änderungen im Grundbuch gehemmt.[1145]

Die Definition des Verfügungsberechtigten erfüllte nach der Intention des Gesetzgebers maßgeblich den Zweck, ihn in Bezug auf die in § 3 Abs. 3-5 VermG geregelten Verfügungsmöglichkeiten durch Klarstellung des zugehörigen Personenkreises zumindest ebenso – faktisch – handlungsfähig zu machen, wie den vom Begriff des Verfügungsberechtigten mitumfassten und bereits im Grundbuch eingetragenen Eigentümer.[1146] Dies ist auch in Zusammenhang mit der Neuregelung des § 3 Abs. 3 VermG und der Einführung des § 3 Abs. 3 S. 2 lit. b VermG zu sehen, durch die die zivilrechtlichen Handlungsmöglichkeiten des Verfügungsberechtigten zum Zwecke der Investitionsförderung erweitert wurden.[1147]

Dagegen bedurfte es für das öffentlich-rechtliche Restitutionsverfahren keiner Klarstellung der Person, zu dessen Lasten das Eigentum mittelbar entzogen wird. Auch impliziert die Qualifizierung als Verfügungsberechtigter im Sinne des § 2 Abs. 3 VermG nicht zwingend seine öffentlich-rechtliche Betroffenheit im Falle einer positiven Restitutionsentscheidung.[1148]

Die Annahme des Bundesverwaltungsgerichts, dass die Verfügungsmacht über einen Vermögenswert den Verfügungsberechtigten zur Anfechtung berech-

---

1144 Vgl. BGH, NJW-RR 2005, 887 (888 f.).

1145 BTDrucks 12/255, S. 1.

1146 BTDrucks 12/103, S. 24.

1147 Vgl. hierzu ausführlich BGH, NJW-RR 2005, 887 (888 f.).

1148 *Säcker/Hummert*, in Säcker, VermG, § 2 Rdnr. 57 f.; *Brettholle/Köhler-Apel*, in: Rädler/Raupach/Bezzenberger, Bd. 1, 33. EL 10/2004, § 2 Rdnr. 54.

tige, ist bereits aufgrund ihrer Lückenhaftigkeit nicht überzeugend. Weder das einfachgesetzliche Verfügungsrecht eines Eigentümers gemäß §§ 903 ff. BGB, noch die ebenso rein zivilrechtlich ausgestalteten Verfügungsmöglichkeiten bzw. -beschränkungen eines anderweitig verfügungsberechtigten Rechtsinhabers nach § 3 Abs. 3 und 4 VermG allein berechtigen diese „ohne weiteres" zur Verteidigung ihrer Rechtsstellung im Wege einer verwaltungsgerichtlichen Klage. Es fehlt in beiden Fällen an dem erforderlichen öffentlich-rechtlichen Drittschutzcharakter der jeweiligen Norm (**dazu unter d**). Auch die Stimmen in der Literatur, die sich der Auffassung des Bundesverwaltungsgerichts angeschlossen haben und zur Herleitung der Klagebefugnis lediglich die Argumente des Bundesverwaltungsgerichts wiedergeben, bleiben eine dogmatisch nachvollziehbare Begründung schuldig.[1149]

Etwas anderes ergibt sich auch nicht aus der Hilfsüberlegung des Bundesverwaltungsgerichts, dass § 31 Abs. 5 S. 1 VermG eine Güteregelung enthalte, nach welcher die zuständige Behörde auf eine einvernehmliche Regelung zwischen Berechtigtem und Verfügungsberechtigtem hinwirken solle. Denn sie dient nicht dem Schutz des Verfügungsberechtigten, sondern der Entlastung der Gerichte und damit der Beschleunigung des oftmals sehr langwierigen[1150] Verfahrens.[1151]

Selbst das weitere Hilfsargument, aus der Güteregelung sei nicht nur die Verfügungsmacht des Verfügungsberechtigten über den zivilrechtlichen Vermö-

---

1149 *Bodenstab*, in: Rädler/Raupach/Bezzenberger, Bd. 2, 33. EL 10/2004, § 37 Rdnr. 26; *Wasmuth*, in: Rechtshandbuch Vermögen und Investitionen in der ehemaligen DDR, Bd. 2, 52. EL 08/2008, § 2 VermG Rdnr. 188; vgl. dagegen *Redeker/Hirtschulz*, in: Fieberg/Reichenbach/Messerschmidt, VermG, 27. EL 11/2009, § 37 VermG Rdnr. 44 b, die mit Verweis auf die Kommentierung von *Redeker*, in: Redeker/v. Oertzen, VwGO, 11. Aufl. 1994, § 42 Rdnr. 102, dem Bundesverwaltungsgericht deshalb zustimmen, da sie eine Verletzung in eigenen privaten Rechten für die Klagebefugnis ausreichen lassen. Vgl. dagegen die später geänderte Rechtsauffassung von *v. Nicolai*, in: Redeker/v. Oertzen, VwGO, 15. Aufl. 2010, § 42 Rdnr. 51.

1150 Vgl. zum Erledigungsstand 1998: *Rodenbach*, VIZ 1999, 1 (1 f.).

1151 *Meier*, in: Kimme, Offene Vermögensfragen, 29. EL 06/2009, § 31 VermG Rdnr. 44; *Redeker/Hirtschulz*, in: Fieberg/Reichenbach/Messerschmidt, VermG, 27. EL 11/2009, § 31 VermG Rdnr. 52.

genswert, sondern auch über den Restitutionsanspruch entnehmbar,[1152] so dass dieser zur Abwehr einer Restitutionsentscheidung berechtigt sein müsse, verfängt nicht. Sie führt nicht zu einer Qualifizierung der Verfügungsberechtigung als öffentlich-rechtlich geschützte Rechtsposition. Dass die zivilrechtliche Verfügung über den restitutionsbefangenen Vermögensgegenstand Auswirkungen auf die Durchsetzbarkeit des Restitutionsanspruchs haben kann, beruht auf dem wirtschaftlich geprägten Gedanken der Investitionsförderung und der Sicherheit des Grundstücksverkehrs.[1153] Sie führt nicht dazu, dass der Restitutionsberechtigte leer ausgeht. Vielmehr wandelt sich der Restitutionsanspruch in einen Anspruch auf Erlösauskehr um.[1154]

Im Übrigen lässt sich das Ergebnis nach der Rechtsprechung des Bundesverwaltungsgerichts auch nicht auf alle Verfügungsarten übertragen. Gemäß § 3 Abs. 4 S. 3 VermG führt nur eine entgeltliche Verfügung über den Vermögensgegenstand zum Untergang des Restitutionsanspruchs in natura. Eine unentgeltliche Verfügung über den Vermögensgegenstand hindert dagegen die Restitutionsentscheidung nicht, da der Erwerber insoweit nicht schützenswert ist.[1155]

Die Möglichkeit des Verfügungsberechtigten, über den hier interessierenden Restitutionsanspruch an einem Grundstück wirksam entgeltlich zu verfügen, stellt darüber hinaus in der Praxis – abgesehen von Maßnahmen nach dem Investitionsvorranggesetz –[1156] nicht den Regelfall dar, zumal ein restitutionsbehaftetes Grundstück nur nach den stark eingeschränkten Voraussetzungen der Grundstücksverkehrsordnung veräußert werden kann.

Betroffen von der Verfügung über den Vermögensgegenstand im Sinne des § 3 Abs. 4 S. 1 VermG sind daher i.d.R. die Berechtigten, über deren beanspruchte Vermögenswerte noch vor ihrer Anmeldung nach der Anmeldeverordnung (§ 3 Anmeldeverordnung, bis zum 13.10.1990 bzw. 31.03.1991) oder später nach dem Vermögensgesetz (§ 30a VermG, bis spätestens zum 31.12.1992)

1152 *BVerwG*, Urteil vom 09.12.1996 – 7 C 32/96 –, Tz. 9 Juris; dass., VIZ 1997, 101 (102), Tz. 11 Juris; dass., VIZ 1997, 289, Tz. 10 f. Juris.

1153 Vgl. BVerwG, ZOV 2009, 210 f.

1154 BTDrucks 11/7831, S. 5 zu § 3.

1155 BVerwG, VIZ 2000, 602 (603).

1156 Vgl. BVerfG, NJW 1999, 1460 (1461 zu (aaa)).

bereits aufgrund einer erteilten GVO-Genehmigung wirksam verfügt worden ist.[1157]

Ob der Verfügungsberechtigte sich dagegen aus anderen Regelungen des Vermögensgesetzes gegen die Restitutionsentscheidung verwaltungsgerichtlich zur Wehr setzen kann, ist in der Literatur umstritten. Während eine Auffassung dem Vermögensgesetz jeglichen Drittschutz abspricht,[1158] wird die Klagebefugnis nach anderer Auffassung ohne weitere Erläuterung pauschal bejaht[1159] oder aus dem in § 6a Abs. 2 S. 3 VermG enthaltenen allgemeinen Rechtsgedanken hergeleitet, der sich auf die vorläufige Einweisung im Falle der Unternehmensrestitution bezieht.[1160]

Gemäß § 6a Abs. 2 S. 3 VermG hat eine Anfechtungsklage gegen die Einweisungsentscheidung keine aufschiebende Wirkung. Allein die Tatsache, dass hierin die Anfechtungsklage benannt wird, führt noch nicht zwingend zur Annahme einer materiell schützenswerten Drittbetroffenheit eines anfechtenden Verfügungsberechtigten.[1161] Zwar unterstellt die Bezeichnung der Anfechtungsklage, dass es möglicherweise anfechtende Dritte gibt, zumal der Antragsteller selbst sich nur durch die Verpflichtungsklage gegen eine ablehnende Entscheidung zur Wehr setzen kann. Neben dem verfügungsberechtigten Privaten, der seine Klagebefugnis auf Art. 14 Abs. 1 GG mittelbar oder unmittelbar stützen kann,[1162] kommen auch weitere restitutionsberechtigte Dritte als mögliche Anfechtungskläger in Betracht, um beispielsweise die Einweisung anderer mög-

---

1157 Vgl. BTDrucks 11/7831, S. 5 zu § 3.

1158 Vgl. *Meier*, in: Kimme, Offene Vermögensfragen, Bd. 2, 29. EL 06/2009, § 37 VermG Rdnr. 81 ff.; *Fritsche*, OV spezial 1996, 190 (194); *Leschka*, SächsVBl. 2003, 181 (184) beschränkt auf Hoheitsträger, wie Gemeinden.

1159 *Säcker/Busche*, in: Säcker, VermG, § 3 Rdnr. 19, die zunächst klarstellend in der Restitutionsentscheidung einen Verwaltungsakt mit belastender Drittwirkung für den Verfügungsberechtigten sehen und zutreffend das Erfordernis einer drittschützenden Norm herausstellen, dann aber pauschal die Klagebefugnis des Verfügungsberechtigten behaupten, ohne die drittschützende Norm zu benennen.

1160 *Redeker/Hirtschulz*, , in: Fieberg/Reichenbach/Messerschmidt, VermG, Bd. 2, 27. EL 11/2009, § 37 VermG Rdnr. 44; *Frantzen*, VIZ 1992, 249 (257).

1161 *Meier*, in: Kimme, Offene Vermögensfragen, Bd. 2, 29. EL 06/2009, § 37 VermG Rdnr. 82.

1162 *Leschka*, SächsVBl. 2003, 181 (184).

licherweise nichtberechtigter Dritter zu verhindern.[1163] Auch impliziert die gesetzlich erwähnte Möglichkeit der Anfechtungsklage noch nicht die Klagebefugnis eines Verfügungsberechtigten nach dem Vermögensgesetz. Die Vorschrift beinhaltet lediglich eine prozessrechtliche und damit formelle Regelung i.S.d. § 80 Abs. 2 S. 1 Nr. 3 VwGO, wonach der Suspensiveffekt von Widerspruch und Anfechtungsklage in u.a. den nach Bundesgesetz geregelten Fällen entfällt. Eine Regelung zur Klagebefugnis, in dem diese als gegeben erachtet wird, enthält die Norm dagegen nicht.[1164]

Ferner kommen die Restitutionsausschlussgründe nach §§ 4 und 5 VermG als mögliche zur Klage berechtigende Rechtspositionen in Betracht:

Nach der Erläuterung der Bundesregierung zum Vermögensgesetz ist der Redlichkeitsschutz gemäß § 4 Abs. 2 VermG nur natürlichen Personen, Religionsgemeinschaften und gemeinnützigen Stiftungen vorbehalten,[1165] so dass die verfügungsberechtigte öffentliche Hand sich bereits aus diesem Grund nicht hierauf berufen kann.[1166] Aber auch die übrigen Restitutionsausschlussgründe des Vermögensgesetzes, insbesondere § 5 Abs. 1 lit. a (öffentliches Interesse an einem mit erheblich baulichem Aufwand in seiner Nutzung geänderten Grundstücks oder Gebäudes) und lit. b (Widmung dem Gemeingebrauch), lassen keinen Schutz eigener Interessen der Hoheitsträger erkennen. Sie zielen vielmehr nach lit. a auf das „öffentliche Interesse“ und nach lit. b auf den „Gemeingebrauch“ ab und dienen damit ausschließlich dem Allgemeininteresse.[1167] Dementsprechend hat die zuständige Behörde das Interesse an der geänderten und fortbestehenden Nutzung von Amts wegen zu ermitteln. Ähnliches gilt auch für das Regelungsbeispiel in lit. c (Verwendung im komplexen Wohnungs- und Siedlungsbau), das ebenso ausschließlich dem Allgemeininteresse zu dienen bestimmt ist. Dass das „öffentliche Interesse“ zum Teil auch dem Eigeninteresse eines Hoheitsträgers entsprechen kann,[1168] ist hierbei zufällig. Der Gesetzgeber

---

1163 Vgl. *Frantzen*, VIZ 1992, 249 (257).

1164 *Meier*, in: Kimme, Offene Vermögensfragen, Bd. 2, 29. EL 06/2009, § 37 VermG Rdnr. 82; *Leschka*, SächsVBl. 2003, 181 (184).

1165 BTDrucks 11/7831, S. 5 zu § 4.

1166 BVerwGE 97, 24 (26 ff.).

1167 Vgl. VG Chemnitz, Brandt/Kittke, RGV, B VIII 3 S. 9, zu § 5 Abs. 1 lit. a) VermG.

1168 Vgl. hierzu auch *Fritsche*, OV spezial 1996, 190 (194), der in den Restitutionsausschlussgründen keine Feststellung der Klagebefugnis sondern nur Bestandteile der Begründetheit der Klage erkennt.

wollte nach seinen Erläuterungen nicht ihren Schutz, sondern den der darüber stehenden Interessen der Allgemeinheit bezwecken.[1169]

Letztlich sind die formellen Beteiligungsvorschriften gemäß §§ 31 Abs. 2, 32 Abs. 4 und 33 Abs. 4 VermG zu untersuchen, ob nicht diese den Verfügungsberechtigten zur Klageerhebung berechtigen.

§ 31 Abs. 2 VermG regelt die formelle Beteiligung der betroffenen Rechtsträger oder staatlichen Verwalter sowie Dritter, deren rechtliche Interessen durch den Ausgang des Verfahrens berührt werden können. Nach § 32 Abs. 4 VermG sind die Entscheidungen und Mitteilungen der Behörde den in ihren Rechten Betroffenen zuzustellen. Gemäß § 33 Abs. 4 VermG ist den Beteiligten über die Entscheidung ein schriftlicher Bescheid zu erteilen mit einer Rechtsbehelfsbelehrung zu versehen und zuzustellen.

Allein aus dem Umstand, dass jemand an einem Verwaltungsverfahren formell zu beteiligen ist, folgt noch keine materielle Rechtsposition, die ihn zur Anfechtung berechtigt.[1170] Erst dann, wenn die Verfahrensvorschrift über ihren Informationszweck hinaus dem Beteiligten unabhängig vom materiellen Recht eine eigene durchsetzbare Rechtsposition vermittelt (vgl. § 36 BauGB in Bezug auf Gemeinden), kann sie diesen auch im Falle ihrer Verletzung zur Klage berechtigen. Ob die Verfahrensvorschrift diese Voraussetzungen erfüllt, ergibt sich aus dem Ziel und dem Schutzzweck der Norm.[1171]

Nach den Gesetzeserläuterungen dient die Regelung des § 31 Abs. 2 VermG zunächst der Information der Behörde, die gemäß Absatz 1 den Amtsermittlungsgrundsatz zu befolgen hat. Daneben beinhaltet die Vorschrift eine Benachrichtigungs- und Informationspflicht gegenüber Dritten, die potentiell von der Entscheidung berührt werden können. Für den Verfügungsberechtigten ist die Information über einen gestellten Restitutionsantrag insbesondere aufgrund der zivilrechtlichen Beschränkung seiner Verfügungsberechtigung von großer Bedeutung. Darüber hinaus soll die Vorschrift den Betroffenen durch die Informa-

---

1169 BTDrucks 11/7831, S. 7 zu § 5.

1170 Vgl. statt vieler *Hüttenbrink*, in: Kuhla/Hüttenbrink, Verwaltungsprozess, 3. Aufl. 2002, D. Rdnr. 73 ff.

1171 Vgl. BVerwGE 64, 325 (331 f.).

tion über die Antragstellung die Möglichkeit geben, ihre Rechte zu wahren.[1172] Sie dient daher lediglich einem geordneten Verfahrensablauf.[1173] Dass die Vorschrift einem Dritten bei Verstoß gegen die Beteiligungsvorgabe bereits aus diesem Grund zur Anfechtung berechtigen soll, ergibt sich hieraus nicht.[1174] Sie berechtigt daher nach ihrer Ziel- und Schutzrichtung nicht zur Anfechtung des Verwaltungsaktes.[1175]

Etwas anderes ergibt sich auch nicht aus dem Zustellerfordernis nach §§ 32 Abs. 4, 33 Abs. 4 VermG. Allein durch diese Bekanntgabeform und Beifügung einer Rechtsbehelfsbelehrung wird noch keine Klagebefugnis begründet.[1176] Zuzustellen ist in dieser Form an alle Beteiligten im Sinne des Vermögensgesetzes. Beteiligte sind aber neben den von der Entscheidung etwaig rechtlich Betroffenen auch diejenigen, deren rechtliche Interessen gemäß § 31 Abs. 2 VermG durch den Ausgang des Verfahrens „nur" berührt werden können, ohne gleichzeitig anfechtungsbefugt zu sein.[1177]

Hätte der Gesetzgeber dem Verfügungsberechtigten Drittschutz gewähren wollen, wäre dies beispielsweise durch Aufnahme eines entsprechenden Hinweises in dem den Grundsatz der Restitution regelnden § 3 Abs. 1 S. 1 VermG möglich gewesen. Dagegen lässt der bloße Vorbehalt, dass die Restitution zu gewähren ist, soweit dies nicht nach diesem Gesetz ausgeschlossen ist, keinen Drittschutz erkennen.

Zusammenfassend bleibt daher festzustellen, dass das Vermögensgesetz entgegen der Auffassung des Bundesverwaltungsgerichts der verfügungsberechtigten öffentlichen Hand keine eigenständige Klagebefugnis gegen eine Restitutionsentscheidung vermittelt.

1172 BTDrucks 11/7831, S. 14 zu § 31.

1173 *Meier*, in: Kimme, Offene Vermögensfragen, Bd. 2, 29. EL 06/2009, § 37 VermG Rdnr. 75 ff.

1174 BTDrucks 11/7831, S. 14 zu § 31.

1175 *Meier*, VIZ 1991, 112 f.

1176 *Meier*, in: Kimme, Offene Vermögensfragen, Bd. 2, 29. EL 06/2009, § 37 VermG Rdnr. 80.

1177 *Redeker/Hirtschulz*, in: Fieberg/Reichenbach/Messerschmidt, VermG, 27. EL 11/2009, § 31 VermG Rdnr. 22 ff.; *Meier*, in: Kimme, Offene Vermögensfragen, Bd. 2, 29. EL 06/2009, § 37 VermG Rdnr. 75; vgl. hierzu auch ausführlich *Floren*, VIZ 1997, 454 ff.; vgl. BVerwGE 64, 325 (331 f.).

d) Klagebefugnis der öffentlichen Hand aus einfachgesetzlichem Eigentumsrecht

Fraglich ist, ob die verfügungsberechtigte öffentliche Hand deshalb klagebefugt ist, weil sie sich auf die Verletzung zivilrechtlich zugeordneten einfachgesetzlichen Eigentums bzw. die Verfügungsbefugnis im Sinne des § 2 Abs. 3 VermG stützen kann. Die Verwaltungsgerichte Chemnitz und Gera haben diese Frage im Wesentlichen mit der Begründung verneint, weil keine öffentlich-rechtlichen Normen einschlägig seien, die das fiskalisch genutzte Eigentum der Hoheitsträger unter Schutz stellen. Die betroffenen Gemeinden könnten sich weder auf den grundrechtlich verbürgten Eigentumsschutz aus Art. 14 Abs. 1 GG berufen, noch käme eine Verletzung in ihrer Selbstverwaltungsgarantie gemäß Art. 28 Abs. 2 GG in Betracht.[1178] Auf die in diesen Entscheidungen ebenfalls aufgeworfene Frage der Rechtsqualität des zugewiesenen Eigentums, ob es nur vorläufiger Natur ist oder nicht, soll hier nicht weiter eingegangen werden.

Nach der Argumentation des Bundesverwaltungsgerichts ergebe sich die Klagebefugnis der verfügungsberechtigten öffentlichen Hand dagegen „ohne weiteres“ aus dem einfachgesetzlichen Eigentum bzw. der Verfügungsbefugnis i.S.d. § 2 Abs. 3 VermG.[1179] Dass die öffentliche Hand grundsätzlich nicht vom Schutzbereich des Art. 14 Abs. 1 GG umfasst werde, hindere sie nicht, privates Eigentum inne zu haben, da es nach Maßgabe gesetzgeberischer Ausgestaltung gegenüber staatlichen Eingriffen wehrfähig sei. Diese Auffassung werde durch die ständige Rechtsprechung des Bundesverwaltungsgerichts zum Fachplanungsrecht[1180] bestätigt, nach der auch kommunales Eigentum in seiner einfachrechtlichen Ausgestaltung wie jedes andere Eigentum geschützt sei.[1181]

Gegen diese Begründung ist nicht nur in dogmatischer Hinsicht Kritik geäußert worden.[1182] Weder die Verfügungsbefugnis noch das hiervon umfasste Eigentum an einem Vermögenswert vermitteln dem jeweiligen Verfügungsberechtigten „ohne weiteres“ eine verwaltungsgerichtliche Klagebefugnis.

1178 VG Chemnitz, Brandt/Kittke, RGV, B VIII 3, S. 8 ff.; dass., VIZ 1996, 159 ff.; dass., Brandt/Kittke, RGV, B VIII 5, S. 12 ff.; VG Gera, ZOV 1996, 457 f.

1179 BVerwG, VIZ 1996, 339 (340), Tz. 15 Juris.

1180 Mit Verweis auf: BVerwGE 69, 256 (261); E 87, 332 (391); E 90, 96 (101); E 97, 143 (151 f.).

1181 BVerwGE 101, 47 (49).

1182 Vgl. *Fritsche*, OV spezial 1996, 190 (193); *Leschka*, SächsVBl. 2003, 181 (181 f.).

Wie bereits dargestellt, ergibt sich die Klagebefugnis nach Ansicht der herrschenden Lehre[1183] und auch der übrigen Rechtsprechung des Bundesverwaltungsgerichts[1184] nur aus Normen bzw. Rechtspositionen des öffentlichen Rechts.[1185] Dem Verfügungsberechtigten steht daher eine Anfechtungsbefugnis im Sinne des § 42 Abs. 2 VwGO gegen die Restitutionsentscheidung oder eine entsprechende Teilregelung nur dann zu, wenn er durch den Bescheid in seinen eigenen öffentlichen Rechten verletzt wird.

Die Argumentation des Bundesverwaltungsgerichts lässt bereits eine Herleitung eigener öffentlicher Rechte vermissen. Soweit es sich auf die zivilrechtlich ausgestaltete Verfügungsbefugnis im Sinne des § 2 Abs. 3 VermG oder auf das nach dem Einigungsvertrag zugewiesene Eigentum stützt, mögen diese (Abwehr-)Rechte nach den §§ 903 ff., 859 BGB sowie § 3 Abs. 3 und 4 VermG begründen. Es handelt sich hierbei jedoch um rein zivilrechtliche und keine *öffentlich-rechtlichen* Rechtspositionen.[1186]

Es ist zwar zutreffend, dass die öffentliche Hand wie ein Privater Eigentum innehaben kann, welches im Falle gesetzgeberischer Ausgestaltung auch wehrfähig ist. Maßgeblich für die Geltendmachung im Verwaltungsrechtsweg ist aber, dass die gesetzgeberische Ausgestaltung öffentlich-rechtlicher Natur ist.

Der Unterschied zwischen dem Eigentum Privater und dem der öffentlichen Hand besteht in seiner Funktion,[1187] der unterschiedlichen Schutzbedürftig-

---

1183 *Kopp/Schenke*, VwGO, 19. Aufl. 2013, § 42 Rdnr. 81; *Ehlers*, VerwArch 84 (1993), S. 139 (144); *ders.*, Der gerichtliche Rechtsschutz der Gemeinde gegenüber Verwaltungsakten des Finanzamtes im Gewerbesteuerverfahren, 1986, S. 35 (mit Fn. 128); *Wahl/Schütz*, in: Schoch/Schneider/Bier, VwGO, 25. EL 2013, § 42 Abs. 2 Rdnr. 43; *Sodan*, in: Sodan/Ziekow, VwGO, 3. Aufl. 2010, § 42 Rdnr. 382; *Hufen*, Verwaltungsprozessrecht, 9. Aufl. 2013, § 14 Rdnr. 72; *Obermayer*, BayVBl. 1960, 208 (211); *Jarass*, DVBl. 1976, 732 (737); *Schmidt-Kötters*, in Posser/Wolff, BeckOK VwGO, 28. Ed. 01/2014, § 42 Rdnr. 144; *Leschka*, SächsVBl. 2003, 181 (182 ff.); *Bleckmann*, VBlBW 1985, 361; *Schmitt Glaeser/Horn*, Verwaltungsprozeßrecht, 15. Aufl. 2000, Rdnr. 157; *Würtenberger*, Verwaltungsprozessrecht, 3. Aufl. 2008, Rdnr. 273.

1184 Vgl. *BVerwG*, Urteil vom 28.11.2007 – 6 C 46/06 –, Tz. 11 Juris m.w.N.

1185 Siehe oben unter C.II.2.b)bb), S. 125 ff.

1186 Vgl. *Fritsche*, OV spezial 1996, 190 (193); vgl. VG Chemnitz, Brandt/Kittke, RGV, B VIII 3, S. 8; VG Gera, ZOV 1996, 457 f.

1187 Vgl. BVerfGE 61, 82 (108).

keit[1188] und dem vom Verfassungsgeber vorgesehenen Schutzumfang.[1189] Erst die Einbeziehung des Eigentums Privater in den Schutzbereich des Art. 14 Abs. 1 GG vermittelt dem Privaten ein subjektiv öffentliches Recht, das ihn im Falle seiner Beeinträchtigung zur verwaltungsgerichtlichen Klage berechtigt. Das Eigentum der öffentliche Hand dagegen ist aufgrund ihrer fehlenden Grundrechtsfähigkeit vom Schutzbereich des Art. 14 Abs. 1 GG nicht mit umfasst. Insoweit bedarf es zu seinem verwaltungsgerichtlichen Schutz einer gesonderten einfachgesetzlichen öffentlich-rechtlichen Transformationsregelung durch den Gesetzgeber.[1190]

Obgleich diese Differenzierung für die Herleitung der Klagebefugnis entscheidend ist, hat das Bundesverwaltungsgericht in seinen Entscheidungen nicht überzeugend herausgearbeitet, welche öffentlich-rechtliche Norm das Eigentum der verfügungsberechtigten öffentlichen Hand im Restitutionsfall unter Schutz stellen soll. Weder die Verfügungsberechtigung im Sinne des § 2 Abs. 3 VermG noch das hiervon umfasste einfachgesetzliche Eigentum tragen einen öffentlich-rechtlichen Charakter. Vielmehr erweckt die Begründung des Bundesverwaltungsgerichts den Eindruck, dass es eine Verletzung privater Eigentumsrechte für die Klagebefugnis ausreichen lässt.[1191]

Soweit es in diesem Zusammenhang auf seine bisherige Rechtsprechung zum Fachplanungsrecht verweist, ist daher zu prüfen, ob sich hieraus Anhaltspunkte ergeben, die die Auffassung des Bundesverwaltungsgerichts stützen können.

Zutreffend ist, dass das Bundesverwaltungsgericht in den zitierten Entscheidungen den Schutz kommunalen Eigentums nach Maßgabe einfachrechtlicher

---

1188 BVerfG, DVBl. 2002, 1404 (1405); BVerfGE 61, 82 (105 f.).

1189 Vgl. *VerfGH Berlin*, Beschlüsse vom 14.02.2005 – 77/03 und 19/04 –, Juris.; siehe hierzu oben C.I.1.a)bb), S. 75 f.

1190 So OVG Lüneburg, DVBl. 1984, 895 (896); *Postier*, LKV 1992, 33 (37); *Leschka*, SächsVBl. 2003, 181 (183 f.).

1191 Vgl. *Redeker/Hirtschulz*, in: Fieberg/Reichenbach/Messerschmidt, VermG, 27. EL 11/2009, § 37 VermG Rdnr. 44 b, die in dieser Rechtsprechung ebenso nur eine Verletzung privater Rechte erkennen und für ausreichend erachten. So auch die Annahme von *Happ*, in: Eyermann/Fröhler, VwGO, 13. Aufl. 2010, § 42 Rdnr. 83b, der hierzu u.a. auf die Entscheidung BVerwGE 101, 47 (49) verweist. Vgl. auch *Leschka*, SächsVBl. 2003, 181 (182).

Ausgestaltung dem Eigentumsschutz eines Privaten gleichgestellt hatte.[1192] Die Gleichstellung erfolgte dabei nur, weil es als „privater Belang“ im Rahmen des Abwägungsgebots,[1193] oder über den Auffangtatbestand anderer öffentlich rechtlicher Normen – sei es durch Subsumtion unter die „Rechte anderer“ gemäß Art. 74 Abs. 2 S. 3 BayVwVfG[1194] oder unter die Benutzungssicherungsrechte „benachbarter Grundstücke“ gemäß § 9 Abs. 2 LuftVG[1195] – ins öffentliche Recht transformiert worden ist.[1196]

Da das Vermögensgesetz, wie bereits zuvor unter **c)** dargestellt, keine den hoheitlichen Eigentümer bzw. Verfügungsberechtigten schützende Normen in Bezug auf das öffentlich-rechtliche Restitutionsverfahren beinhaltet oder gar Regelungen enthält, die den Eigentumsschutz wie im Fachplanungsrecht ins öffentliche Recht „transformieren“, kann es dem verfügungsberechtigten Hoheitsträger – sei es als Eigentümer oder anderer Rechtsinhaber – auch keine Klagebefugnis vermitteln.

Allein die einfachrechtliche Ausgestaltung von Abwehrrechten des Eigentums in zivilrechtlichen Regelungen, wie § 903 BGB, genügt nicht für die Geltendmachung im Verwaltungsrechtsweg.[1197]

Nichts anderes gilt auch für das Eigentum, das der verfügungsberechtigten öffentlichen Hand nach den Regelungen des Einheitsvertrages, den entsprechenden Spezialregelungen oder nach dem Vermögenszuordnungsgesetz zugewiesen wurde. Diese Regelungen stellen lediglich die Eigentumszuordnungen fest, ohne dem hierdurch begründeten Eigentum in einem späteren Restitutionsverfahren nach dem Vermögensgesetz öffentlich-rechtliche Abwehrrechte zu gewähren.[1198]

1192 BVerwGE 69, 256 (261); E 87, 332 (391); E 90, 96 (101); E 97, 143 (151 f.).
1193 BVerwGE 90, 96 (101); E 97, 143 (151 ff.).
1194 BVerwGE 87, 332 (392).
1195 BVerwGE 69, 256 (261).
1196 Siehe oben D.IV.4., S. 190 ff.
1197 So auch *Postier*, LKV 1992, 33 (37); VG Gera, ZOV 1996, 457 (458).
1198 VG Gera, ZOV 1996, 457 (458).

e) Vermögensrechtlicher Rechtsschutz zugunsten kommunaler Verfügungsberechtigter aus Art. 28 Abs. 2 GG

Fraglich ist, ob das Regelungsdefizit des Vermögensgesetzes tatsächlich dazu führt, dass auch die Gemeinden ihr Eigentum bzw. ihr Verfügungsrecht nicht im vermögensrechtlichen Verfahren gegen eine möglicherweise rechtswidrige Restitutionsentscheidung verteidigen können, oder ob sich nicht ein möglicher Drittschutz aus dem Grundgesetz ableiten lässt.

Da das Eigentum der Gemeinden verfassungsrechtlich nicht durch Art. 14 GG geschützt wird, könnte nur die Selbstverwaltungsgarantie gemäß Art. 28 Abs. 2 GG den Gemeinden ein Abwehrrecht vermitteln.[1199] Das Selbstverwaltungsrecht wird gemäß Art. 28 Abs. 2 GG im „Rahmen der Gesetze" gewährleistet und damit unter Gesetzesvorbehalt gestellt. Hiernach sind Eingriffe in die Selbstverwaltungsgarantie ohne gesetzliche Grundlage unzulässig.[1200] Ob die Selbstverwaltungsgarantie den Gemeinden darüber hinaus auch gegen „gesetzeswidrige" Beeinträchtigungen eine wehrfähige Rechtsposition vermittelt, ist nachfolgend zu prüfen:

Anerkannt ist, dass die jeweiligen Hoheitsbefugnisse der Selbstverwaltungsgarantie mangels einfachgesetzlicher Regelungen auch in unmittelbarer Anwendung des Art. 28 Abs. 2GG drittschützende Positionen vermitteln können. Da es sich hier um eigentumsbezogene Rechte handelt, kommen insbesondere die in Art. 28 Abs. 2 S. 1 GG verbürgte Planungshoheit sowie die Finanzhoheit gemäß Art. 28 Abs. 2 S. 3 GG in Betracht.[1201] Dabei ist aufgrund der Unterschiedlichkeit der Schutzfunktion grundrechtlich verbürgten Eigentums eines Privaten gemäß Art. 14 Abs. 1 GG und dem kompetenzrechtlich geprägten Eigentum einer Gemeinde gemäß Art. 28 Abs. 2 GG zu berücksichtigen, dass der Schutz gemeindlichen Eigentums hinter dem des Privaten zurückstehen kann.[1202]

1199 Vgl. statt vieler *Kopp/Schenke*, VwGO, 19. Aufl. 2013, § 42 Rdnr. 138.

1200 Vgl. Überblick bei *Hellermann*, in: Epping/Hillgruber, BeckOK GG, 19. Ed. 11/2013, Art. 28 Rdnr. 44 ff.; vgl. *Pieroth*, in Jarass/Pieroth, GG, 10. Aufl. 2009, Art. 28 Rdnr. 20; *Stern*, in: Dolzer et al., BK-GG, 153. EL 2011, Art. 28 Rdnr. 115; vgl. auch *Bethge*, in: Festgabe für G. Ch. v. Unruh, 1983, S. 149 (166 f.).

1201 BVerwG, KommJur 2008, 429 ff.

1202 *Schmid*, Klagebefugnis und subjektive Rechte von Gemeinden, 1991, S.168 f.

Gemeinden können unter Rückgriff auf Art. 28 Abs. 2 GG nur die Beeinträchtigungen abwehren, die für sie über eine bloße Betroffenheit oder geringfügige Beeinträchtigung hinaus eine bestimmte Erheblichkeitsschwelle überschreiten. Eine wehrfähige Rechtsverletzung unterhalb dieser Erheblichkeitsschwelle ist nur anzunehmen, wenn einfachgesetzliche Regelungen vorliegen, die zumindest auch dem Schutz kommunaler Gemeindeinteressen dienen und insoweit eine Konkretisierung der Selbstverwaltungsgarantie darstellen.[1203] Das Vermögensgesetz enthält jedoch, wie bereits festgestellt, keine einfachgesetzlichen öffentlich-rechtlichen Ausformungen zum Schutze der Selbstverwaltungsgarantie, so dass die Gemeinden nur Beeinträchtigungen oberhalb der Erheblichkeitsschwelle wirksam rügen können.

aa) Planungshoheit

Voraussetzung für die Geltendmachung der Planungshoheit ist zunächst, dass das Eigentum Gegenstand und Grundlage kommunaler Betätigung ist. Unter diesem Gesichtspunkt ist eine Verletzung der Planungshoheit möglich, wenn hinreichend bestimmte Planungen nachhaltig gestört oder wesentliche Teile des Gemeindegebiets einer durchsetzbaren Planung entzogen werden, oder kommunale Einrichtungen, in denen sich ein in die Tat umgesetzter Planungswille dokumentiert, erheblich in Mitleidenschaft gezogen werden.[1204]

Zur Begründung der Klagebefugnis müssen betroffene Gemeinden also substantiiert vortragen können, dass die angefochtene Restitutionsentscheidung sie insoweit in ihrer Planungshoheit beeinträchtigt. In der Regel werden Restitutionsentscheidungen jedoch kaum so umfangreiche Grundstücksflächen betreffen, dass hierdurch wesentliche Gemeindegebietsteile einer durchsetzbaren kommunalen Planung entzogen werden.

1203 *Postier*, LKV 1992, 33 (37); zur unterschiedlichen Beeinträchtigungsgrenze vgl. auch die Gegenüberstellung von Planungshoheit im Fachplanungsrecht und ihrer einfachrechtlichen Ausgestaltung durch das interkommunale Abstimmungsgebot gemäß § 2 Abs. 2 BauGB: BVerwGE 84, 209 (214 f).

1204 BVerwGE 81, 95 (106 f.); E 84, 209 (214 f); E 90, 96 (100); BVerwG, NVwZ 2003, 207; dass., KommJur 2008, 429; vgl. auch *Wahl/Schütz*, in: Schoch/Schneider/Bier, VwGO, 25. EL 2013, § 42 Abs. 2 VwGO Rdnr. 272 sowie *Kirchberg/Boll/Schütz*, NVwZ 2002, 550 (552 f.), die die Beeinträchtigung kommunaler Einrichtungen nicht wie das Bundesverwaltungsgericht unter die Planungshoheit subsumieren.

Handelt es sich dagegen um reines Fiskaleigentum, das nicht der Erledigung kommunaler Aufgaben dient, können Gemeinden sich auch nicht auf die in Art. 28 Abs. 2 S. 1 GG verfassungsrechtlich verbürgte Planungshoheit berufen.[1205] Insoweit ist das Fiskaleigentum von Gemeinden weniger schutzwürdig und ebenso wie das Eigentum anderer nicht grundrechtsfähiger Hoheitsträger gegen Einwirkungen Dritter lediglich einfachgesetzlich über §§ 903 ff. BGB geschützt.[1206] Da das Vermögensgesetz jedoch keine eigentumsschützenden Normen zugunsten des Verfügungsberechtigten enthält, kann die Gemeinde insoweit keine Abwehrrechte geltend machen.

Als mögliche Schutzobjekte des Selbstverwaltungsrechts kommen daher insbesondere solche Grundstücke in Betracht, auf denen die Gemeinde als örtliche Trägerin Einrichtungen zum Zweck der öffentlichen Daseinsvorsorge, wie die örtliche Trinkwasserversorgung, Kindertagesstätten, Schulen und Krankenhäuser, betreibt.[1207] Wird die Gemeinde durch die Restitutionsentscheidung in der Verwirklichung ihrer Aufgabenstellung nachhaltig gestört, was der Eigentumsentzug an derart bebauten Grundstücken impliziert, kann sie hierdurch in ihrem gemäß Art. 28 Abs. 2 S. 1 GG geschützten Rechtskreis beeinträchtigt und damit zur Anfechtung der Restitutionsentscheidung befugt sein.[1208]

Oftmals wird es in diesen Fällen auf die Geltendmachung der Selbstverwaltungsbelange nicht ankommen, da eine Restitution solcher Grundstücke aufgrund ihres öffentlichen Nutzens bereits gemäß § 5 Abs. 1 lit. a oder b VermG ausgeschlossen und durch das zuständige (Landes-)Amt zur Regelung offener Vermögensfragen objektiv von Amts wegen zu berücksichtigen ist.[1209] Auch diese Übereinstimmung spricht eher dafür, dass der Gesetzgeber die öffentliche Hand nicht mit einer eigenen einfachgesetzlichen Klagebefugnis ausstatten, sondern ihre öffentlich genutzten Grundstücke über die objektiv zu berücksichtigenden Restitutionsausschlussgründe ausreichend sichern wollte.

1205 BVerwG, NVwZ 2006, 1055 (1059, Tz. 228); BVerwGE 97, 143 (151 f.).

1206 BVerwGE 90, 96 (101); BVerwGE 87, 332 (392).

1207 BVerwG, NVwZ 1993, 884 (886); dass., NVwZ 2005, 813 (815); dass., NVwZ 2006, 1055 ff., Tz. 352 ff. Juris; *Fritsche*, OV spezial 1996, 190 (193); vgl. ferner *v. Schwanenflug*, NVwZ 2007, 1351 (1353); *Kirchberg/Boll/Schütz*, NVwZ 2002, 550 (551 f.).

1208 Vgl. hierzu auch VG Chemnitz, Brandt/Kittke, RGV, B VIII 5, S. 11 (15 f.), zur Wohnungswirtschaft als kommunale Aufgabe, i. E. verneinend.

1209 Vgl. oben unter c), S. 242 ff.

Obgleich die auf Art. 28 Abs. 2 GG gestützte Anfechtung und die Feststellung eines Restitutionsausschlussgrundes gemäß § 5 Abs. 1 lit. a oder b VermG für die betroffene Gemeinde zum gleichen Ergebnis führt, weisen die jeweiligen rechtlichen Auswirkungen auf den Berechtigten erhebliche Unterschiede auf:

Während der von Amts wegen zu berücksichtigende Restitutionsausschluss nur die Rückgabe in natura verhindert und sich für den Berechtigten in einen Entschädigungsanspruch umwandelt (§ 1 EntschG),[1210] richtet sich die umfangreichere Anfechtung auch gegen die Berechtigtenfeststellung als solche, mit der Folge, dass mit ihrer Aufhebung der Entschädigungsanspruch entfällt.[1211]

Ist im Bescheid die Berechtigtenstellung zutreffend festgestellt worden, kann die Anfechtung auch nur im Hinblick auf den Teil über die Rückübertragung in natura Erfolg haben. Insoweit bewirkt Art. 28 Abs. 2 GG für die Gemeinden – wenn auch nur im Ergebnis – eine Art Subjektivierung des Restitutionsausschlussgrundes.

Fraglich ist daher, ob dieses Ergebnis auch auf die Anfechtung des Bescheides im Falle einer rechtswidrigen Berechtigtenfeststellung zu übertragen ist. Schließlich wäre dem Interesse der Gemeinde mit der Feststellung eines Restitutionsausschlussgrundes genüge getan und würde für den Antragsteller im Gegensatz zur Aufhebung seiner Berechtigtenfeststellung zumindest den Entschädigungsanspruch erhalten und damit den geringsten „Eingriff" darstellen. Für eine solche Beschränkung der Anfechtungswirkung geben aber weder das Vermögensgesetz noch § 113 Abs. 1 S. 1 VwGO etwas her, es sei denn die Gemeinde selbst bezieht ihre Anfechtung nur auf diesen Teil.[1212]

bb) Finanzhoheit

Darüber hinaus ist zu prüfen, ob die Gemeinde auch in ihrer Finanzhoheit gemäß Art. 28 Abs. 2 S. 3 GG verletzt sein kann, wenn ihr durch eine Restitutionsentscheidung Eigentum an einzelnen Vermögensgegenständen entzogen wird. Nach der Rechtsprechung des Bundesverfassungsgerichts ist die Finanzhoheit nicht nur auf die autonome Erfüllung einzelner kommunaler Sachaufga-

1210 *Schmidt-Preuß*, NJW 1994, 3249.

1211 Vgl. BVerwG, NVwZ 2008, 916 f.

1212 Vgl. zur Anfechtung durch Widerspruch: *Dolde/Porsch*, in: Schoch/Schneider/Bier, VwGO, 25. EL 2013, § 69 VwGO Rdnr. 3.

ben beschränkt, sondern umfasst darüber hinaus auch die Eigenverantwortlichkeit der gesamten kommunalen Verwaltung.[1213]

Die Finanzhoheit gewährleistet den Gemeinden einen gesetzlich geordneten autonomen Finanzhaushalt im Sinne einer kommunalen Ausgaben- und Einnahmenwirtschaft[1214] sowie eine aufgabenadäquate Finanzausstattung[1215]. Die hierin enthaltene Garantie der Eigenverantwortlichkeit der Vermögensverwaltung und des kommunalen Wirtschaftens schützt nach der Rechtsprechung des Bundesverfassungsgerichts indes nicht jede einzelne vermögenswerte Rechtsposition. Ein solcher Schutz könne nur durch Art. 14 Abs. 1 GG vermittelt werden.[1216] In diesem Sinne hatte das Bundesverfassungsgericht bereits entscheiden, dass weder der Entzug einzelner Einnahmen[1217] noch die Auferlegung einzelner kostenverursachender Aufgaben[1218] zu einer hinreichenden Verletzung der Finanzhoheit führt.

Demnach kann auch der Entzug einzelner Grundstücke die Finanzhoheit einer Gemeinde nicht verletzen, wenn durch die Maßnahme der finanzielle Handlungsspielraum der Gemeinde im Sinne einer aufgabenadäquaten Finanzausstattung oder das Gemeindefinanzwesen als solches nicht unzumutbar eingeschränkt wird.[1219] Im Hinblick auf die desolate Haushaltslage vieler Gemeinden wird im Einzelfall die Frage zu klären sein, ob durch die Restitution möglicherweise die aufgabenadäquate Finanzausstattung oder gar ihre finanzielle Mindestausstattung gefährdet wird.[1220] Hierzu wird vertreten, dass den Gemeinden eine Min-

---

1213 BVerfG, NVwZ 1999, 520 (521).

1214 Vgl. BVerfGE 26, 228 (244); E 71, 25 (36 f.); E 83, 363 (385 f.).

1215 BVerwGE 106, 280 (286 f.).

1216 BVerfG, NVwZ 1999, 520 (521).

1217 BVerfG, LKV 1994, 145.

1218 BVerfG, NVwZ 1987, 123.

1219 VG Chemnitz, VIZ 1996, 159(160); dass., Brandt/Kittke, RGV, B VIII 3, S. 8 (10); vgl. auch *Kirchberg/Boll/Schütz*, NVwZ 2002, 550 (555 f.), die auch im Fachplanungsrecht nur einen verfassungsrechtlichen Mindestschutz annehmen.

1220 BVerwGE 106, 280 (286 f.); *Pieroth*, in: Jarass/Pieroth, GG, 10. Aufl. 2009, Art. 28 Rdnr. 14.

destausstattung (sog. freie Spitze) von 5-10 Prozent der verfügbaren Mittel für die Erfüllung ihrer freiwilligen Aufgaben verbleiben muss.[1221]

Nach anderer Auffassung soll die Finanzhoheit bereits bei geringfügigeren Beeinträchtigungen verletzt sein.[1222] So werde die Finanzhoheit bereits durch Entziehung fiskalisch genutzten Eigentums der Gemeinde verletzt. Das Bundesverfassungsgericht habe mit seinen Ausführungen zum mangelnden Schutz einzelner Vermögensgegenstände nur auf solche Rechtspositionen abstellen wollen, die wie die Verwertungsmöglichkeit gemäß § 50 Abs. 1 S. 1 TKG in dem zugrunde liegenden Fall, von vergleichbar geringem Wert seien. Diese Auffassung werde auch durch die Rechtsprechung des Bundesverwaltungsgerichts[1223] bestätigt, nach der die Finanzhoheit bereits dadurch betroffen sein kann und die Gemeinde zur Klage berechtige, wenn diese durch einen möglicherweise rechtswidrigen (Widerspruchs-)Bescheid gemäß § 80 Abs. 3 S. 1 VwVfG zur Erstattung von Aufwendungen aus dem kommunalen Haushalt verpflichtet worden ist.[1224]

Dieser Auffassung ist jedoch entgegen zu halten, dass das Bundesverfassungsgericht in seinem zuvor benannten Urteil gerade keinen Hinweis auf eine etwaig maßgebliche Wertigkeit der Vermögensposition gegeben hat. Dafür spricht vielmehr auch der vom Bundesverfassungsgericht gezogene Vergleich zu Art. 14 Abs. 1 GG, der allein Schutz vor dem Entzug einzelner Vermögensgegenstände gewähren kann, während Art. 28 Abs. 2 GG die Eigenverantwortlichkeit kommunalen Wirtschaftens als solche gewährleiste.[1225]

Zu diesem Ergebnis käme man allenfalls dann, wenn man in der Kostenerstattungsverpflichtung gemäß § 80 Abs. 3 S. 1 VwVfG einen finalen Adressatenfall erkennt und die Klagebefugnis in solchen Fällen – was aufgrund des Vorrangs einfachen Rechts hier jedoch abzulehnen ist – unmittelbar auf das be-

---

1221 *Dreier*, in: Dreier, GG, 2. Aufl. 2006, Art. 28 Rdnr. 156 m.w.N.; *Dombert*, LKV 2009, 343 (344 f.); BbgVerfG, LVerfGE 18, 159 (188 f.).

1222 *Leschka*, SächsVBl. 2003, 181 (185 f.)

1223 BVerwG, NVwZ-RR 2001, 326; dass., NVwZ 2002, 1545 (1255).

1224 Vgl. hierzu auch *Dolde/Porsch*, in: Schoch/Schneider/Bier, VwGO, 25. EL 2013, § 73 VwGO Rdnr. 68; *Kallerhoff*, in: Stelkens/Bonk/Sachs, 8. Aufl. 2014, § 80 Rdnr. 44; a.A. *Busch*, in: Knack, VwVfG, 9. Aufl. 2009, § 80 Rdnr. 113.

1225 BVerfG, NVwZ 1999, 520 (521).

troffene Verfassungsrecht stützt.[1226] Eine Adressatenstellung hat das Bundesverwaltungsgericht selbst aber in einer späteren Entscheidung klarstellend verneint.[1227] Als Drittbetroffener muss der Rechtsträger der Ausgangsbehörde sich dementsprechend also auf drittschützende Normen berufen können.

Letztlich bedarf es dafür entgegen der Auffassung des Bundesverwaltungsgerichts[1228] keines direkten Rückgriffs auf die Finanzhoheit.[1229] Ein normexterner Rückgriff auf die Finanzhoheit wäre im Übrigen wegen der erheblichen Anforderungen an eine mögliche Beeinträchtigung auch verfehlt.[1230] Eine erhebliche Beeinträchtigung der Finanzhoheit durch die Kostenfestsetzung kann nur vorliegen, wenn diese geeignet ist, die aufgabenadäquaten Finanzausstattung oder das Gemeindefinanzwesen als solches unzumutbar zu gefährden.[1231] Davon kann bei den festgesetzten Erstattungsbeträgen wohl kaum die Rede sein. Eine Betroffenheit unterhalb dieser Erheblichkeitsschwelle kann nur durch einfachgesetzliche Regelungen gewährleistet werden. Maßgeblich ist daher auch hier der Vorrang einfachen Rechts.[1232]

Die Klagebefugnis der Gemeinde könnte sich dagegen aus einer verfassungskonformen Auslegung des § 80 Abs. 1 S. 1 i.V.m. Abs. 2 und 3 VwVfG nach Maßgabe des Art. 28 Abs. 2 S. 3 GG ergeben. Gemäß § 80 Abs. 1 S. 1 VwVfG ist der Rechtsträger der Behörde, die den angefochtenen Bescheid erlassen hat, nach erfolgreichem Widerspruch zur Erstattung der notwendigen Aufwendungen einer zweckentsprechenden Rechtsverfolgung oder Rechtsverteidigung verpflichtet. Dieser auf das Notwendige begrenzte Erstattungsgedanke ent-

---

1226 Siehe oben D.III.1.b), S. 148 ff.

1227 *BVerwG*, Beschluss vom 30.07.2004 – 5 B 68/04 –, Tz. 7 Juris, mit der Begründung, die Gemeinde sei zwar nicht Adressat der Entscheidung, aber von dessen Rechtswirkungen unmittelbar betroffen.

1228 BVerwG, NVwZ-RR 2001, 326; BVerwGE 116, 273 (275); dass., NVwZ 2006, 1294; *dass.*, Beschluss vom 30.07.2004 – 5 B 68/04 –, Tz. 7 Juris.

1229 Zur Kritik in Bezug auf die geringen Anforderungen an die Klagebefugnis durch das Bundesverwaltungsgericht vgl. *Kirchberg/Boll/Schütz*, NVwZ 2002, 550 (552 f.).

1230 So auch *Busch*, in: Knack, VwVfG, 9. Aufl. 2009, § 80 Rdnr. 113; vgl. ferner *Postier*, LKV 1992, 33 (37); zur Erheblichkeitsschwelle siehe oben D.IV.1., S. 170 f.

1231 BVerfG, NVwZ 1999, 520 (521); vgl. *Ehlers*, Der gerichtliche Rechtsschutz der Gemeinde, 1986, S. 58 f.

1232 Vgl. *Wahl*, in: Schoch/Schneider/Bier, VwGO, 25. EL 2013, Vorbemerkung, § 42 Abs. 2 Rdnr. 83.

spricht der nach allgemeiner Verkehrsauffassung von allen Beteiligten zu beachtenden Kostenminimierungspflicht.[1233] Zu den notwendigen Aufwendungen zählen u.a. auch die gesetzlichen Gebühren und Auslagen eines Bevollmächtigten,[1234] die nur erhoben werden können, wenn sie auch tatsächlich entstanden sind.[1235] Damit ergibt sich bereits aus dem Wortlaut des § 80 Abs. 1 S. 1 VwVfG, der die Kostenerstattungspflicht u.a. auf die notwendigen Aufwendungen beschränkt, zumindest auch ein möglicher Schutz des Rechtsträgers vor der Festsetzung höherer, und damit die notwendigen Kosten übersteigender Gebühren. Da die Kostenminimierung auch im Sinne der gemeindlichen Kameralistik steht, liegt ein Bezug zur Finanzhoheit nahe. Daher kann der Gemeinde gegen rechtswidrige Kostenfestsetzungen allenfalls gemäß § 80 Abs. 1 S. 1 i.V.m. Abs. 2 und 3 VwVfG nach Maßgabe des Art. 28 Abs. 2 S. 3 GG ein Anfechtungsrecht gegen eine übergebührliche Verpflichtung zugebilligt werden.[1236]

f) Begünstigung von verfügungsberechtigten Hoheitsträgern durch richterliche Auslegung

Im Ergebnis führt die vermögensrechtliche Rechtsprechung des Bundesverwaltungsgerichts dazu, dass es die Betroffenheit verfügungsberechtigter Hoheitsträgern in ihren zivilrechtlichen Rechtspositionen zur Geltendmachung der Klagebefugnis mangels entsprechender „Transformation“ ins öffentliche Recht für ausreichend befunden hat. Dieser Schluss verbietet sich jedoch in Anbetracht der von der herrschenden Meinung in Literatur und der übrigen Rechtsprechung des Bundesverwaltungsgerichts vertretenden Lehre vom subjektiv-öffentlichen Recht sowie der damit verknüpften prozessualen Voraussetzungen an eine Klagebefugnis im Sinne des § 42 Abs. 2 VwGO. Konsequenterweise hätten daher die Klagen der verfügungsberechtigten Hoheitsträger abgewiesen werden müssen, soweit diese sich nicht auf Art. 28 Abs. 2 GG berufen können.

1233 *Kallerhoff*, in: Stelkens/Bonk/Sachs, VwVfG, 8. Aufl. 2014, § 80 Rdnr. 58 ff.

1234 Zur Gebührenhöhe vgl. *Olbertz*, in: Schoch/Schneider/Bier, VwGO, 25. EL 2013, § 162 VwGO Rdnr. 70 f.; zu den Auslagen vgl. *Kallerhoff*, a.a.O., § 80 Rdnr. 60.

1235 *Kunze*, in: Bader/Ronellenfitsch, BeckOK VwVfG, 21. Ed. 10/2013, § 80 Rdnr. 55 ff., 94.

1236 Vgl. *Kunze*, a.a.O., § 80 Rdnr. 137, 139; vgl. *BVerwG*, Urteil vom 25.09.1992 – 8 C 16/90 –, Tz. 13 ff. Juris, zur Klage der Wehrbereichsverwaltung gegen eine Kostenentscheidung, für die jedoch die Klagebefugnis bereits in § 35 Abs. 2 WPfG (in der bis zum 19.07.1994 geltenden Fassung) vorgesehen war.

Zwar führt die fehlende gesetzliche Transformationsregelung im Vermögensgesetz zu einer Rechtsschutzlücke zu Lasten der öffentlichen Hand. Gleichwohl begegnet diese Folgerung in verfassungsrechtlicher Hinsicht keinen Bedenken. Art. 19 Abs. 4 GG, dessen Schutzbereich sich prinzipiell nicht auf die öffentliche Hand erstreckt, gewährt selbst dem privaten Individuum keine materiellen Abwehrrechte, sondern setzt sie voraus. Abgesehen von den subjektiven öffentlichen Rechten des Verfassungskreises steht es auf einfachgesetzlicher Ebene zur Disposition des Gesetzgebers, ob er dem Einzelnen wehrfähige Rechtspositionen einräumen will.[1237] Wegen der mangelnden Grundrechtsfähigkeit der öffentlichen Hand ist zur Begründung verwaltungsrechtlicher Abwehrrechte eine Regelung durch den Gesetzgeber für diese geradezu essentiell. Allein dem Gesetzgeber obliegt es, für die Wehrfähigkeit von Rechtspositionen der Träger öffentlicher Gewalt auf gesetzlicher Grundlage Vorsorge zu treffen.[1238]

Für eine Annahme, dass aufgrund des Regelungsdefizits im Wege der Rechtsfortbildung ein subjektiv-öffentliches Recht geschaffen werden muss, besteht vorliegend kein Bedürfnis. Es ist bereits fraglich, ob das Vermögensgesetz überhaupt eine planwidrige Regelungslücke enthält oder ob nicht der Gesetzgeber die Eigentumsrechte des privaten Verfügungsberechtigten über § 4 Abs. 2 VermG und Art. 14 Abs. 1 GG sowie das Eigentum der verfügungsberechtigten öffentlichen Hand über die objektiv zu berücksichtigenden Restitutionsausschlussgründe in §§ 4 und 5 VermG hinreichend gesichert gesehen hat.

Gegen die Annahme einer planwidrigen Regelungslücke spricht die gezielte Ausrichtung des vermögensrechtlichen Verfahrens auf die Wiedergutmachung rechtsstaatswidrigen Unrechts zugunsten ehemals Geschädigter und ihrer Rechtsnachfolger.[1239] Auch hat der Gesetzgeber im Rahmen der nachfolgenden Änderungsgesetze keine entsprechenden Ergänzungen vorgenommen, obwohl er sich der Problematik der erforderlichen Zuweisung von Rechten betroffener öf-

---

1237 BVerwG, NVwZ 1987, 409.

1238 Siehe oben C.I.2.b), S. 98 ff.; so im Ergebnis allgemein auch *Gurlit*, Die Verwaltung 28 (1995), S. 449 (472 f.).

1239 Mit Ausnahme der in § 1 Abs. 2 VermG erfassten Fälle: VG Leipzig, VIZ 1996, 469 f.; Vgl. *Meier*, in: Kimme, Offene Vermögensfragen, Bd. 2, 29. EL 06/2009, § 37 VermG Rdnr. 83, der den fehlenden Drittschutz ferner durch die Einschränkung der Rechtsbehelfe zum Zwecke der Unterstützung des wirtschaftlichen Aufschwungs in den neuen Bundesländern bestätigt sieht.

fentlicher Rechtsträger durchaus bewusst war, wie er durch die Regelungen in anderen „verwandten“ Gesetzen, z.B. im Vermögenszuordnungsgesetz, gezeigt hat.

Gegen die Annahme einer Klagebefugnis der öffentlichen Hand im Wege richterlicher Rechtsfortbildung spricht auch das Prinzip der Gewaltenteilung. Es ist nicht (Haupt-)Aufgabe des Verwaltungsrichters anstelle des Gesetzgebers wehrfähige Rechte für Hoheitsträger zu schaffen.[1240] Die richterliche Rechtsfortbildung stellt nur eine Nebenfunktion der Verwaltungsgerichtsbarkeit dar.[1241] Sie vermag allenfalls und nur ausnahmsweise grundrechtliche Mindeststandards zu konkretisieren, soweit dies zum Schutze der Grundrechte erforderlich ist.[1242] Darüber hinausgehende Bildungen und Zuweisungen wehrfähiger Rechte zugunsten der öffentlichen Hand durch Richterrecht sind zum Schutze der Grundrechte gerade nicht geboten, soweit diese sich hierauf nicht berufen kann.[1243]

1240 *Wahl*, in: Schoch/Schneider/Bier, VwGO, 25. EL 2013, Vorbemerkung, § 42 Abs. 2 Rdnr. 80; *Schmidt-Aßmann*, in: Festschrift für C.-F. Menger, 1985, S. 107 (121 f.); vgl. *Ossenbühl*, in: Handbuch des Staatsrechts, Bd. 5, 3. Aufl. 2007, § 100 Rdnr. 35 ff.

1241 *Schmidt-Aßmann*, a.a.O., S. 107 (120 ff.).

1242 *Schmidt-Preuß*, Kollidierende Privatinteressen im Verwaltungsrecht, 1992, S. 52; *Preu*, JZ 1991, 265 (270).

1243 Siehe oben C.I.1.c)bb), S. 91 ff.; vgl. ferner OVG Lüneburg, DVBl. 1984, 895.

E. Der Staat als sonstiger Beteiligter

Neben der Rolle als Kläger kann der Staat auch alle anderen der in § 63 VwGO geregelten Beteiligtenformen im Verwaltungsprozess einnehmen. Seine klassische Beteiligung entspricht der Stellung als Beklagter. Er kann aber auch als Beigeladener, Vertreter des Bundesinteresses beim Bundesverwaltungsgericht oder Vertreter des öffentlichen Interesses am verwaltungsgerichtlichen Verfahren teilnehmen (vgl. § 63 VwGO). Die Aufzählung der Beteiligten in § 63 VwGO ist grundsätzlich abschließend. Nur auf Grundlage eines Bundesgesetzes können weitere Beteiligte vorgesehen werden.

Obgleich der Verwaltungsprozess ein kontradiktorisches Verfahren zwischen Kläger und Beklagtem ist und nur diese als notwendige Parteien des Prozesses über dessen Einleitung, Inhalt und Fortgang bestimmen,[1244] gewährt die Verwaltungsgerichtsordnung auch den übrigen Beteiligten eigene Verfahrensrechte und die Möglichkeit Beschwerde, Berufung und Revision einzulegen (§ 124 Abs. 1, § 132 Abs. 1 VwGO).[1245]

I. Beklagter

Die prozessuale Beteiligung des Staates auf Beklagtenseite stellt den Regelfall öffentlich-rechtlicher Klagen dar. Sie entspricht der historisch gewachsenen und Art. 19 Abs. 4 GG zugrunde liegenden Vorstellung vom Rechtsschutz gegen rechtswidrige Maßnahmen der öffentliche Gewalt. Der Staat muss als Beklagter ebenso wie der Kläger und die übrigen Beteiligten des Rechtsstreits beteiligungsfähig, prozessfähig, prozessführungsbefugt und postulationsfähig sein. Insoweit gelten für seine Beteiligungsfähigkeit dieselben Anforderungen wie an den Kläger, so dass ich hierzu auf meine Ausführungen zu **D. I.** verweise.

Ist der Beklagte beteiligungsfähig i.S.d. § 61 VwGO, folgt daraus aber nicht zwingend, dass es sich hierbei auch um den richtigen Beklagten handelt.[1246] Dies ergibt sich allein aus der (passiven) Prozessführungsbefugnis bzw. Sachle-

1244 *Stettner*, JA 1982, 394 (396).
1245 *Bier*, in: Schoch/Schneider/Bier, VwGO, 25. EL 2013, § 63 Rdnr. 2 ff.
1246 *Dolde*, in: Festschrift für C.-F. Menger, 1985, S. 423 (424 f).

gitimation. Entsprechend dem in der Verwaltungsgerichtsordnung vorherrschenden Rechtsträgerprinzip, das in § 78 Abs. 1 Nr. 1 VwGO Berücksichtigung gefunden hat, ist grundsätzlich nicht die Behörde, sondern ihr Träger richtiger Beklagter. Hiernach ist die Klage gegen die Körperschaft öffentlichen Rechts zu erheben, deren Behörde den angefochtenen Verwaltungsakt erlassen oder den beantragten Verwaltungsakt unterlassen hat.[1247]

Ausnahmsweise ist die Klage im Falle des § 78 Abs. 1 Nr. 2 VwGO gegen die den Bescheid erlassende bzw. unterlassende Behörde zu richten, sofern das Landesrecht dies bestimmt, wie z.B. in § 8 Abs. 2 BbgVwGG. Die Behörde tritt in diesem Fall in Prozessstandschaft für die ihr übergeordnete Körperschaft auf (sog. Behördenprinzip).[1248]

Gegenstand der Klage kann gemäß § 78 Abs. 2 VwGO auch der Widerspruchsbescheid sein, soweit dieser erstmalig einen Dritten beschwert oder soweit er gemäß § 79 Abs. 2 VwGO gegenüber dem ursprünglichen Verwaltungsakt eine zusätzliche selbständige Beschwer enthält. Behörde im Sinne des § 78 Abs. 1 VwGO ist insoweit die Widerspruchsbehörde. Die Klage ist in diesen Fällen gegen den Rechtsträger der Widerspruchsbehörde (§ 78 Abs. 1 Nr. 1 VwGO) oder gegen die Widerspruchsbehörde selbst zu richten (§ 78 Abs. 1 Nr. 2 VwGO).[1249]

1. Systematische Einordnung des § 78 Abs. 1 VwGO

Dazu, ob § 78 Abs. 1 Nr. 1 VwGO eine Regelung zur passiven Prozessführungsbefugnis oder zur Passivlegitimation enthält, werden in Literatur und Rechtsprechung unterschiedliche Auffassungen vertreten. Das Bundesverwaltungsgericht[1250], einige Oberverwaltungsgerichte[1251] sowie ein Teil der Litera-

1247 *Kopp/Schenke*, VwGO, 19. Aufl. 2013, § 78 Rdnr. 3.

1248 *Meissner*, in: Schoch/Schneider/Bier, VwGO, 25. EL 2013, § 78 Rdnr. 37 f.

1249 Vgl. *Kopp/Schenke*, VwGO, 19. Aufl. 2013, § 78 Rdnr. 12.

1250 BVerwGE 31, 233 (236); E 80, 127 (128); E 116, 78 (83); BVerwG, NVwZ 1999, 296; dass., NVwZ-RR 1990, 44; dass., VIZ 1993, 450.

1251 Z.B. *OVG Weimar*, Beschluss vom 26.01.1999 – 4 ZKO 553/08 –, Juris; OVG Magdeburg, ZBR 2009, 68; *dass.*, Beschluss vom 20.03.2006 – 2 M 103/06 –, Tz. 7 Juris; VGH München, BayVBl. 1988, 628,630; dass., BayVBl. 1990, 312; OVG Koblenz, NJW 1987, 1660.

tur[1252] sehen hierin eine Regelung der Passivlegitimation. Nach anderer Auffassung beinhalte § 78 VwGO insgesamt eine Regelung zur passiven Prozessführungsbefugnis.[1253]

Die passive Prozessführungsbefugnis zählt zu den Zulässigkeitsvoraussetzungen einer Klage. Hierunter ist die Befugnis zu verstehen, den Prozess als Beklagter über streitgegenständliche Rechte im eigenen Namen führen zu dürfen. Die Passivlegitimation ist dagegen dem materiellen Recht zuzuordnen, und daher auf der Ebene der Begründetheit zu prüfen. Derjenige, gegenüber dem ein Recht bzw. Anspruch tatsächlich besteht, ist passivlegitimiert.[1254]

Der Meinungsstreit ist über eine dogmatische Bedeutung hinaus, insbesondere für die Frage der aufschiebenden Wirkung einer Anfechtungsklage, die gegen den falschen Beklagten erhoben worden ist, aber auch für die Rechtskraftwirkung des Urteils beachtlich.

Ergibt sich aus § 78 Abs. 1 Nr. 1 VwGO eine Regelung zur Passivlegitimation, wäre die Klage aus diesem Grund zwar zulässig und nur unbegründet, so dass dieser Umstand den Eintritt der aufschiebenden Wirkung nach § 80 Abs. 1 VwGO nicht hindern würde. Hingegen müsste die Klage mit der Annahme, es fehle an der passiven Prozessführungsbefugnis des Beklagten und damit an einer Sachentscheidungsvoraussetzung, als unzulässig abgewiesen werden. In diesem Fall könnte die Klage keine aufschiebende Wirkung entfalten.[1255] Unterschiede

---

1252 *Rozek*, JuS 2007, 601 (602); *Brenner*, in: Sodan/Ziekow, 3. Aufl. 2010, § 78 Rdnr. 3 f.; *Happ*, in: Eyermann/Fröhler, VwGO, 13. Aufl. 2010, § 78 Rdnr. 1; *Schmitt Glaeser/Horn*, Verwaltungsprozeßrecht, 15. Aufl. 2000, § 78 Rdnr. 238; *Funke-Kaiser*, in: Bader, VwGO, 5. Aufl. 2011, § 78 Rdnr. 1; *Würtenberger*, Verwaltungsprozessrecht, 3. Aufl. 2008, Rdnr. 596; *Stettner*, JA 1982, 394 (397).

1253 *Ehlers*, in: Festschrift für C.-F. Menger, 1985, S. 379 (383 ff.); *ders.*, JURA 2004, 30 (35); *Kopp/Schenke*, VwGO, 19. Aufl. 2013, § 78 Rdnr. 1; *Lorenz*, Verwaltungsprozessrecht, 2000, § 21 Rdnr. 5; *Detterbeck*, Allgemeines Verwaltungsrecht, 11. Aufl. 2013, Rdnr. 1336; *Hufen*, Verwaltungsprozessrecht, 9. Aufl. 2013, § 12 Rdnr. 29 f.; *Meissner*, in: Schoch/Schneider/Bier, VwGO, 25. EL 2013, § 78 Rdnr. 8; *Jestaedt*, NWVBl. 1989, 45 (49); VGH Kassel, NVwZ-RR 2005, 519; OVG Münster, NVwZ 1990, 188; dass., NJW 1991, 2586; dass., NVwZ-RR 1989, 576.

1254 Vgl. hierzu *Ehlers*, in: Festschrift für C.-F. Menger, 1985, S. 379 (380 f.).

1255 *Finkelnburg*, in: Finkelnburg/Dombert/Külpmann, Vorläufiger Rechtsschutz, 6. Aufl. 2011, Rdnr. 646 (mit Verweis auf die zwischen eindeutiger und nicht offensichtlicher

bestehen ferner im Hinblick auf die Rechtskraftwirkung des Urteils. Während die Rechtskraft beim Prozessurteil sich nur auf die der Entscheidung zugrunde liegenden Zulässigkeitsvoraussetzungen erstreckt und der Kläger insofern nicht mit der erneuten Geltendmachung seines materiellen Anspruchs gegen den richtigen Beklagten präkludiert ist,[1256] erwächst beim Sachurteil dagegen die Feststellung in Rechtskraft, dass dem Kläger der geltend gemachte Anspruch nicht zusteht.[1257]

In der Praxis dürfte die Falschbezeichnung des Beklagten kaum Relevanz entfalten.[1258] Dies ergibt sich einerseits aus der Klarstellung in § 78 Abs. 1 Nr. 1 HS. 2 VwGO, wonach die Bezeichnung der Behörde auch beim Rechtsträgerprinzip genüge. Ferner obliegt dem zuständigen Richter gemäß § 86 Abs. 3 VwGO eine Hinweispflicht, so dass nur in Ausnahmefällen und bei nachhaltiger Weigerung des Klägers,[1259] das Passivrubrum entsprechend zu ändern bzw. zu berichtigen, die Klage aus diesem Grund abzuweisen wäre.

Die Annahme einer passiven Prozessführungsbefugnis in § 78 Abs. 1 Nr. 1 VwGO wird damit begründet, dass einer Regelung der Passivlegitimation durch Bundesrecht sowohl der Wortlaut, die Struktur der Norm, die systematische Stellung des § 78 VwGO als auch kompetenzrechtliche Bedenken entgegenstehen. Der Wortlaut lege nur fest, gegen wen die Klage zu richten und nicht, wer nach materiellem Recht Anspruchsgegner sei. Die Struktur und Entstehungsgeschichte der beiden Nummern in Absatz 1 zeige, dass beide den gleichen Regelungsgegenstand haben. Für die Einordnung als Zulässigkeitsvoraussetzung spreche ferner der systematische Zusammenhang zwischen aktiver und passiver Prozessführungsbefugnis in den §§ 42 Abs. 2 und 78 Abs. 1 VwGO einerseits und § 82 VwGO anderseits sowie die systematische Stellung im 8. Abschnitt der VwGO als besondere Vorschrift für Anfechtungs- und Verpflichtungsklagen. Ferner fehle dem Bundesgesetzgeber aus kompetenzrechtlichen Gründen die

---

Unzulässigkeit differenzierende Rechtsprechung zu Fn. 23); *Meissner*, in: Schoch/Schneider/Bier, VwGO, 25. EL 2013, § 78 Rdnr. 6.

1256 BVerwG NJW 1968, 1795; *Kopp/Schenke*, VwGO, 19. Aufl. 2013, § 121 Rdnr. 19.

1257 *Juhnke*, Die Passivlegitimation, 1985, S. 6 f.; vgl. zur materiellen Rechtskraftwirkung der einzelnen Klagearten: *Clausing*, in: Schoch/Schneider/Bier, VwGO, 25. EL 2013, § 121 Rdnr. 79 ff.

1258 *Meissner*, in: Schoch/Schneider/Bier, VwGO, 25. EL 2013, § 78 Rdnr. 55 ff.; *Rozek*, JuS 2007, 600 (603); *Klenke*, NWVBl 2004, 85 (86 f.);

1259 OVG Weimar, NJW 2009, 2553 (2554).

Befugnis in einer dem verwaltungsgerichtlichen Verfahren dienenden Norm eine materiellrechtliche Regelung vorzunehmen.[1260]

Nach Auffassung der Gegenmeinung sei eine Regelung der passiven Prozessführungsbefugnis in § 78 Abs. 1 Nr. 1 VwGO mangels gewillkürter Prozessstandschaft überflüssig. Der materiell Berechtigte sei stets prozessführungsbefugt. Weder der Wortlaut noch die systematische Stellung des § 78 Abs. 1 Nr. 1 VwGO gebiete die Annahme einer Zulässigkeitsvoraussetzung. § 78 Abs. 1 Nr. 1 VwGO stelle auch als Regelung zur Passivlegitimation eine besondere Vorschrift für Anfechtungs- und Verpflichtungsklagen dar. Gegen die Annahme etwaiger kompetenzrechtlicher Bedenken spreche ferner die Aufnahme weiterer Regelungen zur Begründetheit der Klage in der VwGO, wie etwa in §§ 113 Abs. 1 und 5 sowie 114 VwGO, gegen die keine kompetenzrechtlichen Bedenken vorgebracht werden.[1261]

Einigkeit scheint zumindest darüber zu bestehen, dass die Regelung in § 78 Abs. 1 Nr. 2 VwGO zur passiven Prozessführungsbefugnis gehört, da die Behörde nicht Rechtsträger sein, sondern nur in Prozessstandschaft für den Rechtsträger handeln kann.[1262]

Von der Ausnahmeregelung des Behördenprinzips nach § 78 Abs. 1 Nr. 2 VwGO haben für Behörden im Allgemeinen die Länder Brandenburg (§ 8 Abs. 2 BbgVwGG), Mecklenburg-Vorpommern (§ 14 Abs. 2 AGGerStrG M-V), und das Saarland (§ 19 Abs. 2 SAGVwGO) sowie für Landesbehörden die Länder Niedersachsen (§ 8 Abs. 2 NAGVwGO), Sachsen-Anhalt (§ 8 Abs. 2 AGVwGO SA) und Schleswig-Holstein (§ 6 Abs. 2 AGVwGO SH) Gebrauch gemacht.

1260 *Meissner*, in: Schoch/Schneider/Bier, VwGO, 25. EL 2013, § 78 Rdnr. 8 ff; *Jestaedt*, NWVBl. 1989, 45 (49); *Hufen*, Verwaltungsprozessrecht, 9. Aufl. 2013, § 12 Rdnr. 29 f.

1261 *Rozek*, JuS 2007, 601 (602); *Happ*, in: Eyermann/Fröhler, VwGO, 13. Aufl. 2010, § 78 Rdnr. 2; *Würtenberger*, Verwaltungsprozessrecht, 3. Aufl. 2008, Rdnr. 599; *Brenner*, in: Sodan/Ziekow, 3. Aufl. 2010, § 78 Rdnr. 4.

1262 *Happ*, a.a.O., § 78 Rdnr. 4; *Würtenberger*, a.a.O., Rdnr. 600; *Funke-Kaiser*, in: Bader, VwGO, 5. Aufl. 2011, § 78 Rdnr. 1.

Wird die Klage gegen den falschen Beklagten gerichtet – also gegen den Rechtsträger anstatt gegen die Behörde, soll dieser Umstand in der Praxis ebenso geringe Relevanz haben, wie im umgekehrten Fall des § 78 Abs. 1 Nr. 1 VwGO. Auch in diesem Fall soll § 78 Abs. 1 Nr. 1 HS. 2 VwGO entsprechend Anwendung finden mit der Folge, dass das Gericht auf die Falschbezeichnung gemäß § 86 Abs. 3 VwGO hinzuweisen und ggf. das Passivrubrum zu berichtigen habe, sofern der Kläger nicht sein Einverständnis verweigert.[1263]

2. Bestimmung des richtigen Beklagten bei anderen Klagearten und Verfahren

Fraglich ist, ob § 78 VwGO auch auf andere Klagen als Anfechtungs- und Verpflichtungsklagen – unmittelbar oder analog – Anwendung findet.

a) Fortsetzungsfeststellungs- und Nichtigkeitsfeststellungsklage

Nach überwiegender Auffassung findet § 78 VwGO (analog) auch auf andere verwaltungsaktbezogene Klagearten,[1264] wie die Fortsetzungsfeststellungs- und die Nichtigkeitsfeststellungsklage Anwendung, da diese bereits erledigte oder nichtige Verwaltungsakte zum Gegenstand haben. Schließlich trete die Fortsetzungsfeststellungsklage aufgrund der Erledigung des Verwaltungsaktes an die Stelle der Anfechtungs- oder Verpflichtungsklage, so dass grundsätzlich auch deren Zulässigkeitsvoraussetzungen erfüllt sein müssten.[1265]

1263 OVG Frankfurt (Oder), LKV 2001, 560 (561 f.); OVG Lüneburg, NdsVBl. 2000, 215 (221); OVG Münster NJW 1991, 2586 (2586 f.); *Klenke*, NWVBl 2004, 85 (86); *Meissner*, in: Schoch/Schneider/Bier, VwGO, 25. EL 2013, § 78 Rdnr. 58, differenzierend zwischen Berichtigung nach Maßgabe des § 78 Abs. 1 S. 1 HS 2 VwGO analog und § 82 Abs. 2 VwGO in schwierigeren Fällen.

1264 Für eine unmittelbare Anwendung des § 78 VwGO: *Meissner*, a.a.O., § 78 Rdnr. 46; *Kopp/Schenke*, VwGO, 19. Aufl. 2013, § 78 Rdnr. 2, beschränkt auf die Fortsetzungsfeststellungsklage; für eine analoge Anwendung: *Rozek*, JuS 2007, 601 (603); *Detterbeck*, Allgemeines Verwaltungsrecht, 11. Aufl. 2013, Rdnr. 1342 f.; *Kothe*, in: Redeker/v. Oertzen, VwGO, 15. Aufl. 2010, § 78 Rdnr. 1; *Funke-Kaiser*, in: Bader, VwGO, 5. Aufl. 2011, § 78 Rdnr. 2 und 3.

1265 *Ehlers*, in: Festschrift für C.-F. Menger, 1985, S. 379 (386); so im Ergebnis auch *Happ*, in: Eyermann/Fröhler, VwGO, 13. Aufl. 2010, § 78 Rdnr. 11; *Brenner*, in: Sodan/Ziekow, VwGO, 3. Aufl. 2010, § 78 Rdnr. 12.

b) Vorläufiger Rechtsschutz

§ 78 VwGO soll ferner entsprechend Anwendung auf vorläufige Rechtsschutzverfahren im Sinne der §§ 80 Abs. 5, 80a Abs. 3 und 123 VwGO finden, soweit es sich hier um vorläufige Maßnahmen handelt, die im Hauptsacheverfahren mit der Anfechtungs- oder Verpflichtungsklage verfolgt werden können.[1266]

c) Leistungs- und Feststellungsklagen

Für allgemeine Leistungs- und Feststellungsklagen verbleibt es beim Rechtsträgerprinzip; die Ausnahmeregelung des § 78 Abs. 1 Nr. 2 VwGO gilt insoweit nicht.[1267] Der richtige Beklagte ist in diesen Fällen der Rechtsträger, gegen den sich der materielle Leistungs- oder Feststellungsanspruch richtet.[1268] Leistungs- oder Feststellungsklagen können ferner gegen einen privaten Rechtsträger oder eine private zumindest teilrechtsfähige Vereinigung erhoben werden.[1269]

Eine Ausnahme bilden beamtenrechtliche Leistungs- und Feststellungsklagen, auf die § 78 VwGO gemäß § 126 Abs. 3 S. 1 BRRG entsprechend Anwendung findet.[1270]Eine analoge Anwendung des § 78 VwGO wird auch in den Verfahren angenommen, in denen der Kläger seinen Anfechtungsantrag mit annexen Leistungsanträgen nach § 113 Abs. 1 S. 2 und Abs. 4 VwGO verknüpft.[1271]

1266 OVG Frankfurt (Oder), LKV 2001, 560 (561); OVG Weimar, LKV 2004, 286; OVG Lüneburg, BeckRS 2008, 33528; *Rozek*, JuS 2007, 601 (603); *Meissner*, in: Schoch/Schneider/Bier, VwGO, 25. EL 2013, § 78 Rdnr. 20; vgl. *Dombert*, in: Finkelnburg/Dombert/Külpmann, Vorläufiger Rechtsschutz, 6. Aufl. 2011, Rdnr. 248 f., der die Frage nach dem richtigen Antragsgegner der Passivlegitimation zuordnet; *Kopp/Schenke*, 19. Aufl. 2013, § 78 Rdnr. 2.

1267 *Ehlers*, in: Festschrift für C.-F. Menger, 1985, S. 379 (386); *Dolde*, in: Festschrift für C.-F. Menger, 1985, S. 423 (425); vgl. *Hufen*, Verwaltungsprozessrecht, 9. Aufl. 2013, § 12 Rdnr. 31.

1268 Vgl. BVerwG, NVwZ-RR 2004, 84.

1269 *Ehlers*, in: Festschrift für C.-F. Menger, 1985, S. 379 (393); vgl. auch *Kopp/Schenke*, VwGO, 19. Aufl. 2013, § 78 Rdnr. 2, der für diese Klagen auf die allg. Grundsätze der Prozessführungsbefugnis zurückgreift.

1270 *Kopp/Schenke*, VwGO, 19. Aufl. 2013, § 78 Rdnr. 2; *Rozek*, JuS 2007, 601, (603, Rdnr. 28); BVerwGE 108, 274 (275).

1271 BVerwGE 115, 274 (294); OVG Lüneburg, NdsVBl. 2000, 215 (221).

d) Innenrechtsstreitigkeiten

Auf Innenrechtsstreitigkeiten, die grundsätzlich nur Feststellungs- oder ggf. Leistungsklagen zum Gegenstand haben können, findet § 78 VwGO keine Anwendung. Richtiger Beklagter ist hier das Organ, der Organteil oder der Organ- bzw. Amtswalter (das sog. Kontrastorgan), dem die Rechts- oder Kompetenzverletzung zuzuordnen ist.[1272]

e) Normenkontrollverfahren

Im verwaltungsgerichtlichen Normenkontrollverfahren wird § 78 VwGO aufgrund der Spezialregelung in § 47 Abs. 2 S. 2 VwGO verdrängt, die nach überwiegender Ansicht auch im einstweiligen Anordnungsverfahren gemäß § 47 Abs. 6 VwGO Anwendung findet.[1273] Der Antrag ist hiernach gegen die Körperschaft, Anstalt oder Stiftung zu richten, die die Rechtsvorschrift erlassen hat.

f) Einzelne Problemfälle

Probleme bei der Bestimmung des richtigen Beklagten können sich bei Entscheidungen kommunaler Behörden ergeben. Dies betrifft zunächst die Fälle, in denen hinter der handelnden Behörde mehrere Rechtsträger stehen. So kommt beispielsweise in einigen Bundesländern dem Landratsamt eine Doppelfunktion – einerseits als untere staatliche Behörde und andererseits als Behörde des Landkreises – zu (so z.B. Art. 37 Abs. 1 BayLKrO, § 1 Abs. 3 BWLKrO, §§ 4 und 5 LKO SA).[1274] In welcher Funktion das Landratsamt letztlich auftritt,

---

1272 *Ehlers*, in: Festschrift für C.-F. Menger, 1985, S. 379 (394); *Meissner*, in: Schoch/Schneider/Bier, VwGO, 25. EL 2013, § 78 Rdnr. 50; *Funke-Kaiser*, in: Bader, VwGO, 5. Aufl. 2011, § 78 Rdnr. 6; so u.a. auch VGH Mannheim NVwZ-RR 1990, 369; OVG Koblenz NVwZ-RR 1997, 241; OVG Lüneburg, DÖD 2008, 139; a.A.: VGH München, NVwZ-RR 1990, 99, wonach richtiger Beklagter die jeweilige juristische Person sei.

1273 *Meissner*, in: Schoch/Schneider/Bier, VwGO, 25. EL 2013, § 78 Rdnr. 51; *Redeker*, in: Redeker/v. Oertzen, VwGO, 15. Aufl. 2010, § 47 Rdnr. 51; *Kopp/Schenke*, VwGO, 19. Aufl. 2013, § 47 Rdnr. 156; a.A. VGH Mannheim, NJW 1977, 1212, nach dem jeder Hoheitsträger als möglicher Antragsgegner in Betracht komme, der die angegriffene Norm anzuwenden hat.

1274 Dagegen hat das Landratsamt in Sachsen keine Doppelfunktion inne; gemäß § 1 Abs. 4 SächsLKrO ist stets der Landkreis zu verklagen, vgl. OVG Bautzen, DÖV 1998, 1021.

ergibt sich aus dem jeweiligen Bescheid. Richtiger Beklagter ist dann bei Anwendung des Rechtsträgerprinzips der Rechtsträger, dem die erlassene Handlung bzw. der Verwaltungsakt zuzurechnen ist. Nimmt das Landratsamt als untere staatliche Behörde im Rahmen einer „Organleihe“ unmittelbare staatliche Aufgaben wahr, ist die Klage gegen den Rechtsträger des Entleihers zu richten.[1275] Handelt das Landratsamt als Behörde des Landkreises, sei es in einer Selbstverwaltungsangelegenheit oder im übertragenen Wirkungskreis, ist stets der Landkreis richtiger Beklagter.[1276] Dies gilt auch entsprechend für Gemeinden, die staatliche Aufgaben im übertragenen Wirkungskreis wahrnehmen.[1277] Insofern ist Rechtsträger der handelnden Behörde die Gemeinde.[1278] Findet eine Delegation statt, d.h. hat ein Hoheitsträger seine Zuständigkeit auf einen anderen übertragen, ist Letzterer zu verklagen.[1279]

II. Beigeladener

Wird die öffentliche Hand als Dritte durch den Ausgang eines für sie fremden verwaltungsgerichtlichen Verfahrens in ihren rechtlichen Interessen berührt oder beeinträchtigt, kann das Gericht sie unter bestimmten Voraussetzungen gemäß § 65 VwGO zu diesem Verfahren beiladen und sie damit in die Lage versetzen, frühzeitig ihre Interessen zu verteidigen.[1280]

Die Beigeladene erlangt dabei im Gegensatz zu den in § 64 VwGO i.V.m. §§ 59-63 ZPO geregelten Streitgenossen nicht die Rechtsstellung einer Partei.[1281] Die Funktion der Beiladung ähnelt eher den im Zivilprozessrecht geregelten Funktionen der Nebenintervention (§§ 66ff. ZPO) und Streitverkündung

---

1275 Vgl. BVerwG, NVwZ-RR 1990, 44 (46); vgl. BVerfGE 63, 1 (31 ff.); *Kopp/Schenke*, 19. Aufl. 2013, § 78 Rdnr. 3.

1276 Vgl. VGH Mannheim, Urteil vom 02.01.2006 – 7 S 468/03 –, Tz. 23 f. Juris; *Wahl*, VBlBW 1984, 123 (124); *Ehlers*, in: Festschrift für C.-F. Menger, 1985, S. 379 (389 f.).

1277 *Juhnke*, Die Passivlegitimation, 1985, S. 71 ff.

1278 Vgl. OVG Bautzen, SächsVBl. 1993, 109.

1279 Vgl. OVG Koblenz, NVwZ 1986, 843 (844 f.), zur Kompetenzübertragung von Landesverwaltung auf Landesbank; zum Überblick über weitere Fallkonstellationen vgl. *Meissner*, in: Schoch/Schneider/Bier, VwGO, 25. EL 2013, § 78 Rdnr. 33 ff.

1280 Vgl. *Kintz*, in: Posser/Wolff, BeckOK VwGO, 28. Ed. 01/2014, § 65 Rdnr. 1.

1281 *Bier*, in: Schoch/Schneider/Bier, VwGO, 25. EL 2013, § 65 Rdnr. 2.

(§§ 72 ff. ZPO). Ein unmittelbarer Rückgriff auf diese Institute verbietet sich jedoch bereits aufgrund der ausschließlichen Aufzählung der möglichen Beteiligten des Verwaltungsprozesses in § 63 VwGO. Auch eine analoge Anwendung ist mangels entsprechender Verweisung in § 173 S. 1 VwGO auszuschließen. Hierfür besteht letztlich auch keine Notwendigkeit, da die Beiladung die Funktionen der Nebenintervention und Streitverkündung weitgehend ersetzt. [1282]

Abweichend von der Streitverkündung wird die Beiladung nicht etwa durch Einreichung eines Schriftsatzes durch eine der beiden Hauptparteien, sondern durch Beschluss des Verwaltungsgerichts bewirkt.[1283]

§ 65 VwGO unterscheidet zwischen der einfachen Beiladung (Abs. 1), der notwendigen Beiladung (Abs. 2) und einer Beiladung in sog. Massenverfahren (Abs. 3) als Annex zur notwendigen Beiladung. Die Beiladung ist ab dem Zeitpunkt der Anhängigkeit eines Gerichtsverfahrens bis zu seinem rechtskräftigen Abschluss in grundsätzlich allen Verfahrensarten möglich. Sie gilt – allerdings beschränkt auf den Fall der einfachen Beiladung – auch im Normenkontrollverfahren gemäß § 47 Abs. 2 S. 4 VwGO sowie im vorläufigen Rechtsschutzverfahren[1284] mit gewissen Einschränkungen für das in § 65 Abs. 3 VwGO genannte Massenverfahren.[1285] Gemäß § 142 VwGO ist selbst in der Revisionsinstanz noch eine notwendige Beiladung möglich. Ob eine Beiladung auch in den speziellen Rechtsmittelzulassungsverfahren möglich sein soll, ist strittig. In der Literatur wird dies zum Teil mit der Begründung bejaht, in den Zulassungsverfahren würden bereits die wichtigsten Argumente ausgetauscht.[1286] Nach anderer Auffassung sei eine Beiladung insoweit unzulässig, da durch die zu treffende Ent-

---

1282 *Lorenz*, Verwaltungsprozessrecht, 2000, § 8 Rdnr. 16; zur Nebenintervention vgl. BVerwG, ZOV 2006, 176; zur Streitverkündung vgl. OVG Münster, Beschluss vom 27.05.2009 – 15 E 635/09 –, Juris und OVG Koblenz, NVwZ-RR 2008, 846; vgl. auch *Stettner*, JA 1982, 394 (398).

1283 Vgl. *Schmidt*, in: Eyerman/Fröhler, 12. Aufl. 2006, § 65 Rdnr. 3; *Mußgnug*, NVwZ 1988, 33 (35 f.).

1284 Vgl. *Hufen*, Verwaltungsprozessrecht, 9. Aufl. 2013, § 12 Rdnr. 5; *Czybulka*, in: Sodan/Ziekow, VwGO, 3. Aufl. 2010, § 65 Rdnr. 47.

1285 Vgl. hierzu OVG Greifswald, NVwZ 2000, 945.

1286 *Czybulka*, in: Sodan/Ziekow, VwGO, 3. Aufl. 2010, § 65 Rdnr. 56 ff.

scheidung über die Eröffnung des Rechtsmittelzugs keine rechtlichen Interessen am Verfahren bisher nicht beteiligter Dritter berührt werden können.[1287]

Die öffentliche Hand muss, um beigeladen werden zu können, wie in der Rolle als Klägerin oder Beklagte selbst beteiligungsfähig i. S. d. § 61 VwGO sein (vgl. hierzu oben **D.I.**).

Die Beteiligtenfähigkeit bezieht sich damit auch auf die in § 63 Nr. 3 VwGO i.V.m. dem entsprechenden Landesrecht bezeichneten Behörden. Soweit eine Behörde hiernach nicht beteiligtenfähig ist, führt dies zur Unwirksamkeit einer dennoch beschlossenen Beiladung.[1288] Entfällt die Beteiligtenfähigkeit später in der Rechtsmittelinstanz, kann zur Klarstellung die Beiladung für diese Instanz aufgehoben werden.[1289]

Im Übrigen gelten für sie dieselben Anforderungen wie an einen beizuladenden Privaten.

1. Allgemeiner Normzweck

Nach der Regierungsbegründung[1290] soll die Beiladung dem Zweck dienen, einen Dritten als Nichtpartei am Verwaltungsprozess zu beteiligen, wenn der Rechtsstreit ihn in Mitleidenschaft ziehen kann. Ferner diene sie der Sachverhaltsaufklärung und stehe im Interesse der Prozessökonomie, da durch sie größere Streitkomplexe einheitlich erledigt und widerstreitende Entscheidungen verhindert werden können. Im Einzelnen:

1287 Vgl. VGH Mannheim, NVwZ-RR 2000, 814; BVerwG, NVwZ 2001, 202 (zur Nichtzulassungsbeschwerde); *Bier*, in: Schoch/Schneider/Bier, VwGO, 25. EL 2013, § 65 Rdnr. 30.

1288 BVerwGE 80, 127; E 72, 165 (167); OVG Bautzen, SächsVBl. 2005, 123; *Czybulka*, in: Sodan/Ziekow, VwGO, 3. Aufl. 2010, § 65 Rdnr. 61 f.; *Guckelberger*, JuS 2007, 436 (437).

1289 OVG Bautzen, SächsVBl. 2005, 123.

1290 BTDrucks 3/55 S. 37.

a) Interessenwahrung

Die Beiladung soll dem Dritten, dessen rechtliche Interessen durch den Rechtsstreit unmittelbar berührt werden können, die Möglichkeit geben, sich Gehör zu verschaffen und damit auf den Prozess Einfluss zu nehmen, um hierdurch eine seine Rechtsstellung benachteiligende Entscheidung zu verhindern. Durch die Beiladung wird insoweit Individualrechtsschutz und effektive Rechtsverwirklichung gewährt.[1291] Sie gilt in verfassungsrechtlicher Hinsicht als Ausprägung des Anspruchs auf rechtliches Gehör gemäß Art. 103 Abs. 1 GG.[1292] In der Literatur wird hierzu teilweise vertreten, dass die Beiladung über Art. 103 Abs. 1 GG hinausgehend unmittelbare Ausprägung des formellen Grundrechts des Art. 19 Abs. 4 GG sei.[1293]

Aufgrund seines Bezuges zum verfassungsrechtlich verbürgten Individualrechtsschutz wird die Berücksichtigung des Zwecks der Interessenwahrung überwiegend in der Literatur als vorrangig – auch im Verhältnis zum Zweck der Verfahrensökonomie –[1294] angesehen. Erst der Zweck der Interessenwahrnehmung mache eine Rechtskrafterstreckung auf den Betroffenen erforderlich, um etwaigen Folgeprozessen zu begegnen.[1295]

b) Sachverhaltsermittlung

Durch die Einbeziehung Dritter im Weg der Beiladung soll dem Gericht ferner eine umfassende Ermittlung des Streitgegenstandes ermöglicht werden. Sie dient damit der Gerichtshilfe und entspricht dem verwaltungsprozessualen Untersu-

---

1291 *Stober*, in: Festschrift für C.-F. Menger, 1985, S. 401 (406); *Kopp/Schenke*, VwGO, 19. Aufl. 2013, § 65 VwGO Rdnr. 1.

1292 *Stober*, a.a.O., S.401 (417 f.); vgl. BVerfGE 21, 132 (zur Beteiligung des Vaters am Ehelichkeitsanfechtungsprozess); BVerfG NVwZ 2000, 1283 (1284).

1293 *Lerche*, ZZP 78 (1965), 1 (23 ff.); *Konrad*, BayVBl. 1982, 481 (482 f.); *Stober*, in: Festschrift für C.-F. Menger, 1985, S. 401 (418 ff.), der im Übrigen auch einer parallelen Heranziehung von Art. 103 Abs. 1 und 19 Abs. 4 GG beipflichtet.

1294 Vgl. BVerwGE 65, 131 (136), wonach die Verfahrensökonomie eigentlicher Zweck der Beiladung sei.

1295 Vgl. *Stober*, in: Festschrift für C.-F. Menger, 1985, S. 401 (409); *Bier*, in Schoch/Schneider/Bier, VwGO, 25. EL 2013, § 65 Rdnr. 7; vgl. auch *Czybulka*, in: Sodan/Ziekow, VwGO, 3. Aufl. 2010, § 65 Rdnr. 24 ff., wonach Prozessökonomie Endzweck und Interessenwahrnehmung Anfangszweck sei.

chungsgrundsatz.[1296] Die Funktion der Sachverhaltsermittlung hat aber nur ergänzenden Charakter. Der Untersuchungszweck kann nur Folge der Beiladung wegen der Interessenwahrnehmung oder der beabsichtigten Rechtskrafterstreckung und nicht gleichrangiger Anlass sein. Eine Beiladung nur zum Zwecke der Sachaufklärung wäre daher unzulässig.[1297]

c) Verfahrensökonomie und Rechtskrafterstreckung

Weiterer Zweck der Beiladung ist die Verfahrensökonomie. Durch die Beiladung wird gemäß § 121 VwGO die Rechtskraft des Urteils auch auf den beigeladenen Dritten erstreckt, unabhängig davon, ob dieser letztlich die ihm durch die Beiladung ermöglichten Rechte wahrnimmt. Die Einbeziehung des Dritten ermöglicht eine Gesamtregelung, die zu seinem Vorteil, aber auch zu seinem Nachteil ausgehen kann. Hierdurch sollen weitere Prozesse mit womöglich widersprechenden Entscheidungen vermieden werden, was insbesondere die Rechtssicherheit fördert und eine Verfahrensbeschleunigung gewährleistet.[1298]

2. Einfache Beiladung

Gemäß § 65 Abs. 1 VwGO kann das Gericht von Amts wegen oder auf Antrag Dritte beiladen, wenn deren rechtliche Interessen durch die Entscheidung berührt werden. Die einfache Beiladung i.S.d. Regelung bildet gemessen an ihren Voraussetzungen und der Reichweite der hieran geknüpften Verfahrensrechte im Vergleich zur notwendigen Beiladung die schwächere Beteiligungsform.[1299]

1296 *Bettermann*, DVBl. 1951, 72 (74); *Stober*, in: Festschrift für C.-F. Menger, 1985, S. 401 (407); *Czybulka*, in: Sodan/Ziekow, VwGO, 3. Aufl. 2010, § 65 Rdnr. 21.

1297 *Stober*, a.a.O., S. 401 (408 f.); *Bier*, in: Schoch/Schneider/Bier, VwGO, 25. EL 2013, § 65 Rdnr. 7.

1298 *Bettermann*, DVBl. 1951, 72 (74); *Stober*, in: Festschrift für C.-F. Menger, 1985, S. 401 (407); *Czybulka*, in: Sodan/Ziekow, VwGO, 3. Aufl. 2010, § 65 Rdnr. 22; BVerwG, NVwZ 2003, 216.

1299 Vgl. *Kintz*, in: Posser/Wolff, BeckOK VwGO, 28. Ed. 01/2014, § 65 Rdnr. 3.

a) Keine Parteiidentität

Voraussetzung für die Beiladung im Allgemeinen ist neben der Beteiligungsfähigkeit zunächst, dass die beizuladende Person weder auf Kläger- noch auf Beklagtenseite beteiligt ist.[1300]

Hierin liegt bereits ein wesentlicher Schwerpunkt für die Bestimmung der Beiladung der öffentlichen Hand: Die Beteiligung einer Körperschaft oder einer Behörde an ihrer Stelle hindert grundsätzlich auch die Beiladung des gleichen Rechtsträgers oder einer seiner Behörden,[1301] es sei denn zwischen diesen ist aufgrund spezialgesetzlicher Regelung, wie etwa in § 1 Abs. 1 S. 4 VZOG,[1302] oder aufgrund anerkannter eigener wehrfähiger Rechte ein Insichprozess ausnahmsweise zulässig.[1303]

So hat das Bundesverwaltungsgericht z.B. die Beiladung eines Landes verneint, wenn es durch eine seiner Behörden bereits auf Beklagtenseite am Prozess beteiligt ist.[1304] Dies gilt entsprechend auch für das Verhältnis von Bundesbehörden zur Bundesrepublik, selbst wenn diese an der Mitwirkung an dem begehrten Verwaltungsakt befugt sind,[1305] sowie für andere juristische Personen öffentlichen Rechts.[1306] Rückt der Beigeladene durch eine Gesetzesänderung in die Stellung des Beklagten ein, ist seine Beiladung aufzuheben.[1307] Eine Personenverschiedenheit fehlt auch im Hinblick auf die gegenüber dem Antragsgegner zur Rechts- und Fachaufsicht berechtigte nächsthöhere Behörde.[1308]

1300 *Redeker*, in: Redeker/v. Oertzen, VwGO, 15. Aufl. 2010, § 65 Rdnr. 1.

1301 *Bier*, in: Schoch/Schneider/Bier, VwGO, 25. EL 2013, § 65 Rdnr. 10; st. Rspr. BVerwG, ZOV 2003, 341 (342).

1302 BVerwG, NJW 1995, 674.

1303 Vgl. BVerwG, VIZ 1995, 586 (ablehnend zur Beiladung des Landesfiskus in vermögensrechtlicher Streitigkeit gegen das Land); *Redeker*, in: Redeker/v. Oertzen, VwGO, 15. Aufl. 2010, § 65 Rdnr. 3.

1304 BVerwG, BeckRS 2005, 28548; BVerwGE 51, 310 (311 f.); E 72, 165; vgl. ferner das Verhältnis einer Landesbehörde zu einer anderen Landesbehörde, die in Prozessstandschaft für das Land auftritt: BVerwG, NJW 2007, 711.

1305 Vgl. BVerwG, ZOV 2005, 186; BVerwGE 72, 165.

1306 Zur Beiladung der Kommission zur Ermittlung der Konzentration im Medienbereich (KEK) im Verhältnis zu einer Landesmedienanstalt: VGH München, ZUM 2007, 501 f.

1307 OVG Lüneburg, BeckRS 2005, 28053.

1308 VG Frankfurt (Oder), NVwZ-RR 2008, 384 (386).

Problematisch ist ferner die Beiladung des Bundes im Rechtsstreit gegen das Land, wenn es in der streitigen Angelegenheit im Wege der Auftragsverwaltung des Bundes dessen Aufgaben wahrnimmt. Hier ist nach Auffassung des Bundesverwaltungsgerichts genau zu differenzieren, ob die durch die Entscheidung beeinträchtigte Angelegenheit auch tatsächlich von der nach außen wirksamen Auftragsverwaltung mitumfasst wird. Liegt insoweit keine Interessenwahrnehmung vor, könne dies u.U. eine einfache Beiladung rechtfertigen.[1309]

b) Interessenberührung

Weitere Voraussetzung für die einfache Beiladung i.S.d. § 65 Abs. 1 VwGO ist, dass durch die gerichtliche Entscheidung rechtliche Interessen des potentiellen Beigeladenen berührt werden, d.h., wenn die Entscheidung im Hinblick auf ihren Tenor Rechtspositionen des Beizuladenden zum Kläger oder Beklagten positiv oder negativ verändern bzw. beeinflussen kann.[1310] Die Qualität der Rechtspositionen muss zwar nicht den Anforderungen an die Klagebefugnis i.S.d. § 42 Abs. 2 VwGO entsprechen, aber über rein „wirtschaftliche, soziale, politische, kulturelle oder ideelle Interessen" hinausgehen.[1311] Sie können ferner sowohl öffentlich-rechtlicher oder aber auch zivilrechtlicher Natur sein[1312] und nicht nur materielle, sondern auch qualifizierte formelle Beteiligungsrechte betreffen (vgl. § 61 BNatSchG, § 2 Umweltrechtsbehelfsgesetz).[1313]

Die Rechtsprechung hat dementsprechend eine rechtliche Interessenberührung der öffentlichen Hand in solchen Fällen angenommen, in denen die gerichtliche Entscheidung sich auf ihre Rechtspositionen, wie z.B. das gemeindliche Selbstverwaltungsrecht, hätte auswirken können. So hat sie etwa die einfache

---

1309 BVerwGE 52, 226 (229 ff.); a.A. VGH München, DÖV 1983, 602; VGH Kassel, NVwZ 1984, 451.

1310 BVerwG, NVwZ-RR 1999, 276 f.; BeckRS 2008, 33368; OVG Lüneburg, NuR 2009, 287; *Bier*, in: Schoch/Schneider/Bier, VwGO, 25. EL 2013, § 65 Rdnr. 12; *Kopp/Schenke*, VwGO, 19. Aufl. 2013, § 65 Rdnr. 8.

1311 *Kintz*, in: Posser/Wolff, BeckOK VwGO, 28. Ed. 01/2014, § 65 Rdnr. 7; vgl. *Lorenz*, Verwaltungsprozessrecht, 2000, § 8 Rdnr. 24; *Bier*, a.a.O., § 65 Rdnr. 11 f.

1312 BVerwGE 64, 67 (68 ff.); E 77, 102 (105 f.).

1313 *Czybulka*, in: Sodan/Ziekow, VwGO, 3. Aufl. 2010, § 65 Rdnr. 87; vgl. auch *Bier*, in: Schoch/Schneider/Bier, VwGO, 25. EL 2013, § 65 Rdnr. 13; OVG Hamburg, NuR 2009, 494; OVG Lüneburg, NuR 2009, 287; a.A. VGH Mannheim, NVwZ 1986, 320 (zur alten Gesetzeslage).

Beiladung von Gemeinden für zulässig erachtet, wenn im Rahmen eines baurechtlichen Anfechtungsprozesses die Gültigkeit ihres Bebauungsplans einer – inzidenten – Kontrolle unterliegt;[1314] wenn eine Bauordnungsverfügung gegen eine im Außenbereich illegal errichtete bauliche Anlage angefochten wird, auf deren Erlass sie aufgrund ihrer Planungshoheit gegenüber der Bauaufsichtsbehörde einen Anspruch hätte;[1315] sie durch eine isolierte Drittanfechtung eines Widerspruchsbescheids der staatlichen Aufsichtsbehörde, die den Ausgangsbescheid bestätigt hat, in ihrem Selbstverwaltungsrecht betroffen sein kann[1316] oder die Nachbargemeinde in ihren abwägungserheblichen Selbstverwaltungsbelangen verletzt werden kann, wenn im Verfahren einer Gemeinde um die Genehmigung der Änderung ihres Flächennutzungsplans um das Abstimmungsgebot nach § 2 Abs. 2 BauGB gestritten wird.[1317]

Dagegen hat die Rechtsprechung eine einfache Beiladung einer Gemeinde wegen fehlender Berührung rechtlicher Interessen verneint, wenn z.B. ein Dritter eine im Einvernehmen der Gemeinde erteilte Baugenehmigung anficht.[1318]

c) Ermessensentscheidung des Gerichts

Ob das Verwaltungsgericht einen Dritten i.S.d. § 65 Abs. 1 VwGO beilädt, steht im pflichtgemäßen Ermessen des Gerichts; dem Dritten steht insoweit nur ein Anspruch auf ermessensfehlerfreie Entscheidung, jedoch kein Rechtsanspruch auf einfache Beiladung zu.[1319] Bei der Ermessensentscheidung sind – neben den zu 1. aufgeführten Beiladungszwecken – die Erfolgsaussichten der Klage und mögliche Belange des Datenschutzes zu berücksichtigen. Dabei hat das Gericht

---

1314 BVerwGE 92, 66 (69); VGH Mannheim, NVwZ-RR 1998, 611, der eine einfache Beiladung im einstweiligen Rechtsschutzverfahren verneint, da die Gültigkeit eines von der Gemeinde erlassenen Bebauungsplans nur im Hauptsacheverfahren im Streit stehen könne.

1315 VGH München, NVwZ-RR 2000, 345 f.; BVerwG, NVwZ 2000, 1048 f.

1316 BVerwG, Buchholz 310 § 65 VwGO Nr. 99.

1317 OVG Lüneburg, NVwZ 2003, 232.

1318 VGH München, NVwZ-RR 2006, 430; dass. NVwZ-RR 1998, 389.

1319 *Kopp/Schenke*, VwGO, 19. Aufl. 2013, § 65 Rdnr. 13; *Mußgnug*, NVwZ 1988, 33 (36).

auch zu beachten, dass der Kreis der Verfahrensbeteiligten nicht unnötig erweitert wird, sondern auf das prozessual erforderliche Maß beschränkt bleibt.[1320]

Ferner ist die Beiladung potentieller Kläger abzuwägen, die in der Sache selbst klagebefugt sind oder vor Ablauf der Klagefrist waren. Grundsätzlich wird die einfache Beiladung potentieller Kläger für möglich gehalten.[1321] Zum Teil wird in der Rechtsprechung hierfür vorausgesetzt, dass die für den Beigeladenen geltende Rechtsmittelfrist nicht bereits verstrichen ist.[1322]

Das Bundesverwaltungsgericht hat diese Voraussetzung dahin gehend begründet, dass die Beiladung Dritter nicht als Ersatz für eine Klage herhalten dürfe, von der der Dritte innerhalb der Rechtsmittelfrist keinen Gebrauch gemacht hat, obwohl ihm dies rechtlich möglich gewesen wäre. Die Beiladung könne einem Dritten nicht die Beteiligung an einem – für ihn fremden – Prozess sichern, wenn er ihn als Hauptbeteiligter selbst führen könne.[1323]

Hat der Dritte seinerseits bereits Klage gegen denselben Beklagten erhoben, ist seine Beiladung im fremden Prozess nicht mehr erforderlich.[1324] Etwas anderes gilt nur, wenn der Streitgegenstand bzw. der hiermit zusammenhängende Konfliktstoff nicht deckungsgleich ist.[1325]

1320 OVG Münster, NVwZ-RR 2000, 726.

1321 BVerwG, NJW 1975, 70 (71): Die Beiladung sei in diesen Fällen sogar regelmäßig empfehlenswert; *Bier*, in: Schoch/Schneider/Bier, VwGO, 25. EL 2013, § 65 Rdnr. 10; *Kopp/Schenke*, VwGO, 19. Aufl. 2013, § 65 Rdnr. 2, 9; a.A. *Roth*, NVwZ 2003, 691 (692); *Konrad*, BayVBl. 1982, 481 (484), hier allerdings zur notwendigen Beiladung; wohl auch OVG Münster, NVwZ-RR 2000, 726, das die Beiladung eines Dritten unter Beachtung prozessualer Zweckmäßigkeitserwägungen mit der Begründung ablehnt, er könne seine rechtlichen Interessen in einem selbst geführten Verfahren auf vorläufigen Rechtsschutz verfolgen.

1322 BVerwG, NJW 1975, 70 (71); a.A. *Bier*, a.a.O.; *Kopp/Schenke*, a.a.O., § 65 Rdnr. 2; *Redeker*, in: Redeker/v. Oertzen, VwGO, 15. Aufl. 2010, § 65 Rdnr. 3a; *Guckelberger*, JuS 2007, 436 (438).

1323 *BVerwG*, Beschluss vom 17.05.2005 – 4 A 1001/04 –, Juris; dass., BauR 2005, 1763 (vollständig dokumentierte Parallelentscheidung zu 4 A 1001/04); vgl. auch *VGH München*, Beschluss vom 10.11.2005 – 20 C 05.2884 –, Juris.

1324 *Bier*, in: Schoch/Schneider/Bier, VwGO, 25. EL 2013, § 65 Rdnr. 10; BVerwG, NVwZ-RR 1990, 94 (95); vgl. *Konrad*, BayVBl. 1982, 481 (484).

1325 OVG Hamburg, NuR 2009, 494 f.

d) Rechtsstellung des einfach Beigeladenen

Gemäß § 66 S. 1 VwGO kann der einfach Beigeladene innerhalb der Anträge der Hauptbeteiligten selbständig Angriffs- und Verteidigungsmittel geltend machen und alle Verfahrenshandlungen wirksam vornehmen. Er kann ferner unabhängig von den Hauptparteien – ggf. nach einer ihm zu gewährender Akteneinsicht – zum Sachverhalt beitragen, Sachverständige und Zeugen befragen, Beweisanträge sowie Ablehnungs- oder Vertagungsanträge stellen.[1326]

Seine Sachanträge sind durch die der Hauptparteien begrenzt. Er ist nicht dazu berechtigt, selbständig über den Streitgegenstand und die Prozesslage zu verfügen. Weder die Beendigung des Verfahrens durch Klagerücknahme oder eine übereinstimmende Erledigungserklärung noch die Anordnung des Ruhens des Verfahrens bedürfen zu ihrer Wirksamkeit der Zustimmung des einfach Beigeladenen.[1327] Soll das Verfahren dagegen durch Vergleich beendet werden, ist seine Mitwirkung erforderlich, soweit seine Rechte hiervon betroffen sind; anderenfalls wäre der Vergleich in prozessualer Hinsicht unwirksam und würde nicht zur Verfahrensbeendigung führen. In außergerichtlicher Hinsicht bleibt ein solcher Vergleich gleichwohl wirksam.[1328]

Der einfach Beigeladene ist auch berechtigt, gegen die Entscheidung selbständig Rechtsmittel einzulegen. Zu ihrem Erfolg muss er geltend machen können, dass die Entscheidung rechtswidrig ist und ihn in seinen Rechten verletzt.[1329] Für die Verletzung eigener Rechte ist nach Auffassung des Bundesverwaltungsgerichts ausreichend, dass die angefochtene Entscheidung präjudizierend für das konkrete Rechtsverhältnis des Beigeladenen zum Kläger oder Beklagten ist, wenn etwa durch die verwaltungsgerichtliche Entscheidung die Verteidigungsmöglichkeiten des Beigeladenen in einem nachfolgenden Zivilprozess beschränkt werden.[1330]

Er kann jedoch nur Rechtsmittel einlegen, wenn das Gericht seine Beiladung angeordnet hat. Hat das Gericht es versäumt, den Dritten einfach beizuladen,

---

1326 *Bier*, in: Schoch/Schneider/Bier, VwGO, 25. EL 2013, § 66 Rdnr. 2 ff.

1327 BVerwG, NVwZ-RR 1992, 276; *Schmidt*, in: Eyermann/Fröhler, VwGO, 13. Aufl. 2010, § 66 Rdnr. 4.

1328 BVerwG, NJW 1994, 2306.

1329 VGH München, NVwZ-RR 2000, 345; BVerwG, NVwZ 2000, 1048.

1330 BVerwG, NVwZ 1998, 842.

liegt hierin nach überwiegender Auffassung dennoch grundsätzlich kein Verfahrensfehler, da die gerichtliche Entscheidung ihn insoweit nicht bindet.[1331]

3. Notwendige Beiladung

Wie sich bereits aus dem Wortlaut des § 65 Abs. 2 VwGO und der Bezeichnung der Beiladung als „notwendig" ergibt, ist das Gericht im Gegensatz zur einfachen Beiladung dazu verpflichtet, denjenigen beizuladen, der als Dritter an dem streitigen Rechtsverhältnis derart beteiligt ist, dass die Entscheidung auch ihm gegenüber nur einheitlich ergehen kann. Insofern ist für die notwendige Beiladung eine über die schlichte Betroffenheit der einfachen Beiladung hinausgehende qualifizierte Betroffenheit erforderlich.[1332]

Voraussetzung für eine einheitliche Entscheidung i.S.d. Regelung ist, dass das Gericht sie nicht wirksam erlassen kann, „ohne dass dadurch gleichzeitig und unmittelbar in Rechte des Dritten eingegriffen wird, d.h. seine Rechte gestaltet, bestätigt oder festgestellt, verändert oder aufgehoben werden."[1333] Dabei muss die einheitliche Entscheidung aus Rechtsgründen geboten sein; eine einheitliche Entscheidung aus tatsächlichen oder logischen Gründen reicht nicht aus.[1334]

Fraglich ist jedoch, welches Maß die Betroffenheit erreichen muss, um die Notwendigkeit der Beiladung – auch für die öffentliche Hand – zu begründen. Diese Frage ist eng mit den Anforderungen der Klagebefugnis an eine eigene

---

1331 *Redeker*, in: Redeker/von Oertzen, VwGO. 15. Aufl. 2010, § 65 Rdnr. 21; *Czybulka*, in: Sodan/Ziekow, VwGO, 3. Aufl. 2010, § 65 Rdnr. 182; ohne Ausnahme dagegen *Kopp/Schenke*, VwGO, 19. Aufl. 2013, § 65 Rdnr. 43.

1332 *Konrad*, BayVBl. 1982, 481 (482); *Czybulka*, a.a.O., § 65 Rdnr. 41 f.

1333 BVerwG, NVwZ 2007, 1207; *Stettner*, JA 1982, 395 (399); vgl. *Bettermann*, DVBl. 1951, 72 (74); *ders.*, MDR 1967, 951 f., der darauf abstellt, dass die Entscheidung gegen den Dritten auch ohne seine Beiladung am Rechtsstreit wirksam ist; so auch *Konrad*, BayVBl. 1982, 481; kritisch dazu *Stober*, in: Festschrift für C.-F. Menger, 1985, S. 401 (411).

1334 *Schmidt*, in: Eyermann/Fröhler, VwGO, 13. Aufl. 2010, § 65 Rdnr. 17; *v. Albedyll*, in: Bader, VwGO, 5. Aufl. 2011, § 65 Rdnr. 16; BVerwG, NJW 1977, 1603; *VGH München*, Beschluss vom 10.11.2005 – 20 C 05.2884 –, Juris.

subjektive Rechtsverletzung verbunden,[1335] wobei allein aus der Tatsache, dass ein Dritter zu demselben Streitgegenstand ebenfalls klagebefugt wäre, sich nicht bereits zwingend die Notwendigkeit seiner Beiladung ergibt.[1336] Eine einheitliche Herleitung dogmatisch nachvollziehbarer Grundsätze halten weder Rechtsprechung noch Rechtslehre bereit.[1337] Stattdessen sind zur Lösung der Problematik durch Analyse von Einzelfällen bestimmte Fallgruppen gebildet worden, die an die jeweiligen Klagearten und dabei insbesondere an das Modell der Anfechtungsklage anknüpfen:[1338]

a) Anfechtungsklage

Die öffentliche Hand ist zu einem Anfechtungsprozess notwendig beizuladen, wenn sie durch die begehrte Aufhebung des Verwaltungsaktes unmittelbar rechtlich beschwert wird. Dies ist hauptsächlich bei Verwaltungsakten mit Drittwirkung i. S. des § 80a VwGO der Fall, d.h. bei Verwaltungsakten, die einen Beteiligten rechtlich begünstigen und andere belasten.[1339]

Dabei wird nach einem Teil der Literatur zunächst zwischen Adressat und Nichtadressat unterschieden:

Grundsätzlich gilt für Dritte, die Adressaten eines begünstigenden Verwaltungsaktes sind, dass diese durch die Anfechtung des Verwaltungsaktes und seine nachteilige Wirkung am Anfechtungsrechtsstreit notwendig beizuladen sind.[1340] Entfaltet das Anfechtungsurteil dagegen keine rechtsgestaltende Wirkung gegenüber dem Dritten, weil er etwa nicht Adressat des angefochtenen Verwaltungsaktes ist und lediglich ein Interesse am Ausgang des Verfahrens

---

1335 *Lorenz*, Verwaltungsprozessrecht, § 8 Rdnr. 28; *Redeker*, in: Redeker/v. Oertzen, VwGO, 15. Aufl. 2010, § 65 Rdnr. 8 f.

1336 *Stober*, in: Festschrift für C.-F. Menger, 1985, S. 401 (410 f.).

1337 *Konrad*, BayVBl. 1982, 481 (485).

1338 *Bettermann*, ZZP 90 (1977), 121 (126); *Konrad*, a.a.O.; vgl. auch *Stettner*, JA 1982, 394 (399); *Guckelberger*, JuS 2007, 436 (439).

1339 Vgl. *Kopp/Schenke*, VwGO, 19. Aufl. 2013, § 80 a Rdnr. 2.

1340 *Bier*, in: Schoch/Schneider/Bier, VwGO, 25. EL 2013, § 65 Rdnr. 18 ff.; *Konrad*, BayVBl. 1982, 481 (485); *Stettner*, JA 1982, 394 (399); *Guckelberger*, JuS 2007, 436 (439).

hat, so hat eine notwendige Beiladung zu unterbleiben.[1341] Ob der Dritte die Adressateneigenschaft erfüllt, ergibt sich aus dem zugrundeliegenden Bescheid.[1342]

Wird also der öffentlichen Hand – etwa einer Gemeinde – eine Genehmigung, z.B. zur Errichtung einer immissionsschutzrechtlich relevanten Anlage i.S.d. § 4 Abs. 1 BImSchG i.V.m. § 1 und Anhang der 4. BImSchV,[1343] erteilt und ficht ein etwaig vom Vorhaben betroffener Nachbar die Genehmigung an, ist die öffentliche Hand als Genehmigungsinhaberin grundsätzlich notwendig beizuladen, da die Entscheidung über die angefochtene Genehmigung aufgrund ihrer unmittelbaren rechtsgestaltenden Wirkung, nämlich den Verlust der Rechtsposition, auch ihr gegenüber nur einheitlich ergehen kann.

Ferner soll die notwendige Beiladung eines Dritten nach nicht unumstrittener Ansicht nur dann geboten sein, wenn das Ergebnis des Rechtsstreits für diesen belastend, also negativ, sein kann. Ob dies der Fall ist, richtet sich nach materiellem Recht. Soweit das Obsiegen des Klägers einen Vorteil für den Dritten bedeutet, komme allenfalls eine einfache Beiladung in Betracht.[1344]

Insbesondere nach letzterer Ansicht lassen sich die Fälle klären, in denen Dritte keine Adressaten sind, aber dennoch durch die Anfechtung negativ berührt sein können. So ist beispielsweise die Beiladung einer Gemeinde im Anfechtungsrechtsstreit des klagenden Anlagenbetreibers gegen eine ihn belastende Nebenbestimmung einer immissionsschutzrechtlichen Genehmigung für notwendig erachtet worden, wobei die Nebenbestimmung dem Vorbehalt der nach § 36 BauGB einzubeziehenden Gemeinde entsprach.[1345]

Dagegen entfällt eine negative Betroffenheit der Gemeinde im Anfechtungsstreit des Nachbarn gegen eine dem Bauherrn erteilte Baugenehmigung, für die

---

1341 *Kopp/Schenke*, VwGO, 19. Aufl. 2013, § 65 Rdnr. 17a.

1342 Vgl. *Porz*, in: Fehling/Kastner, VwGO, 3. Aufl. 2012, § 65 Rdnr. 9.

1343 Siehe oben zu D.III.2., S. 153 f.

1344 *Konrad*, BayVBl. 1982, 481 (483ff.); *Lorenz*, Verwaltungsprozessrecht 2000, § 8 Rdnr. 28; BVerwG, NVwZ-RR 1996, 299; vgl. auch VGH München, BayVBl. 1997, 410, das den Dritten darauf verweist, sich selbst als Streitgenosse des Klägers gegen den angefochtenen Verwaltungsakt zu wehren; a.A. *Nottbusch*, Die Beiladung im Verwaltungsprozeß, 1995, S. 93; zweifelnd auch *Bier*, in: Schoch/Schneider/Bier, VwGO, 25. EL 2013, § 65 Rdnr. 21.

1345 VG Stuttgart, UPR 2001, 240.

die Gemeinde das notwendige Einvernehmen i.S.d. § 36 BauGB nicht erklärt hat, zumal sie selbst hiergegen hätte klagen können.[1346] Sie entfällt ferner im Anfechtungsverfahren gegen eine bauaufsichtliche Nutzungsuntersagung der beklagten Bauaufsichtsbehörde, weil das Einvernehmen der Gemeinde i.S.d. § 36 BauGB lediglich bei der Erteilung einer Baugenehmigung erforderlich sei, nicht jedoch bei der streitgegenständlichen Anfechtung einer Nutzungsuntersagung.[1347]

Ob sich die nach anderer Auffassung bevorzugte Differenzierung zwischen Adressat und Nichtadressat in Anbetracht der zunehmenden Vielschichtigkeit betroffener Interessen weiter aufrechterhalten lässt,[1348] ist fraglich. Auch wenn diese Differenzierung bei einem Großteil der Fallkonstellationen eine Abgrenzungshilfe liefert, lässt sich beispielsweise im Fachplanungsrecht eine zuverlässige und einheitliche Differenzierung nach Adressat und Nichtadressat kaum verwirklichen, da hier kein klassisches Eingriffsverhältnis vorliegt.[1349] Auf eine Klärung der Problematik soll im Rahmen dieser Arbeit jedoch nicht weiter eingegangen werden.

b) Verpflichtungsklage

Das Verpflichtungsurteil unterscheidet sich in seiner Wirkung vom Anfechtungsurteil insoweit, als dem Verpflichtungsurteil keine unmittelbare Gestaltungswirkung gegenüber dem Dritten beizumessen ist. Der Dritte soll erst durch den zu verpflichtenden Beklagten in Anspruch genommen werden. Insoweit wird in der Literatur von einer Quasi-Gestaltungswirkung[1350] oder mittelbaren Gestaltungswirkung[1351] gesprochen. Gleichwohl ist auch bei Verpflichtungsklagen eine notwendige Beiladung geboten, damit sich die Rechtskraft auch auf den

1346 BVerwG, DVBl. 1970, 60 (61).

1347 BVerwG, UPR 1991, 312.

1348 Vgl. hierzu kritisch *Gurlit*, Die Verwaltung 28 (1995), S. 449 (450 ff.).

1349 *Wahl/Schütz*, in: Schoch/Schneider/Bier, VwGO, 25. EL 2013, § 42 Rdnr. 250 mit Verweis auf die uneinheitliche Behandlung von Enteignungs- und Immissionsbetroffenen.

1350 *Bier*, in: Schoch/Schneider/Bier, VwGO, 25. EL 2013, § 65 Rdnr. 22 a.E.

1351 *Redeker*, in: Redeker/v. Oertzen, VwGO, 15. Aufl. 2010, § 65 Rdnr. 30; *Kintz*, in: Posser/Wolff, BeckOK VwGO, 28. Ed. 01/2014, § 65 Rdnr. 16.

Dritten erstreckt und nicht nur gegen den Beklagten wirkt.[1352] Anderenfalls könne der Dritte den von der Behörde in Umsetzung des Verpflichtungsurteils erlassenen Verwaltungsakt wiederum anfechten und einander widersprechende Entscheidungen herbeiführen.[1353]

Daher werden die Fallgestaltungen zum Anfechtungsverfahren auch auf den Verpflichtungsrechtsstreit übertragen. Die notwendige Beiladung der öffentlichen Hand als Dritte komme dann in Frage, wenn sie durch den begehrten Verwaltungsakt als Adressatin belastet wird, wenn also der Kläger den Erlass eines gegen sie gerichteten belastenden Verwaltungsakts begehrt, oder wenn der begehrte Verwaltungsakt den Kläger begünstigt und gleichzeitig sie als Dritte negativ betrifft.[1354]

Die Beiladung der öffentlichen Hand als potentielle Adressatin kann demnach in den Fällen notwendig sein, in denen der Kläger in Anbetracht ihrer materiellen und formellen Polizeipflichtigkeit[1355] ein ordnungs- bzw. polizeirechtlichen Einschreiten durch die zuständige Behörde bzw. deren Rechtsträger gegen sie begehrt. Darüber hinaus ist eine notwendige Beiladung der öffentlichen Hand im Rechtsstreit über einen sie begünstigenden Vermögenszuordnungsbescheid geboten, in dem eine andere Körperschaft die Vermögenszuordnung an sich begehrt.[1356]

Begünstigende Verwaltungsakte, die die öffentliche Hand gleichzeitig belasten, kommen beispielsweise dort zum Tragen, wo sie als Fiskus durch vermögensrechtliche Regelungen bzw. Zuordnungen zugunsten anderer in ihrem Eigentum betroffen wird. So hat das Bundesverwaltungsgericht die Bundesrepublik Deutschland als Verfügungsberechtigte im Verpflichtungsverfahren auf Restitution eines ihr zugeordneten Grundstücks[1357] und als Verfügungsberechtigte im Verfahren auf Erlösauskehr nach § 16 Abs. 1 InVorG;[1358] sowie eine Ge-

---

1352 BVerwGE 57, 31 (35); E 74, 19 (21 f.).

1353 *Bier*, in: Schoch/Schneider/Bier, VwGO, 25. EL 2013, § 65 Rdnr. 22 ff.; *Porz*, in: Fehling/Kastner, VwGO, 3. Aufl. 2012, § 65 VwGO Rdnr. 10.

1354 Vgl. *Bier*, a.a.O., § 65 Rdnr. 22.

1355 Siehe oben zu D.III.1.a), S. 145 ff.

1356 BVerwG, VIZ 1995, 101 (102); siehe oben zu D.V.1., S. 194 ff.

1357 BVerwG, VIZ 1998, 142.

1358 *VG Frankfurt (Oder)*, Urteil vom 08.03.2005 – 3 K 1057/97 –, Tz. 69 ff. Juris.

meinde im Verfahren gegen das Land auf Übereignung eines ihr zugeordneten Ersatzgrundstücks nach § 9 VermG (seit dem 22.09.2000 außer Kraft)[1359] notwendig beigeladen.

Folgt man auch hier zur Prüfung der Notwendigkeit der Beiladung der von einem überwiegenden Teil der Lehre vorgenommenen Differenzierung zwischen Adressat und Nichtadressat,[1360] wäre die notwendige Beiladung einer Verfügungsberechtigten im Restitutionsrechtsstreit des Berechtigten unzulässig, zumal die Verfügungsberechtigte nach Auffassung des Bundesverwaltungsgerichts nicht Adressatin, sondern Dritte ist.[1361] Zwar wird der Bescheid an die Verfügungsberechtigte zugestellt. Der maßgebliche Tenor des Restitutionsbescheids („Das Grundstück ABC wird an den Berechtigten XY zurückübertragen.“) lässt sie dagegen nicht als Adressat erkennen. Dennoch entfaltet die Entscheidung gleichzeitig eine belastende Wirkung gegenüber der Verfügungsberechtigten, die – unabhängig von der Möglichkeit der Abwehr – hierdurch ihr Eigentum bzw. ihre Verfügungsbefugnis verliert. Aus diesem Grunde sieht § 31 Abs. 2-5 VermG ihre förmliche Beteiligung am behördlichen Verfahren vor. Auf eben diese Erwägungen stützt das Bundesverwaltungsgericht auch seine Entscheidung zur Notwendigkeit der Beiladung der Verfügungsberechtigten.[1362]

Ob die notwendig Beigeladene sich letztlich im Verwaltungsprozess gegen die Entscheidung zur Wehr setzen kann, ist erst später im Rahmen ihrer Sachantragsbefugnis zu prüfen.

Eine notwendige Beiladung ist ferner in den Verfahren erforderlich, in denen der Erlass eines mehrstufigen Verwaltungsakts, der nur im Einvernehmen oder mit Zustimmung etc. der Behörde eines anderen Rechtsträgers ergehen darf, begehrt wird.[1363] Dies gilt etwa im Falle des Einvernehmens gemäß § 36

1359 Vgl. BVerwG; VIZ 1999, 30 (32), i.E. jedoch eine notwendige Beiladung abgelehnt, da potentieller Beigeladener bereits als Beklagter am Prozess beteiligt ist (hier: das Land Berlin).

1360 *Bier*, in: Schoch/Schneider/Bier, VwGO, 25. EL 2013, § 65 Rdnr. 22 und 24.

1361 Vgl. *BVerwG*, Beschluss vom 30.07.2004 – 5 B 68/04 –, Tz. 7 Juris, die Gemeinde sei zwar nicht Adressat der Entscheidung, aber von dessen Rechtswirkungen unmittelbar betroffen.

1362 Zur Beiladung der Bundesrepublik: BVerwG, VIZ 1998, 142 f.

1363 *Kintz*, in: Posser/Wolff, BeckOK VwGO, 28. Ed. 01/2014, § 65 Rdnr. 16.

BauGB durch die vom Beklagten verschiedene Gemeinde oder höhere Verwaltungsbehörde,[1364] der Zustimmung der Bundesagentur für Arbeit im Rechtsstreit um die Erlaubnis zur Ausübung einer zustimmungspflichtigen Beschäftigung[1365] oder der Zustimmung der Bundesrepublik Deutschland anstelle des Bundesinnenministers im Einbürgerungsverfahren gegen das Land.[1366]

c) Sonstige Klagearten und Vorläufiger Rechtsschutz

Auch bei den übrigen Klagearten liefert die unmittelbare Betroffenheit ein Abgrenzungskriterium für die Prüfung einer notwendigen Beiladung. Ein Dritter ist zu einem Feststellungsstreit notwendig beizuladen, wenn er an dem streitigen Rechtsverhältnis unmittelbar beteiligt ist.[1367] So wird nach Auffassung des Bundesverwaltungsgerichts bei einer organschaftsrechtlichen Wahlanfechtung im Wege der Feststellungsklage nur der Gewählte beigeladen.[1368]

Zu einem Rechtsstreit auf Leistung oder Unterlassen ist ein Dritter notwendig beizuladen, wenn er von den Auswirkungen der Leistung oder Unterlassung unmittelbar in seinen Rechten betroffen wird,[1369] so etwa, wenn ein Unterlassen des Beklagten begehrt wird, dem Dritten keine Entschädigung zu gewähren.[1370]

In den Verfahren des vorläufigen Rechtsschutzes sind grundsätzlich dieselben rechtlichen Erwägungen zu treffen.[1371]

1364 BVerwGE 42, 8 (10 ff.).

1365 *VGH Kassel*, Beschluss vom 25.07.2006 – 3 TG 1114/06 –, Juris; *VGH München*, Beschluss vom 28.09.2005 – 24 CE 05.1737 –, Juris; *VG Karlsruhe*, Beschluss vom 15.04.2005 – 10 K 493/05 –, Tz. 11 Juris.

1366 BVerwG, NJW 1988, 662 (663) – mittlerweile ist die Zustimmungspflicht entfallen.

1367 *Bier*, in: Schoch/Schneider/Bier, VwGO, 25. EL 2013, § 65 Rdnr. 26; VGH München, NVwZ-RR 1999, 148 (zur Frage der Beiladung der ausführenden Beamten zu einem Feststellungsstreit gegen den Rechtsträger, i.E. verneinend).

1368 BVerwG, NVwZ 1982, 243, mit Verweis auf die ständige Rechtsprechung des Preußischen OVG, OVGE 1, 8 (12) sowie 70, 102 (105).

1369 *Czybulka*, in: Sodan/Ziekow, VwGO, 3. Aufl. 2010, § 65 Rdnr. 148; OVG Lüneburg, NuR 2009, 287.

1370 BVerwGE 16, 23.

1371 Vgl. *Bier*, in: Schoch/Schneider/Bier, VwGO, 25. EL 2013, § 65 Rdnr. 26. m.w.B.

d) Rechtsstellung des notwendig Beigeladenen

Durch § 66 S. 2 VwGO wird die Rechtsstellung des notwendig Beigeladenen im Vergleich zum einfach Beigeladenen erweitert. Er ist nicht wie der einfach Beigeladene an die Anträge der Hauptparteien gebunden, sondern kann nach dem Wortlaut der Regelung abweichende Sachanträge stellen.[1372] Ob der notwendig Beigeladene über die Verfahrensrechte des einfach Beigeladenen hinaus auch das Ruhen des Verfahrens gemäß § 251 ZPO i.V.m. § 173 VwGO beantragen kann bzw. dem Antrag einer der Hauptparteien auf Ruhen des Verfahrens zustimmen muss, ist strittig. Diese Frage wird nach überwiegender Auffassung bejaht und mit der Ähnlichkeit zur streitgenössischen Nebenintervention i.S.d. § 69 ZPO, dem Schutzzweck der gerichtlichen Ruhensanordnung sowie dem Interesse des notwendig Beigeladenen an der Verhinderung von unnötigen Verfahrensverzögerungen begründet.[1373]

Dabei hat der notwendig Beigeladene ferner zu beachten, dass die Beiladung nicht etwa zu einer Hemmung von Klagefristen oder der Verjährung etwaiger Ansprüche gegen Dritte führt, wie etwa die zivilprozessuale Streitverkündung.[1374]

Auch in der Rechtsfolge einer fälschlich unterbliebenen Beiladung unterscheidet sich die notwendige von der einfachen Beiladung. Ihr Unterbleiben stellt in der Regel einen wesentlichen Verfahrensfehler dar, der gemäß § 142 Abs. 1 S. 2 VwGO noch in der Revisionsinstanz nachgeholt und bei berechtigtem Interesse des Beigeladenen zur Aufhebung des Urteils sowie Zurückverweisung des Rechtsstreits gemäß § 144 Abs. 3 S. 2 VwGO führt.[1375] Unterbleibt die

---

1372 Vgl. BVerwG, NVwZ 2008, 916: Voraussetzung dafür ist, dass tatsächlich ein Sachantrag gestellt wird; einfacher Vortrag genügt hierfür nicht.

1373 OVG Münster, NVwZ-RR 2010, 166; OVG Lüneburg, NVwZ-RR 2002, 788; *Bier*, in: Schoch/Schneider/Bier, VwGO, 25. EL 2013, § 66 Rdnr. 5; *Rudisile*, ebenda, § 94 Rdnr. 124 m.w.N. in Fn. 72; *Kothe*, in: Redeker/von Oertzen, VwGO, 15. Aufl. 2010, § 94 Rdnr. 14; *Schmidt*, in: Eyermann/Fröhler, VwGO, 13. Aufl. 2010, § 66 Rdnr. 11; a.A. *Czybulka*, in: Sodan/Ziekow, VwGO, 3. Aufl. 2010, § 66 Rdnr. 11.

1374 BGH, NVwZ 2003, 1549; *Guckelberger*, Die Verjährung im öffentlichen Recht 2004, 417 f.; *dies.*, JuS 2007, 436 (440).

1375 *Czybulka*, in: Sodan/Ziekow, 3. Aufl. 2010, § 65 Rdnr. 191 sowie *Neumann*, ebenda, § 142 Rdnr. 23 f.; vgl. zu den Folgen unterbliebener Beiladung im Einzelnen *Bier*, in: Schoch/Schneider/Bier, VwGO, 25. EL 2013, § 65 Rdnr. 39 f.

Beiladung gänzlich, erstreckt sich die Rechtskraft des Urteils gemäß § 121 Nr. 1 VwGO mangels Beteiligung auch nicht auf den Dritten. Welche Wirkung dieses Urteil dann aber letztlich auf die Hauptparteien entfaltet, ist umstritten.[1376] Nach zutreffender Ansicht ist hier zwischen den Gestaltungswirkungen der jeweiligen Urteilsarten zu differenzieren. Aufgrund der unmittelbaren rechtsgestaltenden Wirkung des Anfechtungsurteils führt eine fehlerhaft unterbliebene Beiladung bei seiner Stattgabe zu seiner absoluten Unwirksamkeit. Dagegen bleibt ein Verpflichtungsurteil wegen seiner nur mittelbaren Gestaltungswirkung wirksam. Der Dritte kann hiergegen in einem gesonderten Verfahren Klage erheben.[1377] Dasselbe gilt entsprechend auch für das Leistungsurteil.[1378]

aa) Abweichender Sachantrag

Umstritten ist ferner, ob der Dritte bei Stellung seiner Sachanträge an den Streitgegenstand gebunden ist oder darüber hinaus gehende Anträge stellen kann. Zum Teil wird vertreten, dass die Sachanträge des notwendig Beigeladenen durch den Streitgegenstand begrenzt seien, da dieser schließlich Dritter in einem fremden Prozess sei und nicht Hauptbeteiligter.[1379]

Nach anderer Auffassung soll diese Begrenzung nicht gelten. Sie widerspreche dem Wortlaut („Abweichende Sachanträge…") und der systematischen Stellung des § 66 S. 2 VwGO, dessen Anwendungsbereich anderenfalls im Vergleich zu den Befugnissen des einfach Beigeladenen praktisch auf null reduziert wäre. Durch seine Befugnis, abweichende Sachanträge zu stellen, sei der notwendig Beigeladene der Stellung der Hauptparteien angenähert. Soweit der Beigeladene einen von der Klage abweichenden Sachantrag stellt, werde hierdurch keine Klageänderung vorgenommen; er wirke nur gegenüber dem notwendig

---

1376 Zum Streitstand vgl. *Bier*, in: Schoch/Schneider/Bier, VwGO, 25. EL 2013; § 65 Rdnr. 39 f.

1377 BVerwGE 104, 182 (185 f.); *Czybulka*, in: Sodan/Ziekow, VwGO, 3. Aufl. 2010, § 65 Rdnr. 186 f.; *Porz*, in: Fehling/Kastner, VwGO, 3. Aufl. 2012, § 65 Rdnr. 25; *Bier*, in: Schoch/Schneider/Bier, VwGO, 25. EL 2013, § 65 Rdnr. 40; *Guckelberger*, JuS 2007, 436 (441).

1378 *Porz*, in: Fehling/Kastner, VwGO, 3. Aufl. 2012, § 65 Rdnr. 25; *Czybulka*, in: Sodan/Ziekow, VwGO, 3. Aufl. 2010, § 65 Rdnr. 187.

1379 *Bettermann*, ZZP 90 (1977), 121 (124 f); *Schmidt*, in: Eyermann/Fröhler, VwGO, 13. Aufl. 2010, § 66 Rdnr. 10; OVG Münster, OVGE 8, 228 (230); *Redeker*, in: Redeker/v. Oertzen, VwGO, 15. Aufl. 2010, § 66 Rdnr. 11.

Beigeladenen.[1380] Der Kläger nehme insoweit eine andere Beteiligtenstellung ein und sei wie ein Beigeladener zu behandeln.[1381] Die Befugnis des notwendig Beigeladenen nach § 66 S. 2 VwGO sei insofern einem Anschlussrechtsmittel vergleichbar.[1382]

Seine Antragsbefugnis werde nur durch die für die übrigen Beteiligten geltenden Vorschriften der §§ 42 Abs. 2, 74 VwGO begrenzt und unterliege damit grds. denselben Zulässigkeitsvoraussetzungen wie die Anträge des Klägers. Der notwendig Beigeladene muss bei Stellung abweichender Sachanträge also geltend machen können, in eigenen subjektiv- öffentlichen Rechten im Sinne des § 42 Abs. 2 VwGO verletzt zu sein. Hat der Beigeladene es dabei versäumt, einen möglichen fristgebundenen Rechtsbehelf rechtzeitig einzulegen, führe dies entsprechend zur Unzulässigkeit seines Antrags.[1383]

Dieser Ansicht ist zuzustimmen. Die nach dem Wortlaut des § 66 S. 2 VwGO vorgesehene Möglichkeit, abweichende Sachanträge – nach Maßgabe der §§ 42 Abs. 2 VwGO – bereits im fremden Prozess stellen zu können, die er anderenfalls in einem gesonderten gerichtlichen Verfahren geltend machen müsste, ist zum Zwecke der Entlastung der Gerichte bereits aus verfahrensökonomischen Gesichtspunkten geboten, soweit dem Kläger hierdurch im Vergleich zu einem anschließenden Prozess kein Nachteil erwächst. Dies ist jedoch deshalb nicht zu befürchten, da die Dispositionsbefugnis über die Prozesslage bei den Hauptparteien verbleibt.

bb) Abweichender Sachantrag der öffentlichen Hand im Bau-, und Immissionsschutzrecht

Wird die öffentliche Hand notwendig beigeladen, gilt für sie nichts anderes. So kann sie als notwendig Beigeladene im Anfechtungsstreit eines Bauherrn gegen eine ihn belastende Auflage, die Anfechtung der gesamten Baugenehmigung

---

1380 *Bier*, in: Schoch/Schneider/Bier, VwGO, 25. EL 2013, § 66 Rdnr. 6; *Kopp/Schenke*, VwGO, 19. Aufl. 2013, § 66 Rdnr. 6 f., der eine Begrenzung durch die Rechte des Beigeladenen nach § 42 Abs. 2 VwGO annimmt; *Czybulka*, in: Sodan/Ziekow, VwGO, 3. Aufl. 2010, § 66 Rdnr. 20.

1381 BVerwG, VIZ 2000, 659 f.

1382 Vgl. BVerwG, VIZ 1998, 563 (564).

1383 *Bier*, in: Schoch/Schneider/Bier, VwGO, 25. EL 2013, § 66 Rdnr. 6, *Kopp/Schenke*, VwGO, 19. Aufl. 2013, § 66 Rdnr. 7.

beantragen,[1384] soweit sie hierzu auch klagebefugt wäre. Dies richtet sich danach, ob sie durch die Baugenehmigung in ihren öffentlichen Rechten verletzt wird.[1385]

Ähnlich hat das VG Stuttgart in seinem Urteil vom 31.01.2001[1386] entschieden, dass eine notwendig beigeladene Gemeinde im Anfechtungsstreit des klagenden Anlagenbetreibers gegen die einer immissionsschutzrechtlichen Genehmigung hinzugefügte belastende Nebenbestimmung nur dann eine vom Streitgegenstand abweichende Aufhebung der gesamten Genehmigung begehren kann, wenn sie selbst hiergegen hätte klagen können und die Klagefrist bei Stellung des abweichenden Sachantrages noch nicht abgelaufen ist.

cc) Abweichender Sachantrag der öffentlichen Hand im Vermögensrecht

Die Überprüfung fristgemäßer Rechtsbehelfe ist lediglich in den Fällen obsolet, in denen dem Beigeladenen mangels Beschwer zunächst kein Angriff der streitgegenständlichen Verfügung des Beklagten möglich war, da erst die Entscheidung des Verwaltungsgerichts erstmalig eine Beschwer herbeiführen kann.[1387]

Diese Fallgestaltung ist zuletzt in vermögensrechtlichen Streitigkeiten angenommen worden, in denen das zuständige Amt oder Landesamt zur Regelung offener Vermögensfragen in seinem Bescheid zunächst die Berechtigung des Antragstellers – und damit eine Entschädigungsberechtigung dem Grunde nach – festgestellt sowie gleichzeitig eine darüber hinausgehende Restitution aufgrund etwaiger Restitutionsausschlussgründe abgelehnt hat. Der Verfügungsberechtigte sei durch die Berechtigtenfeststellung zunächst nicht „beschwert“, so dass er diese nicht anfechten könne.[1388] Erhebt der Berechtigte jedoch nur in Be-

---

1384 *Kopp/Schenke*, VwGO, 19. Aufl. 2013, § 66 Rdnr. 6; Stettner, JA 1982, 394 (399); *Bier*, in: Schoch/Schneider/Bier, VwGO, 25. EL 2013, § 66 Rdnr. 6.

1385 Siehe oben D.IV.1., S. 166 ff.

1386 VG Stuttgart - 16 K 2547/00, BeckRS 2006, 22884.

1387 *Bier*, in: Schoch/Schneider/Bier, VwGO, 25. EL 2013, § 66 Rdnr. 6, *Kopp/Schenke*, VwGO, 19. Aufl. 2013, § 66 Rdnr. 7.

1388 Vgl. hierzu auch BVerwG, VIZ 2000, 715, wonach eine Beschwer des Verfügungsberechtigten in Bezug auf die Berechtigtenfeststellung nur gegeben sei, wenn sie Gegenstand eines Teilbescheides sei. Wird dagegen mit der Berechtigtenfeststellung zugleich der Restitutionsanspruch abgelehnt, werde diese Beschwer überholt, so dass dem Verzug auf die Versagung der Restitution Verpflichtungsklage, könnte die dann notwendig beizuladende verfügungsberechtigte Bundesrepublik durch die Entscheidung des Gerichts erstmalig betroffen werden. Sie könne daher aufgrund ihrer notwendigen Beiladung auch abweichend vom Streitgegenstand die zwischen Kläger und Beklagtem bereits bestandskräftige Teilentscheidung der Berechtigtenfeststellung anfechten, zumal diese auch Tatbestandsmerkmal der Restitution sei.[1389]

Muss der Kläger durch den abweichenden Sachantrag nunmehr befürchten, seine Berechtigtenstellung und die hieran geknüpfte Entschädigungsberechtigung zu verlieren, verbleibt ihm aufgrund der vorliegenden Besonderheit der erstmaligen Beschwer durch die gerichtliche Entscheidung nur noch die Möglichkeit, im Rahmen seiner Dispositionsbefugnis über den Streitgegenstand[1390] die ursprünglich beschiedene Rechtsposition ggf. durch Klagerücknahme zu sichern.

Die Rechtsprechung ist zwar bezogen auf die grundsätzlichen prozessualen Möglichkeiten eines notwendig Beigeladenen zutreffend, verkennt aber, dass die Bundesrepublik als Verfügungsberechtigte für ihren Sachantrag auch klagebefugt i.S.d. § 42 Abs. 2 VwGO sein muss. Die Klagebefugnis steht ihr nur dann zu, wenn sie geltend machen kann, durch die rechtswidrige Restitution in ihren eigenen wehrfähigen öffentlichen Rechten verletzt zu werden. Wie bereits zu **D. V. 2. c)** dargelegt wurde, vermittelt das Vermögensgesetz der verfügungsberechtigten öffentlichen Hand keine drittschützenden Rechtspositionen in Bezug auf ihre Eigentümerstellung oder Verfügungsbefugnis. Sie kann sich allenfalls auf private Abwehrrechte gemäß §§ 903 ff. BGB berufen, die jedoch für die Geltendmachung der verwaltungsgerichtlichen Klagebefugnis nicht genügen. Auch beinhaltet das Vermögensgesetz keine Regelungen, die privatrechtlich ausgestaltete Eigentums- bzw. Verfügungspositionen ins öffentliche Recht überleiten und ihnen öffentlich-rechtlichen Schutz gewähren, wie etwa im Bau-, Immissions-

---

fügungsberechtigten regelmäßig das Rechtsschutzbedürfnis fehle, die Berechtigtenfeststellung anzufechten.

1389 Zur notwendigen Beiladung der Bundesrepublik Deutschland: *VG Frankfurt (Oder)*, Urteil vom 08.03.2005 – 3 K 1057/97 –, Juris; bestätigt durch *BVerwG*, Beschluss vom 31.05.2006 – 8 B 100/05 –, Juris; vgl. auch dass., VIZ 1998, 563 (564); dass., NVwZ 2008, 916 f.

1390 Vgl. OVG Münster, NVwZ-RR 2010, 166 (167).

schutz- oder Fachplanungsrecht. Im Gegensatz zu Privaten oder Gemeinden kann die verfügungsberechtigte Bundesrepublik sich auch nicht auf (subjektive) wehrfähige Rechtspositionen des Verfassungsrechts berufen, weil ihr weder der Eigentumsschutz aus Art. 14 Abs. 1 GG noch der kommunale Eigentumsschutz im Rahmen der Selbstverwaltungsgarantie gemäß Art. 28 Abs. 2 GG zusteht. Sie bleibt vielmehr darauf angewiesen, dass der Gesetzgeber sie mit wehrfähigen einfachgesetzlichen Rechtspositionen ausstattet, was er im Vermögensgesetz indes versäumt hat. Ihr ist die Befugnis zur Stellung von abweichenden Sachanträgen daher aus demselben Grunde zu versagen wie im Falle einer unmittelbaren Anfechtung.

4. Beiladung in Massenverfahren

Gemäß § 65 Abs. 3 VwGO kann das Gericht in Massenverfahren durch unanfechtbaren Beschluss anordnen, dass nur solche Personen notwendig beigeladen werden, die innerhalb einer bestimmten Frist von mindestens 3 Monaten seit Veröffentlichung des Beschlusses einen entsprechenden Antrag stellen. Werden Personen von der Entscheidung in besonderem Maße betroffen, sollen diese auch ohne Antrag beigeladen werden (Satz 7). Diese Regelung kommt nur zum Tragen, wenn nach den Erkenntnissen des Gerichts eine notwendige Beiladung von mehr als 50 Personen wahrscheinlich ist. Der Beschluss ist nebst Frist im elektronischen Bundesanzeiger bekanntzugeben und in der Tagespresse der örtlich betroffenen Region zu veröffentlichen.[1391]

Massenverfahren kommen ebenfalls grundsätzlich für die unter **3.** genannten Verfahrensarten in Betracht. Aufgrund der Frist von mindestens drei Monaten stehen ihrer Anwendung im Eilverfahren jedoch Gründe effektiven Rechtsschutzes entgegen.[1392]

1391 *Bier*, in: Schoch/Schneider/Bier, VwGO, 25. EL 2013, § 66 Rdnr. 34.
1392 OVG Greifswald, NVwZ 2000, 945 (946).

III. Vertreter des Bundesinteresses beim Bundesverwaltungsgericht und Vertreter öffentlichen Interesses sowie weitere Beteiligte

Neben Kläger, Beklagtem und Beigeladenem sind auch der Vertreter des Bundesinteresses beim Bundesverwaltungsgericht (§ 35 VwGO)[1393] und der Vertreter des öffentlichen Interesses (§ 36 VwGO) mögliche Beteiligte nach § 63 Nr. 4 VwGO. Im Gegensatz zu den anderen Beteiligten erlangen sie erst mit einseitiger Erklärung, dass sie sich beteiligen, die Rolle eines Beteiligten.[1394] Die Bundesregierung hat gemäß § 35 Abs. 1 VwGO zwingend einen Vertreter des Bundesinteresses beim Bundesverwaltungsgericht zu bestellen. Nach Absatz 2 kann er sich an jedem Verfahren vor dem Bundesverwaltungsgericht, abgesehen von den Verfahren vor den Wehrdienstsenaten, beteiligen.

Ob die Länder einen Vertreter öffentlichen Interesses nach § 36 VwGO bei den Verwaltungs- und Oberverwaltungsgerichten bestimmen, ist ihnen freigestellt.[1395] Das Amt des Vertreters öffentlichen Interesses ist – teilweise unter Einschränkung seiner Befugnisse – in den Bundesländern Bayern, Mecklenburg-Vorpommern, Rheinland-Pfalz und Thüringen eingerichtet worden. Die Länder Baden-Württemberg und Schleswig-Holstein haben dagegen jeweils das bislang dort eingerichtete Amt im Jahre 1997 aufgehoben.[1396] In Nordrhein-Westfalen ist das Amt des Vertreters des öffentlichen Interesses mit Ablauf des Jahres 2008 weggefallen, vgl. § 2 S. 2. VertÖflntVO NRW.

Der Vertreter des Bundesinteresses kann sich ausschließlich an den beim Bundesverwaltungsgericht anhängigen Verfahren beteiligen, ohne jedoch selbst Revision und Anschlussrevision einlegen zu können.[1397] Der Vertreter des öffentlichen Interesses kann sich dagegen nur an den beim Verwaltungsgericht oder Oberverwaltungsgericht bzw. Verwaltungsgerichtshof anhängigen Verfah-

1393 Vormals Oberbundesanwalt, Bezeichnung geändert durch Gesetz vom 9.7.2001 (BGBl I S. 1510).

1394 BVerwGE 75, 337 (339).

1395 Vgl. *Bier*, in: Schoch/Schneider/Bier, VwGO, 25. EL 2013, § 63 Rdnr. 6.

1396 Vgl. *Gerhardt/Olbertz*, in: Schoch/Schneider/Bier, VwGO, 25. EL 2013, § 36 Rdnr. 5 ff.

1397 BVerwGE 96, 258 (259 f.) zum Oberbundesanwalt.

ren beteiligen und gegen deren Entscheidungen Rechtsmittel einlegen, ohne sich jedoch am Verfahren vor dem Bundesverwaltungsgericht beteiligen zu können.

Die Erklärungen der jeweiligen Vertreter können in jedem Stadium des Verfahrens bis zum Ablauf der Rechtsmittelfristen abgegeben werden.[1398]

Neben den in § 63 VwGO Beteiligten könne auch weitere Beteiligte als Vertreter besonderer Bundesinteressen durch Bundesgesetz bestimmt werden.[1399] Hierzu zählen die vom Bundesministerium der Verteidigung zu bestellenden Wehrdisziplinaranwälte sowie der Bundeswehrdisziplinaranwalt beim Bundesverwaltungsgericht gemäß § 81 WDO und die Vertreter der Finanzinteressen, die nach § 56 Bundesleistungsgesetz und § 18 Schutzbereichsgesetz im Rahmen des den Zivilgerichten zugeordneten Entschädigungsfestsetzungsverfahrens tätig werden können. Darüber hinaus ist die Beiladung der Handwerkskammer in §§ 8 Abs. 4 HS. 2, 7a Abs. 2 und 7b Abs. 2 S. 2 HWO bei einer Klage des Handwerkers gegen Versagungen der in §§ 7a, 7b geregelten Ausübungsberechtigung sowie der Ausnahmebewilligung nach § 8 HWO gesetzlich angeordnet.

Weitere Beteiligtenämter, wie u.a. der Bundesbeauftragte für Asylangelegenheiten gemäß § 6 AsylVfG i.d.F. vom 27.07.1993, der Vertreter des Interesses des Ausgleichsfonds für Verfahren nach dem LAG gemäß § 316 LAG i.d.F. vom 01.10.1969, der Vertreter der Finanzinteressen nach § 56 BLG und § 18 SchBG sowie der Bundesdisziplinaranwalt gemäß §§ 37 ff. BDO sind inzwischen aufgelöst worden (vgl. § 87b AsylVfG; Art. 1 des Gesetzes vom 21.07.2004, BGBl. I S. 1742, zu § 316 LAG (a.F.); § 85 Abs. 4 BDG.

1398 BVerwG, NVwZ-RR 1997, 519.

1399 *Czybulka*, in: Sodan/Ziekow, VwGO, 3. Aufl. 2010, § 63 Rdnr. 19.

F. Zusammenfassung in Thesen

1. Die Entstehung des verwaltungsgerichtlichen Rechtsschutzes und des Rechtsinstituts des subjektiven öffentlichen Rechts sind auf das grundlegende Bestreben des einzelnen Untertans, sich angemessen gegen Eingriffe der Obrigkeit zur Wehr setzen zu können, zurückzuführen.[1400] Dementsprechend erfasste die Zuerkennung subjektiver öffentlicher Rechte in der Literatur bis Mitte des 19. Jahrhunderts nur Rechtspositionen der Untertanen gegen den Souverän bzw. den Staat.[1401]

2. Erst Vertreter der modernen Lehre vom subjektiven Recht – wie *G. Jellinek* und mit gewisser Distanz *Bühler* – haben in Folge der Verarbeitung der Rechtsentwicklung im 19 Jahrhundert auch (subjektive) öffentliche Rechte des Staates thematisiert.[1402] Diese Ansicht ist durch die Weimarer Zeit hindurch insbesondere von *W. Jellinek* und *Thoma* weiter fortgeführt worden.[1403] Verwaltungsgerichtlichen Rechtsschutz für bestimmte Organisationsformen des Staates gab es nur vereinzelt in dem auf objektive Kontrolle ausgerichteten preußischen Recht.[1404]

3. Die Notwendigkeit, dem Staat in bestimmten Angelegenheiten Rechtsschutzmöglichkeiten vor den Verwaltungsgerichten zu gewähren, bildete sich erst in der Zeit der heutigen Verwaltungsgerichtsordnung heraus.[1405] Sie ist der erheblichen Erweiterung des Verwaltungsapparates durch vielfältige horizontale und vertikale Gliederungen des Staates in unterschiedliche Verwaltungsträger und Organe sowie der unterschiedlichen Willensbildungen innerhalb dieser geschuldet.[1406] Hieraus resultierende Streitfälle unter verschiedenen Verwaltungsträgern sowie Organen und Organteilen erfordern daher unter bestimmten Voraussetzungen eine verwaltungsgerichtliche Klärung.[1407]

1400 Dazu unter A.I., S. 6 ff.
1401 Dazu unter A.II., S. 14 ff.
1402 Dazu unter A.II., S. 18 ff.
1403 Dazu unter A.IV., S. 33 f.
1404 Dazu unter A.III., S. 25 f.
1405 Dazu unter C.II., S. 104 f.
1406 Dazu unter B., S. 48 ff.
1407 Dazu unter D.III.3. und 4., S. 154 ff.

4. Ein verwaltungsgerichtlicher Rechtsschutz zugunsten der öffentlichen Hand ist dennoch verfassungsrechtlich grundsätzlich nicht vorgesehen. Die Hauptfunktion der heutigen Verwaltungsgerichtsbarkeit bildet nach den verfassungsrechtlichen Vorgaben des Art. 19 Abs. 4 GG der Individualrechtsschutz, der dem Einzelnen die Möglichkeit gewährleisten soll, sich wirksam gegen rechtswidrige Verletzungen seiner subjektiven Rechte durch die öffentliche Hand gerichtlich zur Wehr zu setzen.[1408] Juristische Personen des öffentlichen Rechts werden hiervon nicht erfasst, soweit sie sich nicht auf Grundrechte berufen können. Dies betrifft auch solche juristische Personen des Privatrechts, die sich überwiegend im Eigentum der öffentlichen Hand befinden,[1409] sowie Gemeinden und Gemeindeverbände.[1410]

5. Die verfassungsrechtlichen Grundsätze des Art. 19 Abs. 4 GG und die der Gewaltenteilung gelten gleichermaßen auch für die Judikative in Fragen der Rechtsfortbildung, Auslegung und Anwendung des Prozessrecht sowie des materiellen Rechts. Der Verwaltungsgerichtsbarkeit obliegt es gerade nicht, jegliche parlamentarische Unbestimmtheit auszugleichen. Hier bleibt der Gesetzgeber gefordert, entsprechende Konkretisierungen vorzunehmen.[1411]

6. Prozessualen Schutz erfahren die nicht grundrechtsdienenden juristischen Personen des öffentlichen Rechts durch das einfache Recht. Dementsprechend obliegt es dem Gesetzgeber, den betroffenen Hoheitsträgern Rechte im Sinne des § 42 Abs. 2 VwGO einzuräumen. Gemeinden und Gemeindeverbände können sich dabei zusätzlich auf die in Art. 28 Abs. 2 GG verankerte Selbstverwaltungsgarantie berufen.[1412]

7. Obgleich die Verwaltungsgerichtsordnung auf Außenrechtsverhältnisse zugeschnitten ist, ermöglicht sie auch der nicht grundrechtsdienenden öffentlichen Hand, verwaltungsgerichtlichen Rechtsschutz für ihre kompetenzrechtlichen und organschaftlichen (Binnen-)Streitigkeiten in Anspruch zu nehmen.[1413] Voraussetzung hierfür ist, dass die Rechtsordnung sie als Zurechnungsendsubjekt an-

---

1408 Dazu unter C.I.1.a), S. 67 ff.
1409 Dazu unter C.I.1.a)bb), S. 73 f.
1410 Dazu unter C.I.1.a)bb), S. 75 ff.
1411 Dazu unter C.I.1.c), S. 86 ff. und C.I.2., S. 93 ff.
1412 Dazu unter C.II.2.b)aa), S. 123 f.
1413 Dazu unter C.II., S. 105 ff. und D.I., S. 132 ff.

sieht und mit wehrfähigen Rechten ausstattet. Ferner muss für die Klage ein Rechtsschutzbedürfnis bestehen, welches der öffentliche Hand regelmäßig in solchen Fällen fehlt, in denen sie ihr Klageziel durch eigene einseitige Regelung oder auf einem einfacheren verwaltungsinternen Weg, etwa über eine gemeinsame Verwaltungsspitze, erreichen kann. [1414]

8. Bei Anfechtungs- und Verpflichtungsklagen muss die öffentliche Hand im Rahmen der Klagebefugnis gemäß § 42 Abs. 2 VwGO geltend machen können, in ihren eigenen öffentlichen Rechten verletzt zu sein. Zivilrechtliche Rechtspositionen sind von der Klagebefugnis nicht mitumfasst. Dies erweist sich für die öffentliche Hand insbesondere in solchen Fällen als schwierig, in denen es um den Schutz des zivilrechtlich ausgestalteten Eigentums im Sinne der §§ 903 ff. BGB geht. Während das Eigentumsrecht für den Privaten über Art. 14 GG öffentlich-rechtlich abgesichert ist, kann die öffentliche Hand im Falle fehlender Grundrechtsfähigkeit nur solche Rechte geltend machen, die ihr die einfachgesetzliche öffentliche Rechtsordnung zu ihrem Schutz zuweist. Eine Ausnahme bilden lediglich Gemeinden und Gemeindeverbände, soweit sie sich auf die in Art. 28 Abs. 2 GG verankerte Selbstverwaltungsgarantie berufen können.[1415]

9. Bei der Ermittlung wehrfähiger Rechte im Sinne des § 42 Abs. 2 VwGO ist zunächst zwischen zwei- und mehrpoligen Rechtsverhältnissen zu unterscheiden. Soweit die öffentliche Hand Adressatin belastender Verwaltungsakte ist, kann sich die Klagebefugnis ggf. unter Anwendung der Auslegungsregeln bereits aus der Eingriffsnorm ergeben.[1416] Dies betrifft z.B. die Fälle formeller und materieller Polizeipflichtigkeit juristischer Personen.[1417] Ähnliches gilt für die Verpflichtungssituation, in der nur nach Maßgabe des einschlägigen Rechts der öffentlichen Hand ein Anspruch auf eine behördliche Entscheidung zustehen kann.[1418]

10. In mehrpoligen Rechtsverhältnissen ist maßgeblich, ob das jeweilige Fachrecht der betroffenen öffentlichen Hand als Dritte schützenswerte Rechtspositio-

---

1414 Dazu unter D.III.3. und 4., S. 154 ff. und S. 160 ff.
1415 Dazu unter C.II.2.b)bb), S. 125 ff.
1416 Dazu unter D.III.1., S. 143 ff.
1417 Dazu unter D.III.1.a), S. 145 ff.
1418 Dazu unter D.III.2., S. 153 f.

nen einräumt.[1419] Dies wird grundsätzlich bei den Regelungen angenommen, die einen Hoheitsträger namentlich berücksichtigen oder an eine bestimmte Eigenschaft oder Sachherrschaft anknüpfen und diesen wehrfähige Rechte zuweisen, wie z.B. der Begriff des Nachbarn, des Anlagenbetreibers oder Eigentümers, zumal diese nicht zwischen privater und öffentlicher Rechtsträgerschaft unterscheiden. Solche Regelungen finden sich überwiegend im Bau- und Bauplanungsrecht sowie im Umwelt- und Immissionsschutzrecht.[1420]

11. Die Gemeinden nehmen in diesen Rechtsgebieten eine Sonderstellung ein. In Konkretisierung der Selbstverwaltungsgarantie gewährt ihnen das Bauplanungsrecht bestimmte Mitwirkungs-, Beteiligungs- und Abwehrrechte (so z.B. in §§ 1 Abs. 7, 2 Abs. 2, 4, 36, 38 BauGB) in Bezug auf Bebauungsplanungen von Nachbargemeinden, – planungsbedürftige – Einzelbauvorhaben im Außenbereich und unbeplanten Innenbereich. Weitere Abwehrrechte der Gemeinde können sich insbesondere aus den in der Selbstverwaltungsgarantie verbürgten Planungshoheit und Finanzhoheit bzw. der Trägerschaft für Einrichtungen der Daseinsvorsorge ergeben.[1421] Entsprechendes gilt für das Fachplanungsrecht. So sind bei örtlichen und überörtlichen fachplanungsrechtlichen Verfahren den Gemeinden formelle Mitwirkungsrechte mit unterschiedlichen Rechtsfolgen in den jeweiligen Fachgesetzen vorbehalten. Darüber hinaus wird den Gemeinden materiell ein Recht auf gerechte Abwägung ihrer öffentlichen Belange zugestanden. Dabei entspricht aber der Schutz kommunalen Eigentums nicht dem weitreichenden Eigentumsschutz Privater. Insofern kann sich eine Gemeinde gegen ein fachplanungsrechtliches Verfahren nur auf ihre eigenen Belange berufen und keine umfassende Abwägungskontrolle bezogen auf Belange der Allgemeinheit fordern, wie etwa ein enteignungsbetroffener Privater gemäß Art. 14 Abs. 3 GG. Dies gilt für den möglichen Einwand der fehlenden Planrechtfertigung entsprechend, der den Gemeinden nur verkürzt im Hinblick auf die Erforderlichkeit und Realisierbarkeit der Fachplanung zusteht.[1422]

12. Den Bundesländern kann ebenfalls eine Klagebefugnis gegen Planfeststellungsbeschlüsse oder -genehmigungen des Bundes zuteilwerden. Voraussetzung dafür ist, dass die vom Land geltend gemachten Belange durch einfaches öffent-

---

1419 Dazu unter D.IV., S. 164 ff.

1420 Dazu unter D.IV.1., S. 166 ff.

1421 Dazu unter D.IV.1., S. 169 ff. und unter D.IV.2., S. 172 ff.

1422 Dazu unter D.IV.3.a), S. 179 ff.

liches Recht wehrfähig ausgestaltet sind, wie z.B. die Belange der Landeskultur und Wasserwirtschaft, für die § 14 Abs. 3 WaStrG die notwendige Herstellung des Einvernehmens mit der zuständigen Landesbehörde vorsieht. Ferner ist Voraussetzung, dass dem Land nach dem jeweiligen Fachgesetz eine eigene Verwaltungs- und Vollzugshoheit verbleibt.[1423]

13. Wird die öffentliche Hand als Eigentümerin von Grundstücken betroffen, die keinen (kommunalen) öffentlich schützenswerten Zwecken dienen, können ihr die zivilrechtlichen Abwehrrechte aus §§ 903 ff. BGB allein keine Klagebefugnis vermitteln. Die öffentliche Hand ist zu ihrer verwaltungsgerichtlichen Geltendmachung darauf angewiesen, dass diese Rechtsposition durch den Gesetzgeber entsprechend ins einfachgesetzliche öffentliche Recht „transformiert" wird. Solche eigentumsschützenden „Transformationsregelungen" ergeben sich durch Auslegung der jeweiligen Fachgesetze, wie z.B. aus dem Schutz der „Nachbarschaft" in § 5 Abs. 1 S. 1 Nr. 1 BImSchG, der „Rechte eines anderen" i.S.d. § 8 Abs. 3 S. 2 Nr. 3 AbfG oder der „privaten Belange", die im fachgesetzlich normierten Abwägungsvorgang zu berücksichtigen sind.[1424]

14. Diese Grundsätze gelten auch für das eigentumsrelevante Vermögenszuordnungs- und Vermögensrecht. In vermögenszuordnungsrechtlichen Angelegenheiten ist die Klagebefugnis der öffentlichen Hand, namentlich des Bundes, gemäß § 1 Abs. 1 S. 4 VZOG gesetzlich angeordnet.[1425] Das Vermögensgesetz beinhaltet dagegen keine solchen Reglungen zugunsten der öffentlichen Hand.[1426] Besonderheiten gelten wiederum für Gemeinden, denen Art. 28 Abs. 2 GG ggf. eine Klagebefugnis gegen die etwaig rechtswidrige Restitutionsentscheidung vermitteln kann.[1427]

15. Soweit das Bundesverwaltungsgericht in seiner vermögensrechtlichen Rechtsprechung die Klagebefugnis der öffentlichen Hand bejaht, verstößt es gegen die zuvor herausgestellten Grundsätze.[1428] Das zivilrechtliche Eigentum bzw. die in § 2 Abs. 3 VermG definierte (zivilrechtliche) Verfügungsbefugnis

---

1423 Dazu unter D.IV.3.b), S. 186 ff.
1424 Dazu unter D.IV.4., S. 188 ff.
1425 Dazu unter D.V.1., S. 194 ff.
1426 Dazu unter D.V.2.c), S. 203 ff.
1427 Dazu unter D.V.2.e), S. 219 ff.
1428 Dazu unter D.V.2., S. 196 ff.

vermitteln dem öffentlichen Rechtsträger keine Abwehrrechte im Sinne des § 42 Abs. 2 VwGO. Das Vermögensgesetz hält im Gegensatz zum Fachplanungsrecht keine öffentlich-rechtliche „Transformationsnorm“ zum Schutze zivilen Eigentums für die öffentliche Hand bereit.[1429]

16. Ein Bedürfnis nach richterrechtlicher Korrektur des Regelungsdefizits im Vermögensgesetz zugunsten der öffentlichen Hand ist durch das Verfassungsrecht nicht vorgegeben, soweit nicht die Selbstverwaltungsgarantie im Sinne des Art. 28 Abs. 2 GG betroffen ist. Die richterliche Zuweisung wehrfähiger Rechte an die öffentliche Hand steht insoweit dem Grundsatz der Gewaltenteilung entgegen. Hiernach obliegt es dem Gesetzgeber – insbesondere außerhalb der Intention des Grundgesetzes – wehrfähige Rechte zu schaffen.[1430]

17. Auch die weitere Prozessbeteiligung der öffentlichen Hand als Beklagte oder Beigeladene hängt von der Erfüllung der jeweiligen verfahrensrechtlichen Voraussetzungen ab. Für ihre Beteiligung als Beigeladene ist zu beachten, dass ihre Beteiligung als Hauptpartei die Beiladung ausschließt, es sei denn, sie ist ausdrücklich spezialgesetzlich geregelt (vgl. § 1 Abs. 1 S. 1 VZOG) oder aufgrund eigener wehrfähiger Rechte gegenüber der Hauptpartei anerkannt.[1431]

18. Die öffentliche Hand kann als notwendig Beigeladene gemäß § 65 Abs. 2 VwGO über den Streitgegenstand hinaus abweichende Sachanträge stellen, soweit sie hierzu u.a. klagebefugt im Sinne des § 42 Abs. 2 VwGO ist. So kann der betroffene öffentliche Rechtsträger z.B. im Anfechtungsstreit eines Bauherrn oder eines Anlagenbetreibers gegen belastende Auflagen die Genehmigung in Gänze anfechten, wenn er hierzu klagebefugt ist.[1432] Soweit die Rechtsprechung dies auch auf vermögensrechtliche Streitigkeiten überträgt, indem sie den betroffenen öffentlichen Rechtsträger beilädt und ihm einen abweichenden Sachantrag zubilligt, verkennt sie, dass es hierzu an der erforderlichen Klagebefugnis fehlt.[1433]

1429 Dazu unter D.V.2.d), S. 215 ff.

1430 Dazu unter D.V.2.f), S. 226 ff.

1431 Dazu unter E.I., S. 230 ff. und unter E.II., S. 238 ff.

1432 Dazu unter E.II.3.d)aa) und bb), S. 256 ff.

1433 Dazu unter E.II.3.d)cc), S. 258 ff.

G. Literaturverzeichnis

Achterberg, Norbert, Die Klagebefugnis - eine entbehrliche Sachurteilsvoraussetzung?, DVBl. 1981, S. 278-283.

Anschütz, Gerhard, Die Verfassung des Deutschen Reiches vom 11. August 1919, 14. Auflage, Berlin, Stilke, 1933.

Apelt, Willibalt, Der Instanzenzug der Verwaltung in Reich und Ländern: Referat über „Angleichung von Organisation und Verfahren in der Verwaltung von Reich und Ländern", Leipzig und Berlin, B. G. Teubner, 1929.

Bader, Johann/Funke-Kaiser, Michael/Stuhlfauth, Thomas/von Albedyll, Jörg (Hrsg.), Verwaltungsgerichtsordnung, 5. Auflage, Heidelberg, C. F. Müller, 2011.

Bader, Johann/Ronellenfitsch, Michael (Hrsg.), Beck'scher Online-Kommentar: VwVfG, 21. Edition, München, C.H. Beck, Stand: 01.10.2013.

Baer, Susanne, Kernbereiche der Regierung und Befugnisse des Parlaments, Der Staat 40 (2001), S. 525-552.

Bähr, Otto, Der Rechtsstaat: eine publicistische Skizze, Neudruck der Ausgabe 1864, Aalen, Scientia, 1961.

Bambey, Wolfgang, Nachbarschutz für kommunales Privateigentum, DVBl. 1983, S. 936-939.

Battis, Ulrich/Krautzberger, Michael/Löhr, Rolf-Peter (Hrsg.), Baugesetzbuch, 12. Auflage, München, C.H. Beck, 2014.

Bauer, Hartmut, Geschichtliche Grundlagen der Lehre vom subjektiven öffentlichen Recht, Berlin, Duncker & Humblot, 1986.

Becker, Bernd, Öffentliche Verwaltung: Lehrbuch für Wissenschaft und Praxis, Percha am Starnberger See, R. S. Schulz, 1989.

Becker-Birck, Hans-Henning, Der Insichprozess in der Verwaltungsgerichtsbarkeit , München, G. Bauknecht, Dissertationsdruckerei, 1966.

Bernet, Wolfgang, Das Problem der Gerichtsbarkeit über Verwaltungssachen in der Entwicklung der DDR, DÖV, 1990, S. 409-417.

Bethge, Herbert, Grundrechtsträgerschaft juristischer Personen - Zur Rechtsprechung des Bundesverfassungsgerichts -, AÖR 104 (1979), S. 54-111 und 265-298.

Bethge, Herbert, Grundfragen innerorganisationsrechtlichen Rechtsschutzes, DVBl. 1980, S. 309-315.

Ders., Zwischenbilanz zum verwaltungsrechtlichen Organstreit, DVBl. 1980, S. 824-825.

Ders., Aktuelle Aspekte der Verfassungsgarantie der kommunalen Selbstverwaltung, Die Verwaltung 15 (1982), S. 205-225.

Ders., Die Grundrechtsberechtigung juristischer Personen nach Art. 19 Abs. 3 Grundgesetz, Passau, Passavia Universitätsverlag, 1985.

Ders., Grundrechtsschutz von kommunalem Eigentum?, NVwZ 1985, S. 402-403.

Ders., Grundrechte und gerichtlicher Schutz, KritV 1990, S. 9-33.

Ders., Das Phantom der doppelten Verfassungsunmittelbarkeit, JuS 2001, S. 1100-1102.

Ders., Der Kommunalverfassungsstreit, § 28, in: Mann, Thomas/Püttner, Günter (Hrsg.), Handbuch der kommunalen Wissenschaft und Praxis, Band 1, 3. Auflage, Berlin, Heidelberg, Springer Verlag, 2007.

Bettermann, Karl August, Über die Beiladung im Verwaltungsstreitverfahren, DVBl. 1951, S. 72-74.

Ders., Der Schutz der Grundrechte in der ordentlichen Gerichtsbarkeit, in: Bettermann, Karl August/Nipperdey, Hans Carl/Scheuner, Ulrich (Hrsg.), Die Grundrechte: Handbuch der Theorie und Praxis der Grundrechte, Band 3 Halbband 2, Berlin, Duncker und Humblot, 1959, S. 779-908.

Ders., Anmerkung zu BVerwG, DVBl. 1965, 364 f., DVBl. 1965, S. 365-366.

Ders., Anmerkung zu BVerwG, MDR 1967, 950 f., MDR 1967, S. 951-952.

Ders., Streitgenossenschaft, Beiladung, Nebenintervention und Streitverkündung, ZZP 90 (1977), S. 121-131.

Blümel, Willi, Gemeinden und Kreise vor den öffentlichen Aufgaben der Gegenwart, VVDStRL 36 (1978), S. 171-275.

Ders., Wesensgehalt und Schranken des kommunalen Selbstverwaltungsrechts, in: v. Mutius, Albert (Hrsg.) Selbstverwaltung im Staat der Industriegesellschaft: Festgabe zum 70. Geburtstag von Georg Christoph v. Unruh, Heidelberg, R. v. Decker's Verlag, G. Schenck GmbH, 1983, S. 265-303.

Borowski, Martin, Die materielle und formelle Polizeipflicht von Hoheitsträgern, VerwArch 101 (2010), S. 58-85.

Brandt, Adelhaid/Kittke, Horst-Dieter (Hrsg.), RGV Rechtsprechung und Gesetzgebung zur Regelung offener Vermögensfragen, Band 2, 26. EL. (1996), Baden-Baden, Nomos-Verlags-Gesellschaft.

Breuer, Rüdiger, Ausbau des Individualschutzes gegen Umweltbelastungen als Aufgabe des öffentlichen Rechts, DVBl. 1986, S. 848-859.

Britz, Gabriele, Abschied vom Grundsatz fehlender Polizeipflicht von Hoheitsträgern?, DÖV 2002, S. 891-899.

Brohm, Winfried, Die Dogmatik des Verwaltungsrechts vor den Gegenwartsaufgaben der Verwaltung, VVDStRL 30 (1972), S. 245-306.

Ders., Wirtschaftstätigkeit der öffentlichen Hand und Wettbewerb, NJW 1994, S. 281 -289.

Bühler, Ottmar, Die subjektiven öffentlichen Rechte und ihr Schutz in der deutschen Verwaltungsrechtsprechung, Berlin, Stuttgart, Leipzig, Kohlhammer, 1914.

Ders., Der Einfluss des Steuerrechts auf die Begriffsbildung des öffentlichen Rechts, VVDStRL 3 (1927), S. 102-116.

Ders., Zur Theorie des subjektiven öffentlichen Rechts, in: Giacometti, Zaccaria/Schindler, Dietrich (Hrsg.), Festgabe für Fritz Fleiner zum 60. Geburtstag 24. Januar 1927, Tübingen, J. C. B. Mohr (Paul Siebeck), 1927, S. 26-58.

Ders., Altes und Neues über Begriff und Bedeutung der subjektiven öffentlichen Rechte, in: Bachof, Otto/Drath, Martin/Gönnewein, Otto/Walz, Ernst (Hrsg.), Forschungen und Berichte aus dem öffentlichen Recht: Gedächtnisschrift für Walter Jellinek, 12. Juli 1885 - 9. Juni 1955, München, Isar Verlag, 1955, S. 269-286.

Burgi, Martin, Verwaltungsorganisationsrecht, 2. Abschnitt, in: Erichsen, Hans-Uwe/Ehlers, Dirk (Hrsg.), Allgemeines Verwaltungsrecht, 14. Auflage, Berlin, De Gruyter, 2010, S. 253-328.

Christonakis, Giorgos, Sog. Bürgerverurteilungsklage - Eine prozessrechtliche Analyse mit sozialrechtlichem Bezug -, SGb 2002, S. 309-315.

Classen, Claus Dieter, Gesetzesvorbehalt und Dritte Gewalt: Zur demokratischen Legitimation der Rechtsprechung, JZ 2003, S. 693-701.

Clemm, Hermann/Etzbach, Ernst/Faßbender, Hermann Josef (Hrsg.), Rechtshandbuch Vermögen und Investitionen in der ehemaligen DDR, Band 2-3, München, C.H. Beck, Stand 52. Erg. 08/2008.

Degenhart, Christoph, Gerichtsverfahren, § 115, in: Isensee, Josef/Kirchhof, Paul (Hrsg.), Handbuch des Staatsrechts, Band V, 3. Auflage, Heidelberg, C.F. Müller, 2007, S. 761-811.

Ders., Der Verwaltungsvorbehalt, NJW 1984, S. 2184-2190.

Denninger, Erhard/Hoffmann-Riem, Wolfgang/Schneider, Hans-Peter/Stein, Ekkehart (Hrsg.), Kommentar zum Grundgesetz für die Bundesrepublik Deutschland (AK-GG), Loseblatt., 3. Auflage, Neuwied, Luchterhand, 2002.

Detterbeck, Steffen, Allgemeines Verwaltungsrecht mit Verwaltungsprozessrecht, 11. Auflage, München, C.H. Beck, 2013.

Dolzer, Rudolf/Waldhoff, Christian/Graßhof, Karin (Hrsg.), Bonner Kommentar zum Grundgesetz, Loseblatt., 153. Ergänzungslieferung, Stand August 2011, Heidelberg, C. F. Müller.

Dombert, Matthias, Wenn's ums Geld geht: Kommunale Finanzhoheit und die Zulässigkeitsvoraussetzungen des verfassungsgerichtlichen Rechtsschutzes, LKV 2009, S. 343-350.

Dörr, Dieter, Faires Verfahren: Gewährleistung im Grundgesetz der Bundesrepublik Deutschland, Kehl am Rhein, Straßburg, N.P. Engel, 1984.

Dreier, Horst, Hierarchische Verwaltung im demokratischen Staat. Genese, aktuelle Bedeutung und funktionelle Grenzen eines Bauprinzips der Exekutive, Tübingen, J.C.B. Mohr (Paul Siebeck), 1991.

Ders., Grundgesetz Kommentar, Band 1, 2. Auflage, Tübingen, Mohr Siebeck, 2004.

Ders., Grundgesetz Kommentar, Band. 2, 2. Auflage, Tübingen, Mohr Siebeck, 2006.

Drews, Bill, Verwaltungsreform, DJZ 1919, Sp. 361-366.

Ders., Preußische Verwaltungsreform, DJZ 1924, Sp. 583-587.

Ders., Vom Ausbau der preussischen Verwaltungsgerichtsbarkeit, ZgesStW 78 (1924), S. 586-610.

Ders., Verwaltungsstandrecht, DJZ 1929, Sp. 265-269.

Dürr, Hansjochen, Nachbarschutz im öffentlichen Baurecht, KommJur 2005, 201-211.

Ehlers, Dirk, Rechtsstaatliche und prozessuale Probleme des Verwaltungsprivatrechts, DVBl. 1983, S. 422-430.

Ders., Der gerichtliche Rechtsschutz der Gemeinde gegenüber Verwaltungsakten des Finanzamtes im Gewerbesteuerverfahren, Berlin, Duncker & Humblot, 1986.

Ders., Die Klagearten und besonderen Sachentscheidungsvoraussetzungen im Kommunalverfassungsstreitverfahren, NVwZ 1990, S. 105-112.

Ders., Die Klagebefugnis nach deutschem, europäischem Gemeinschafts- und U.S.-amerikanischem Recht, VerwArch 84 (1993), S. 139-177.

Ders., Rechtsprobleme der Kommunalwirtschaft, DVBl. 1998, S. 497-508.

Ders., Die allgemeine verwaltungsgerichtliche Leistungsklage, JURA 2006, S. 351-358.

Ders., Die Gemeindevertretung, § 21, in: Mann, Thomas/Püttner, Günter (Hrsg.), Handbuch der kommunalen Wissenschaft und Praxis: Band 1 Grundlagen und Kommunalverfassung, 3. Auflage, Berlin Heidelberg, Springer, 2007.

Ders., Allgemeine Sachentscheidungsvoraussetzungen verwaltungsgerichtlicher Rechtsschutzanträge (Teil III.), JURA 2008, S. 359-367.

Ders., Verwaltung und Verwaltungsrecht im demokratischen und sozialen Rechtsstaat, 1. Abschnitt, in: Erichsen, Hans-Uwe/Ehlers, Dirk (Hrsg.), Allgemeines Verwaltungsrecht, 14. Auflage, Berlin, De Gruyter, 2010, S. 1-251.

Emmert, Rudolf, Die Entwicklung der Verwaltungsgerichtsbarkeit in Bayern bis 1945, BayVBl. 1997, S. 8-12.

Epping, Volker/Hillgruber, Christian (Hrsg.), Beck'scher Online-Kommentar: GG, 19. Edition, Stand: 1.11.2013, München, C.H. Beck.

Erbguth, Wilfried /Stollmann, Frank, Erfüllung öffentlicher Aufgaben durch private Rechtssubjekte?, DÖV 1993, S. 798-809.

Erichsen, Hans-Uwe, Verfassungs- und verwaltungsgeschichtliche Grundlagen der Lehre vom fehlerhaften belastenden Verwaltungsakt und seiner Aufhebung im Prozeß - ein dogmengeschichtlicher Beitrag zu Rechtsbindung, Rechtswidrigkeit und Rechtsschutz im Bereich staatlicher Eingriffsverwaltung-, Frankfurt (Main), Athenäum Verlag, 1971.

Ders., Die Umsetzung von Beamten - Anmerkungen zu BVerwG, DVBl. 80, 882 - BVerwGE 60, 144 und BVerwG, DVBl. 1981, 495 -, DVBl.1982, S. 95-100.

Ders., Der Innenrechtsstreit, in: Erichsen, Hans-Uwe/Hoppe, Werner/v. Mutius, Albert (Hrsg.), System des verwaltungsgerichtlichen Rechtsschutzes: Festschrift für Christian-Friedrich Menger zum 70. Geburtstag, Köln, Berlin, Bonn, München, Carl Heymanns Verlag KG, 1985, S. 211-233.

Ders., Kommunalaufsicht- Hochschulaufsicht, DVBl. 1985, S. 943-949.

Ders., Allgemeine Handlungsfreiheit, § 152, in:, Isensee, Josef/Kirchhof, Paul (Hrsg.), Handbuch des Staatsrechts der Bundesrepublik Deutschland, Band VI, 2. Auflage, Heidelberg, C.F. Müller Verlag, 2001, S. 1185-1220.

Ernst, Werner/Zinkahn, Willy/Bielenberg, Walter/Krautzberger, Michael (Hrsg.), Baugesetzbuch, 110. Ergänzungslieferung, München, C.H.Beck, 2013.

Eyermann, Erich/Fröhler, Ludwig (Begr.), Verwaltungsgerichtsordnung, Kommentar, 13. Auflage, München, C. H. Beck, 2010.

Fehling, Michael/Kastner, Berthold (Hrsg.), Verwaltungsrecht VwVfG - VwGO - Nebengesetze, Handkommentar, 3. Auflage, Baden-Baden, 2012.

Fehrmann, Wilderich, Kommunalverwaltung und Verwaltungsgerichtsbarkeit, DÖV 1983, S. 311-319.

Ders., Rechtsfragen des Organstreits - Entwicklungstendenzen in der neuen Rechtsprechung – NWVBl. 1989, S. 303-311.

Fieberg, Gerhard/Reichenbach, Harald/Messerschmidt, Burkhard/Neuhaus, Heike (Hrsg.), VermG: Gesetz zur Regelung offener Vermögensfragen; Kommentar, Band 1, 27. Ergänzungslieferung November 2009, München, C.H. Beck.

Finkelnburg, Klaus/Dombert, Matthias/Külpmann, Christoph (Hrsg.) Vorläufiger Rechtsschutz im Verwaltungsstreitverfahren, 6. Auflage, München, C. H. Beck, 2011.

Fleiner, Fritz, Institutionen des Deutschen Verwaltungsrechts, Tübingen, J. C.B. Mohr (Paul Siebeck), 1911.

Floren, Dieter, Beteiligung im Vermögensrecht, VIZ 1997, S. 454-459.

Forsthoff, Ernst, Lehrbuch des Verwaltungsrechts, Allgemeiner Teil, Band 1, 7. und 8. Auflage, München und Berlin, C.H. Beck, 1958 und 1961.

Frantzen, Christopher, Rechtsfragen der vorläufigen Einweisung (§ 6a VermG), VIZ 1992, S. 249-257.

Franz, Thorsten, Der Kommunalverfassungsstreit, JURA 2005, S. 156-161.

Franzius, Claudio, Objektive Rechtskontrolle statt subjektiver Rechtsschutz? Umweltrechtsschutz im „System" des Verwaltungsrechts, NuR 2009, S. 384-387.

Friauf, Karl-Heinrich/Höfling, Wolfram (Hrsg.), Berliner Kommentar zum Grundgesetz, 42. Ergänzungslieferung, Stand August 2013, Berlin, Erich Schmidt Verlag.

Fritsche, Ingo, Widerspruchs- und Klagebefugnis verfügungsberechtigter Kommunen im Restitutionsverfahren, OV spezial 1996, S. 190-195.

Genzmer, Felix, Die Verwaltungsgerichtsbarkeit, in: Anschütz, Gerhard/Thoma, Richard (Hrsg.), Handbuch des deutschen Staatsrechts, Band 2, Tübingen, J.C.B. Mohr (Paul Siebeck), 1932, S. 506-523.

Gern, Alfons, Das Kommunalverfassungsstreitverfahren, VBlBW 1989, S. 449-452.

Gern, Alfons, Sächsisches Kommunalrecht, 2. Auflage, München, C.H. Beck, 2000.

Glöckner, Arne, Anordnungsbefugnis der Immissionsschutzbehörden gegenüber kommunalen Anlagenbetreibern nach § 24 BImSchG, NVwZ 2003, S. 1207-1210.

Grawert, Rolf, Verwaltungsrechtsschutz in der Weimarer Republik, in: Erichsen, Hans-Uwe/Hoppe, Werner/v. Mutius, Albert (Hrsg.), System des verwaltungsgerichtlichen Rechtsschutzes: Festschrift für Christian-Friedrich Menger zum 70. Geburtstag, Köln, Berlin, Bonn, München, Carl Heymanns Verlag KG, 1985, S. 35-55.

Grimm, Dieter, Deutsche Verfassungsgeschichte 1776-1866, Frankfurt am Main, Suhrkamp, 1988.

Guckelberger, Annette, Die Verjährung im öffentlichen Recht, Tübingen, Mohr Siebeck, 2004.

Dies., Die Beiladung im Verwaltungsprozess, JuS 2007, S. 436-441.

Gurlit, Elke, Die Klagebefugnis des Adressaten im Verwaltungsprozess, Die Verwaltung 28 (1995), S. 449-473.

Haas, Diether, Verwaltungsstreit zwischen Behörden des gleichen Rechtsträgers, DÖV 1952, S. 135-138 und 170-172.

Hahn, Dittmar, Das baurechtliche Nachbarabwehrrecht, JuS 1987, S. 536-541.

Heil, Thomas, Die Verwaltungsgerichtsbarkeit in Thüringen 1945-1952: ein Kampf um den Rechtsstaat, Tübingen, J.C.B. Mohr (Pauk Siebeck), 1996.

Henke, Wilhelm, Das subjektive Recht im System des öffentlichen Rechts, DÖV 1980, S. 621-633.

Herbert, Alexander, Die Klagebefugnis von Gremien - Ein Beitrag zur Diskussion des In-sich-Prozesses -, DÖV 1994, S. 108-114.

Hillgruber, Christian, Richterliche Rechtsfortbildung als Verfassungsproblem, JZ 1996, S. 118-125.

Höhn, Reinhard, Das subjektive öffentliche Recht und der neue Staat, DRW 1936, S. 49-73.

Hoppe, Werner, Organstreitigkeiten vor den Verwaltungs- und Sozialgerichten: Zum organisationsrechtlichen subjektiv-öffentlichen Recht innerhalb rechtsfähiger Verwaltungseinheiten, Siegburg, Reckinger & Co., 1970.

Horn, Hans-Detlef, Gewaltenteilende Demokratie, demokratische Gewaltenteilung: Überlegungen zu einer Organisationsmaxime des Verfassungsstaates, AÖR 127 (2002), S. 427-459.

Huber, Peter-Michael, Konkurrenzschutz im Verwaltungsrecht: Schutzanspruch und Rechtsschutz bei Lenkungs- und Verteilungsentscheidungen der öffentlichen Verwaltung, Tübingen, J.C.B. Mohr (Paul Siebeck), 1991.

Hufen, Friedhelm, Verwaltungsprozessrecht, 9. Auflage, München, C. H. Beck, 2013.

Hug, Christian, Gemeindenachbarklagen im öffentlichen Baurecht: Interkommunaler Rechtsschutz im Bauleitplanungs- und Baugenehmigungsrecht nach den „Zweibrücken-“ und „Mühlheim-Kärlich“-Entscheidungen des Bundesverwaltungsgerichts und den BauGB-Novellen 2004 und 2007, Berlin, Duncker & Humblot, 2008.

Ibler, Martin, Rechtspflegender Rechtsschutz im Verwaltungsrecht: zur Kontrolldichte bei wertenden Behördenentscheidungen; vom Preußischen Oberverwaltungsgericht bis zum modernen Gerichtsschutz im Prüfungsrecht, Tübingen, Mohr Siebeck, 1999.

Ipsen, Hans Peter, Haushaltssubventionierung über zwei Stufen: Rückblick auf einen rechtsstaatlichen Ansatz, in: Vogel, Klaus/Tipke, Klaus (Hrsg.), Verfassung, Verwaltung, Finanzen: Festschrift für Gerhard Wacke zum 70. Geburtstag, Köln-Marienburg, Dr. Otto Schmidt KG, 1972, S. 139-157.

Jacob, Peter, Anmerkung zu OVG Lüneburg (DÖV 1981, 461 ff.), DÖV1981, S. 463-465.

Jakob, Dominique, Schutz der Stiftung: Die Stiftung und ihre Rechtsverhältnisse im Widerstreit der Interessen, Tübingen, Mohr Siebeck, 2006.

Jarass, Hans D., Die Gemeinde als Drittbetroffener: Probleme der Klagebefugnis, insbesondere bei der Anfechtung einer atomrechtlichen Genehmigung, DVBl. 1976, S. 732-740.

Jarass, Hans D./Pieroth, Bodo, Grundgesetz für die Bundesrepublik Deutschland, Kommentar, 11. Auflage, München, C. H. Beck, 2011.

Jellinek, Georg, System der subjektiven öffentlichen Rechte, 2. Auflage, J.C.B. Mohr, 1914.

Jellinek, Walter, Verwaltungsrecht, 3. Auflage, Berlin, Springer, 1931.

Ders., Die Verwaltungsgerichtsbarkeit in der amerikanischen Zone, DRZ 1948, S. 269-273.

Ders., Die Verwaltungsgerichtsbarkeit in der britischen Zone, DRZ 1948, S. 470-472.

Jestaedt, Matthias, Der „richtige“ Beklagte? Ein Beitrag zum juristischen Zweck und zur Einordnung des § 78 VwGO, NWVBl. 1989, S. 45-50.

Juhnke, Andreas, Die Passivlegitimation bei Anfechtungs- und Verpflichtungsklage - Eine Untersuchung zur materiellen Zurechenbarkeit von Verwaltungsakten -, Augsburg, Hochschulschrift der Universität Trier, 1985.

Kimme, Johannes (Hrsg.), Offene Vermögensfragen, Band 1 und 2, 29. Ergänzungslieferung Juni 2009, Köln, RWS Verlag Kommunikationsforum GmbH.

Kimminich, Otto, Die Verwaltungsgerichtsbarkeit in der Weimarer Republik, VBlBW 1988, S. 371-379.

Kirchberg, Josef-Walter/Boll, Michaela/Schütz, Peter, Der Rechtsschutz von Gemeinden in der Fachplanung, NVwZ 2002, S. 550-556.

Kirchner, Hildebert/Pannier, Dietrich, Abkürzungsverzeichnis der Rechtssprache, 7. Auflage, Berlin, De Gruyter Recht, 2013.

Kisker, Gunter, Insichprozeß und Einheit der Verwaltung: Zur Frage der Zulässigkeit von Insichprozessen vor den Verwaltungsgerichten, Baden-Baden, Nomos Verlagsgesellschaft, 1968.

Kissel, Otto Rudolf, Grenzen der rechtsprechenden Gewalt, NJW 1982, S. 1777-1785.

Klein, Friedrich, Tragweite der Generalklausel in Art. 19 Abs. 4 des Bonner Grundgesetzes, VVDStRL 8 (1950), S. 67-125.

Klenke, Reinhard, Behörden als Beklagte - Vom Sinn der Regelung gemäß § 78 Abs. 1 Nr. 2 VwGO, NWVBl. 2004, S. 85-88.

Klinger, Hans, Verwaltungsgerichtsordnung: Kommentar, Göttingen, Otto Schwartz & Co, 1960.

Knack, Hans Joachim/Henneke, Hans-Günter (Hrsg.), Verwaltungsverfahrensgesetz (VwVfG) Kommentar, 9. Auflage, Köln, Carl Heymanns Verlag, 2010.

Knauff, Matthias, Vertragsschließende Verwaltung und verfassungsrechtliche Rechtsschutzgarantie, NVwZ 2007, S. 546-549.

Knauth, Rudolf, Die Gesetzgebung über die Verwaltungsrechtspflege in Thüringen, Berlin, Heymann, 1914.

Knemeyer, Franz-Ludwig, Öffentlich-rechtliches Hausrecht und Ordnungsgewalt, DÖV 1970, S. 596-601.

Ders., Bayerisches Kommunalrecht, 10. Auflage, Stuttgart, München u.a., Boorberg, 2000.

Knuth, Andreas, Konkurrentenklage gegen einen öffentlichrechtlichen Subventionsvertrag - OVG Münster, NVwZ 1984, 522, JuS 1986, S. 523-530.

Kohl, Wolfgang, Das Reichsverwaltungsgericht. Ein Beitrag zur Entwicklung der Verwaltungsgerichtsbarkeit in Deutschland, Tübingen, J.C.B. Mohr (Paul Siebeck), 1991.

Kohl, Wolfgang/Stolleis, Michael, Im Bauch des Leviathan - Zur Staats- und Verwaltungsrechtslehre im Nationalsozialismus, NJW1988, S. 2849-2856.

Konrad, Horst, Die Notwendigkeit der Beiladung im Verwaltungsprozess, BayVBl. 1982, S. 481-489.

Kopp, Ferdinand O. (Hrsg.), Verwaltungsgerichtsordnung, 9. Auflage, München, C.H. Beck'sche Verlagsbuchhandlung, 1992.

Kopp, Ferdinand O./Schenke, Wolf-Rüdiger (Hrsg.), Verwaltungsgerichtsordnung, Kommentar, 19. Auflage, München, C. H. Beck, 2013.

Köster, Bernd, Primärrechtsschutzschwellen und Rechtswegwirrwarr, NZBau 2006, S. 540 – 544.

Krause, Peter, Rechtsverhältnisse in der Leistungsverwaltung, VVDStRL 45 (1986), S. 212-254.

Krebs, Walter, Grundfragen des verwaltungsgerichtlichen Organstreits, Jura 1981, S. 569-580.

Ders., Kontrolle in staatlichen Entscheidungsprozessen : ein Beitrag zur rechtlichen Analyse von gerichtlichen, parlamentarischen und Rechnungshof-Kontrollen, Heidelberg, C. F. Müller, 1984.

Ders., Subjektiver Rechtsschutz und objektive Rechtskontrolle, in: Erichsen, Hans-Uwe/Hoppe, Werner/v. Mutius, Albert (Hrsg.), System des verwaltungsgerichtlichen Rechtsschutzes: Festschrift für Christian-Friedrich Menger zum 70. Geburtstag, Köln, Berlin, Bonn, München, Carl Heymanns Verlag KG, 1985, S. 191-210.

Ders., Verwaltungsorganisation, § 108, in: Isensee, Josef/Kirchhof, Paul (Hrsg.), Handbuch des Staatsrechts der Bundesrepublik Deutschland, Band V, 3. Auflage, Heidelberg, C.F. Müller Verlag, 2007, S. 457-520.

Kuchler, Ferdinand, Keine Vertretung der öffentlichen Hand durch andere als eigene Bedienstete in Verfahren vor dem BVerwG, NVwZ 1996, S. 244-245.

Kudlich, Hans/Christensen, Ralph, Die Lücken-Lüge, JZ 2009, S. 943-949.

Kuhla, Wolfgang/Hüttenbrink, Jost/Endler, Jan, Der Verwaltungsprozess, 3. Auflage, München, C. H. Beck, 2002.

Lange, Manfred, Wem gehört das ehemalige Volkseigentum? – Grundfragen der Art. 21 und 22 EinigungsV, DtZ 1991, S. 329-336.

Laubinger, Hans-Werner, Naturschutzrecht in Planfeststellungen von Bundesbehörden - Zur Klagebefugnis der Länder bei der Anfechtung bundesbehördlicher Verwaltungsakte -, VerwArch 85 (1994), S. 291-316.

Lerche, Peter, Grundrechtlicher Schutzbereich, Grundrechtsprägung und Grundrechtseingriff, § 121, in: Isensee, Josef/Kirchhof, Paul (Hrsg.), Handbuch des Staatsrechts der Bundesrepublik Deutschland, Band V, 2. Auflage, Heidelberg, C.F. Müller Juristischer Verlag, 2000, S. 739-773.

Ders., Zum „Anspruch auf rechtliches Gehör“, ZZP 78 (1965), S. 1-31.

Loening, Hellmuth, Kampf um den Rechtsstaat in Thüringen. Eine dokumentarische Zusammenstellung zur Entstehungsgeschichte des Thüringer Verwaltungsgerichtsbarkeitsgesetzes vom 7. Oktober 1948, AöR 75 (1949), S. 56-102.

Lorenz, Dieter, Der Rechtsschutz des Bürgers und die Rechtsweggarantie, München, C.H. Beck, 1973.

Ders., Die verfassungsrechtlichen Vorgaben des Art. 19 Abs. 4 GG für das Verwaltungsprozeßrecht, in: Erichsen, Hans-Uwe/Hoppe, Werner/v. Mutius, Albert (Hrsg.), System des verwaltungsgerichtlichen Rechtsschutzes: Festschrift für Christian-Friedrich Menger zum 70. Geburtstag, Köln, Berlin, Bonn, München, Carl Heymanns Verlag KG, 1985, S. 143-159.

Ders., Verwaltungsprozeßrecht, Berlin, Heidelberg, Springer, 2000.

Mampel, Siegfried, Die Verfassung der sowjetischen Besatzungszone Deutschlands: Text und Kommentar, 2. Auflage, Berlin, Alfred Metzner Verlag, 1966.

Martensen, Jürgen, Grundfälle zum Kommunalverfassungsstreit, JuS 1995, S. 989 -992.

Maunz, Theodor, Das Ende des subjektiven öffentlichen Rechts, ZgesStW 96 (1936), S. 71-111.

Maunz, Theodor/Dürig, Günter et al. (Begr.), Grundgesetz-Kommentar, Loseblatt., 69. Ergänzungslieferung, München, C. H. Beck, Mai 2013.

Maunz, Theodor/Schmidt-Bleibtreu, Bruno/Klein, Franz/Bethge, Herbert et al. (Hrsg.), Bundesverfassungsgerichtsgesetz – Kommentar, 41. Ergänzungslieferung, München, C.H. Beck, Juli 2013.

Maurer, Hartmut, Rechtsstaatliches Prozessrecht, in: Badura, Peter/Dreier, Horst (Hrsg.), Festschrift 50 Jahre Bundesverfassungsgericht, Tübingen, J.C.B. Mohr (Paul Siebeck), 2001, S. 467-503.

Ders., Allgemeines Verwaltungsrecht, 18. Auflage, München, C. H. Beck, 2011.

Ders., Staatsrecht I, Grundlagen Verfassungsorgane Staatsfunktionen, 6. Auflage, München, C. H. Beck, 2010.

Mayer, Otto, Deutsches Verwaltungsrecht, Band I, 2. Auflage, München und Leipzig, Duncker & Humblot, 1914.

Ders., Deutsches Verwaltungsrecht, Bd. II, 3. Auflage, München, Duncker & Humblot, 1924.

Meier, Christoph F., Anmerkung zu KreisG Leipzig-Stadt (VIZ 1991, 110 ff.), VIZ 1991, S. 112-113.

Meissner, Claus, Verwaltungsgerichtsbarkeit in Sachsen, LKV 1993, S. 105-108.

Meister, Johannes, Der Kommunalverfassungsstreit, JA 2004, S. 414-417.

Menger, Christian-Friedrich, System des verwaltungsgerichtlichen Rechtsschutzes: Eine verwaltungsrechtliche und prozeßvergleichende Studie, Tübingen, J.C.B. Mohr, 1954.

Ders., Zur Geschichte der Verwaltungsgerichtsbarkeit in Deutschland, DÖV 1963, S. 726-729.

Ders., Die Problematik des sogenannten kommunalrechtlichen Vertretungsverbotes, NJW 1980, S. 1827-1830.

Meyer, Ernst, Die Entwicklung der Verwaltungsgerichtsbarkeit in der Ostzone, DVBl. 1950, S. 561-564.

Mögele, Rudolf, Grundrechtlicher Eigentumsschutz für Gemeinden, NJW 1983, S. 805-806.

Möllers, Christoph, Nachvollzug ohne Maßstabbildung: richterliche Rechtsfortbildung in der Rechtsprechung des BVerfG, JZ 2009, S. 668-673.

Müller, Nikolaus, Rechtsformenwahl bei der Erfüllung öffentlicher Aufgaben (Institutional choice), Köln, Berlin, Bonn, München, Carl Heymanns Verlag KG, 1993.

Mußgnug, Reinhard, Die Beiladung zum Rechtsstreit um januskopfige und privatrechtsrelevante Verwaltungsakte, NVwZ 1988, S. 33-37.

Niese, Werner, Über den Streitgegenstand der Anfechtungs- und Vornahmeklagen im Verwaltungsprozeß, JZ 1952, S. 353-358.

Nieständt, Marian/Hölzl, Franz Josef, Zurück aus der Zukunft? Verfassungsmäßigkeit der Primärrechtsschutzbeschränkung im Vergaberecht oberhalb bestimmter Schwellenwerte, NJW 2006, S. 3680 - 3683.

Nottbusch, Claudia, Die Beiladung im Verwaltungsprozeß, Berlin, Duncker & Humblot, 1995.

Obermayer, Klaus, Die verwaltungsgerichtlichen Klagen - Eine systematische Übersicht, BayVBl. 1960, S. 208-213.

Ogorek, Markus, Die Anfechtung von Planfeststellungsbeschlüssen durch Gemeinden nach Inkrafttreten des Umwelt-Rechtsbehelfsgesetzes, NVwZ 2010, S. 401-405.

Oldiges, Martin, Einheit der Verwaltung als Rechtsproblem, NVwZ 1987, S. 737-744.

Ossenbühl, Fritz, Rechtsschutz im parlamentarischen Untersuchungsverfahren, in: Selmer, Peter/Martens, Wolfgang/von Münch, Ingo (Hrsg.), Gedächtnisschrift für Wolfgang Martens, Berlin u.a., De Gruyter, 1987, S. 177-197.

Ders., Gesetz und Recht – Die Rechtsquellen im demokratischen Rechtsstaat, § 100, in: Isensee, Josef/Kirchhof, Paul (Hrsg.), Handbuch des Staatsrechts, Band V, 3. Auflage, Heidelberg, C.F. Müller, 2007, S. 135-182.

Papier, Hans-Jürgen, Rechtsschutzgarantie gegen die öffentliche Gewalt, § 177, in: Isensee, Josef/Kirchhof, Paul (Hrsg.), Handbuch des Staatsrechts der Bundesrepublik Deutschland, Band VIII, 3. Auflage, Heidelberg, C.F. Müller Verlag, 2010, S. 507-554.

Ders., Zur Selbstverwaltung der Dritten Gewalt, NJW 2002, S. 2585-2593.

Pauly, Walter, Georg Jellineks „System der öffentlichen Rechte", in: Paulson, Stanley L./Schulte, Martin (Hrsg.), Georg Jellinek: Beiträge zu Leben und Werk, Tübingen, Mohr Siebeck, 2000, S. 227-244.

Peine, Franz-Joseph, Allgemeines Verwaltungsrecht: mit höchstrichterlichen Entscheidungen auf CD-ROM, 10. Auflage, Heidelberg u.a., C.F. Müller, 2011.

Pfaff, Richard, Die Gemeinden als legitime und legale Repräsentanten von Bürgerinteressen: Zugleich ein Beitrag zur „kommunalen Verbandsklage", VerwArch 70 (1979), S. 1-26.

Pieroth, Bodo/Aubel, Tobias, Die Rechtsprechung des Bundesverfassungsgerichts zu den Grenzen richterlicher Entscheidungsfindung, JZ 2003, S. 504-510.

Pietzcker, Jost, Defizite beim Vergaberechtsschutz unterhalb der Schwellenwerte?, NJW 2005, S. 2881-2884.

Pietzner, Rainer/Ronellenfitsch, Michael, Das Assessorexamen im Öffentlichen Recht: Widerspruchsverfahren und Verwaltungsprozess, 12. Auflage, Düsseldorf, Werner Verlag, 2010.

Posser, Herbert/Wolff, Heinrich Amadeus (Hrsg.), Beck'scher Online-Kommentar: VwGO, 28. Edition, Stand 01.01.2014, München, C.H. Beck.

Postier, Rüdiger, Der öffentlichrechtliche Nachbarschutz im Beitrittsgebiet, LKV 1992, S. 33 -37.

Preu, Peter, Freiheitsgefährdung durch die Lehre von den grundrechtlichen Schutzpflichten, JZ 1991, S. 265-271.

Ders., Subjektivrechtliche Grundlagen des öffentlichen Drittschutzes, Berlin, Duncker & Humblot, 1992.

Rädler/Raupach/Bezzenberger (Hrsg.), Vermögen in der ehemaligen DDR: Handbuch zur Durchsetzung und Abwehr von Ansprüchen, Band 1-3, 33.

Ergänzungslieferung Dezember 2004, Herne und Berlin, Verlag für die Rechts- und Anwaltspraxis.

Ramsauer, Ulrich, Grundrechte im System der subjektiven öffentlichen Rechte, AöR 111 (1986), S. 511-536.

Redeker, Martin/Kothe, Peter/v. Nicolai, Helmuth (Hrsg.), begr. von *Redeker, Konrad/von Oertzen, Hans-Joachim*, Verwaltungsgerichtsordnung, Kommentar, 11. und 15. Auflage, Stuttgart, Kohlhammer, 1994 und 2010.

Reimer, Franz, § 9 Das Parlamentsgesetz als Steuerungsmittel und Kontrollmaßstab, in: Hoffmann-Riem, Wolfgang/Schmidt-Aßmann, Eberhard/Voßkuhle, Andreas (Hrsg.), Grundlagen des Verwaltungsrechts, Band 1, München, C.H. Beck, 2. Auflage 2012. S. 585-676.

Rennert, Klaus, Die Klausur im Kommunalrecht, JuS 2008, S. 29-34, 119-125, 211-217.

Reuß, Hermann, Zuständigkeit und Verfahren der Verwaltungsgerichte, DR 1942, 1345-1356.

Rodenbach, Hermann-Josef, Die Entwicklung der Gesetzgebung im Bereich der Offenen Vermögensfragen im Jahr 1998, VIZ 1999, S. 1-7.

Röhl, Hans Christian, Kommunalrecht, 1. Kap., in: Schoch, Friedrich (Hrsg.), Besonderes Verwaltungsrecht, 15. Auflage, Berlin, New York, De Gruyter, 2013, S. 1-125.

Roth, Wolfgang, Verwaltungsrechtliche Organstreitigkeiten: das subjektive Recht im innerorganisatorischen Verwaltungsrechtskreis und seine verwaltungsgerichtliche Geltendmachung, Berlin, Duncker & Humblot GmbH, 2001.

Ders., Keine einfache Beiladung „potenzieller Kläger" gem. § 65 I VwGO, NVwZ 2003, S. 691-694.

Rozek, Jochen, Verwirrspiel um § 78 VwGO? - Richtiger Klagegegner, passive Prozessführungsbefugnis und Passivlegitimation, JuS 2007, S. 601-605.

Rüfner, Wolfgang, Verwaltungsrechtsschutz in Preußen von 1749 bis 1842, Bonn, Röhrscheid, 1962.

Ders., Verwaltungsrechtsschutz im 19. Jahrhundert vor Einführung der Verwaltungsgerichtsbarkeit, DÖV 1963, S. 719- 726.

Ders., Verwaltungsrechtsschutz in Preußen im 18. und in der ersten Hälfte des 19. Jahrhunderts, in: Erichsen, Hans-Uwe/Hoppe, Werner/v. Mutius, Albert (Hrsg.), System des verwaltungsgerichtlichen Rechtsschutzes: Festschrift für Christian-Friedrich Menger zum 70. Geburtstag, Köln u.a., Carl Heymanns Verlag KG, 1985, S. 3-20.

Ders., Grundrechtsadressaten, § 197, in: Isensee, Josef/Kirchhof, Paul (Hrsg.), Handbuch des Staatsrechts, Band IX, 3. Auflage, Heidelberg, C.F. Müller Verlag, 2011, S. 793-842.

Ders., Grundrechtsträger, § 196, in: Isensee, Josef/Kirchhof, Paul (Hrsg.), Handbuch des Staatsrechts, Bd. IX, 3. Auflage, Heidelberg, C.F. Müller, 2011, S. 731-792.

Rüthers, Bernd, Trendwende im BVerfG? - Über die Grenzen des „Richterstaates", NJW 2009, S. 1461-1462.

Rupp, Hans Heinrich, Kritische Bemerkungen zur Klagebefugnis im Verwaltungsprozeß, DVBl. 1982, S. 144-148.

Sachs, Michael (Hrsg.), Grundgesetz, Kommentar, 6. Auflage, München, C. H. Beck, 2011.

Ders., Anmerkungen zu BVerfG, 13. 6. 2006 - 1 BvR 1160/03 : Verfassungsrecht – Grundrechte, JuS 2007, S. 166 -170.

Säcker, Franz-Jürgen, Vermögensrecht, München, C.H. Beck, 1995.

Sailer, Christian, Zum Klagerecht der Gemeinden gegen Kernkraftwerke, BayVBl. 1978, S. 33 -36.

Scheidler, Alfred, Gemeinden als Adressaten immissionsschutzrechtlicher Anordnungen, LKV 2008, S. 300-303.

Ders., Polizeipflichtigkeit von Gemeinden im Immissionsschutzrecht, LKRZ 2009, S. 330-334.

Schenke, Wolf-Rüdiger, Die Fortsetzungsfeststellungsklage, in: Erichsen, Hans-Uwe/Hoppe, Werner/v. Mutius, Albert (Hrsg.), System des verwaltungsgerichtlichen Rechtsschutzes: Festschrift für Christian-Friedrich Menger zum 70. Geburtstag, Köln u.a., Carl Heymanns Verlag KG, 1985, S. 461-485.

Schenke, Wolf-Rüdiger, Rechtsprechungsübersicht zum Verwaltungsprozeß-Teil 3, JZ 1996, S. 1103-1119.

Ders., Polizei- und Ordnungsrecht, 7. Auflage, Heidelberg u.a., C.F. Müller, 2011.

Ders., Verwaltungsprozessrecht, 12., neu bearbeitete Auflage, Heidelberg, C. F. Müller Verlag, 2009.

Scherzberg, Arno, Subjektiv-öffentliche Rechte, 4. Abschnitt, in: Erichsen, Hans-Uwe/Ehlers,Dirk (Hrsg.), Allgemeines Verwaltungsrecht, 14. Auflage, Berlin, De Gruyter, 2010, S. 379-414.

Scheuner, Ulrich, Der Einfluß des französischen Verwaltungsrechts auf die deutsche Rechtsentwicklung, DÖV 1963, S. 714-719.

Schiffmann, Gerfried, Die Bedeutung der ehrenamtlichen Richter bei Gerichten der allgemeinen Verwaltungsgerichtsbarkeit, in: Schriftenreihe der Hochschule Speyer, Band 53, Berlin, Duncker & Humblot, 1974.

Schlacke, Sabine, Überindividueller Rechtsschutz: Phänomenologie und Systematik überindividueller Klagebefugnisse im Verwaltungs- und Gemeinschaftsrecht, insbesondere am Beispiel des Umweltrechts, Tübingen, Mohr Siebeck, 2008.

Schmid, Reinhard, Klagebefugnis und subjektive Rechte von Gemeinden, Konstanz, Univ., Diss., 1991 (Mikroreproduktion).

Schmidt, Rolf, Verwaltungsprozessrecht: Zulässigkeit und Begründetheit verwaltungsrechtlicher Verfahren, 15. Auflage, Grasberg, Dr. Rolf Schmidt GmbH, 2013.

Schmidt, Udo-Michael, Klagebefugnis einer verfügungsberechtigten Gemeinde gegen einen Restitutionsbescheid, OV spezial 1996, S. 63.

Schmidt-Aßmann, Eberhard, Verwaltungsverantwortung und Verwaltungsgerichtsbarkeit, VVDStRL Bd. 34 (1976), S. 221-268.

Ders., Funktionen der Verwaltungsgerichtsbarkeit, in: Erichsen, Hans-Uwe/Hoppe, Werner/v. Mutius, Albert (Hrsg.), System des verwaltungsgerichtlichen Rechtsschutzes: Festschrift für Christian-Friedrich Menger zum 70. Geburtstag, Köln u.a., Carl Heymanns Verlag KG, 1985, S. 107-123.

Ders., Aufgaben- und Funktionswandel der Verwaltungsgerichtsbarkeit vor dem Hintergrund der Verwaltungsrechtsentwicklung, VBlBW. 2000, S. 45-53.

Ders., Die Garantie der kommunalen Selbstverwaltung, in: Badura, Peter/Dreier, Horst (Hrsg.), Festschrift 50 Jahre Bundesverfassungsgericht, Bd. 2, Tübingen, J.C.B. Mohr (Paul Siebeck), 2001, S. 803-825.

Schmidt-Jortzig, Edzard, Gemeinde- und Kreisaufgaben – Funktionsordnung des Kommunalbereiches nach „Rastede“ –, DÖV 1993, S. 973-984.

Schmidt-Jortzig, Edzard/Hansen, Frank , Rechtsschutz gegen Fraktionsausschlüsse im Gemeinderat, NVwZ 1994, S. 116-120.

Schmidt-Preuß, Matthias, Kollidierende Privatinteressen im Verwaltungsrecht, Berlin, Duncker & Humblot, 1992.

Ders., Das Entschädigungs- und Ausgleichsleistungsgesetz, NJW 1994, S. 3249-3256.

Schmitt Glaeser, Walter/Horn, Hans-Detlef/Tschira, Oskar, Verwaltungsprozeßrecht: Kurzlehrbuch mit Systematik zur Fallbearbeitung, 15. Auflage, Stuttgart, Berlin [u.a.], Richard Boorberg Verlag, 2000.

Schoch, Friedrich K., Das kommunale Vertretungsverbot, Siegburg, Reckinger, 1981.

Ders., Zuständigkeit der Zivilgerichtsbarkeit in öffentlich-rechtlichen Streitigkeiten kraft Tradition (§ 40 Abs. 2 VwGO), in Erichsen, Hans-Uwe/Hoppe, Werner/v. Mutius, Albert (Hrsg.), System des verwaltungsgerichtlichen Rechtsschutzes: Festschrift für Christian-Friedrich Menger zum 70. Geburtstag, Köln u.a., Carl Heymanns Verlag KG, 1985, S. 305-338.

Ders., Der Kommunalverfassungsstreit im System des verwaltungsgerichtlichen Rechtsschutzes - OVG Koblenz, NVwZ 1985, 283, JuS 1987, S. 783- 793

Ders., Polizeipflichtigkeit von Hoheitsträgern, JURA 2005, S. 324-328.

Ders., Die staatliche Rechtsaufsicht über Kommunen, JURA 2006, S. 188-196 und 358-364.

Ders., Der verwaltungsgerichtliche Organstreit, JURA 2008, S. 826-838.

Ders., Polizei- und Ordnungsrecht, 2. Kap., in Schmidt-Aßmann, Eberhard (Hrsg.), Besonderes Verwaltungsrecht, 14. Auflage, Berlin, De Gruyter, 2008, S. 127-303.

Schoch, Friedrich/Schneider, Jens-Peter/Bier, Wolfgang (Hrsg.), Verwaltungsgerichtsordnung, Kommentar, Loseblattausgabe, 25. Ergänzungslieferung, München, C. H. Beck, April 2013.

Scholz, Franz, Die Verwaltungsgerichtsbarkeit im Dritten Reich: nebst Entwurf einer Reichsverwaltungsgerichtsordnung, Köln, Dr. Otto Schmidt, 1936.

Scholz, Rupert, Zur Polizeipflicht von Hoheitsträgern, DVBl. 1968, S. 733-740.

Schröder, Meinhard, Die Bereiche der Regierung und der Verwaltung, § 106, in: Isensee, Josef/Kirchhof, Paul (Hrsg.), Handbuch des Staatsrechts der Bundesrepublik Deutschland, Band V, 3. Auflage, Heidelberg, C.F. Müller Verlag, 2007. S. 387-408.

Schulte, Martin, Staat und Stiftung: Verfassungsrechtliche Grundlagen und Grenzen des Stiftungsrechts und der Stiftungsaufsicht, Heidelberg, C.F. Müller, 1989.

Sellmann, Martin, Der Weg zur neuzeitlichen Verwaltungsgerichtsbarkeit - ihre Vorstufen und dogmatischen Grundlagen, in: Külz, Helmut R. und Naumann, Richard (Hrsg.), Staatsbürger und Staatsgewalt. Jubiläumsschrift zum hundertjährigen Bestchen der deutschen Verwaltungsgerichtsbarkeit und zum zehnjährigen Bestehen des Bundesverwaltungsgerichts, Band 1, Karlsruhe, C. F. Müller, 1963, S. 25 ff.

Sendler, Horst, Gesetzes- und Richtervorbehalt im Gentechnikrecht, NVwZ 1990, S. 231-236.

Ders, Verwaltungsgerichtsbarkeit in der DDR - Wie können wir helfen? DtZ 1990, S. 166-175.

Sodan, Helge/ Ziekow, Jan (Hrsg.), Verwaltungsgerichtsordnung, Großkommentar, 2. und 3. Auflage, Baden Baden, Nomos Verlagsgesellschaft, 2005 und 2010.

Spoerr, Wolfgang/Klepper, Marian, Vermögenszuordnungsbescheide und Eigentumslage, VIZ 2000, S. 638-645.

Steinberg, Rudolf, Verwaltungsgerichtlicher Schutz der kommunalen Planungshoheit gegenüber höherstufigen Planungsentscheidungen, DVBl. 1982, S. 13-19.

Ders, Planrechtfertigung und Planungsleitsätze in der straßenrechtlichen Planfeststellung, NVwZ, 1986, S. 812-815.

Steiner, Udo, Anmerkung zu VGH Mannheim (DVBl. 1994, 348 ff.), DVBl. 1994, S. 351-353.

Stelkens, Paul, Einführung der Verwaltungsgerichtsbarkeit im Gebiet der früheren DDR - Die Rechtslage aufgrund des Einigungsvertrags, DtZ 1991, S. 7-12.

Stelkens, Paul/Bonk, Heinz Joachim/Sachs, Michael (Hrsg.), Verwaltungsverfahrensgesetz, Kommentar, 8. Auflage, München, C. H. Beck, 2014.

Stern, Klaus, Das Staatsrecht der Bundesrepublik Deutschland, Band II, München, C.H. Beck, 1980.

Ders, Das Staatsrecht der Bundesrepublik Deutschland, Band V, München, Beck, 2000.

Stern, Klaus/Sachs, Michael, Das Staatsrecht der Bundesrepublik Deutschland, Band III/1, München, C.H. Beck, 1988.

Stettner, Joachim, Die Beteiligten im Verwaltungsprozeß, JA 1982, S. 394-401.

Stolleis, Michael, Die Verwaltungsgerichtsbarkeit im Nationalsozialismus, in: Erichsen, Hans-Uwe/Hoppe, Werner/v. Mutius, Albert (Hrsg.), System des verwaltungsgerichtlichen Rechtsschutzes: Festschrift für Christian-Friedrich Menger zum 70. Geburtstag, Köln u.a., Carl Heymanns Verlag KG, 1985, S. 57-80.

Ders., Geschichte des öffentlichen Rechts in Deutschland, Band 2 und 3, München, Beck, 1992 und 1999.

Strupp, Karl, Bericht über die wichtigsten Gesetze und Staatsverträge der thüringischen Staaten seit 1900, JöR Bd. VI (1912), 287-304.

Stumpf, Christoph A., Die allgemeine Gestaltungsklage im Kommunalverfassungsstreit, BayVBl. 2000, S. 103-110.

Terhechte, Jörg Philipp, Rechtswegzuweisungen im Sog der Föderalismusreform – Zum Verhältnis von § 126 BRRG und § 54 BeamtStG, NVwZ 2010, S. 996 – 1000.

Thierfelder, Hans, Verwaltungsrechtspflege in Württemberg 1876-1976, DÖV 1976, S. 797-801.

Thoma, Richard, Das System der subjektiven öffentlichen Rechte und Pflichten, in: Anschütz, Gerhard/Thoma, Richard (Hrsg.), Handbuch des deutschen Staatsrechts, Band 2, Tübingen, J.C.B. Mohr (Paul Siebeck), 1932, S. 607-623.

Ders., Über die Grundrechte im Grundgesetz für die Bundesrepublik Deutschland, in: Wandersleb, Hermann (Hrsg.), Recht-Staat-Wirtschaft, Band 3, Düsseldorf, L. Schwann, 1951, S. 9-19.

Trostel, Eugen, Die Verwaltungsgerichtsbarkeit von der Gründung bis zum Ausgang des Kaiserreichs, VBlBW 1988, S. 363-371.

Tschentscher, Axel, Demokratische Legitimation der dritten Gewalt, Tübingen, Mohr Siebeck, 2006.

Ule, Carl Hermann, Die geschichtliche Entwicklung des verwaltungsgerichtlichen Rechtsschutzes in der Nachkriegszeit, in: Erichsen, Hans-Uwe/Hoppe, Werner/v. Mutius, Albert (Hrsg.), System des verwaltungsgerichtlichen Rechtsschutzes: Festschrift für Christian-Friedrich Menger zum 70. Geburtstag, Köln u.a., Carl Heymanns Verlag KG, 1985, S. 81-103.

Ders., Verwaltungsprozessrecht, 9. Auflage, München, C. H. Beck, 1987.

Ders., Gerichtliche Nachprüfung von Verwaltungsentscheidungen in der DDR, DVBl. 1989, S. 581-589.

Ders., Jenas Beitrag zur Entwicklung des Rechtsstaatsgedankens, LKV 1991, S. 189-196.

Unruh, Peter, Der Verfassungsbegriff des Grundgesetzes: eine verfassungstheoretische Rekonstruktion, Tübingen, Mohr Siebeck, 2002.

v. Gerber, Carl Friedrich, Über öffentliche Rechte, Tübingen, Verlag der Laupp'schen Buchhandlung, 1852.

v. Gneist, Rudolf, Das heutige englische Verfassungs- und Verwaltungsrecht, II. Haupttheil: Die Communalverfassung und Communalverwaltung, Berlin, Julius Springer, 1860.

Ders., Der Rechtsstaat und die Verwaltungsgerichte in Deutschland, 2. Auflage, Berlin, Julius Springer, 1879.

v. Mangoldt, Hermann/Klein, Friedrich/Starck, Christian, Kommentar zum Grundgesetz, Band I und II, 6. Auflage, München, Verlag Franz Vahlen, 2010.

v. Münch, Ingo/Kunig, Philip (Hrsg.), Grundgesetz-Kommentar, Band I, 5. Auflage, München, C. H. Beck, 2000 mit Nachtrag 2003.

v. Sarwey, Otto, Das öffentliche Recht und die Verwaltungsrechtspflege, Tübingen, Verlag der H. Laupp`schen Buchhandlung, 1880.

Ders., Allgemeines Verwaltungsrecht, in: Marquardsen, Heinrich (Hrsg.), Handbuch des öffentlichen Rechts der Gegenwart, 1. Band, 2. Halbband, Freiburg i. B. und Tübingen, J.C.B. Mohr (Paul Siebeck), 1884.

v. Schwanenflug, Noreen, Rechtsschutz von Kommunen in der Fachplanung: Erweiterter Rechtsschutz durch das Umweltrechtsbehelfsgesetz auch für Kommunen?, NVwZ 2007, S. 1351-1355.

v. Schwanenflug, Noreen/Strohmayr, Sebastian, Rechtsschutz von Kommunen gegen UVP-pflichtige Vorhaben, NVwZ 2006, S. 395-401.

Wagner, Volkmar, Das interkommunale Abstimmungsgebot im Lichte der neueren Rechtsprechung (insbesondere zu Factory Outlet Centern), ZfBR 2000, S. 21-24.

Wahl, Rainer, Der Klagegegner bei Handeln der unteren Verwaltungsbehörde, VBlBW 1984, S. 123-126.

Ders., Rechtsschutz in der Fachplanung, NVwZ 1990, S. 923-928.

Wassermann, Rudolf (Gesamthrsg.), Kommentar zum Grundgesetz für die Bundesrepublik Deutschland - Reihe Alternativkommentare (AK-GG), 2. Auflage, Neuwied, Hermann Luchterhand, 1989.

Werner, Fritz, „Verwaltungsrecht als konkretisiertes Verfassungsrecht", DVBl. 1959, S. 527-533.

Wilke, Dieter, Verwaltungsgerichtsbarkeit in Berlin, LKV 1991, S. 18-22.

Wolff, Hans J./Bachof, Otto/Stober, Rolf/Kluth, Winfried, Verwaltungsrecht, Band I, 12. Auflage, München, C. H. Beck, 2007.

Würtenberger, Thomas, Verwaltungsprozessrecht, 3. Auflage, München, C. H. Beck, 2008.

Ziekow, Jan, Zum Begriff des Nachbarn im baurechtlichen Drittschutz, NVwZ 1989, S. 231-234.

Ders., Das Umwelt-Rechtsbehelfsgesetz im System des deutschen Rechtsschutzes, NVwZ 2007, S. 259-267.